U0629675

GREEN BOOK

智 库 成 果 出 版 与 传 播 平 台

上海社会保障绿皮书

GREEN BOOK OF SHANGHAI'S SOCIAL SECURITY

上海社会保障改革与发展报告（2023）

ANNUAL REPORT ON REFORM AND DEVELOPMENT OF SOCIAL SECURITY
IN SHANGHAI (2023)

主　编／汪　泓

副主编／史健勇　吴　忠　张健明　罗　娟　王媛媛

社会科学文献出版社

SOCIAL SCIENCES ACADEMIC PRESS（CHINA）

图书在版编目（CIP）数据

上海社会保障改革与发展报告 . 2023 / 汪泓主编；
史健勇等副主编 . --北京：社会科学文献出版社，
2023.7
　（上海社会保障绿皮书）
　ISBN 978-7-5228-1773-6

Ⅰ. ①上… Ⅱ. ①汪… ②史… Ⅲ. ①社会保障-福
利制度-研究报告-上海-2023 Ⅳ. ①D632.1

中国国家版本馆 CIP 数据核字（2023）第 075947 号

上海社会保障绿皮书
上海社会保障改革与发展报告（2023）

主　　编／汪　泓
副 主 编／史健勇　吴　忠　张健明　罗　娟　王嫒嫒

出 版 人／王利民
责任编辑／陈　颖
责任印制／王京美

出　　版／社会科学文献出版社·皮书出版分社 （010）59367127
　　　　　地址：北京市北三环中路甲 29 号院华龙大厦　邮编：100029
　　　　　网址：www.ssap.com.cn
发　　行／社会科学文献出版社 （010）59367028
印　　装／三河市东方印刷有限公司

规　　格／开本：787mm×1092mm　1/16
　　　　　印 张：30.25　字 数：502 千字
版　　次／2023 年 7 月第 1 版　2023 年 7 月第 1 次印刷
书　　号／ISBN 978-7-5228-1773-6
定　　价／188.00 元

读者服务电话：4008918866

主编简介

汪 泓 中欧国际工商学院院长、中欧社会保障与养老金融研究院学术委员会主席，上海交通大学校务委员会副主任、学术委员会委员。上海工程技术大学教授，上海交通大学、上海财经大学、上海大学博士生导师。教育部高等学校工商管理专业教学指导委员会副主任委员。兼任上海社会保障问题研究中心主任、上海国际邮轮经济研究中心主任。曾任上海市宝山区委书记、区长，上海工程技术大学校长，上海市总工会副主席，教育部高等学校管理科学与工程专业教学指导委员会副主任委员，上海管理科学学会会长等。先后主持国家社科基金重大项目、教育部哲学社会科学重大攻关项目、国家社会科学基金一般项目、国家软科学重大项目等10余项，以及各类省部级课题50余项。获得上海市政府决策咨询研究成果一等奖、上海市科技进步一等奖与二等奖，上海市哲学社会科学优秀成果二等奖、上海市邓小平理论研究和宣传优秀成果奖、上海市哲学社会科学内部探讨优秀成果奖、上海市教育科研成果一等奖等各类省部级奖项30余项。先后获得国家教学成果二等奖和上海市教学成果特等奖、一等奖等20余项。发表学术论文和专著100余篇（部）。享受国务院政府特殊津贴专家，是新世纪百千万人才工程国家级人选，教育部新世纪优秀人才支持计划资助学者、上海市领军人才、上海市优秀学术带头人、曙光学者和曙光跟踪学者。中国养老金融50人论坛核心成员。

史健勇 博士，教授，博士生导师。上海工程技术大学党委副书记，中国养老金融50人论坛核心成员，上海市评估协会副会长、上海企业经营管理研究会副会长。研究领域：社会保障、战略管理、邮轮经济与管理等。先后主持国家哲学社会科学基金一般项目2项，参与国家哲学社会科学基金重大项目

1 项、教育部人文社会科学重大项目 1 项、国家哲学社会科学基金一般项目多项，主持省部级科研项目 20 余项，获得上海市科技进步奖、上海市决策咨询奖、上海市哲学社会科学优秀成果奖等 10 余项，获国家级教学成果二等奖 1 项、上海市教学成果奖 3 项。发表学术论文和学术专著 50 余篇（部）。

吴　忠　博士，教授，博士生导师。历任上海工程技术大学管理学院院长、上海理工大学副校长、上海对外经贸大学副校长，现任上海商学院党委副书记、院长，教育部管理科学与工程指导委员会委员，中国系统工程学会常务理事、上海系统工程学会副理事长。上海市领军人才后备人选，上海市曙光学者，上海市教学名师，上海市宝钢优秀教师。先后主持国家哲学社会科学基金重点项目 1 项、一般项目 1 项，参与国家哲学社会科学基金重大项目 1 项、教育部人文社会科学重大项目 1 项，主持省部级科研项目 20 余项。获得上海市科技进步奖、上海市决策咨询奖、上海市哲学社会科学优秀成果奖、上海市教学成果奖等 10 余项。发表学术论文和学术专著 100 余篇（部）。

张健明　上海工程技术大学管理学院教授，法学硕士，硕士生导师。上海社会保障问题研究中心副主任，中国养老金融 50 人论坛核心成员，上海市就业促进协会专业委员会委员。研究领域：社会保障、公共政策、城市治理等。先后主持国家哲学社会科学基金一般项目 1 项，参与国家哲学社会科学基金重大项目 1 项、教育部人文社会科学重大项目 1 项、国家哲学社会科学基金一般项目 2 项，主持省部级科研项目 30 余项，先后获得上海市科技进步奖、上海市哲学社会科学优秀成果奖、上海市教育科研优秀成果奖、上海市教学成果奖等 10 余项。发表科研论文和出版论著 50 余篇（部）。

罗　娟　博士，副教授，硕士生导师。上海工程技术大学管理学院副院长，上海社会保障问题研究中心副主任。长期专注于养老保险、养老服务和医疗保险领域的研究，主持国家发改委重大项目、上海哲学社会科学规划课题、上海市科委软科学重点项目和上海市决策咨询重点项目等省部级项目 10 余项，研究成果获上海市人民政府决策咨询研究成果二等奖、三等奖，上海市哲学社会科学优秀成果奖，民政部民政政策理论研究成果二等奖、三等奖，以及上海市妇女儿童研究优秀成果奖等奖项，发表学术论文和出版论著 30 余篇（部）。

王媛媛　中欧国际工商学院政策研究室副主任，曾任《中国日报》（China Daily）财经记者、编辑，中欧国际工商学院市场与传播部助理主任等。先后于南京大学和英国剑桥大学获得英美语言文学学士学位和工商管理硕士学位，拥有丰富的战略研究、智库建设、决策咨询、媒体传播和市场营销经验。

摘　要

中国特色社会保障制度是中国式现代化的重要特征,健全覆盖全民、统筹城乡、公平统一、安全规范、可持续的多层次社会保障体系是中国式现代化新征程的重要建设内容。中国社会保障事业经过几十年建设发展,社会保障制度覆盖达14亿人口,实现了从无到有、从制度建构向高质量发展的历史性转变,充分彰显了中国特色社会保障的制度优势。

上海是中国超大型城市之一,既是改革开放的前沿,也是社会保障事业高质量发展的先行示范区。上海践行"人民城市人民建,人民城市为人民"重要理念,对标全球,立足全国,围绕加快建设具有世界影响力的社会主义现代化国际大都市的发展目标,持续推动社会保障事业的高质量发展。新时代上海社会保障事业改革与发展历程,为中国社会保障事业高质量发展提供了实践范例和经验借鉴,同时也为全球化背景下世界社会保障发展方向和实践进程提供了中国方案。

《上海社会保障改革与发展报告(2023)》包括1个总报告,养老保障,医疗保障,就业、生育与工伤保障,社会救助与社会福利4个篇章24篇分报告。本书回溯了2012年党的十八大以来上海社会保障改革与发展的实践进程,总结了上海社会保险、社会救助、社会福利、养老服务体系、全民健康体系和重大公共卫生应急体系等社会保障事业发展取得的成就与经验。

本书深入分析了新发展阶段上海社会保障高质量发展面临的机遇和挑战,研判了上海社会保障事业的发展趋势。当前和今后一个时期,我国发展仍然处于重要战略机遇期,但机遇和挑战都有新的发展变化。一方面,国际力量对比不断调整,新一轮科技革命和产业变革深入发展,人类正经历着百年未有之大变局;另一方面,全球和平和发展的呼声不断高涨,人类命运共同体理念深入

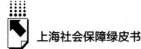

人心。与此同时，我国发展所面临的国际环境日趋复杂和严峻，经济社会发展的不确定性明显增加。全面建成小康社会以后，我国进入了新的发展阶段，高质量发展和高品质生活成为新时代的发展目标。中国特色社会主义制度优势显著，国家治理效能稳步提升，经济长期向好、发展韧性强劲、社会大局稳定，为我国社会保障事业高质量发展奠定了坚实基础。上海是世界观察中国的一个重要窗口，肩负着国家赋予的重大使命任务，正处在构筑未来发展战略优势的关键阶段。完整、准确、全面贯彻新发展理念，构建新发展格局，推动高质量发展是上海未来发展面临的艰巨任务。上海要把握发展机遇，积极应对挑战，持续深化社会保障制度改革，推进社会保障事业高质量发展。

本书提出了中国式现代化进程中上海进一步推动社会保障事业高质量发展的政策建议和实践方案，为我国社会保障事业发展贡献了"上海智慧"。党的二十大吹响了以中国式现代化全面推进中华民族伟大复兴的进军号，在中国式现代化新征程中上海将加快建设具有世界影响力的社会主义现代化国际大都市，进一步增进民生福祉，提高人民生活品质，持续优化多层次的社会保障体系，推动社会保障事业高质量发展，打造超大城市社会保障事业高质量发展的"上海模式"。

关键词： 中国特色社会保障制度　社会保险　社会救助　社会福利　上海市

目 录 ⤵

Ⅰ 总报告

Ⅱ 养老保障篇

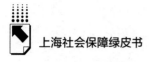

Ⅲ 医疗保障篇

Ⅳ 就业、生育与工伤保障篇

V　社会救助与社会福利篇

皮书数据库阅读 **使用指南**

CONTENTS ⤵

I General Report

II Pension Security

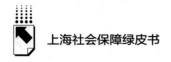

Ⅲ Medical Security

Ⅳ Employment, Maternity and Work–Related Injury Protection

V   Social Assistance and Social Welfare

总 报 告
General Report

G.1

上海社会保障改革与发展报告（2023）

汪　泓[*]

摘　要： 党的二十大报告提出"健全覆盖全民、统筹城乡、公平统一、安全规范、可持续的多层次社会保障体系"。上海是我国超大型城市之一，是社会保障高质量发展的先行示范区。本报告全面阐释了上海社会保险、社会救助、社会福利、养老服务体系、全民健康体系和重大公共卫生应急体系等社会保障改革与发展的实践进程，深入分析了上海社会保障高质量发展面临的机遇和挑战，研判了上海社会保障事业的发展趋势，提出了中国式现代化进程中上海推动社会保障高质量发展的政策建议和实践方案，为我国社会保障事业高质量发展贡献"上海智慧"。

关键词： 社会保障　社会保险　高质量发展　超大城市　上海市

---

* 汪泓，博士，教授，中欧国际工商学院院长、中欧社会保障与养老金融研究院学术委员会主席，上海社会保障问题研究中心主任，主要研究方向为社会保障与养老金融。

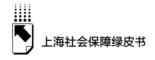

中国特色社会保障制度是中国式现代化最重要的特征之一，健全覆盖全民、统筹城乡、公平统一、安全规范、可持续的多层次社会保障体系是中国式现代化新征程的重要建设内容。进一步健全社会保障体系是贯彻新发展理念、增进民生福祉、保障和改善民生、提高人民生活品质、着力推进经济社会高质量发展的重要基础，是解决当前我国人民日益增长的美好生活需要和不平衡不充分的发展之间矛盾的关键。中国社会保障事业经过几十年建设发展，社会保障制度覆盖达 14 亿人口，实现了从无到有、从制度建构向高质量发展的历史性转变。社会保障改革发展持续推进，制度供给不断优化，国民社会保障水平不断提升，充分彰显了中国特色社会保障的制度优势。

上海是中国超大型城市之一，既是改革开放的前沿，也是社会保障事业高质量发展的先行示范区。党的十八大以来，上海践行"人民城市人民建，人民城市为人民"重要理念，对标全球，立足全国，围绕加快建设具有世界影响力的社会主义现代化国际大都市的发展目标，推动社会保障制度建设与现代化国际大都市发展相适应，在社会保障诸多领域先行先试，为我国社会保障改革探路。新时代上海社会保障事业高质量发展的实践进程，超大城市社会保障制度建设的改革探索，从一个侧面反映了中国特色社会保障制度的演化历程，是中国式现代化新征程中社会保障事业高质量发展的典型范例，为我国社会保障事业的改革深化和发展进路提供了实践范例与经验借鉴。同时，上海的探索也为全球化背景下世界社会保障发展方向和实践模式提供了中国方案。

一　上海社会保障改革与发展实践进程

（一）社会保险制度更为完善，水平显著提升

1. 多层次、多支柱养老保险体系不断完善

党的二十大报告提出："完善基本养老保险全国统筹制度，发展多层次、多支柱养老保险体系。"2022 年 4 月，国务院办公厅发布了《国务院办公厅关于推动个人养老金发展的意见》，要求进一步推进多层次、多支柱养老保险体系建设，构建以基本养老保险为基础、以企业年金和职业年金为补充、与个人储蓄性养老保险和商业养老保险相衔接的"三支柱"养老保险体系。根据国家卫健委、

全国老龄办发布的《2021 年度国家老龄事业发展公报》数据，截至 2021 年底，全国 60 岁及以上老年人口达 2.67 亿，占总人口的 18.9%；65 岁及以上老年人口 2 亿以上，占总人口的 14.2%。老龄化的人口结构、老年人口数量的增加以及多层次、多样化养老需求的激增使得我国的养老问题备受关注。

（1）顶层设计持续优化，政策支持不断增强。养老保险多层次是基于需求层次的差异，从纵向构成视角实现养老保险制度覆盖，包括基本养老保险、补充养老保险、满足更高层次需要的个人商业自愿养老保险，按照"基本+企业+个人储蓄养老保险"的形式逐步推进。各层次的具体组合和二三层次的发展重心，满足不同层次人群的养老需要。"多支柱"主要指养老保险统筹资金来源的多样性，强调政府、单位、个人等多个主体的责任分担，核心是厘清各级主体养老责任。

上海是中国最早实施养老保险制度的城市之一。1993 年 1 月起，上海开始实施养老保险制度（见表 1），因此，上海在养老保险改革发展方面具有较丰富的经验。在推动构建多层次、多支柱养老保险体系的过程中，上海不断优化顶层设计，完善养老保险政策。2011 年 7 月 1 日起，中国实施《社会保险法》。上海依法实施社会保险强制缴纳政策，建立统一的社会保险体系。2018 年 5 月 1 日，上海实施个人税收递延型商业养老保险试点。此后，上海加快了企业年金以及商业养老保险的发展，2022 年发布《个人养老金实施办法》，发挥养老保险的第二、第三支柱对养老保险的补充作用，更好地满足人民多层次、多样化的养老需求。

表 1　上海推动养老保险体系建设的部分政策及实施的国家政策

年份	政策文件	主要内容
1993	《上海市城镇职工养老保险办法》	为城镇职工建立个人养老保险账户
1993	《上海市城镇职工养老保险制度改革实施方案》	实行个人缴费，由国家、单位和个人共同负担，建立个人养老保险账户
2011	《关于贯彻实施〈社会保险法〉的通知》	对上海的社会保险体系做出调整，并出台了五年过渡的计划
2018	《关于开展个人税收递延型商业养老保险试点的通知》	将推进个人税收递延型商业养老保险试点作为重点任务，在上海市、福建省（含厦门市）和苏州工业园区三个地区开展试点，为期一年

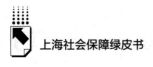

续表

年份	政策文件	主要内容
2018	《上海市人民政府办公厅贯彻〈国务院办公厅关于加快发展商业养老保险的若干意见〉的实施意见》	推动第三支柱商业养老保险发展政策真正得到贯彻执行
2022	《上海市关于促进本市企业年金发展的指导意见》	扩大企业年金覆盖面和企业年金基金规模,持续提高退休人员待遇水平
2022	《个人养老金实施办法》	个人养老金制度进入实质性推动落地阶段

（2）多层次、多支柱养老保险体系稳步构建。上海于1994年起试点建立补充养老保险制度,根据人力资源和社会保障部的统计数据,截至2021年6月,累计有1.05万家单位和145.2万人参加企业年金,基金规模达到1036.96亿元。2021年发布的《上海市就业和社会保障"十四五"规划》明确提出,"十四五"期间力争企业年金新增参保50万人,新增基金规模500亿元。为贯彻落实上海就业和社会保障"十四五"规划,积极应对人口老龄化,深化养老保险制度改革,加快构建多层次、多支柱养老保险体系,在高质量发展中促进共同富裕,上海市人力资源和社会保障局等六部门联合印发了《上海市关于促进本市企业年金发展的指导意见》,加强制度和机制创新,努力扩大企业年金覆盖面和企业年金基金规模,持续提高退休人员的养老待遇水平,使人民群众有更多的获得感、幸福感和安全感。

（3）养老保险覆盖面扩大,待遇水平逐步提高。《上海统计年鉴》数据显示,2010~2020年,上海基本养老保险参保人数呈缓慢增长趋势,全市参保职工从2010年的522.44万人增加到2020年的1051.96万人,增长101.36%,养老保险待遇水平稳步提升。企业年金获得较快发展,到2021年底,上海市企业年金参保单位10757家,从业人员148.98万人,企业年金基金1122.86亿元,企业年金规模总体呈上升趋势。然而,商业养老保险的发展相对缓慢,2018~2020年上海商业保险发展期间,年保费收入27亿元,新增保费收入9亿元,上海市民对保险产品持观望态度。2022年11月,个人养老金制度正式启动,上海启动个人养老金制度试点。

（4）基金收支平稳运营,收益率持续增长。2011~2021年企业职工基本养老保险收入呈现 2011~2017 年平稳增长、2018~2020 年下降的态势，2011~2019 年累计余额呈平稳增长趋势。由于 2020 年企业职工基本养老保险支出超过收入，企业职工基本养老保险累计余额有所下降。从 2017 年开始，上海市委托全国社会保险基金理事会对基本养老保险基金进行投资运营，委托投资收益率从 2017 年的 4.32% 增至 2020 年的 9.17%。①

（5）养老金替代率偏低，急需完善多支柱养老保险体系。如图 1 所示，2016~2021 年上海的养老金替代率逐步降低，到 2021 年为 40.96%。根据国际劳工组织发布的《社会保障最低标准公约》，55% 是养老金替代率的警戒线，低于此水平，退休后生活质量将显著下降。目前，上海的养老金替代率偏低，随着老龄化程度的加深，需要进一步发挥养老金第二支柱和第三支柱的补充作用，以更好地满足老年人多层次养老保障需求。

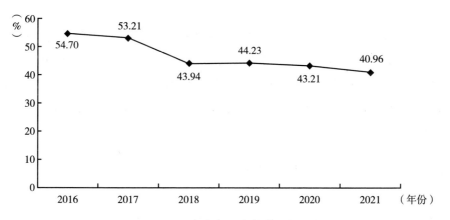

图 1 2016~2021 年上海养老金替代率

资料来源：根据上海市人力资源和社会保障局数据计算获得。

总体而言，上海市多层次养老保险体系的总体架构基本形成，发展方向及思路明确。上海市不断完善了以城镇职工基本养老保险和城乡居民基本养老保险为主体的基本养老保险体系。同时，与机关事业单位职业年金、企业年金、商业养老保险等补充养老保险一起，稳步推进了多层次多支柱互补的养老保险体系建设，推动了养老保险的高质量发展。

---

① 资料来源：历年《上海统计年鉴》。

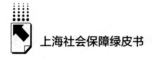

2. 多层次医疗保险和服务体系不断优化

上海市在不断完善城镇职工医疗保险制度的基础上，2016年整合城镇居民基本医疗保险和新型农村合作医疗两项制度，建立统一的城乡居民基本医疗保险制度。完善城乡居民大病保险制度，在城乡居民医保基金报销的基础上，城乡居民大病保险对个人自负费用再报销60%。促进基本医疗保险与职工医疗互助保障计划、少儿住院互助基金等衔接平衡。优化完善医疗救助制度，保障范围进一步扩大，救助精准性进一步提升，形成以基本医疗保险为主体，医疗救助为托底，补充医疗保险、商业健康保险、慈善捐赠、医疗互助等共同发展的多层次医疗保障制度框架。适应上海老龄化趋势，率先开展长期护理保险制度试点，长期护理保险制度框架基本建立。开展个人账户资金自愿购买商业保险试点，推出多款个人账户产品，引导商业健康保险发展，努力满足居民多层次、多样化健康保障需求。

（1）医疗保险参保人数不断增多，覆盖面扩大。如图2所示，上海已经实现了医疗保险政策全覆盖，参加医疗保险的人数逐年上升，从2011年的1591.8万人增长至2021年的1978.5万人。医疗保险参保率在逐年上升，已经基本实现了户籍人口全民参保，说明参加上海市医疗保险的人数逐年增加、覆盖面扩大。

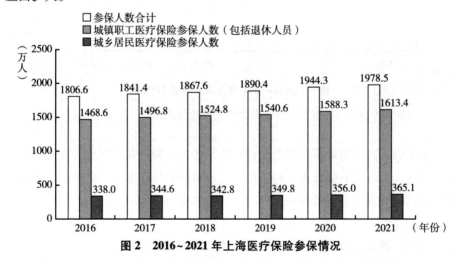

图 2　2016~2021 年上海医疗保险参保情况

资料来源：《中国统计年鉴》《上海统计年鉴》《上海市国民经济和社会发展统计公报》。

上海作为超大型城市，工作岗位众多，在岗人数多，城镇职工医疗保险参保人数是其他类型医疗保险的2~3倍。此外由于上海老龄化程度加深，老年人口数量增多，每年享受医疗保险的离退休人数增加，到2020年达到522.39万人，比2016年增长了9.51%。享受医疗保险的离退休人数增加在一定程度上加重了上海医疗保险基金支出的压力。

（2）医疗保险收支略有结余，具有长期可持续性。上海医疗保险基金运行具有较强的可持续性。如图3所示，2011~2020年，医疗保险基金收入由429亿元增长到1318亿元，年均增幅为13.3%；医疗保险支出从335.6亿元增加到1041.8亿元，年均增幅为13.4%；医疗保险累计结余在2020年达到3207.5亿元。这说明上海医疗保险的保障水平在不断提高，并且基金可持续增长为医疗保险发展提供保障。

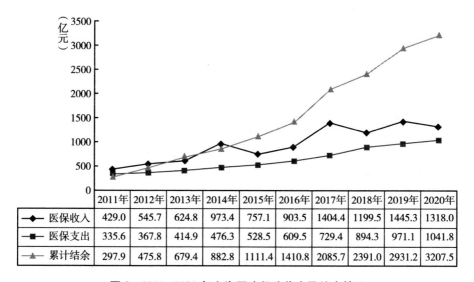

	2011年	2012年	2013年	2014年	2015年	2016年	2017年	2018年	2019年	2020年
医保收入	429.0	545.7	624.8	973.4	757.1	903.5	1404.4	1199.5	1445.3	1318.0
医保支出	335.6	367.8	414.9	476.3	528.5	609.5	729.4	894.3	971.1	1041.8
累计结余	297.9	475.8	679.4	882.8	1111.4	1410.8	2085.7	2391.0	2931.2	3207.5

图3 2011~2020年上海医疗保险收支及结余情况

资料来源：历年《上海统计年鉴》。

（3）医疗保险支付方式持续优化，医疗服务质量提升。随着医保支付改革进入"深水区"，2021年底，国家医保局发布《DRG/DIP支付方式改革三年行动计划》。为进一步深入贯彻落实医改新理念，加快建立实用高效的医保支付机制，上海结合实际，由医疗保障局、财政局及卫生健康委共同制定了

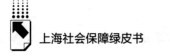

《上海DRG/DIP支付方式改革三年行动计划实施方案（2022-2024年）》。上海医疗保险支付方式的重点在于：第一，完善DRG/DIP付费方式与总额预算管理的衔接机制和结算流程；第二，完善医联体按人头付费试点工作；第三，扎实推进中医优势病种按病种付费试点工作，完善医疗康复服务的支付机制；第四，继续开展按绩效付费试点，探索医保支付与医疗质量挂钩。

（4）长期护理保险保障内容更明确，保障范围更广。根据2016年人力资源和社会保障部颁布的《关于长期护理保险制度试点的指导意见》，上海成为实施长期护理保险制度的第一批试点城市。上海为应对人口老龄化高龄化，选择以社会保险制度模式实施长期护理保险，不断完善长期护理保险实施的各项制度，满足失能老人实际的护理需求。2021年，上海老年人数542.22万人，"纯老家庭"老年人数166.38万人，其中80岁以上"纯老家庭"老年人数34.77万人；独居老年人31.83万人。在老龄化加深的情况下，上海长期护理保险为60岁及以上老年人提供护理服务人数共计38.10万人，占老年人口的7.0%。

为了提供更多更好的服务，上海积极探索长期护理保险的保障内容、保障方式、评估方案和报销比例。长期护理保险提供了27项基本生活照料服务和15项临床护理服务，合计42项服务项目。但是老年人的需求与服务供给仍存在差距，服务供需的矛盾根源在于人力、财力、物力及相关运行机制的缺乏，评估细则尚需完善。

（5）"沪惠保"助力多层次医疗保障体系构建。"沪惠保"作为上海市民专属的城市定制型补充商业医疗保险，由太平洋寿险首席承保，中国人寿、新华人寿、平安养老、人保健康、泰康养老、平安健康、太平养老、建信人寿等8家保险公司联合承保。上海市医疗保障局负责指导，上海银保监局负责监督，上海市大数据中心负责技术支持，上海市保险同业公会负责协调。

"沪惠保"提供的医疗保障涵盖社会医疗保险范围之外个人承担的医疗费用。依据2021年度"沪惠保"理赔情况，累计赔付金额超7.5亿元，赔案数量21万余件，平均每天赔付金额超200万元，减轻了数万患者家庭的医疗费用负担。从赔付结构看，特定住院自费医疗费用保险金赔付金额6.6亿元，占比88.04%；特定高额药品费用保险金赔付金额6494.3万元，占比8.66%；质子、重离子医疗保险金赔付金额2474.5万元，占比3.3%。从赔付年龄来看，年龄最小仅为1周岁，最大达到101周岁，实现了医疗保险覆盖全生命周期。

3. 失业保险和就业促进制度更为完善

（1）失业保险保障水平提高，基金运行稳定。如图4所示，失业保险的参保人数和领取人数逐年增加，参保人数从2011年的604.2万人增加到了2021年的1021.26万人。从2020年起，上海市参保的非本市户籍失业人员可享受失业保险金等相关失业保险待遇，也可按规定转移至户籍地享受。并且从2022年7月1日起，上海市失业保险金最高标准从1975元调整到2055元，增加80元。上述政策实施反映了上海失业保险领取的便利性和保障水平的提高。

图4 2011~2021年上海失业保险参保人数和领取人数

资料来源：《中国统计年鉴》《上海统计年鉴》《上海市国民经济和社会发展统计公报》《2021年度上海市人力资源和社会保障事业发展统计公报》。

在图5中，2020年上海市失业保险金收入在减少，支出却在增加，失业保险领取人数在2020年达到了31.54万人，比2019年上涨197.5%。这大致受到三方面因素的影响：一是以前许多人并不了解社会保险的领取方法，现在知道的人逐渐增多，所以领失业金人数上涨。二是上海开通了非户籍人员申请方法。三是疫情、"双减"等导致大批人失业。但2021年情况改善，累计结余增加。总体来看，上海市失业保险基金累计结余仍为正，具有长期可持续性。

（2）就业培训和就业帮扶形式多样。如图6所示，上海2021年新增就业

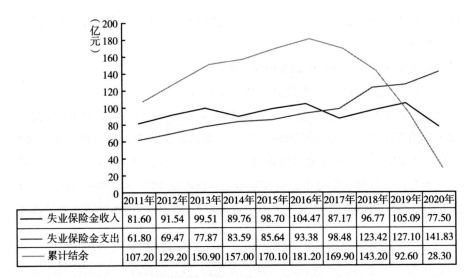

	2011年	2012年	2013年	2014年	2015年	2016年	2017年	2018年	2019年	2020年
失业保险金收入	81.60	91.54	99.51	89.76	98.70	104.47	87.17	96.77	105.09	77.50
失业保险金支出	61.80	69.47	77.87	83.59	85.64	93.38	98.48	123.42	127.10	141.83
累计结余	107.20	129.20	150.90	157.00	170.10	181.20	169.90	143.20	92.60	28.30

图 5　2011~2020 年上海失业保险基金收支及累计结余

资料来源：历年《上海统计年鉴》。

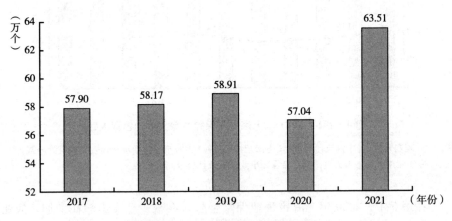

图 6　2017~2021 年上海新增就业岗位

资料来源：《上海市国民经济和社会发展统计公报》。

岗位 63.51 万个，相比 2017 年增长了 9.69%。加强对高校毕业生、在职职工、失业人员等各类群体的技能培训，扩大新业态灵活就业人员技能培训试点。图 7 显示，新安置就业困难人员增加，从 2017 年到 2021 年增加了 54.85%。此外，截至 2021 年，5 年内累计帮扶引领成功创业 6.1 万人。

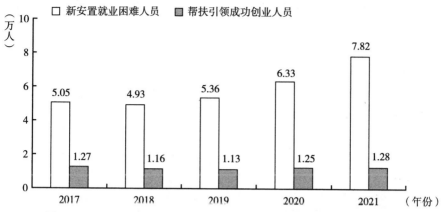

图7　2017~2021年上海新安置就业困难和帮扶引领成功创业人员数

资料来源：《上海市国民经济和社会发展统计公报》。

有序开展社会化职业技能等级认定，加快推进企业职业技能等级认定。开展特级技师评聘试点，支持职业院校毕业学生参加职业技能等级认定，补贴性职业技术培训人员5年累计614.41万人次。如图8所示，上海高技能人才占劳动者比例逐年上升，到2021年比例超过35%，高技能人才数量逐年增多。为积极促进就业，上海还陆续出台了青年职业见习学员生活费补贴、大龄协保人员就业补贴、大龄失业人员自谋职业就业岗位补贴等政策，补贴标准分别为最低工资标准的60%、50%、50%。

图8　2017~2021年上海补贴性职业培训和高技能人才占比

资料来源：历年《上海统计年鉴》。

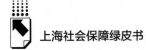

此外，上海职工工资最低标准在逐年提高，从 2011 年的 1280 元增长到 2022 年的 2590 元（见图9）。

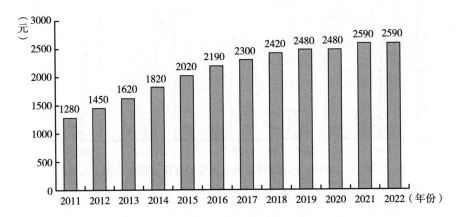

图9　2011~2022 年上海职工工资最低标准

资料来源：《上海市国民经济和社会发展统计公报》。

4. 生育保险制度及配套政策持续优化

（1）生育保险基金持续"开源扩流"，扩大生育保险支付范围。2022 年 7 月，国家卫健委等 17 个相关部门联合印发《关于进一步完善和落实积极生育支持措施的指导意见》，就发展普惠托育服务体系、完善生育休假和待遇保障机制、强化住房和税收等支持措施、构建生育友好的就业环境等 7 个方面，提出了 20 项具体举措为生育保驾护航。同时，提出了完善支持家庭生育养育的相关经济社会政策和公共服务体系，大力传播新型生育文化，营造全社会都来关心、支持家庭生育的良好社会氛围。

上海在落实生育促进政策过程中，进一步扩大生育保险覆盖范围和增加缴费对象类型（见图10），提增生育保险基金规模，参照城镇职工基本养老保险、职工基本医疗保险缴费来源与缴费比例，确定职工和用人单位分别承担 1∶2 的生育保险费率。上海进一步扩大生育保险支付范围，大力推进婴幼儿照护服务，积极构建普惠安全、托幼一体化的托育服务体系，进一步完善生育假、配偶陪产假等计划生育奖励假制度，积极探索建立育儿假制度。

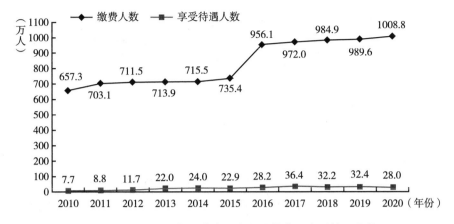

图10 2010～2020 年上海市生育保险缴费及享受待遇人数

资料来源：历年《上海统计年鉴》。

（2）构建普惠性托育服务体系，构建生育友好型社会。上海市大力推进健康家庭建设，稳妥有序实施全面三孩政策，加强生育全程服务。推进公共场所母婴设施建设。2020 年底，上海市各类公共场所已建母婴设施 1378 个，比上年增加 374 个，增长 37.25%；配置母婴设施的用人单位 4298 家，比上年增加 798 家，增长 22.8%，实现母婴设施全覆盖。积极构建托幼一体为主、以普惠性资源为主导的 0～3 岁婴幼儿托育服务体系，构建生育友好型社会。面向广大市民和家庭，积极传播健康理念，普及健康生活，每年向全市所有家庭免费发放健康知识读本和实用健康工具，推广"市民健康自我管理小组"项目，建设健康支持性环境，积极营造"无烟上海"。市民和家庭积极参与，健康理念明显转变，健康素养不断提高，健康生活方式不断普及。

5. 工伤保险制度覆盖群体持续扩大

（1）工伤保险参保人数增加和待遇水平持续提高。近年来，上海市工伤保险参保人数增加和待遇水平进一步提高，工伤保险费率持续下调。如图 11 所示，截至 2021 年末，上海市工伤保险参保人数为 1097.33 万人。2021 年，全市共计做出工伤认定结论 4.85 万件；做出因工负伤劳动能力鉴定结论 3.82 万件；享受工伤保险待遇人数为 6.22 万人，人均待遇水平为 6.92 万元。

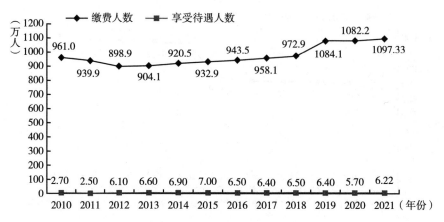

图 11　2010~2021 年上海市工伤保险缴费及享受待遇人数

资料来源：历年《上海统计年鉴》。

（2）工伤保险政策体系不断完善，覆盖范围逐步扩大。2022 年 5 月 1 日至 2023 年 4 月 30 日，上海市一类至八类行业用人单位工伤保险基准费率，在国家规定的行业基准费率基础上下调 20%，即由 0.2%、0.4%、0.7%、0.9%、1.1%、1.3%、1.6%、1.9% 分别阶段性调整为 0.16%、0.32%、0.56%、0.72%、0.88%、1.04%、1.28%、1.52%，同时，阶段性实施缓缴工伤保险费政策。为应对新冠肺炎疫情影响，助力困难企业渡过难关，根据国家有关规定，上海市允许相关行业企业缓缴一定期限的工伤保险费。不断完善工伤保险政策体系，逐步扩大覆盖范围，2022 年 5 月上海市人力资源和社会保障局、上海市邮政管理局发布的《关于做好本市基层快递网点优先参加工伤保险工作的通知》规定，自 2022 年 7 月 1 日起，上海市用工灵活、流动性大的基层快递网点可按规定优先办理参加工伤保险，并对缴费基数、缴费费率、待遇享受、经办服务等内容做出细化规定，切实保障了快递员群体工伤保险权益。

（二）城市社会救助制度进一步完善

上海不断健全分层分类的社会救助体系，坚持守牢社会保障底线，强化兜底保障基本民生的举措。2021 年上海印发的《关于改革完善社会救助制度的实施意见》提出，上海社会救助的建设目标是在基本实现分层分类、城乡统筹的基础上，到 2025 年构建应对相对贫困的救助帮扶体系，初步形成法制健全、体制完善、机制高效、政策完备、管理规范、服务便民的具有时代特征、中国特色、上海特点的现代社会救助体系。到 2035 年，实现社会救助事业高质量发展，改革发展成果更多惠及困难群众。

1. 社会救助标准逐步提高，政策逐渐完善

根据《上海统计年鉴》的数据，如图 12 和图 13 所示，2011~2020 年，上海城镇居民生活保障最低标准逐年增加，由 2011 年的 505 元增至 2020 年的 1240 元，相比 2011 年，增加比例为 146%。最低生活保障人数呈现逐年下降趋势，城市居民最低生活保障人数由 2011 年的 32.4 万人降至 2021 年的 13.6 万人，农村居民最低生活保障人数除 2011 年外，稳定在 3 万人左右。

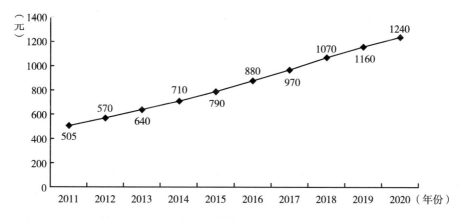

图 12　2011~2020 年上海城镇居民生活保障最低标准

资料来源：历年《上海统计年鉴》。

社会救助是一项托底性社会制度。上海社会救助的底线要求是"最低生活保障标准增幅高于全市居民人均可支配收入增幅"，每年 4 月，上海根据全市经济社会发展情况、年度物价水平、工资收入等因素调整社会救助标准。上海的社会救助标准不断调整，曲线总体呈现上扬趋势，与之相应的是全市困难群众数量的逐年下降。

为进一步提升社会救助水平，上海各级政府持续加大购买服务力度，鼓励引导社会工作服务机构和社会工作者为低收入人口提供心理疏导、资源链接、能力提升、社会融入等服务。不断健全和完善社会救助与慈善帮扶的衔接机制，推动完善"政府救助+慈善帮扶"新模式。

图 13　2011~2021 年上海城市和农村最低生活保障人数

资料来源：历年《上海统计年鉴》。

2. 上海社会救助组织建设持续加强

上海全面落实《上海市社会救助条例》，社会救助聚焦特殊群体，聚焦群众关切，织密扎牢民生兜底保障安全网，努力使困难群众不为饥寒所迫、不为灾害所急、不为大病所困、不为住房所难、不为失业所扰，努力构建对象精准、待遇公平、进出有序、监管到位的社会救助工作格局，真正做到让群众受益、人民满意。如图 14 所示，2011~2020 年，上海市级社会救助中心机构数保持在 5~8 个，市级社会救助中心职工人数 55~102 人，市级社会救助中心机构数和职工人数在 2016 年达到最高，之后呈现下降趋势。近两年，市级社会救助中心职工人数保持在 75 人左右，但是社会救助的质量不断提高。

3. 社会救助制度不断完善

上海不断完善最低生活保障制度，将符合条件的城镇失业和返乡人员纳入低保，对低保边缘家庭的重度残疾人、重病患者，采取"单人户"纳入低保予以保障，对无法准确表达自己意愿的分散供养特困人员，综合评估后视情况纳入集中供养。上海严格落实特困供养人员照料服务制度，充分发挥临时救助应急性、过渡性作用，疫情灾情期间取消户籍地、居住地申请限制，对符合条件的困难人员由急难发生地实施救助。

上海扎实推动社会救助审批下放、整合基层主动发现力量、落实价格补贴

图14　2011~2020 年上海市级社会救助中心机构数和职工人数

资料来源：历年《上海统计年鉴》。

联动机制等工作。社会救助审核确认权限下放至街道，成立多部门参与的社会救助联审联批领导小组，落实社会救助和保障标准与物价上涨挂钩联动机制，对临时生活困难群众给予有针对性的帮扶，及时足额发放价格临时补贴，保障困难群众基本生活。

（三）社会福利体系建设获得新进展

随着经济社会的发展，上海社会福利体系建设也较为完善，相比全国其他省区市，补贴力度更大。为充分考虑到各种家庭类型，对各种困难家庭给予困难补助，上海市综合各类情况，将困难对象等级分为 6 级，以及 8 种困难类型。如表 2 所示，对困难类型属于最低生活保障家庭；低收入家庭；年满 80 周岁且本人月收入低于上年度城镇企业月平均养老金；符合第 2、3 类的基础上，无子女，或年满 80 周岁的家庭，评定为照护 1 级，前三类每人每月分别领取 960 元、768 元、480 元的补贴，第 4 类家庭类型可在第 2、3 类的基础上加第 1 类补贴的 20%。属于最低生活保障家庭、低收入家庭的困难类型，评定为照护 2~4 级的，可每人每月分别领取 896 元和 640 元补贴；评定照护 5~6 级的，可每人每月分别领取 640 元和 384 元的补贴。

表 2   上海市养老福利补贴标准

困难对象等级	困难类型	补贴标准[元/(人·月)]
照护 1 级	1. 最低生活保障家庭	960
	2. 低收入家庭	768
	3. 年满 80 周岁且本人月收入低于上年度城镇企业月平均养老金	480
	4. 符合第 2、3 类的基础上,无子女,或年满 80 周岁的家庭	在第 2、3 类的基础上加第 1 类补贴的 20%
照护 2~4 级	5. 最低生活保障家庭	896
	6. 低收入家庭	640
照护 5~6 级	7. 最低生活保障家庭	640
	8. 低收入家庭	384

资料来源:依据上海市民政局资料整理。

在老年福利方面,上海市老年人可在 65 岁之后享有每月津贴,并随着年龄的增长阶梯式地增加。如表 3 所示,上海市老年人 65~69 岁每人每月可领取 75 元津贴;70~79 岁老年人每人每月领取 150 元津贴;80~89 岁老年人每人每月领取 180 元津贴;90~99 岁老年人每人每月领取 350 元津贴;100 岁及以上老年人每人每月领取 600 元津贴。

表 3   上海市老年津贴

年龄段	津贴[元/(人·月)]
65~69 岁	75
70~79 岁	150
80~89 岁	180
90~99 岁	350
100 岁及以上	600

资料来源:依据上海市民政局资料整理。

除家庭福利和老年人福利外,上海市根据国务院的各项政令,灵活调整儿童福利政策。如表 4 所示,为了进一步提高本市孤儿、困境儿童及艾滋病感染儿童基本生活水平,上海于 2019 年起将机构孤儿基本生活费标准从每人每月 2000 元调整为 2100 元;社会散居孤儿基本生活费标准从每人每月 1800 元调整为 1900 元；困境儿童、艾滋病感染儿童基本生活费参照社会散居孤儿基本生活费标准发放，每人每月 1900 元。

表 4　上海市儿童福利

发放对象	基本生活费标准［元/（人·月）］
困境儿童	1900
机构孤儿	2100
社会散居孤儿	1900
艾滋病感染儿童	1900

资料来源：依据上海市社会福利中心资料整理。

（四）建立了多层次的养老服务体系

近年来，上海市的养老机构数整体呈现上升的趋势，如图 15 所示，2020 年上海市养老机构数为 729 家，同比增加 15.53%；2019 年上海市养老机构数为 631 家，同比增加 3.4%。表明上海市为缓解日益增加的养老压力，大力扶持养老服务事业的发展。

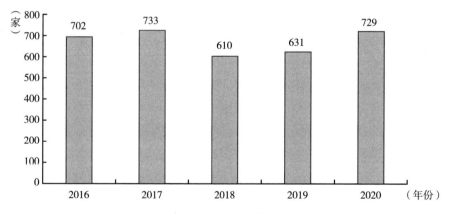

图 15　2016~2020 年上海养老机构数量

资料来源：依据上海市卫生健康委员会资料整理。

与此同时，上海市政府出台指导意见，提出在制定城市总体规划时，明确养老服务设施按照人均用地不少于 0.1 平方米的标准。据表 5 所示，2021 年，在上海市 16 个行政区内，每位老年人口拥有的养老机构面积最少为 0.26 平方米，其主要原因为较其他行政区，黄浦区的面积较小，对于养老机构的承载量较低。其中老年人人均拥有养老机构面积最大的为青浦区（1.00 平方米）。

表5　2021 年每位老年人口拥有养老机构面积

区划	60 岁以上人口数量（万人）	养老机构面积（平方米）	60 岁以上老年人口人均拥有的养老机构面积(平方米)
浦东新区	122.89	675894.91	0.55
黄浦区	17.61	45857.84	0.26
静安区	30.80	138727.70	0.45
徐汇区	31.96	143044.33	0.45
长宁区	20.17	133165.86	0.66
普陀区	37.89	188985.87	0.50
虹口区	25.16	207674.17	0.83
杨浦区	39.49	223338.43	0.57
宝山区	51.10	415208.08	0.81
闵行区	53.64	414584.44	0.77
嘉定区	32.74	314603.30	0.96
松江区	30.15	281297.00	0.93
金山区	19.39	179515.87	0.93
青浦区	21.16	212283.63	1.00
奉贤区	22.09	178699.00	0.81
崇明区	25.31	194011.15	0.77
合计	581.55	3946891.58	0.68

资料来源：根据《上海统计年鉴》数据计算所得。

（五）推进了全民健康服务体系建设

2022 年 4 月，国务院办公厅颁布的《"十四五"国民健康规划》提出把不断提高国民健康服务质量作为工作重点，加快构建保障人民健康优先发展的制度体系，推动健康融入所有政策，形成有利于健康的生活方式及生产方式。为贯彻落实健康中国战略，推进健康上海行动，上海市政府印发《上海市卫生健康发展"十四五"规划》，提出建设以人民健康为中心的整合型、智慧化、高品质卫生健康服务体系，推进健康服务的优化便捷发展。改革开放以来，上海市的健康事业改革发展取得了显著进步，社区卫生服务中心通过为居民提供预防、保健、医疗、康复等"六位一体"的服务，提升了居民的健康素养水平。截至2021年底，上海市人均预期寿命已达84.11岁，婴儿死亡率为2.30‰，孕产妇死亡率为1.60/10万，健康水平保持发达国家和地区的领先水平。

1. 卫生资源数量显著增加，医疗体系不断优化

上海市政府贯彻"大卫生、大健康"理念，致力于为居民提供全方位、全周期的公共服务。为满足居民日益增长的高品质健康服务需求，上海始终坚持聚焦民生健康福祉，优化健康服务供给，完善医疗体系建设（见表6）。

表6　2017~2021年上海医疗机构情况

年份	卫生机构数（个）	卫生技术人员数（万人）	每万人口医生数（人）	每万人口医疗机构床位数（张）
2017	5144	18.80	28	48
2018	5298	20.65	31	53
2019	5610	21.33	32	56
2020	5905	22.64	33	58
2021	6317	23.96	58.2	112.7

资料来源：历年《上海统计年鉴》。

2. 完善疾病预防体系，提高了公共卫生服务的保障能力

为不断完善上海市疾病预防控制体系，提高疾病预防控制和城市公共卫生安全的保障能力，上海市政府出台了多项政策（见表7），以保障人民的身体健康和生命安全。在疫情防控过程中，上海出台了"1+5+1"公共卫生体系建设的政策法规。截至2021年，上海市居民传染病防治素养水平为36.98%，死亡率下降到0.62/10万，居民的健康水平得到显著提升。

表7　2019~2021年上海市与疾病预防体系相关政策梳理

年份	政策文件	主要内容
2019	《上海市人民政府关于加强本市疾病预防控制体系建设的指导意见》	完善规划布局、加强硬件设施建设、完善人事管理工作、加强学科人才建设、加强信息化建设、优化运行管理机制

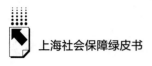
续表

年份	政策文件	主要内容
2020	《关于完善重大疫情防控体制机制　健全公共卫生应急管理体系的若干意见》	完善体系建设、优化防控机制、提升公共卫生应急防控能力、强化保障措施
2021	《2021年上海市疾病预防控制工作要点》	新冠疫情常态化防控、加强疾病预防控制体系建设、提升传染病防控能力、优化完善慢性非传染性疾病综合防治服务、扎实做好精神卫生和社会心理服务体系试点、长三角疾病预防控制工作高质量一体化发展

3. 居民健身设施数量持续增加，布局配置均衡合理发展

上海市高度重视社区居民运动保健、文化教育等需求的满足，关注健康设施、环境等领域，加大政府投入、拓展服务内容、优化服务流程，构建"1+16"的新周期全民健身实施计划政策体系（见图16）。截至2021年，上海市建成社区市民健身中心110个，各区已完成健身设施重点项目1913个，新增体育场地面积221.91万平方米，市民身边的体育健身场地不断丰富和拓展①。

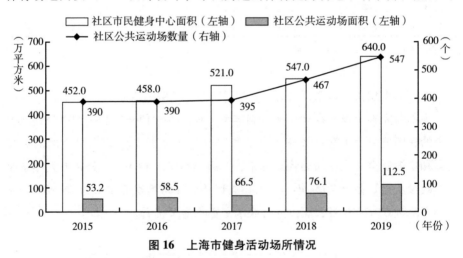

图16　上海市健身活动场所情况

资料来源：历年《上海统计年鉴》。

---

① 资料来源：《2021年上海市全民健身发展报告》《2021年上海市健身设施建设补短板评估报告》。

4. 基层医疗服务能力显著提升

为提升居民健康素养水平，政府加大基层医疗机构投入，基层医疗机构数量显著增加（见表 8），居民的病床使用率与出院者平均住院日显著下降，截至 2021 年底，上海市出院者的平均住院日已下降到了 10.51 天，基层医疗机构的服务能力显著提升。

表 8　上海市基层医疗机构数

机构	2018 年	2019 年	2020 年	2021 年
基层医疗卫生机构	4729	5021	5292	5656
社区卫生服务中心（站）	1038	1066	1114	1159
村卫生室	1162	1179	1169	1147
门诊部	917	1067	1233	1397
诊所、卫生所、医务室、护理站	1612	1709	1776	1953

资料来源：历年《上海统计年鉴》。

（六）构建公共卫生应急管理体系

为提高公共卫生应急能力，预防和减少公共卫生事件发生，控制、减轻和消除其社会危害，保障公众生命安全和身体健康，维护公共安全和社会秩序，上海构建了统一高效、响应迅速、科学精准、联防联控、多元参与的公共卫生应急管理体系。上海的公共卫生应急管理体系，包括公共卫生应急指挥体系、公共卫生监测预警体系、疾病预防控制体系、应急医疗救治体系四个子系统。

1. 强化公共卫生应急指挥体系建设

上海公共卫生应急指挥能力不断提升。上海打造了联通 600 家公立卫生机构、支撑 5 万名公共卫生业务工作人员日常工作的公共卫生应急指挥中心。同时，依托政务服务"一网通办"和城市运行"一网统管"平台，建设多数据、全方位、广覆盖的市级公共卫生应急指挥信息系统，建立疫情联防联控大数据智慧决策平台以及上海市重大公共卫生安全专家库。

自新冠疫情突发以来，上海在疾病预防、救治、物资保障、信息公开等方面制定了一系列政策措施，最大限度保障广大人民的生命安全和身体健康。同时也在疫情防控的实践中不断完善公共卫生应急指挥体系建设，不断提高应急指挥能力。

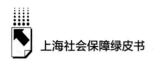

表9 上海疫情防控政策

发布时间	政策文件
2020 年 1 月 23 日	《关于加强本市住房和城乡建设管理领域新型冠状病毒感染的肺炎疫情防控工作的紧急通知》
2020 年 1 月 25 日	《上海海关关于全力保障新型冠状病毒肺炎疫情防控物资快速通关的通知》
2020 年 1 月 26 日	《关于进一步加强我市新型冠状病毒感染的肺炎疫情防控工作的通知》
2020 年 2 月 3 日	《关于认真做好本市民防系统（行业）新型冠状病毒感染的肺炎疫情防控工作的通知》
2020 年 2 月 7 日	《上海市人民代表大会常务委员会关于全力做好当前新型冠状病毒感染肺炎疫情防控工作的决定》《关于印发上海市全力防控疫情支持服务企业平稳健康发展若干政策措施的通知》
2020 年 4 月 8 日	《关于完善重大疫情防控体制机制 健全公共卫生应急管理体系的若干意见》
2020 年 10 月 27 日	《上海市公共卫生应急管理条例》
2021 年 11 月	《关于进一步加强我市新冠病毒核酸检测工作的通知》
2022 年 4 月 16 日	《上海市工业企业复工复产疫情防控指引（第一版）》
2022 年 5 月 4 日	《上海市工业企业复工复产疫情防控指引（第二版）》
2022 年 5 月 31 日	《上海市工业企业复工复产疫情防控指引（第三版）》
2022 年 6 月	《关于我市持续巩固疫情防控成果有序恢复正常生产生活秩序总体方案》
2022 年 6 月 8 日	《关于持续推进群众性爱国卫生运动营造常态化疫情防控健康环境的通知》
2022 年 12 月 5 日	《我市继续优化调整疫情防控措施》
2022 年 12 月 7 日	《我市进一步优化调整相关疫情防控措施》

2. 完善公共卫生监测预警体系

上海进一步完善了传染病疫情和突发公共卫生事件的监测系统，强化了早期监测预警能力，改进异常健康事件监测机制。构建由疾控机构、医疗机构、第三方检测实验室等组成的公共卫生病原检测实验室网络和实验平台，规范菌毒种库和感染性生物样本库管理，提升不明原因传染病病原检测快速发现和鉴定能力。

在疫情防控期间，上海充分利用新闻发布会、政务微信、政府网站和卫生热线等媒介，多层次高密度地发布权威信息和政策方案，积极回应社会关切，门户网站新冠肺炎疫情防控专栏共发布疫情通报、防控动态、防控知识、通知公告、新闻发布会实录等信息 764 条。并且坚持每日公布确诊、无症状病例数量及活动轨迹，做好预警工作。

3. 加强疾病预防控制体系建设

在疫情防控上，上海积极推进疫苗接种工作，采取积极的措施推动市民尽早预约接种疫苗，特别是对于免疫力不足的老年人群，截至2022年11月14日，全市60岁及以上老年人新冠疫苗累计接种1070.82万剂，接种412.37万人，接种覆盖率70.91%；全程接种393.71万人，全程接种率67.70%；加强免疫268.60万人，加强免疫接种率46.19%。这对进一步保障人民生命安全、降低发病率和死亡率做出较大的贡献。

4. 加强应急医疗救治体系建设

2020年3月至2022年2月，在积极的防控政策指导下，上海保持了较长时间内的"零"本土感染。在2022年3~4月疫情暴发时期（见图17），上海市政府采取一系列措施来保障封控期间居民日常物资供应和医疗资源有效供给，截至4月13日24时，上海已有方舱医院床位20.4万张，在建的方舱医院计划开放床位3.5万张，合计约24万张。在度过了疫情暴发阶段后，感染率明显下降，本土确诊人数大幅下降，取得了一定的成效。

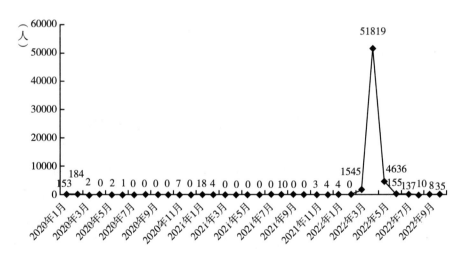

图17 2020年1月至2022年9月上海新冠疫情本土确诊人数变化情况

资料来源：上海卫健委官网。

在全面贯彻落实优化疫情防控二十条措施和"新十条"过程中，上海将"保健康，防重症"列为防控工作的主要内容。上海市144家二级及以上医院发热门诊实现"应开尽开",各医疗机构通过增加发热门诊场地、扩容发热诊室、增派医护人员等措施,全力满足市民医疗服务需求(见图18)。同时发挥遍布全市251家社区卫生服务中心的6000余名家庭医生作用,使他们成为特殊时期居民的健康"守门人",帮助居家治疗者监测病情,并及时完成转诊,确保疫情期间不同人群得到及时的照顾。

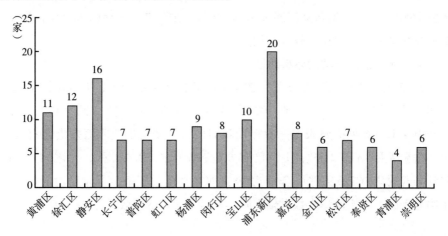

图18　上海市各区二级及以上医疗机构发热门诊数

资料来源:上海卫健委官网。

二　上海社会保障高质量发展面临的挑战

　　党的十八大以来,上海在推进社会保障改革与发展的实践进程中取得了一系列显著成就,多层次的社会保障体系持续优化、更加完善。但目前在持续推进高质量发展的过程中,上海社会保障仍面临严峻挑战,主要体现在养老保障、医疗保障、就业保障、社会福利、社会救助、应对重大公共卫生事件等高质量发展上。

(一)养老保障发展面临挑战

1. 养老保险基金面临收支压力

上海市养老保险基金的高质量发展面临收支压力的挑战。2021年,上海市企业职工基本养老保险基金收入 2847.78 亿元，中央调剂资金收入 502.87 亿元，收入合计 3350.65 亿元；基金支出 2704.33 亿元，中央调剂资金支出 649.37 亿元，支出合计 3353.70 亿元。年末企业职工基本养老保险基金累计结存 1204.07 亿元；全年城乡居民基本养老保险基金收入 92.35 亿元（含财政补贴收入 84.57 亿元），比上年减少 0.54 亿元；基金支出 90.22 亿元，比上年增加 6.25 亿元。年末城乡居民基本养老保险基金累计结存 91.52 亿元，其中个人账户基金累计 71.19 亿元。[①] 但从中长期看，养老保险基金较为依靠中央调剂资金和财政补贴，基金收入与支出压力依然不小。随着"60 后"一代逐渐退出劳动者行列，劳动年龄人数下滑，加上人口老龄化程度快速加深，养老保险基金给付压力增加。同时，受到新冠肺炎疫情影响，中小企业和职工的养老保险缴费能力下降，养老保险基金收入面临一定挑战。除此之外，过去转制成本带来的较大基金缺口、养老保险基金投资运营范围狭窄、投资手段单一等因素也加大了现行养老保险基金所面临的支付压力。

2. 养老服务资源供需不平衡

上海市养老服务的高质量发展面临供需不平衡的挑战。首先，各区之间养老服务资源的供需依然存在不平衡的情况。《上海市养老服务市场研究报告 2020》显示，以虹口区、黄浦区、静安区、普陀区、徐汇区、杨浦区和长宁区为代表的上海市中心城区拥有上海市 39.15% 的养老机构，养老机构的分布呈现城区多、郊区少的特征，整体上与老龄人口分布保持一致。但各区间养老服务资源供需仍不平衡，如该报告显示，2019 年黄浦区老龄人口占全市老龄人口总数的 6.32%，却仅拥有 3.25% 的养老机构和 1.73% 的床位数；而嘉定区老龄人口占全市老龄人口总数的 4.35%，机构数目却占全市机构总数的 4.27%，床位数占全市的 7.79%。其次，医养结合的养老服务模式并不普及，医养融合的康复护理机构、综合性老年病医院等形式的医养结合模式有待进一步推广，从而使养老服务的形式更加丰富，能够满足高龄、独居、失能、半失能老人等不同老年群体的多样性需求。最后，养老产业面临供给制约的问题，养老服务产品不能满足老年人日益增长的需求，他们的消费需求逐渐从"生

---

① 《2021 年度上海市人力资源和社会保障事业发展统计公报》，上海市人力资源和社会保障局网站（2022 年 7 月 20 日），http://rsj.sh.gov.cn/ttjsj_17219/20220727/t0035_1408512.html，最后检索时间：2023 年 2 月 25 日。

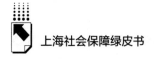

存型"向"发展型"转变，因此养老产业的发展有待朝高品质、个性化的方向发展，打造更加丰富的适老化服务产品，促进养老服务形式的转型升级。

3. 养老金融市场发展不充分

上海市养老金融的高质量发展面临市场发展不充分的挑战。依据《上海市养老服务体系评价报告（2022）》，截至 2021 年 3 月，上海市共有 12 家保险公司推出 33 款商业护理保险产品；截至 2021 年 4 月，在沪基金管理公司共成立了 54 只养老目标基金，管理规模达到 470 亿元，为 80 多万客户提供了服务。首先，养老金融产品供给不足，同质化严重。受到投资管理人配置需要等方面影响，大多数养老金融产品以混合型、固收型产品为主，多为大众金融股理财产品且产品服务周期较短，这就导致了各家金融机构养老金融产品类型单一，中长期养老服务产品匮乏。其次，养老需求释放有限。以满足多样化需求为目的的养老金融要求老年人拥有良好的经济条件。目前，更大规模的国民收入尚处于相对较低的水平，有限的国民财富积累抑制了我国养老金融市场的发展。最后，养老金资产管理能力有待提升，尽管养老金管理安全性至上，但基本养老金和企业年金的投资多采取保底保收益模式，投资趋于保守，投资收益率较低，不利于基金长期保值增值和积累壮大。

（二）医疗保障发展面临挑战

受就业新形态与人口老龄化等多重因素影响，上海市医疗保障体系存在可行优化空间。具体面临挑战如下。

1."三医联动"机制有待进一步完善

当前上海市"三医联动"机制亟待完善，改革缺乏足够的体制和政策支撑，长期护理保险仍面临问题与挑战，医疗保险基金支付面临压力。医保体制改革仍需进一步深入优化，医疗保障与医疗服务二者之间不能较好统筹；优质医疗服务资源总体上供给不足，特别是在基层层面；传统医护人员薪酬分配模式有待打破，医药流通体制仍需进一步变革；政策支持与财政支持力度存在优化空间等。上海市长护险仍然存在护理人员缺乏、护理服务机构有待进一步规范等问题，面临着制度建设是否会有力推动居家社区养老服务的发展、是否会加剧服务结构性供需不平衡、评估等级与支付金额是否匹配等未知的挑战。此外，在医疗保险基金方面，上海市医疗保障基金主要依靠政府拨付，上海市基本医疗保险仍主要处于"广覆盖、保基本"的阶段。国家基本医疗保障仅实现普惠性质的最基本的医疗给付，医保基金不支付医保目录以外的药品、耗材和治疗项目等，在医保目录内也有部分项目需居民按一定比例支付自负费用。商业保险方面，健康险赔付支出占卫生总费用虽有增长，但比重仍较低，由商业健康险承担的保障在上海市医疗总费用支出中仍然非常有限。原因在于商业健康险投保门槛与保费相对较高。二、三支柱的薄弱使得医疗保障仍存在较大缺口，政府财政压力较大。

2. 医疗服务资源配置有待优化

上海市目前优质医疗资源过于集中，医疗服务资源有待均衡配置。医疗服务资源和其他资源一样，具有稀缺性的特点，特别是优质服务资源。一方面，城市健康与医疗资源问题一直是一根敏感的"社会神经"，牵动上海市千家万户。"看病难"原因之一便在于医疗资源总体不足，配置不够均衡。在医疗卫生资源方面，部分地区缺乏区级医疗卫生中心和中医院，各新城普遍缺少专业公共卫生机构，此外，千人医疗机构床位数、千人执业（助理）医师数等也与全市平均水平有一定差距。而另一方面，市区的医疗机构发展也存在突破空间。优质医疗服务资源过于集中，存在空间受限等问题，使得优质医疗机构进一步做大做强存在瓶颈，由医疗资源拥挤引发的次生问题也随之而来。医疗资源分布不均匀，大多数病人都涌向医疗资源比较优质的少数医院，导致医患矛盾和冲突，医疗服务资源配置有待优化。

3. 城市健康体系有待完善

上海市城市健康体系有待完善。2022年发布的《城市蓝皮书：中国城市发展报告 No. 15》指出我国城市健康发展仍面临着新挑战和新问题。全球经济不确定性、极端天气事件和新冠肺炎疫情等全球问题的出现，给个体健康、社会稳定和经济韧性带来了前所未有的压力与挑战。蓝皮书指出，东部地区的万人拥有病床数居四大区域末位，大规模人口集聚和公共卫生服务资源紧缺的矛盾在东部地区城市表现得较为突出。未来，根据人口增长预期、流动趋势、年龄结构，促进城市人口与医疗资源规划配置相适应重要而紧迫。上海作为省域发展第一梯队之一，应继续以韧性治理理念为支撑，不断完善城市健康治理体系。坚持"以人为本、系统治理、科技赋能、法治保障"，加快打造上海市城市健康体系，完善以基本医疗保险为主体、医疗互助与商业健康保险共同发展的多层次医疗保障制

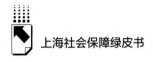

度体系，率先走出一条具有中国特色、体现时代特征、彰显社会主义制度优越性的超大城市健康治理之路，是后续城市健康发展的重要方向。

（三）就业保障发展面临挑战

1. 多方联动就业促进服务体系有待完善

上海市多方联动的就业促进服务体系有待健全。高校—市场—政府需联动互通，共同致力于健全就业服务体系。受新冠肺炎疫情影响，上海市第四次经济普查显示，上海市法人单位第二、三产业从业人员1170.91万人，比2013年增加37.17万人，增长3.3%，远远低于第三次经济普查8.9%的增幅。我国经济直线下滑，对上海市就业的周期性影响还在持续。虽当前疫情政策已优化放开，但大量企业停工停产许久或是断续营业，对人力、物力成本的冲击很大。仍在营业的企业招聘意愿不高，部分企业减员加剧，第二、第三产业不断调整盈利模式，多数从业人员向其他产业转行。市场预期不稳，活力十分不足，使得经济无法充分增长，从而形成恶性传导链，阻碍了就业增加。消费者消费意愿降低，劳动力市场人员缺乏，疫情防控期间，劳动者的就业范围受限，摩擦性失业增加，就业问题凸显。上海市高校毕业生就业科学指导服务体系也需完善，大多数高校并未对学生就业保障工作有清晰的认知与规划，只注重就业率的提升，将其当作评价教学质量的黄金标准，而忽视了就业质量。高校开展的就业相关讲座、培训大多只是做表面文章，未能使对未来充满迷茫的学生真正学习到如何择业。有关就业信息的发布并未真正起到作用，仅仅是发在学生群、公众号里，很多大学生忽略这些信息，因此传播效果较差。就业保障工作较为形式化，缺乏工作重心，只是组织一些招聘会和就业指导讲座，并未构建完善的大学生就业指导服务体系。

2. 就业培训模式仍需优化

上海市就业培训管理体系、培训模式都有进一步提升的空间，须提高培训质量。当前就业培训模式还存在内容宽泛而不精、模式老旧固化等问题。培训部门对所培训人员的个性、特点并未有清晰的认知，从而难以制定针对性的培训策略，无法加强对于综合素质的培优。当前在培训过程中的实时监督与反馈力度不足，未能使每一个培训阶段充分发挥作用。培训结束后，对于培训结果进行科学客观的评估十分必要，分析下一步是应对培训结果进行优化提升还是及时整改。其后，对于培训人员工作成果进行奖惩。开展这一工作，不仅有助于培训队伍建设，还能够增强社会公众对政府就业培训的重视和认可，提高投入度和积极性。此外，对于就业培训模式应加大创新力度，设置就业培训资源库。广大受训对象可根据自身特点，进入资源库个性化地选择适合自己的培训课程，在提高培训效率的同时，又优化了培训模式。同时建立企业补贴模式，提高企业培训积极性。线上培训模式极大地弥补了线下就业培训模式所耗费的人力成本和管理成本，同时也突破了培训工作开展的时间和地域限制，具有明显优势，已然成为就业培训发展的主流趋势。

3. 新业态从业人员处于就业保障"灰色地带"

新业态从业人员就业保障缺失，劳动关系模糊。2022 年，上海正规就业人数超过 1082 万，新增就业岗位近 60 万个，这份成绩单得益于灵活就业规模的不断增加。而新业态从业人员的劳动保障依然不足或缺失。在补充保障机制方面，住房公积金、企业年金等补充保障机制同样采用单位和劳动者共同缴纳的方式，不适用"多雇主""无雇主"特征的新业态就业人员。[①] 当前，上海市新业态就业人员的社会保障仍处于初级阶段，还存在劳动关系法律认定模糊、劳动关系与社保关系捆绑下的权责不清晰、社会保险制度设计对人员需求的不适应等诸多问题，使得该群体游离在主流社会保障制度之外的"灰色地带"。现行社会保险制度设计与新业态就业人员的需求也不相适应，现行社会保险制度的参保方式、缴费分担和缴费基数等，对新业态就业人员进行参保来说比较棘手，使得新业态就业人员参保出现"硬缺口"、结构性失衡和脱保现象。[②] 跨地区、跨部门、跨系统的社保数据共享与业务协同存在壁垒，不便于社会保险关系转接。

（四）社会福利发展面临挑战

1. 普惠性福利体系仍需完善

上海市普惠性的儿童福利体系和老年福利体系尚不健全，需要不断提升福

---

① 王立剑：《共享经济平台个体经营者用工关系及社会保障实践困境研究》，《社会保障评论》2021 年第 3 期，第 12~22 页。
② 汤闳淼：《平台劳动者参加社会养老保险的规范建构》，《法学》2021 年第 9 期，第 164~175 页。

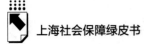

利水平。"十四五"时期是推进儿童福利和未成年人保护的重大机遇期。目前,我国还没有关于儿童福利方面的法律规范,针对儿童权利和义务的法律主要是未成年人保护和教育等方面。在儿童福利的政策方面还没有较高层次针对儿童的立法支持,难以对儿童形成普遍的福利保障。在儿童福利监测服务方面,需要做到经济支持和情感、心理支持相结合。儿童遭到侵害的事件时有发生,家庭和社会需要给予教育和关心,儿童福利监测应多着眼于事前预防和事中监管,对于农村中的留守儿童,更要给予其情感关怀和教育保障。普惠性的老年福利体系也面临着不小的挑战。上海是我国最早进入人口老龄化社会的城市,也是我国人口老龄化程度最高的城市,2021年上海市65岁及以上户籍老年人口抚养系数为43.3%,近十年均高于全国平均水平。社会保障体系尤其是福利性养老保障体系不健全。一些老年人在退休后离开工作环境会产生暂时的孤独感和不安全感,会有心理方面的需求,渴望获得爱与尊重,刚退休的健康老人希望为家庭和社会发挥作用,高龄老人由于身体机能衰退可能无法保障自身的生理安全。

2. 少子化呼唤生育配套政策

2022年,上海户籍人口的总和生育率为0.7,少子化的趋势明显,少子化对经济发展和社会变迁具有重要影响。由于工作压力和生育成本增加等原因,适龄男女青年结婚难,生育意愿较低。"全面二孩"政策没有对生育率产生显著的长效影响,长此以往,劳动力供应不足,会对经济发展产生消极影响。国家需要制定相关政策逐渐降低夫妇的生育、养育和教育成本,来激励适婚青年夫妇生育。少子化与生育意愿关联,应通过相应的生育福利政策来激发已有一个或两个孩子夫妇的生育意愿,让想生孩子的夫妇具有选择生育孩子数量的权利。现有的四二一式的家庭人口结构可能会导致子女赡养老人的压力增大,空巢老人的数量增多,这不利于人口的良性发展。我国的经济不断发展,作为超大城市,上海居民的生活和经济压力会相对更大,生育成本逐渐提高,孩子的养育成本和教育成本加大,不断增加的经济压力会挫伤夫妇的生育积极性,政府需要对适龄生育夫妇提供孩子养育和教育方面的补贴。2022年我国人口迎来首次负增长,广东省在2022年12月实行育儿假政策,规定子女3周岁内,父母每年都能各享受10天育儿假,政府提供相应的育儿支持,一定程度上激发了民众的生育意愿。目前上海市生育津贴较为单一,没有对家庭提供全过程的育儿支持,没有设立差异化的补贴标准，还没有为父亲设立与母亲相同的育儿假，根据社会结构和现实情况，生育津贴需要进行动态化调整。政府应提供与生育相关的教育和住房福利，对生育二孩以上家庭给予购房优惠，延长义务教育年限等。

3. 慈善事业发展有待进一步推进

上海市慈善事业蓬勃发展，但在法治政策环境、专业人员队伍培养和政社合作机制方面还需要进一步发展。慈善事业能够引发公众对于社会问题的关注，进而激励公众更主动地加入其中，自愿参与共同富裕实践。慈善事业可以使公民积极参与第三次分配，对社会财富进行第三次分配可以促进实现社会公平，合理的分配制度是促进共同富裕的基础性制度，慈善事业能够促进社会物质财富在不同群体间的重新分配，有助于不同社会群体实现共同富裕。助力慈善组织、公益组织等第三次分配作用发挥的法治政策环境还需进一步优化，慈善行为、公益服务的法治保障氛围不够浓厚，影响了公民参与第三次分配的积极性。① 慈善专业人才队伍还未建立，志愿服务人员的专业性和规范性有待加强，福利资源的传递机制还需进一步优化。慈善事业吸纳社会组织等市场力量时要防止"过度市场化"问题，政府要掌握政社合作中的主动权，发挥第三次分配的利他性。在慈善信托的监督管理中要避免信托基金被慈善信托受托人滥用，应制定实质性的监督方案；随着慈善组织的数量增加，需要对新增的慈善组织进行统一管理；需要对社会组织的受捐赠金额进行合理的预算和使用监督，福彩公益金用于儿童和残疾人的支出较少，应对市本级的支出进行平衡。

（五）社会救助发展面临挑战

1. 社会救助目标转换困难

社会救助的基本目标是保证居民的基本生活水平，帮助个人或者家庭度过生活瓶颈期，促进社会公平，维护社会和谐稳定。随着社会经济的发展，区域性整体贫困得到解决，完成了消除绝对贫困的艰巨任务，② 但相对贫困的问题

---

① 王卓、常进锋：《福利多元主义视角下第三次分配的现实困境与治理路径》，《中州学刊》2022 年第 9 期，第 83~92 页。

② 《习近平：在全国脱贫攻坚总结表彰大会上的讲话》，中国政府网（2021 年 2 月 25 日），http：//www.gov.cn/xinwen/2021-02/25/content_5588869.htm？ivk_sa=1023197a，最后检索时间：2023 年 2 月 25 日。

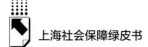

仍然突出。因此,当前社会救助制度应当开始转向相对贫困治理的目标。社会救助要想在新阶段的反贫困战略中发挥作用,也当对其目标进行更新,但目前我国的社会救助目标还停留在上一阶段消除绝对贫困层面,目标转换还存在一定困难:认识和提升社会救助对相对贫困消除的适应度还不高。现有研究没有精准剖析社会救助目标转向,缺乏对社会救助微观的审视,导致其目标可能会简化为针对反绝对贫困,社会救助应对相对贫困的目的性与可操作性不强。①相对贫困治理的经验和功能有所缺乏。由于我国现行社会救助以反绝对贫困为目标,因此社会救助主要发挥保障生存的功能。救助水平长期偏低,难以解决相对贫困问题。反相对贫困意味着救助标准需要提高,而救助对象也会因此增加。②这些问题势必会增加社会救助的负担和任务,导致目标转型困难。

2. 社会救助水平和覆盖面有待提高

社会的发展使人们对社会救助的水平提出更高层次的要求。尽管社会救助体系已经在兜底线、救急难、保民生方面发挥了重要作用,但受新冠肺炎疫情影响,失业的人数急剧增加。综合经济社会发展和困难群众基本生活需要等因素,2022年上海市切实提高低保标准,从每人每月1330元调整为1420~1430元。③虽然该标准已经提高,但上海作为全国一线城市,人们的生活成本相对较高,现有标准只能为受助对象起到保障基本生活需要的作用,距离帮助他们摆脱贫困或者防止返贫还有很长一段路要走。除此之外,在实行社会救助制度时,上海大多采取"人找政策"的方法,即由申请者提出救助申请后,相关单位进行审核,并对符合条件的申请对象给予规定的救助,在这种情况下,对社会政策了解较少或不知晓的困难群体利益无法得到保障,便出现了社会救助覆盖面缺口。④随着我国社会保障制度的不断完善,社会救助项目的覆盖面和资金支

① 陈业宏、郭云:《新发展阶段社会救助的目标转向与改进》,《贵州财经大学学报》2022年第6期。
② 张浩淼:《从反绝对贫困到反相对贫困:社会救助目标提升》,《山西大学学报》(哲学社会科学版)2020年第5期。
③ 《"调整低保及相关救助标准"重大决策项目风险评估报告》,上海市民政局网站(2022年11月4日),https://mzj.sh.gov.cn/zd_fxpg/20221104/d1b959d15391499aa5ff40a7fbea3b2c.html,最后检索时间:2023年2月25日。
④ 薛峰:《从消极到积极救助:我国社会救助制度发展中的问题与完善路径》,《北京劳动保障职业学院学报》2022年第3期。

出规模也不断扩大，但由于救助资金不足、救助能力有限，出现支出规模不够、覆盖面偏低等问题。① 这些问题的解决有利于进一步提升社会救助水平。

3. 社会救助形式有待丰富

为深入贯彻落实党中央、国务院关于改革完善社会救助制度的决策部署，切实兜住兜牢基本民生保障底线，民政部决定在全国开展社会救助改革创新试点工作。其中上海市是长三角地区社会救助服务改革的创新综合试点。② "十三五"时期，虽然很多政府部门都把服务救助放在社会救助中的重要位置，并提出了要加快发展社会救助事业，但迄今为止社会救助项目基本以现金和实物救助为主。③ 社会救助服务有很多种形式，主要包括生活帮扶、心理疏导、精神慰藉、资源链接、能力提升、社会融入等多样化、个性化服务，但目前我们实施的服务救助的项目比较单一。仅仅采用单一的现金和实物救助方式不仅无法满足救助对象多元化的救助需求，而且无法对困难家庭采取有针对性的救助帮扶措施。④ 除此之外，不同的社会救助项目分属不同管理部门，导致社会救助制度"碎片化"明显，⑤ 不同救助项目的业务经办方式不尽相同，统一的制度经办机制尚未建立，各个业务系统之间缺乏规范性的联系，信息和资源共享遭遇瓶颈。因此，探索多元化服务救助方式和建立跨部门救助经办整合机制是今后社会救助优化改革的重中之重。

（六）应对重大公共卫生事件面临挑战

1. 重大公共卫生事件响应机制有待完善

在疫情防控工作中，上海坚决贯彻习近平总书记重要指示精神，直面各种

---

① 郭如良、叶晔：《乡村振兴进程中农村社会救助的现实困境和优化向度》，《内蒙古电大学刊》2022 年第 4 期。
② 《民政部办公厅关于开展社会救助改革创新试点工作的通知》，中华人民共和国民政部网站（2020年 11 月 4 日），https://www.mca.gov.cn/article/xw/tzgg/202011/20201100030502.shtml，最后检索时间：2023 年 2 月 25 日。
③ 关信平：《"十四五"时期我国社会救助制度改革的目标与任务》，《行政管理改革》2021年第 4 期。
④ 林闽钢：《兜牢基本民生保障底线 推动社会救助高质量发展——党的十八大以来我国社会救助发展进程》，《中国民政》2022 年第 15 期。
⑤ 关信平：《朝向更加积极的社会救助制度——论新形势下我国社会救助制度的改革方向》，《中国行政管理》2014 年第 7 期。

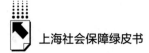

困难和挑战，以坚决的态度、彻底的措施、迅速的行动，取得了疫情防控和经济社会发展双胜利。重大公共卫生事件影响范围广、影响程度大，上海市需要有足够完善的相应机制才能应对事件带来的冲击。城市是人民的聚集空间和各种活动的汇聚点，上海每年都要承载大量的常住人口以及外来流动人口，有效预防、解决重大公共卫生事件和修复事件发生后城市功能体现出城市应对重大公共卫生事件的能力，也是在维护人民正常生活的前提下提高人民生活品质的关键因素。在重大公共卫生事件发生时，上海市能够做到维持正常社会秩序，生产活动正常展开，而响应机制仍有提升空间。首先，其重大公共卫生事件风险评估机制有待完善：在事件发生之前做好风险评估，提前预防，降低事件对上海市民生活冲击程度。其次，重大公共卫生事件响应效率有待提高：管理人员应当熟悉相关管理条例，做好物资储备工作，当事件发生时能够及时高效做出反应。除此之外，重大公共卫生应急保障体系有待完备：[①] 当事件发生时应当有足够的能力、充足的人力以及物力去应对，解决当下所需，保证上海市各方面都能正常运行。上海作为一个特大城市，面对重大公共卫生事件应当有足够完善的风险评估机制、足够快的响应效率以及足够完备的应急保障体系，做好事前预防、事中应对以及事后的修复完善工作，保障人民正常生活，提高人民生活品质。

2. 推进重大公共卫生事件韧性治理进程

目前上海市针对重大公共卫生事件的治理模式偏向于"刚性"治理模式，而"韧性"治理模式的应变能力和治理效果要强于"刚性"治理模式。[②] 上海市是中国最大的经济中心城市，承载着大量人口的经济活动。《上海统计公报》显示，2021 年，上海市仅常住人口总数就达到了 2489.43 万人，一旦发生重大公共卫生事件，将对人民生活质量和社会经济发展构成极大威胁。以往采取的"刚性"治理模式适用于有迹可循的传统卫生事件，规章制度的灵活机动程度相对于重大公共卫生事件则稍显不足，"韧性"治理模式能够更加机动地采取措施治理城市。城市应对重大公共卫生事件韧性的相关影响指标有灾

① 刘志东、高洪玮、王瑶琪、荆中博：《"新冠肺炎疫情"背景下我国突发公共卫生事件应急管理体系的思考》，《中央财经大学学报》2020 年第 4 期，第 109~115 页。

② 盖宏伟、牛朝文：《从"刚性"到"韧性"——社区风险治理的范式嬗变及制度因应》，《青海社会科学》2021 年第 6 期，第 119~127 页。

害应急预案、公共医疗设施、疾控体系以及经济水平等，[①] 以 2022 年上半年的疫情为例，在疫情冲击下上海市暴露出了管理工作中有待改善的方面：基层社会治理能力不足、物资管理秩序需规范、医疗设施不足以及医务人员超负荷运转都是上海市亟须直面和解决的关键问题。基层组织经验和能力不足会导致难以在突发重大公共卫生事件时有效缓解群众紧张情绪，针对群众个性化需求提出及时有效的解决方案；物资管理秩序不够规范会导致民众在面对突发的重大公共卫生事件时容易出现哄抢生活必需品和药品的现象；而医疗水平和疾控体系则关系在重大公共卫生事件发生时，病人是否能够得到及时的救治，医疗资源是否能够满足民众需求、保障民众生命安全。为落实党的二十大报告中提出的增进民生福祉、提高人民生活品质的嘱托，上海市应当推进重大公共卫生事件韧性治理进程，将被动的应对和防御治理模式转变为主动、持续的学习和适应治理模式。

3. 推进重大公共卫生事件数据服务生态系统构建

重大公共卫生事件事关社会的舆论导向和政府的管理效率，目前，上海市支撑其治理公共卫生事件的重大公共卫生事件数据服务生态系统还存在"断头路"问题，导致信息阻塞，给上海政府的管理带来难度。[②] 信息阻塞让上海在面对重大公共卫生事件时难以合理分配资源、控制资源流向，造成物资难以按需分配。在重大公共卫生事件发生期间，物资的供应影响着居民的生活状况，在上海 2022 年上半年疫情期间，出现了部分物资囤积在中转站而居民物资短缺的现象。一边是亟待发出的物资，另一方是急需物资的居民，中间的信息断联正是造成这一现象的主要原因之一。除了物资这种居民生活的刚需，信息的流通也影响着居民的生活秩序。疾控服务点的分布、卫生事件对居民身体的负面影响程度、药品的发放和购买地点，都是与居民生活息息相关的信息。当这个生态系统处于一种"亚健康"的状态时，消极舆论开始传播从而引起大面积的社会恐慌。而上海想要解决这些问题也需要积极推进重大公共卫生事件数据服务生态系统构建。在"互联网+"的大背景下，打通现存的信息"断头路"，打破"信息孤岛"，拓宽各个区域的信息通道，同社会组织和居民联通，在保证公众信息安全

---

① 王磊、王青芸：《韧性治理：后疫情时代重大公共卫生事件的常态化治理路径》，《河海大学学报》（哲学社会科学版）2020 年第 6 期，第 75~82 页。

② 薛翔、赵宇翔、朱庆华、应峻、郝世博：《基于公众科学模式的重大公共卫生事件开放数据服务生态系统构建》，《图书情报工作》2022 年第 4 期，第 33~44 页。

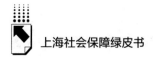

的前提下共享公共卫生信息数据，加强信息公开透明度，提升治理重大公共卫生事件管理效率，稳定社会秩序，提高上海治理重大公共卫生事件水平。

三　上海社会保障事业改革与发展的趋势研判

目前，我国发展仍然处于重要战略机遇期，但机遇和挑战都有了新的发展变化。一方面，国际力量对比不断调整，新一轮科技革命和产业变革深入发展，人类正经历着百年未有之大变局；另一方面，全球和平和发展的呼声依然高涨，人类命运共同体理念深入人心。与此同时，我国发展所面临的国际环境日趋复杂和严峻，经济社会发展的不确定性明显增加。

全面建成小康社会以后，我国进入了新的发展阶段，高质量发展和高品质生活成为新时代的发展目标。中国特色社会主义制度的优势显著，国家治理效能的稳步提升，经济长期向好，发展韧性强劲，社会大局稳定，为我国的社会保障事业高质量发展奠定了坚实基础。

上海是世界观察中国的一个重要窗口，肩负着国家赋予的重大使命任务，正处在构筑未来发展战略优势的关键阶段。完整、准确、全面贯彻新发展理念，构建新发展格局，推动高质量发展是上海未来发展面临的艰巨任务。上海要把握发展机遇，积极应对挑战，审时度势，持续深化社会保障制度改革，推进社会保障事业高质量发展，为加快建设具有世界影响力的社会主义现代化国际大都市奠定坚实基础。

（一）上海社会保障高质量发展的宏观环境分析

1.上海社会保障事业高质量发展的制度环境不断优化

当前，上海社会保障事业高质量发展面临的国内外宏观环境总体向好。党的二十大报告提出了"人民至上"的发展原则，明确了在中国式现代化新征程中要"健全覆盖全民、统筹城乡、公平统一、安全规范、可持续的多层次社会保障体系"的发展目标，为我国社会保障事业高质量发展指明了正确方向，奠定了良好的政治基础。近年来，党和政府高度重视民生，重视社会保障工作，颁布了《中共中央关于制定国民经济和社会发展第十四个五年规划和二〇三五年远景目标的建议》《中华人民共和国国民经济和社会发展第十四个五年规划和 2035 年远景目标纲要》《人力资源和社会保障事业发展"十四五"规划》《中华人民共和国社会保险法（2018 年修正）》《"健康中国 2030"规划纲要》等一系列法律法规和政策文件，提出了中国式现代化新征程中推进社会保障事业高质量发展的总体思路、主要目标、重大政策举措和重点任务，这使上海的社会保障事业高质量发展获得了良好的制度环境。

2. 上海社会保障事业高质量发展的社会氛围更加浓厚

党的二十大报告提出："必须坚持在发展中保障和改善民生，鼓励共同奋斗创造美好生活，不断实现人民对美好生活的向往。"这就明确了中国式现代化进程中要切实"实现好、维护好、发展好"最广大人民根本利益。我国各级政府紧紧抓住人民最关心最直接最现实的利益问题，坚持尽力而为、量力而行，推动了社会保障服务体系不断完善，着力解决人民群众急难愁盼问题。

近十年来，上海在扎实推进全民共同富裕的道路上，政府、社会和市场多元主体在幼有所育、学有所教、劳有所得、病有所医、老有所养、住有所居、弱有所扶等一系列社会保障项目上协同推动，上海的社会保障供给水平和均等化水平持续提高，社会保障资源均衡性和可及性不断增强。上海市民生活获得全方位改善，人民群众获得感、幸福感、安全感更加充实、更有保障、更可持续，共同富裕的理念开始深入人心，社会保障浓厚的社会氛围已然形成。

3. 上海社会保障事业高质量发展的经济基础不断夯实

目前，上海正以实施国家战略任务为牵引，以推进长三角一体化发展战略为契机，以强化"四大功能"、深化"五个中心"建设为主攻方向，加快提升城市能级和核心竞争力。上海将着力打造国内大循环的中心节点和国内国际双循环的战略链接，加快建设具有世界影响力的社会主义现代化国际大都市步伐。2022 年，虽然上海经济受到新冠疫情的严重影响，但是经济发展表现出了很强的韧性，新产业、新技术蓬勃发展，经济运行在合理区间，经济发展规模达到了新的高度。全市常住人口 2489.43 万人，其中，户籍常住人口 1457.44 万人，GDP 达到了 43214.85 亿元，民生持续改善，全年全市居民人均可支配收入 78027 元，其中，城镇常住居民人均可支配收入 82429 元[1]，处

---

① 《2021 年上海市国民经济和社会发展统计公报》，https：//mp. weixin. qq. com/s？ src = 11&timestamp = 1677403931&ver。

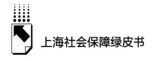

于全国领先水平,这都使得上海的社会保障事业发展获得了良好的经济基础,也为社会保障基金的可持续发展提供了经济保障。

(二)上海养老保障事业高质量发展的趋势分析

从国家层面看,我国人口老龄化程度持续加深,"十四五"期间新退休人数将超过4000万人,劳动年龄人口净减少3500万人,养老保险基金可持续发展面临重大考验。党的十九届五中全会明确提出"实施积极应对人口老龄化国家战略",习近平总书记指出:"让老年人老有所养、生活幸福、健康长寿是我们的共同愿望。"党的二十大提出"发展多层次、多支柱养老保险体系"。《中华人民共和国国民经济和社会发展第十四个五年规划和2035年远景目标纲要》专门设置"实施积极应对人口老龄化国家战略"章节。此外,中共中央、国务院印发《国家积极应对人口老龄化中长期规划》《中共中央 国务院关于加强新时代老龄工作的意见》。上述规划和政策文件颁布,表明了党和国家高度重视应对人口老龄化的国家战略,从国家层面顶层设计并全面部署了我国养老保障制度改革发展战略。

国家层面的战略部署为上海推动养老保障事业发展、实现养老保障事业的高质量发展,提供了明确的发展目标和工作要求。上海作为人口深度老龄化的城市,截至2021年12月31日,全市户籍人口1495.34万人。其中,60岁及以上老年人口542.22万人,占总人口的36.3%;65岁及以上老年人口402.37万人,占总人口的26.9%;70岁及以上老年人口247.76万人,占总人口的16.6%①。积极应对人口老龄化,加快养老保障事业的改革发展,是上海未来一段时期发展进程中的重要战略任务。

1. 发展多层次、多支柱养老保险体系

从发展趋势看,上海将全面贯彻落实国家应对人口老龄化的战略部署,多层次、多支柱的养老保险体系将获得进一步完善,上海将逐步做实"三支柱"养老保险模式。

第一,以"三支柱"为特征的养老保险体系将进一步完善。随着我国的个

---

① 《上海市老年人口和老龄事业监测统计报表制度》,http://wsjkw.sh.gov.cn/tjsj2/20210406/0f6de6e72a424aa59c4723abc2186dae.html。

人养老金制度启动，企业和职业年金制度将获得较快发展，基本养老保险也将进一步完善。基本养老保险筹资和待遇调整机制将进一步健全，城乡居民基本养老金标准将逐步提高。划转国有资本充实社保基金制度进一步完善，社会保障战略储备基金优化做强。企业年金覆盖率进一步扩大，个人养老金制度改革持续推进，养老金融市场发展进一步加快，商业保险等养老金融在养老领域的作用进一步增强，在政策以及市场的推动下，我国养老金融行业发展前景良好。

第二，基本养老保险全国统筹制度将建立并逐步完善。随着我国基本养老保险全国统筹制度改革启动和推进，养老保险覆盖面将持续扩大，基本养老保险基金将获得长期平衡。上海将出台基本养老保险全国统筹的具体实施方案，灵活就业人员参保条件将逐步放宽，养老保险进一步从制度覆盖转向人群覆盖，基本养老保险筹资和待遇调整机制将进一步完善。

第三，渐进式延迟法定退休年龄改革将落地。随着我国渐进式延迟法定退休年龄已经从政策研究步入具体的落实阶段，上海将加快落实国家政策，并将提出具有上海特点的地方具体实施方案。

2. 上海的养老服务体系将不断完善

第一，上海将加快推动养老服务体系建设。上海推动积极老龄化、健康老龄化理念融入经济社会发展全过程，在全社会大力提倡尊敬老人、关爱老人、赡养老人，切实解决老年服务中的"急难愁盼"问题，使所有老年人都能实现"老有所养、老有所依、老有所乐、老有所安"。上海大力发展老龄事业，使所有老年人都能享有幸福美满的晚年。"十四五"期间，上海养老服务资源投入和服务设施将进一步扩大，全社会适老化改造将进一步加快，将建成一大批城乡老年友好社区，基层社区的养老服务能力和水平将不断提升，全社会接纳、尊重、帮助、关爱老年人的氛围更加浓厚，老年人自尊、自立、自强的自爱意识将进一步增强，这些举措将推动上海的养老服务质量持续提升。

第二，上海养老产业和养老金融市场前景广阔。随着上海老龄化程度持续加速，养老服务的需求不断扩大，养老服务产业就有了广阔的市场，在政府的政策引导下，上海的养老服务产业将有一个较快的发展。同时，随着"三支柱"养老保险模式进一步完善，上海市民对养老储备意义的认知度不断提升，养老金融市场需求持续放大，养老金融产业的发展前景非常广阔。遵循养老服务市场发展规律，优化调整产业发展路径，完善养老金融市场激励和监管政策，上海养老服务产业将获得高质量发展，并成为引领上海经济社会发展的重要支撑力量。

（三）上海医疗保障事业高质量发展的趋势分析

医疗保障是人民健康的重要条件。健康是促进人的全面发展的必然要求，是经济社会发展的基础。党的二十大明确提出了"推进健康中国建设"，把保障人民健康放在优先发展的战略位置，完善人民健康促进政策。此外，中共中央、国务院颁发了《"健康中国2030"规划纲要》《健康中国行动（2019-2030年）》《中共中央国务院关于深化医药卫生体制改革的意见》一系列政策文件和规划。党和国家的政策要求将有力推动上海医疗保障高质量发展。

1. 上海多层次医疗保障体系将进一步完善

第一，上海将加快推动医防协同、医防融合机制创新。上海将持续深化医药卫生体制改革，促进医保、医疗、医药协同发展。深化以公益性为导向的公立医院改革，规范民营医院发展。积极发展商业医疗保险，促进中医药传承创新发展。分级诊疗制度和家庭医生制度将进一步完善，家庭医生"三医联动"改革持续深化。

第二，上海优质医疗资源扩容和区域均衡布局将进一步推进。医疗卫生服务资源配置将进一步优化，城乡医疗资源将进一步均等化。医疗卫生公共服务更加优质均衡，多层次医疗保障和卫生服务体系进一步完善，基本实现健康公平，市民健康水平进一步提高，上海正逐步成为亚洲医学中心城市和亚洲一流的健康城市。

第三，上海公共卫生体系进一步健全。上海强化了重大疫情防控救治体系和应急能力建设，重大疫情早发现、早预防、早控制的能力不断提高，有效遏制重大传染性疾病传播。上海加强重大慢性病健康管理，基层社区防病治病和健康管理能力稳步提升。

第四，互联网和人工智能技术赋能智慧医疗快速发展。互联网、人工智能和集成电路是上海重点发展的战略性新兴产业，智慧医疗服务是上海推动高质量医疗服务发展的关键领域，获得了上海市区两级政府的政策加持，智慧医疗服务的快速发展为上海医疗服务高质量发展奠定了重要基础。

2. 上海健康城市建设步伐将进一步加快

第一，持续加快建设亚洲一流健康城市。上海全面贯彻落实健康中国战略，提出了建设亚洲一流健康城市的目标，颁布了《"健康上海2030"规划纲要》，提出到2030年健康融入所有政策，形成比较完善的全民健康服务体系、制度体系、治理体系，实现健康治理能力现代化。上海出台了一系列促进健康医疗卫生事业发展的文件和规划以及相关的政策措施，上述政策措施落实，将极大推动上海医疗保障事业的高质量发展，切实推进上海健康城市建设，为进一步提高全体市民的健康水平奠定了制度基础。

第二，覆盖全体市民的健康服务体系将进一步完善。上海推动健康与经济社会协调发展，持续改善健康公平，人人享有高质量的健康服务和高水平的医疗保障，市民健康水平和生活质量不断提升，人均健康预期寿命达到全球城市的先进水平。随着上海健康城市建设行动方案的有效实施和持续推进，上海倡导文明健康生活方式，深入开展健康中国行动和爱国卫生运动，推动市民的健康意识和自我健康管理能力不断增强，上海城市健康服务能力和水平将持续提升，逐步成为全球健康城市的典范。

第三，大健康产业将成为经济的支柱产业。上海市区两级政府支持大健康产业发展，推动打造了健康智谷、东方美谷等一批健康产业集聚区。上海生命健康科技也获得了快速发展，人工智能、生物医药技术广泛应用于健康产业，推动健康产业成为上海六大支柱产业之一。

（四）进一步完善高质量就业保障体系的趋势分析

就业是最大的民生，也是经济发展最基本的支撑。国家层面的战略部署和就业促进政策、上海经济高质量发展的趋势，为上海进一步完善就业创业促进政策，完善高质量就业服务体系，实现更加充分、更高质量就业提供了制度保证和经济社会基础。

1. 就业优先战略的实施，为高质量充分就业奠定基础

党的二十大提出"实施就业优先战略"，国务院印发了《"十四五"就业促进规划》，党和国家高度重视就业问题，始终将促进就业摆在经济社会发展优先位置，创新实施就业优先政策。上海贯彻落实国家就业优先战略，强化就业优先政策，推动了就业公共服务体系建设，健全就业促进机制，推动高质量

充分就业。

2.上海经济稳中向好的发展趋势，为就业长期稳定创造了良好条件

目前，上海加快推动国内国际双循环主要节点的建设，构建了新发展格局，随着新一轮科技革命和产业变革深入发展，新兴就业创业机会日益增多，新的就业增长点不断涌现，劳动力市场协同性增强，劳动力整体受教育程度上升，社会性流动更加顺畅，为促进就业夯实了人力资源支撑。

3.上海重点群体就业支持体系将进一步完善

上海进一步完善了创业带动就业的保障制度，支持和规范发展新就业形态，劳动者权益保障将不断加强，社会保障将覆盖灵活就业和新就业形态劳动者。上海困难群体就业兜底帮扶工作将获得进一步强化。

（五）城市社会救助和社会福利体系改革发展趋势分析

社会救助和社会福利体系建设，是上海现代化国际大都市建设的重要内容之一。近年来，上海全面贯彻落实党和国家在社会救助与社会福利体系建设方面的战略部署，进一步完善超大城市社会救助和社会福利体系，推动社会救助和社会福利体系建设与社会主义现代化国际大都市建设相匹配，上述措施将为上海推动社会救助和社会福利制度的深化改革与高质量发展奠定重要基础。

1.党和国家对社会救助和福利事业提出了明确的战略部署

党的二十大报告提出"健全分层分类的社会救助体系。坚持男女平等基本国策，保障妇女儿童合法权益。完善残疾人社会保障制度和关爱服务体系，促进残疾人事业全面发展"。民政部与国家发展和改革委员会印发了《"十四五"民政事业发展规划》，提出了"健全社会救助制度体系"。上海全面贯彻落实党和国家战略部署，持续推进社会救助和社会福利体系建设，兜底线、精准化、发展型的现代社会救助体系将不断健全。

2.上海实施了基层社会救助服务能力提升工程

上海加快建设分层分类社会救助体系，基层社会救助能力将显著提升，基本生活救助标准动态调整机制进一步完善，社会救助服务供给持续扩大，城乡一体化的社会救助体系将进一步完善。覆盖全体市民的普惠性福利体系更加完善，生育促进政策体系更完善。上海的慈善事业也将加快发展，推动社会救助、社会福利制度同慈善事业制度有机衔接，慈善事业在保障改善民生中的积极作用进一步发挥。同时，上海全面贯彻落实党的二十大提出的"坚持房子是用来住的、不是用来炒的定位，加快建立多主体供给、多渠道保障、租购并举的住房制度"。上海的住房保障制度将持续完善。

（六）加快社会保障事业数字化转型的趋势分析

推动社会保障事业的数字化转型将极大提升上海社会保障事业的服务功能。上海贯彻落实国家提出的构建多网融合、稳定运行、安全可信的社会保障网络和信息基础设施大平台，提供统一云服务和安全保障。上海构建普惠便捷的数字社会保障体系步伐持续加快，数字社会保障服务不断优化，着力推动社会保障体系数字化转型，实现数字社会保障体系高质量发展。

1. 上海加快社会保障事业的数字化转型建设

上海推动城市数字化转型，智慧城市和智慧社区建设持续推进。社会保障信息平台建设必将进一步加强，社会保障智慧治理进一步完善。城市数字化转型将带动社会保障领域公共管理和公共服务精准化、智能化、便捷化水平全面提升，为上海市民提供高效、优质、便捷的社会保障信息服务。

2. 上海将进一步推动更多社会保障服务事项

"一网通办""跨省通办""就近可办"，实现网上可办率达到80%。保留对老年人等特殊群体的线下窗口和服务渠道，进一步畅通同群众、企业的互动渠道，提升社会保障服务便捷度，增强群众获得感。

综上所述，上述国内外社会保障事业发展的宏观形势表明，上海社会保障事业发展具有多方面优势和条件，同时还面临着复杂性和诸多不确定性，发展不平衡不充分问题仍然突出，推进社会保障高质量发展还有许多卡点瓶颈。

四 推动上海社会保障制度改革发展的政策建议

党的二十大吹响了全面建设社会主义现代化国家的进军号，发出了以中国式现代化全面推进中华民族伟大复兴的动员令。加快建设具有世界影响力的社会主义现代化国际大都市，是上海投身全面建设社会主义现代化国家宏伟事业的使命担当。在中国式现代化新征程中，上海要把社会保障事业发展的国家战略综合优势更好地转化为上海社会保障高质量发展的胜势，推动社会保障事业高质量发展，在城市经济社会发展中保障和改善民生，完善社会保障体系，统筹提高养老金、医保、低保等社保待遇标准，不断实现市民对美好生活的向往，打造超大城市社会保障高质量发展的"上海模式"。为此，上海要积极面对发展的重大机遇和严峻挑战，在危机中育先机、于变局中开新局，面向未来，高起点谋划，推动社会保障事业高质量发展，为经济社会发展提供坚实保障。

（一）进一步完善多层次、多支柱、可持续的养老保障体系

1. 稳步推进养老保险"三支柱"建设

上海要抓住国家个人养老金制度实施的契机，推动上海养老保险二、三支柱建设，构建上海超大城市"三支柱"养老保险制度框架。进一步完善城镇职工基本养老保险制度，深化养老金筹资和支付方式改革，逐步扩大划转国有资本充实社保基金规模，进一步发挥"第一支柱"保障老年人基本生活的功能。进一步完善机关事业单位职业年金制度，不断扩大企业年金覆盖面，发挥"第二支柱"补充养老保险的重要功能。加快推进个人养老金制度实施，加大个人养老金宣传力度。加大商业养老保险支持力度，积极培育市民养老责任意识，激励市民购买个人养老金和商业养老保险。支持金融机构设计具有吸引力的商业养老保险产品，实现养老保险基金的保值增值，扩大个人养老金覆盖面，促进商业养老保险健康发展，发挥"第三支柱"补充养老保险的作用。积极培育养老金融市场，完善养老保险基金有效运营渠道，促进上海养老金融市场健康发展，实现养老保险基金保值增值。加强养老金融市场监管，规范养老金融市场主体行为，切实降低养老金融市场风险。

2. 落实国家基本养老金全国统筹和延迟退休政策

上海要积极做好落实基本养老保险全国统筹等制度改革的实施方案，做好衔接国家改革方案的系统设计，要加快制定国家即将出台的渐进式延迟法定退休年龄政策的上海具体实施方案。

落实国家渐进式延迟法定退休年龄的实施方案。要依据上海实际，分析上海市民不同人群的实际情况，提出既切合实际又有效落实国家政策的"上海操作方案"，按照小步调整、弹性实施、分类推进、统筹兼顾等原则，逐步延迟法定退休年龄，确保上海落实国家渐进式延迟法定退休年龄政策平稳实施。

3. 进一步强化养老服务体系建设

上海将推动实现全体老年人享有基本养老服务。完善居家养老、社区养老、机构养老相协调，医养、康养相结合的养老服务体系。大力发展普惠型养老服务，加大养老服务资源投入，推动养老服务资源均等化、提高资源利用的可及性，实现养老服务普惠安全、方便可及。

健全基本养老服务体系，深化公办养老机构改革，提升服务能力和水平。完善公建民营管理机制，支持社会资源转型发展服务养老，扩大机构养老床位。加强民办护理养老机构的政策扶持，扩大养老机构护理型床位供给，更好地满足失能失智老年人护理服务需求。加大孤寡老人服务供给，强化对失能、部分失能特困老年人的兜底保障。进一步完善长期护理保险试点制度，逐步扩大长期护理保险覆盖面，不断优化长护险服务。

推动专业养老机构服务向社区延伸，整合利用存量资源发展社区嵌入式养老机构。积极发展农村互助幸福院等互助性养老。完善社区居家养老服务网络，深入推进医养康养结合。推进居家环境适老化改造和公共设施适老化改造，加大社区长者食堂建设力度，普及为老人服务的社区食堂。支持家庭承担养老功能，适时推出激励家庭养老护理的支持政策。

逐步提升老年人福利水平，完善经济困难高龄失能老年人补贴制度和特殊困难失能留守老年人探访关爱制度。健全养老服务综合监管制度，切实维护老年人各项权益。推进老年友好城市建设，营造浓厚的养老、孝老、敬老的社会氛围，加强养老护理员服务队伍职业化、专业化建设，尤其要加大护理型人才培养力度，不断提高养老服务质量。

4. 推动养老事业和养老产业协同发展

构建便利共享、协同发展的养老服务格局，提升上海养老产业整体竞争力。加强养老产业规划协同和项目协调，开发适老化技术和产品，培育智慧养老等新业态。落实养老产业支持政策，推动养老服务标准规范建设，实现养老服务数据信息衔接共享。

促进长三角养老产业创新合作发展，推动长三角养老服务产业链供应链的互联互通、协同协作。深化长三角养老服务合作，推动建立长三角智慧养老服务平台和养老服务能力建设实训基地。推进长三角异地康养基地建设，鼓励养老服务企业跨区域发展。推进落实异地养老人员相关养老福利政策，推动本市

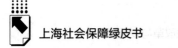

老年人入住长三角养老机构长期护理保险费用延伸结算。加强区域信息共享协作，推动长三角形成更高水平的机构服务和从业培训规范。

（二）加快推动公平统一、多层次的医疗保障体系建设

上海坚持预防为主的方针，织牢城市公共卫生防护网，为人民提供全方位全生命周期医疗卫生服务。

1. 深化医药卫生体制改革，促进多层次医疗保障有序衔接

上海将坚持公立医疗机构为主体、非公立医疗机构为补充的医疗卫生服务格局，不断扩大医疗服务资源供给，稳步提高医疗质量和效率。坚持基本医疗卫生事业公益属性，深化公立医院改革，推动公立医院高质量发展，加快建立现代医院管理制度。加快优质医疗资源扩容和区域均衡布局，推动国家医学中心建设，推进区域性医疗中心服务能力标准化工作。进一步支持和规范民营医院发展。

促进医保、医疗、医药协同发展和治理。深化医联体建设，打造一批社区卫生服务标杆机构，努力提高基层医疗服务能力。推进分级诊疗制度建设，进一步做实家庭医生制度，稳步扩大家庭医生签约服务覆盖范围，提高签约服务质量。逐步建立"社区首诊、双向转诊、急慢分治、上下联动"的分级诊疗模式和制度，完善城乡医疗服务网络。优化医保支付与药品集中采购协同机制。

坚持中西医并重和优势互补，大力发展中医药事业。健全中医药服务体系，发挥中医药在疾病预防、治疗、康复中的独特优势。推进中医医疗机构建设，创新中医药服务模式，推进中医综合治疗和多专业一体化诊疗服务。加快打造国家中医药综合改革示范区，促进中医药传承创新发展。开展中医药文化科普巡讲，提升和促进市民对中医药治未病理念的认识以及对养生保健技术的应用。

2. 健全公共卫生体系，创新医防协同、医防融合机制

上海正在实施新一轮公共卫生体系建设行动计划，优化疾病防控体系，提升疫情监测预警、风险评估、流行病学调查、检验检测、应急处置等功能。加强重大疫情防控救治体系和应急能力建设。完善突发公共卫生事件监测预警处置机制，加强实验室检测网络建设，健全医疗救治、科技支撑、物资保障体系，建立分级分层分流的传染病救治网络，建立健全统一的城市公共卫生应急

物资储备体系，提高城市应对突发公共卫生事件能力。建立稳定的公共卫生事业投入机制，改善疾病防控的设施条件，强化基层公共卫生服务体系建设。

3. 健全基本医疗保险稳定可持续筹资和待遇调整机制

上海推行以按病种付费为主的多元复合式医保支付方式。将符合条件的互联网医疗服务纳入医疗保险支付范围，落实异地就医结算。扎实推进医疗保险标准化、信息化建设，提升经办服务水平。健全医疗保险基金监管机制，积极发展商业医疗保险。

4. 推动多层次的医疗保障体系建设

进一步完善大病保险和医疗救助制度，建立权责清晰、预防为主的工伤保险体系。优化工伤保险相关制度及配套办法，持续扩大工伤保险覆盖范围。推进平台灵活就业人员职业伤害保障工作。完善心理健康和精神卫生服务体系。加快推进落实异地就医结算，积极发展商业医疗保险。加强预防、治疗、护理、康复有机衔接，完善预防、补偿、康复"三位一体"制度。发挥工伤保险积极作用，完善公共卫生服务项目，强化慢性病预防、早期筛查和综合干预。加强和完善医疗卫生资源配置，推进城乡医疗卫生资源均衡配置，促进医疗卫生基础设施和公共服务向农村地区倾斜，缩小城乡差距。

5. 加强基层医疗人才队伍建设

进一步发展壮大医疗卫生队伍，提升医护人员培养质量与规模。加强儿科、全科等短缺医师队伍建设，强化城乡基层社区医疗卫生人才队伍建设。实施医师区域注册，推动医师多机构执业。支持社会办医，鼓励有经验的执业医师开办诊所。加强公共卫生人才队伍建设，重视心理健康和精神卫生人才队伍建设，加强中医药特色人才培养。

（三）强化就业优先政策，促进高质量充分就业

实现更加充分更高质量就业，是推动高质量发展、全面建设社会主义现代化国家的内在要求，是践行以人民为中心的发展理念、扎实推进共同富裕的重要基础。上海将构建更充分更高质量的就业促进机制，扩大就业容量，提升就业质量。

1. 坚持经济发展就业导向，不断扩大就业容量

实施就业扩容提质工程。推进产业、区域发展与促进就业协同，统筹城乡

就业政策，促进平等就业。上海将优先发展吸纳就业能力强的产业，支持促进就业能力强的服务业、中小微企业和劳动密集型制造企业发展。上海将进一步落实政府促进就业的主体责任，完善跨层级、跨部门、跨区域的重大风险协同应对机制。夯实就业工作目标责任制、工作督查考核机制，建立更充分、更高质量就业的考核评价体系。

2. 健全就业促进机制，防范失业风险

上海将完善高校毕业生、退役军人等重点群体就业支持体系，加强对就业困难群体的帮扶，有效防范化解失业风险，确保每年全市新增就业岗位数量，确保就业局势总体稳定。

完善就业创业支持体系，结合产业升级、区域发展、乡村振兴等重大战略实施开发适合中青年群体的就业岗位，拓宽市场化、社会化的就业渠道。健全失业监测预警机制，加强失业动态监测。健全就业需求调查和失业监测，有效防范规模性失业风险。

3. 加快建设积极稳健的失业保险制度

进一步完善失业保险相关制度，进一步畅通失业保险待遇申领渠道，扩大失业保险保障范围。完善失业保险支持参保企业稳岗、参保职工提升技能政策体系。畅通失业人员求助渠道，健全失业登记、职业介绍、职业培训、职业指导、生活保障联动机制。健全失业保险待遇标准科学确定和正常调整机制，完善失业保险保障标准与物价上涨挂钩联动机制。构建常态化援企稳岗帮扶机制，统筹用好就业补助资金和失业保险基金。

4. 健全就业公共服务体系

上海将进一步完善城乡就业公共服务体系。[①] 加强职业指导，对困难大学生和长期失业青年实施就业帮扶，建设一批劳动力市场、人才市场、零工市场，为劳动者和企业免费提供政策咨询、职业介绍、用工指导等服务，推动城乡劳动者在就业地平等享受就业服务。鼓励社会力量广泛深入参与就业服务，建立公共就业服务训练基地，面向基层人员开展业务训练。健全统筹城乡的就业援助制度，统筹利用公益性岗位支持就业，对城乡就业困难人员提供优先扶

---

① 汪泓、张健明、吴忠、李红艳：《健康人力资本指标体系研究》，《上海管理科学》2017年第4期，第30~34页。

持和重点帮助。着力帮扶残疾人、零就业家庭成员等困难人员就业，扶持残疾人自主创业。

5. 加强灵活就业和新就业形态劳动者权益保障

上海将持续推动多渠道灵活就业，支持和规范发展新就业形态。推进新就业形态劳动者技能提升和就业促进项目，强化对灵活就业人员就业服务，加快完善相关劳动保障制度。消除影响平等就业的不合理限制和就业歧视，使人人都有通过勤奋劳动实现自身发展的机会。开展创业型城市创建工作。培育构建区域性、综合性创业生态系统。建立健全创业带动就业扶持长效机制，建设一批高质量创业孵化示范基地等创业载体和创业园区，打造创业培训、创业实践、咨询指导、跟踪帮扶等一体化的创业服务体系。

6. 健全职业技能培训政策体系

上海将深入实施职业技能提升行动，加强劳务品牌发现与培育。大力开展先进制造业工人技能培训，全面推行企业新型学徒制培训，广泛开展新业态新模式从业人员职业技能培训，有效提高培训质量。

（四）构建多层次多样化的社会福利体系，满足人们美好生活需要

1. 推动实现经济福利与服务福利的协同发展

加快健全与上海现代化国际大都市适应的多层次、普惠型、高品质的社会福利服务体系。加强对特殊人群的社会福利供给。完善残疾人关爱服务体系，完善老年人、妇女、儿童等特殊人群的社会福利供给体系，促进社会福利绩效评估体系建设。

推动建成供给主体多元、经营服务规范、消费群体满意的康复辅具社区租赁服务体系，实现租赁实体点街镇（乡）全覆盖。建立健全多元化康复辅具支付体系。加强康复辅助技术咨询师队伍建设，提高康复辅具适配率。

全面推进儿童福利事业发展。加大对困境儿童家庭支持力度，稳步提高困境儿童、孤儿基本生活保障标准。加强市、区两级儿童福利机构建设，推进儿童福利社会工作者队伍专业化发展。

推进慈善事业创新发展。充分发挥慈善事业在第三次分配中的作用。推动制定《上海市慈善条例》。培育和发展社区慈善，扩大居民参与。加快发展慈善信托，探索房产、股权等非现金财产的慈善信托。

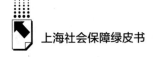

2. 进一步健全促进生育的政策支持体系

构建生育优化城市，增强生育政策包容性，推动生育政策与经济社会政策配套衔接，减轻家庭生育、养育、教育负担，释放生育政策潜力。完善生育支持政策体系，降低生育、养育、教育成本。

推进优生促进工程。加强优生优育健康促进，进一步完善出生缺陷预防、干预三级网络，加强孕前优生健康检查。鼓励、指导妇女选择科学的分娩和喂养方式。推动实现妇女在整个生命周期享有良好的基本卫生保健服务，保护妇女身心健康，提高妇女健康素养，减少非意愿妊娠和人工流产。

扩大儿童健康服务供给，加强儿童健康服务管理，持续规范儿童系统保健工作。加强特殊儿童健康评估和管理，推进妇幼健康优质服务示范工程建设惠及更多市民。改善优生优育全程服务，加强孕前孕产期健康服务，提高出生人口质量。

3. 进一步完善城市托育服务体系

落实城乡社区支持生育的配套政策，积极发展多种形式的婴幼儿照护服务机构，推动城乡社区建设普惠型的托育服务机构。鼓励有条件的用人单位提供婴幼儿照护服务，支持企事业单位和社会组织等社会力量提供普惠托育服务，鼓励幼儿园发展托幼一体化服务。推进婴幼儿照护服务专业化、规范化发展，提高保育保教质量和水平。进一步加强家庭科学育儿能力建设。

4. 进一步完善多主体供给、多渠道保障、租购并举住房制度

结合实施城市更新行动，进一步改善市民居住条件。加快建设保障性租赁住房。坚持房子是用来住的、不是用来炒的定位，进一步完善上海市民住房供给体系。

（五）进一步完善分层分类的社会救助体系

1. 健全兜底线、精准化、发展型的现代社会救助体系

进一步深入实施《上海市社会救助条例》，推进社会救助政策创新发展。完善政府主导、社会参与、制度健全、政策衔接、兜底有力的综合救助格局，使经济社会发展成果更公平惠及困难群众。

进一步完善基本生活救助标准，优化基本生活救助的动态调整机制，最低生活保障等社会救助标准要与经济社会发展水平保持同步，要为低保、低收入群体以及支出型贫困及多重困境家庭提供稳定的社会救助。

制定发展型社会救助政策，推动社会救助方式转型，从单纯的资金物质救助，逐步转向对困难人群的资金物质救助、精神慰藉支持、脱贫能力提升扶助，帮助困难群体自强自立，提高其社会适应和自我发展的能力。

2. 健全分层分类的社会救助体系

以城乡低保对象、特殊困难人员、低收入家庭为重点，健全分层分类的综合救助格局。完善残疾人社会保障制度和关爱服务体系。进一步完善残疾人困难的主动发现机制，实现残疾人社会救助全覆盖。健全残疾人帮扶制度，发展重度残疾人托养照护服务，进一步增加重残养护机构和护理床位，重残人员、重度精神和智力残疾人实现收养全覆盖。依据经济社会发展水平动态调整残疾人生活补贴和重度残疾人护理补贴标准，加强残疾人就业服务保障，完善残疾人就业支持体系，加强残疾人劳动权益保障，优先为残疾人提供职业技能培训，扶持残疾人自主创业。将残疾人纳入城镇职工和城乡居民保险体系。进一步完善残疾人集中就业企业的社会保险费补贴制度。

完善社区特殊困难群体关爱机制，要将困境儿童、重度残疾人等特殊困难人群纳入基层社区重点关爱对象，建立健全困境儿童、重度残疾人公共监护人制度。推进适龄残疾儿童和少年教育全覆盖，提升特殊教育质量。加大残疾人福利设施建设，加强残疾人服务设施和综合服务能力建设，完善无障碍环境建设和维护政策体系，支持困难残疾人家庭无障碍设施改造。促进康复服务市场化发展，提高康复辅助器具适配率，提升康复服务质量。加大残疾人家庭扶持保障力度。推动社会推进社会力量参与社会救助，培育服务困境儿童、重度残疾人的专业化社会组织，形成多元主体参与的社区特殊困难群体关爱帮扶格局。加强流浪乞讨人员救助管理，开展提升救助管理服务质量工程。进一步完善困难人群的救助需求评估系统，建立困难人群精准识别、需求评估和精细服务的机制，进一步提升社会救助预警监测和工作监管智能化水平。

3. 健全相对贫困救助机制

建设社会救助综合服务管理平台，完善评估规范和转介流程。社会救助总体投入稳步增长。根据经济社会发展实际，稳步提高居民最低生活保障标准，稳步提高低保家庭基本生活保障水平。进一步完善临时救助政策措施，强化急难社会救助功能。完善医疗、教育、住房、就业、受灾人员等专项救助制度，

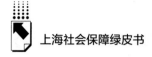

完善救助标准和救助对象动态调整机制。积极发展服务类社会救助服务，推进政府购买社会救助服务。

（六）深入推进上海健康城市建设

1.形成大健康的社会治理格局

上海把提高广大市民健康水平、促进人的全面发展，作为健康城市建设的出发点和落脚点，建立与上海经济社会发展水平相适应、与城市功能定位相匹配、以市民健康为中心的整合型健康服务体系，始终把健康放在优先发展的战略地位，围绕解决群众最关心、最直接的健康问题，将健康融入公共政策制定和实施的全过程。

推进形成有利于健康的生活方式、社会环境和经济社会发展模式。完善政府主导、多部门合作、全社会参与的健康城市建设工作机制。充分发挥政府的主导作用，有效整合各职能部门和专业机构的行政资源与技术资源，鼓励支持社会力量参与健康城市建设。强化个人健康责任，形成全社会维护和促进健康的强大合力，坚持全体市民人人参与、共建共享。

畅通公众参与渠道，进一步提高公众参与建设健康城市行动的积极性。发挥各类媒体的舆论引导和健康科普功能，积极传播健康核心理念，引导社会公众支持、参与建设健康城市行动。健全激励机制，扩充健康城市志愿者队伍，鼓励和扶持非政府组织、群众团体、志愿者队伍等在健康城市建设中发挥积极作用，形成各方力量有序参与健康城市建设的良好格局。

2.完善老年人慢性病健康管理体系

坚持预防为主，加强重大慢性病健康管理，提高基层防病治病和健康管理能力。加强疾病防治支持体系建设，提高城乡基层社区防病治病和健康管理能力。依托"医防融合"慢性病综合防控体系和"上海市健康管理云"平台，深化高血压、糖尿病、脑卒中、癌症等慢性病全程健康服务与管理，提升慢性病防治水平。

加强老年人健康管理，对老年常见慢性病、退行性疾病和心理健康问题进行干预和指导，做到老年疾病早发现、早诊断、早治疗。发展老年医学和护理学科，构建老年健康服务体系。加快建立慢性病、多发病等社区专病自我管理小组，引导社区卫生服务中心家庭医生、社会体育指导员主动参与管理小组活动。

3. 加快建立心理健康和精神卫生服务体系

普及心理健康知识，提升居民心理健康素养，加强对老年人、妇女、儿童、残疾人、特殊职业人群、慢性病患者等重点人群的心理健康服务。积极推动开展心理咨询服务，推进心理健康咨询点建设，实现社区全覆盖，引导和规范社会力量提供心理健康服务。

4. 进一步健全城市公共卫生体系

加强重大公共卫生事件防控救治体系和应急能力建设，深入贯彻《传染病防治法》等法律法规，做好艾滋病、结核病、病毒性肝炎等重大传染病防控，规范应对处置流感、手足口病、登革热等重点传染病疫情。推进基本公共卫生服务均等化。培育发展专业化、连锁化、品牌化的专业社区健康服务社会组织，提高社区健康服务能力，满足广大市民多样化、个性化的健康服务需求。绿色安全的健康环境基本形成，健康产业规模和发展质量显著提升。

5. 建立市民文明健康生活方式的引导机制

深入开展健康城市行动和爱国卫生运动，倡导文明健康生活方式。城市公共政策充分体现健康理念，积极推进市民健身步道、市民球场、市民益智健身苑点等社区体育设施建设，举办城市业余联赛和市民运动会，丰富和完善全民健身活动体系，提升市民的健康素养和健康水平，引导居民树立科学健康观。

加强全民健身公益性指导服务，鼓励市民选择健康生活方式，增强群众维护和促进自身健康的能力。搭建健康传播资源共享平台，向市民宣传健康知识，弘扬健康文化，把健康城市建设理念融入百姓的日常生活。努力营造人人参与、共建共享的健康文化氛围。

定期开展市民健康素养监测和评估，加强对重点人群和特殊人群健康行为和生活方式的指导与干预。开展健康素养促进行动，普及健康文化理念。依托人口健康大数据，以重点人群和特殊人群为主，探索个性化、精准化健康教育和健康促进。

（七）加快推动社会保障管理数字化转型

1. 建立健全统一的社会保障信息平台

充分挖掘现代信息技术、新材料、新工艺、新设备和城市数字化转型赋能

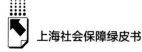

潜力，拓展社会保障服务空间，改进服务方式。推动互联网、大数据、人工智能、区块链等信息技术与社会保障的深度融合，提高大数据信息综合服务管理及辅助决策应用水平。加快推进社会保障服务领域的数字化转型。构建社会保障信息化标准规范体系。加强统筹协调，推进社会保障服务领域信息化建设联动和整体协调发展。

2. 进一步完善衔接"一网通办"全市社保大数据平台

实施社会保险经办能力提升工程。"一网通办"数据平台作用要更加突出，夯实完善社会保险经办线上服务基础，逐步拓宽线上服务范围。提高经办队伍服务能力和专业化水平。加快推动社会保险经办数字化转型，提升社会保险数据分析应用能力，提升社会保险经办精确管理和精细化服务水平。加强城乡居民基本养老保险经办服务能力建设，缩小城乡经办服务差距。加强个人信息保护，保障社保数据安全。

3. 建立健全社保基金保值增值和安全监管体系

建立社保基金保值增值和安全监管体系。进一步完善政策、经办、系统、监督"四位一体"的基金管理风险防控体系。坚持精算平衡，健全基金预测预警制度，促进基本养老保险基金长期平衡。

养老保障篇
Pension Security

G.2

上海多层次、多支柱养老保险体系改革发展报告

汪泓 罗娟*

摘　要： 党的二十大报告强调，要完善基本养老保险全国统筹，发展多层次、多支柱养老保险体系。改革养老保险体系对于完善社会保障制度尤为重要。本文总结了上海养老保险体系改革与发展建设取得的成绩，全面梳理了发展现状，揭示了上海养老保险体系发展的"三支柱"结构失衡、个人养老金发展滞后、基金投资运营渠道单一等问题；提出了优化上海养老保险体系"三支柱"结构，加快发展企业年金和个人养老金，深化养老保险基金投资运营体制改革等对策建议。

关键词： 养老保险体系　基本养老保险　养老保险"三支柱"　上海市

---

* 汪泓，博士，教授，中欧国际工商学院院长、中欧社会保障与养老金融研究院学术委员会主席，上海社会保障问题研究中心主任，主要研究方向为社会保障与养老金融；罗娟，博士，副教授，上海工程技术大学管理学院副院长，主要研究方向为养老保险、养老服务与医疗保险。

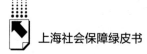
《上海市老年人口和老龄事业监测统计信息》的数据显示，2021 年上海市60 岁及以上人口共有 542.22 万人，占总人口的 36.3%。截至 2022 年 12 月 31 日，上海市 60 岁及以上户籍人口为 553.66 万，预计到 2035 年，上海市 60 岁及以上户籍人口将达到 700 万。[①] 人口老龄化给政府带来巨大的财政压力，2021 年 7 月 2 日，《上海市人民政府办公厅关于印发〈上海市就业和社会保障"十四五"规划〉的通知》发布，要求加快健全覆盖全民、统筹城乡、公平统一、可持续的多层次社会保障体系。[②]

一 上海多层次、多支柱养老保险体系发展现状

多层次强调养老保险需求层次的差异，体现养老保险的纵向构成。在养老保险制度方面，多层次养老保险一般包括基本养老保险、补充养老保险和个体工商户自愿性养老保险。多支柱主要是指财源多元化，强调政府、单位、个人等多元主体的责任分工，核心是明确各级主体的责任归属。第一支柱是政府管理的公共养老金体系，以实现社会团结和共担风险，从而缓解老年人的贫困问题；第二支柱主要强调劳资双方的责任，平滑员工一生的收入和消费，实现长期收支平衡；第三支柱主要强调个人实现退休后更高养老水平。上海已形成以城镇职工基本养老保险和城乡居民基本养老保险为主体的基本养老保险制度，同时，与机关事业单位的职业年金、企业年金、企业养老保险等补充养老保险相结合的多层次、多支柱的养老保险体系。[③]

截至 2022 年底，上海市基本养老保险基金余额 1295.6 亿元，企业年金基金规模 1122.9 亿元，商业保险基金规模 27 亿元。[④]

（一）上海基本养老保险体系发展现状

1. 上海基本养老保险参保人数逐年增加

如图 1 所示，2011~2020 年十年间，上海市基本养老保险参保人数呈缓慢

---

① 《中欧国际工商学院院长汪泓：老龄化速度如百米冲刺，我们应该为养老准备什么》，https://export.shobserver.com/baijiahao/html/521435.html。
② 董克用、张栋：《完善个人养老金制度需落实三个关键点》，《中国社会保障》2022 年第 7 期，第 20~21 页。
③ 郑功成：《中国养老金：制度变革、问题清单与高质量发展》，《社会保障评论》2020 年第 1 期，第 3~18 页。
④ 资料来源：上海市医保局。

增长趋势。其中，全市参保职工由 2011 年的 902 万人增至 2020 年的 1052 万人，增幅为 16.63%；领取养老金的离退休人员由 2011 年的 363 万人增加到 2020 年的 522 万人，近 10 年增长了 43.80%。

图 1 2011~2020 年上海基本养老保险参保人数

资料来源：历年《上海市统计年鉴》，下同。

2. 上海基本养老保险基金收支结余情况

（1）企业职工基本养老保险收支结余存在大幅度波动

如图 2 所示，2022 年企业职工基本养老保险基金收入 3162 亿元，其中，保费收入 3067 亿元，财政补贴收入 14 亿元，利息收入 23 亿元，委托投资收益 14 亿元，其他收入 44 亿元。基金支出 2927 亿元，其中，基本养老金支出 2743 亿元，丧葬抚恤补助支出 98 亿元，其他支出 86 亿元。年末企业职工基本养老保险基金累计余额 1405 亿元。

2012~2017 年，企业职工基本养老保险收入平稳增长，2018~2022 年企业职工基本养老保险收入出现波动，尤其在 2020 年企业职工基本养老保险收入大幅下降；企业职工基本养老保险支出总体呈增长趋势，其中 2016 年、2020 年出现同比下降；企业职工基本养老保险基金累计结余 2012~2019 年平稳增长，但在 2020 年出现大幅下降，并且在 2020 年企业职工基本养老保险支出首次超过收入，导致近年企业职工基本养老保险累计结余有所下降。

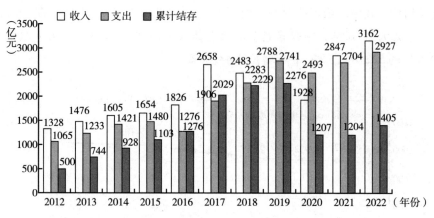

图2 2012~2022年上海企业职工基本养老保险收支结余情况

（2）城乡居民基本养老保险收支结余保持稳定

2021年末，城乡居民基本养老保险参保人数74.42万人，实际参保52.04万人。2022年城乡居民基本养老保险基金收入98.8亿元（其中财政补贴92.1亿元），基金支出97.3亿元。年末城乡居民基本养老保险基金累计结余93.1亿元。

如图3所示，2014~2022年，上海城乡居民基本养老保险基金收入和支出基本持平，呈现稳步增长趋势，基金结余出现小幅增长，由2014年的74亿元增至2022年的93亿元，城乡居民基本养老保险基金结余增长幅度为25.68%。

图3 2014~2022年上海城乡居民基本养老保险收支结余情况

3.上海基本养老保险待遇水平稳步提升，但城乡差距较大

如图 4 所示，2011~2021 年，上海养老保险待遇水平稳步提升，但城镇职工基本养老保险待遇水平与城乡居民基本养老保险待遇水平差距较大。2021年上海城镇职工基本养老保险为 4608 元，城乡居民基本养老保险为 1353 元，相差 3255 元，城镇职工基本养老保险待遇约为城乡居民基本养老保险待遇的3.4 倍。

图 4 2011~2021 年上海基本养老保险待遇水平

（二）上海企业年金和职业年金发展迅猛

1.上海企业年金规模总体呈上升趋势

上海企业年金制度自推行以来，发展势头迅猛，截至 2021 年底，上海市企业年金参保单位 10757 家，从业人员 149 万人，企业年金积累基金 1123 亿元。如图 5 所示，2012~2021 年，上海职工参加企业年金的人数逐年增加，增幅为 40.6%，同时，上海加入企业年金的队伍不断壮大，企业年金积累基金也由2012 年的 346 亿元增至 2021 年的 1123 亿元。

2.上海对企业年金关注度日益增强

上海在自贸试验区、临港新片区、虹桥商务区等试点设立人才企业年金，鼓励符合条件的事业单位为编制外人员设立企业年金，探索建立劳务派遣人员企业年金，企业年金规模不断扩增。上海政府聚焦政策宣传，增强员工对企业

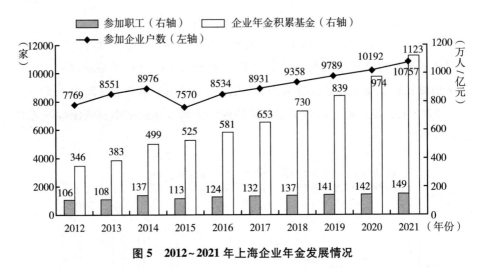

图 5 2012~2021 年上海企业年金发展情况

年金的参与度。此外，上海还将出台提升企业年金的服务能力、加快推进企业年金数字化建设、建设企业年金网上申报服务平台、建立企业年金信息公开和统计报告制度等各项措施，不断提高社会各界对于企业年金的关注度。

（三）商业养老保险保费起点较低，增长较慢

1. 上海个人养老金制度落地实施

2022 年 4 月，《国务院办公厅关于推动个人养老金发展的意见》（国办发〔2022〕7 号）指出，个人养老金实行个人账户制，缴费完全由参保人自行承担。11 月 25 日，个人养老金制度正式启动，在北京、上海、广州、西安、成都等地试点实施。个人养老金制度的正式启动是我国积极有效应对人口老龄化的重要举措，同时，建立多层次、多支柱的养老金体系也有助于解决当前我国养老保险基金不足的问题。

2. 税延养老保险产品收益不断增长

2009 年，国务院发布《国务院关于推进上海加快发展现代服务业和先进制造业建设国际金融中心和国际航运中心的建议》指出，2009 年开展个税养老保险产品试点上海恰逢其时。根据银保监会制定的相关政策，从产品来看，养老保险产品不是单一产品，根据养老保险基金收益类型的不同，积累期共有 4 个子产品，其中三种分别是收益型、收益保障型和收益浮动型。截至 2021

年 12 月，参与试点的 23 家保险机构累计实现保费收入 4.975 亿元，保单总数 33232 份，平均保费 1.5 万元。

3.商业养老保险保费逐年增加

2018~2020 年，上海商业养老保险年保费收入 27 亿元，新增保费收入 9 亿元。后续续保涉及的保费金额为 18 亿元，同期应税保费为 2300 万元。其中，商业养老保险的较大一部分客户来自保险公司内部。另外，通过对购买财险产品的人群进行分析，可以得出上海市普通民众对保险产品持观望态度，大部分客户倾向于购买安全性更高的保险产品。

（四）上海基本养老保险基金收益率逐年提高

2017 年开始，上海市委托全国社会保险基金理事会对基本养老保险基金进行投资运营。如表 1 所示，2017 年的委托资金为 200 亿元，收益率为 4.32%。截至 2020 年，上海市委托全国社会保险基金理事会投资运营的基本养老保险基金共有 2165.37 亿元，委托投资的收益率从 2017 年的 4.32% 增至 2020 年的 9.17%。

表 1　2017~2020 年上海基本养老保险基金委托投资收益情况

年份	委托全国社会保险基金理事会投资运营的基本养老保险基金（亿元）	委托投资收益（亿元）	收益率（%）
2017	200.00	8.64	4.32
2018	608.64	9.95	1.63
2019	618.59	51.86	8.38
2020	738.14	67.69	9.17

如表 2 所示，2017~2020 年，上海基本养老保险基金财政专户存款从 1994 亿元减少到 351.99 亿元，支出账户存款从 175.19 亿元逐年增加到 215.16 亿元，年均增长率为 7.09%；委托投资由 200 亿元增加到 738.14 亿元，年均增长率为 54.54%；基金资产总额由 2369.20 亿元下降至 1305.29 亿元。上海基本养老保险基金已逐步将投资重点从金融专户存款转移到委托全国社会保险基金理事会代为投资，并且取得了一定成效。

表2　上海 2017~2020 年基本养老保险基金管理情况

单位：亿元

指标	2017 年	2018 年	2019 年	2020 年
财政专户存款	1994.00	1498.30	1515.49	351.99
支出账户存款	175.19	220.60	237.45	215.16
暂付款	0.01	0.01	—	—
委托投资	200.00	608.64	618.59	738.14
基金资产总额	2369.20	2327.55	2371.53	1305.29

二　上海养老保险体系面临的挑战

目前，上海养老保险制度相对完善，基本养老保险跨省市转移接续越来越畅通，养老保险制度已经实现全覆盖，"十三五"时期城镇职工养老保险参保人数 1616.67 万人，比"十二五"末增加 14.5%。可见上海基本养老保险发展已经取得了一定的进步，这也为今后发展更高质量的养老保险奠定了坚实的基础。但随着上海人口老龄化问题的不断加剧，2022 年上海常住人口的老龄化率约为 14.3%，而户籍人口老龄化率约为 34.3%，使得现行养老保险制度面临较大的养老金给付压力，同时第一、二、三支柱之间的结构失衡、基本养老保险保障力度有限等问题仍然存在，给上海构建多层次、多样化养老保险体系带来了挑战。

（一）养老保险结构失衡

1.基本养老保险基金面临较大的支出压力

上海基本养老保险已经实现了全覆盖，承担了绝大多数离退休人员的养老金。但随着人口老龄化程度不断加深，养老金领取人群不断扩大，而少子化的趋势也在进一步加深，缴费人群有所下降。在现收现付的养老保险制度运行中，基本养老保险基金保持长期收支平衡的压力日渐增加，基本养老保险基金的可持续能力不足。一方面是基本养老保险基金短期增幅有限，收益有所缩减；另一方面伴随老龄化进程加快，基本养老保险基金支出压力骤增。另外，养老保险具有刚性的特点，养老金支出不断增长，并且需要根据社会经济发展水平进行调整，且面临一定的贬值风险，这些问题导致基本养老保险基金支出压力和保值增值压力并存。

2. 养老保险第二、三支柱发展滞后

2022 年末，上海企业职工基本养老保险参保人数达到 1535.69 万人，城乡居民基本养老保险 73.14 万人，总计 1608.83 万人参保。到 2021 年底，上海市企业年金参保单位 10757 家，从业人员仅有 149 万人，企业年金积累基金 1123 亿元。而第三支柱个人养老金制度于 2022 年正式出台，总体规模较小。从三支柱占比情况来看，截至 2021 年底，第一、第二支柱占比约为 65%、35%，第三支柱占比仅为 0.01%。由此可见，三支柱养老保险体系结构严重失衡，第一支柱"一支独大"保障力度有限且面临较大的基金给付压力，第二柱发展后劲不足，第三柱发展处于起步阶段。

就第二支柱企业年金制度而言，在覆盖面上，一方面就业非正规化趋势和灵活就业群体规模不断扩大，存在就业不稳定、工资不稳定、劳动关系模糊等问题，制约第二支柱覆盖面的扩大。另一方面在于部分中小民营企业开展企业年金会面临较高的社保缴费率，承受一定的资金压力，使得部分企业缺乏缴纳企业年金的动力。在资金保值增值方面，企业年金主要用于购买政府债券和银行存款，投资渠道相对较少，导致企业年金核心能效弱化，保值增值能效不理想，降低企业年金整体收益，阻碍了企业年金的良性循环和健康发展。

此外，由于企业年金和商业养老保险制度建设起步晚，发展相对缓慢，缺乏相应的法律法规和注册文件支持。上海市企业年金受企业自身发展情况的限制，覆盖面的扩大存在一定的障碍。个人养老金制度初步建立，公众对其了解程度不高，并且存在年最高限额，使得个人养老金整体的优惠力度有限、吸引力不足，导致第二、二支柱参与率远远低于基本养老保险，发展滞后。

（二）个人养老金制度起步晚，发展滞后

1. 个人养老金多主体价值目标博弈的挑战

个人养老金是一种用当前的投资换取未来收益的制度设计，需要财政、税务、人力资源和社会保障、金融监管、金融保险机构等多部门通力合作，实现博弈均衡。但是，不同主体在个人养老体系中的地位、作用甚至职能定位都是不同

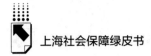

的。上海市政府能否以及如何整合各主体的价值目标是一个很大的挑战。①

2. 个人养老金制度吸引力不高

个人养老金制度税收优惠力度相比 2018 年出台的个人税收递延型商业养老保险高，但设置了年限额为 12000 元，使得部分高收入人群参与的积极性有所下降。而对于中低收入劳动者，自身收入水平较低，一方面参与个人养老金投资可能会降低可支配资金，另一方面将多余财富进行养老投资的金额有限。且中低收入群体参加个人养老金后每年仅能享受 360 元的税收优惠，不足以吸引他们进行养老金投资；而高收入群体拥有更广泛的投资渠道和投资资金，不会仅仅局限于一种养老金投资方式。显然，目前提高中低收入的养老金收益更加紧迫，制度吸引力不足将会导致参与人数不足，基金积累规模低，降低资金保值增值的效率。

3. 个人养老金宣传力度不足

尽管个人养老金制度已经出台，并且在一些平台进行了宣传推广，但就目前公众对个人养老金制度的了解程度来看，大量人群不了解个人养老金制度的优势，不敢贸然进行资金投资，且不了解个人养老金的参与途径和缴费流程，阻碍了个人养老金账户的开通和资金投资。另外，由于银保信平台尚未与税务部门信息系统实时对接，因此无法通过识别个人 ID 自动将涉税信息录入银保信平台，涉税信息在 App 中填写和抵扣凭证需在伴宝信平台手动获取。上述业务流程不仅存在重复填写信息的问题，还需要在银保信平台和个税 App 之间频繁切换和录入信息，降低了个人参与的意愿。

（三）养老保险基金投资运营渠道单一，抗风险能力不强

1. 养老保险基金投资渠道单一

为了确保资金保值，养老保险基金投资以安全性为首要目标，基金投资运营主要集中在银行储蓄或购买国债等收益率相对较低但风险小的投资方式，以实现基金的稳增长。这种方式虽然可以让养老保险基金获得一定的利息收入，但收益相对较低；而其他收益较高、存在一定风险的投资渠道在养老基金投资活动中的份额较低。相对狭窄的投资渠道，降低了基金投资回报率，减缓了基

① 汪泓：《构建"积极老龄化"立体养老服务体系》，《经济》2022 年第 10 期，第 32~35 页。

金增值的速度，养老基金增值保值压力大。

2. 投资运营体系抵抗突发风险能力不足

新冠疫情突发后，突发性风险逐渐转为常态性风险，社会系统风险特征显现。当突发公共卫生事件时，社会经济发展受到严重的影响，经济社会发展停滞，相应的养老保险基金的投资收益率下降，影响基金的保值增值。同时，养老金给付金额是刚性兑付，不受市场利率的影响，养老金只能增加不能减少，这就使得养老保险在投资运营风险增大的背景下面临更大的给付压力。

二 构建和完善多层次养老保险体系对策建议

（一）优化养老保险三支柱结构

1. 促进三大支柱均衡发展，优化协同调控路径

从宏观战略层面探索我国多层次养老金制度的优化协同调控路径，探索我国优化多层次养老金制度的方案，有利于响应养老保险改革和推进的需要。事实上，养老金改革的制度性将影响经济和社会的许多领域。民生也正在成为推动经济发展的重要方面。构建多层次养老保障体系，事关国家治理能力提升和经济社会发展协调推进。多层次养老保障制度改革取得了很大成绩，但同时也存在不少问题和教训。要进一步拓宽多层次养老保障服务空间，探索解决多层次养老保障改革发展中存在的问题。

只有促进三大支柱均衡发展（见图6），才能减少对国家统筹的高度依赖，实现国家、企业、个人三方共担、相互支持，推动社会保障的高质量安全发展。积极优化第一支柱发展，此外在国有企业的保障基础上，加大对中小企业平台宣传力度。

2. 适当提高划转国有资本比例，增强制度可持续性

划转承接主体作为财务投资者，管理运营所划入的国有资本。建立国有资本划转和企业职工基本养老保险基金缺口逐步弥补相结合的运行机制，促进建立更加公平、更可持续的养老保险制度，使人民群众共享国有企业发展成果，实现代际公平，增强制度的可持续性。

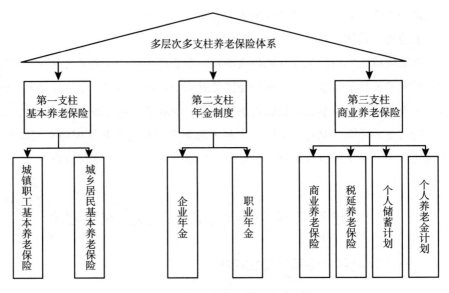

图6 多层次多支柱养老保险体系

（二）加强基本养老保险制度建设

1. 优化基本养老保险制度的待遇水平，减小城乡差距

基本养老保险是多层次养老保障体系实现基本经济保障最关键的制度载体，是体现政府社会保障责任的基本制度安排，是优化多层次养老保障体系的重中之重。此外，与城镇职工待遇水平相比，上海市城乡居民养老保险待遇水平仍然较低，应进一步缩小两者差距。在此基础上，扩大第一支柱养老保险参保率，实现公共养老保险全覆盖，充分发挥第一支柱公共养老保险基础功能，实现共同富裕。

2. 养老保险保障待遇需同经济发展水平相适应

要进一步在制度整合和制度创新上下功夫，在制度存量改革和增量改革中寻找突破口，探索基本养老保险制度整合的可实现路径。进一步完善最低生活保障和最低工资标准，养老保障待遇的提升需要考虑到经济社会发展的同步性。

（三）积极推动企业年金与职业年金发展

1. 企业年金和职业年金覆盖率有待提升

上海应进一步加强对企业年金的政策支持力度，完善本市企业年金政策办法，鼓励和引导各类用人单位及其职工，在依法参加企业职工基本养老保险并履行缴费义务的基础上自主建立企业年金制度，努力扩大企业年金制度覆盖面。加强制度和机制创新，努力扩大企业年金覆盖面和企业年金基金规模，持续提高退休人员的养老待遇水平。

2. 加强个人账户和基金管理

进一步完善个人账户管理，建立上海市企业年金平台，员工可通过该平台进行年金缴费、账户信息查询等，实现信息透明，增加群众安全感。采用多模式，即前后端结合的方式。针对灵活就业人群，利用简易年金建立全国统一的企业年金平台，借鉴英国 NEST 模式，简化企业年金准入流程，提供符合个人风险收益和违约特点的产品。

3. 增大税收优惠力度发挥激励作用

在税收政策方面，注重可操作性和实用性。要重视对中小企业的激励，发挥激励作用。提高税收优惠比例，对不同收入的职工实行差别税率，对暂时低收入的职工实行较低的税率，激发他们的参与积极性。此外，扩大企业年金税收优惠范围，可以使企业年金达到适度保障水平，扩大企业年金规模。

（四）优化个人养老金的发展环境，增加税收优惠

1. 扩大个人养老金的覆盖范围

根据《个人养老金实施办法》，在我国参加城镇职工或城乡居民基本养老保险的劳动者，可以参加个人养老金。基于此，还应将未参加任何社会保险的人员纳入私人退休保障范围，如灵活就业、平台就业者等，为这些弹性工作人员提供新的养老保险渠道，其可参加长期个人养老金，不断增加个人账户资金积累。

2. 灵活调整个人养老金税收优惠空间

要进一步加大养老金个人账户税收优惠政策力度，一是将缴费扣税限额扩大，目前限额是每年 1.2 万元，未来可以根据经济社会发展水平和多层次、多支柱养老保险体系发展情况等因素适时调整缴费上限。二是降低领取养老金时的个税税率，目前落地的政策在税收上的优惠力度还不够，不足以撬动更多人购买，仍有进一步调整的空间。

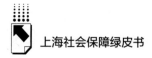

3. 加大对个人养老金第三支柱的宣传力度

各大银行与各部委联手，积极推动养老金第三支柱，采取地毯式宣传模式，打消公众疑虑，促进公民对养老金第三支柱的社会信任，助力第三支柱蓬勃发展。加强生命周期教育和老年人理财教育，让年轻一代了解与老龄化社会相关的基本理财信息，个人养老教育从小抓起，对中年人加强理财普及教育等养老相关信息，指导中年人做好养老理财工作，宣传推介理财产品和服务①。

（五）强化养老保险基金的投资运营，实现保值增值目标

1. 强化社会保险基金预算管理，积极接受社会监督

加强社会保险基金预算、公共预算和国有资本经营预算的统筹衔接，进一步加强外部监督和现场监督检查。继续统一职业年金管理，加强职业年金投资和活动监管，严格投资活动风险管理。完善控制体系，加强审计、财务等部门对社会保险基金的定期审计和专项审计。进一步完善社会保险基金预算向人大报告制度，完善社会保险报告机制，积极接受社会监督。对基金运作状况和风险管控状况进行评估。充分利用大数据加强风险防控。健全社会保险基金监管行政执法与刑事司法有效衔接机制，推动落实涉嫌社会保险诈骗案件查处移交工作。

2. 以长期视角进行投资，提升长期回报水平

参考澳大利亚养老基金采用的信托管理模式，扩大基金投资范围，既可投资国内资本市场，也可投资国外资本市场，贯彻长期投资理念。资产管理人的主要目标是投资回报，具体为超过 CPI 的百分比，以保证流动性和安全性为风险管理目标，为会员提供投资选择建议，根据他们的风险偏好，会员可以选择股票、基金和现金。同时推出养老金产品，满足不同风险偏好的投资者。

3. 社会保险基金可持续性有待增强，投资运营促进保值增值能力仍需提升

老龄化对我国养老保险基金财务状况的冲击日益明显，第一代"婴儿潮"退休高峰的到来，更是要求我国在增强养老保险基金可持续方面未雨绸缪。当前我国面临人口快速老龄化的严峻问题，加之退休年龄同人均预期寿命不匹

---

① 罗娟、汪泓、吴忠：《养老保险城乡统筹创新模式设计及研究》，《上海管理科学》2015 年第 6 期，第 37~41 页。

配，社会保险基金收入"开源"应保持适度，"节流"应持续加强。提升社会保障基金运营管理能力，促进基金保值增值可持续性发展。

（六）优化养老保险监管环境，完善监管体系

1. 完善企业内部监督制度体系，降低企业风险

公司自身要做好年金投资的风险管理流程，在实际管理工作中，按照制度和相关机制做好各项工作，科学分工，管理者和监管者应根据控制过程中可能出现的问题制定反馈程序，以提高投资管理中风险管理的完整性。

2. 强化各部门监督管理，严格执行当前的监管制度措施

实施多层次、多支柱的养老保险，需要完善的监测管理体系，必须加强监管。该系统涉及部门众多，财政、税务、银保监会等相关部门要加强协调配合，明确各部门职责，密切监督全过程。对于保险公司而言，经营状况本身直接关系投保人个人账户资金的安全。因此，政府必须对保险公司经营状况进行全面深入的监测，并对经营不善的企业重新审核验收资质，避免出现大规模的风险危机。

G.3
上海养老保险"第一支柱"改革发展报告

李红艳 吴 忠 何佳敏*

摘 要: 发展多层次、多支柱养老保险体系,是积极应对人口老龄化、实现养老保险制度可持续发展的重要举措。随着经济的快速发展以及人口老龄化趋势的不断深化,上海市养老保险体系结构严重失衡,养老保险"第一支柱"可持续运行的压力越来越大。通过分析上海市城镇职工基本养老保险和城乡居民基本养老保险的运行状况,发现当前养老保险存在养老保险基金收不抵支的状况日益严重、养老保险费征缴困难、投资模式单一等问题,进而提出了优化养老保险结构、建立养老金动态调整机制、逐步推进渐进式延迟退休等改革举措,从而对上海市养老保险高质量可持续发展提供参考。

关键词: 养老保险 "第一支柱" 可持续发展 上海市

一 引言

党的二十大报告中明确指出:要健全基本养老保险全国统筹制度和多层次、多支柱的养老保险体系,这对于积极应对少子老龄化、增强养老保险的公平与效率、实现可持续发展具有关键作用。目前,我国已建成全球最大规模的

---

* 李红艳,博士,上海工程技术大学教授,硕士生导师,主要研究方向为健康管理、社会保障等;吴忠,博士,上海商学院院长,教育部管理科学与工程指导委员会委员,主要研究方向为企业信息管理系统;何佳敏,上海工程技术大学在读研究生,主要研究方向为社会保障。

养老保障网和养老保险制度；初步建成了以基本养老保险为主，企业、职业年金为辅，个人储蓄性养老保险相挂钩的"三支柱"养老保险体系。"三支柱"，就其总体来说，第一个支柱是由国家统筹，现收现付，确保城乡居民基本养老的保险制度，这也是我国养老保险制度早期改革的关键。它由城镇职工基本养老保险（以下简称"城职保"）与城乡居民基本养老保险（以下简称"城居保"）组成，以保基本为主，已具备了较为完整的体系。近年来，随着中国养老保险制度不断地改革与完善，在扩大养老保险覆盖范围的前提下，参保人员养老金保障力度与待遇得到了提高。企业退休人员月人均基本养老金，已由 2012 年的 1686 元提高到 2021 年的 2987 元，城乡居民月人均养老金由 82 元提高到 179 元。2018~2021 年这四年来中央施行调剂制度，累计跨省调剂资金 6000 余亿元，2021 年跨省调剂资金达 2100 余亿元，大力支持困难省份保障养老金及时足额支付。

养老保险作为一种经济补偿制度，自诞生以来，就成为保障社会成员基本生活、促进经济稳定发展的物质基础[1]。上海市作为我国最早进入人口老龄化的城市之一，老龄化、高龄化和"渐富快老"趋势日益显著。一方面，从老龄化趋势看，截至 2021 年底，上海市 60 岁及以上老年人口 542.22 万人，占户籍总人口的 36.3%；65 岁以上的老年人口达到 402.37 万人，占户籍总人口的 26.9%；15~59 岁劳动年龄人口对 60 岁及以上人口老年抚养系数为 68.7%，比上年增加 0.7 个百分点；15~64 岁劳动年龄人口对 65 岁及以上人口老年抚养系数为 43.3%，比上年增加了 2.4 个百分点[2]。其中，低龄老年人增长较快，老年人口基数逐步扩大，人口老龄化对政府造成巨大的财政压力。就高龄化的发展趋势而言，上海市 80 岁及以上高龄老年人口占比呈逐年上升态势，至 2021 年末，80 岁及以上高龄老年人口达 83.88 万人，在 60 岁及以上老年人口中比例为 15.5%，占户籍总人口的 5.6%。高龄老年人的增加是上海市人口深度老龄化的重要体现，将给养老保险基金支付带来更大压力。另一方面，在

---

① 李红艳、万桃、吴忠、万萍：《可控和稳定视阈下城镇职工养老保险发展分析》，《数学的实践与认识》2019 年第 7 期，第 20~27 页。

② 《上海市老年人口和老龄事业监测统计报表制度》，上海市卫生健康委网站（2022 年 7 月 28 日），https://wsjkw.sh.gov.cn/tjsj2/20220728/23e3fe0692d744a6b994309de7b2493d.html，最后检索时间：2023 年 2 月 20 日。

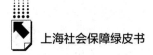

"渐富快老"发展趋势下,多健康状态的长寿化成为老龄人口发展的新特征,这给养老资源合理配置带来一定压力。

上海独特的二元化结构与户籍制度,在养老保险制度建设思路中也得到了明显反映,由改革开放以前的"实行国有企事业单位制"阶段过渡到"实行社会养老保险制"时期,上海经历了由"城保"到"镇保"到"农保"再到以"综保"为主体的多元化养老保险体系①,其中,构成养老保险"第一支柱"的是城职保和城居保。上海市城职保由用人单位与个人共同缴纳,由上海市政府管理,中央统筹调剂。养老保险制度作为调节居民收入分配差距最主要的再分配政策之一,拥有强大的再分配功能,在稳定经济社会发展、减轻老年人口的贫困以及对居民收入差距的调节方面的作用不容忽视。目前,上海市基本养老保险基金规模大且累计结余增长较快。《2021年上海市国民经济和社会发展统计公报》显示,2021年基本养老保险基金结余为1295.6亿元,参保人数达到了1156万。其中,城职保参保人数高达1081.58万人,城居保参保人数为74.42万,基本达到全覆盖的目标②。养老保险基金可持续发展,为应对少子老龄化风险提供了有效保证。根据上海财政局发布的《关于上海2021年社会保险基金预算执行情况的说明》,2021年上海市城职保基金支付能力为5.3个月③。因此,研究上海养老保险"第一支柱"的改革发展显得尤为重要。

目前,学者对上海市养老保险"第一支柱"能否可持续发展观点不一。部分文献持较悲观观点④,认为上海养老保险基金收支不平衡已成事实,现行的政策无法扭转上海养老保险收支缺口的趋势⑤,未来上海养老保险基金存在

① 曹倩:《人口老龄化背景下的上海养老保险制度研究》,复旦大学硕士学位论文,2013,第18~39页。
② 《2021年上海市国民经济和社会发展统计公报》,上海统计局(2022年3月15日),https://tjj.sh.gov.cn/tjgb/20220314/e0dcefec098c47a8b345c996081b5c94.html,最后检索时间:2023年2月20日。
③ 《关于上海2021年社会保险基金预算执行情况的说明》,http://czj.sh.gov.cn/cmsres/51/51728f6d5002480187670e30bc10d5f1/2e47e9128993c0ed44e3f1b920b33a72.pdf,最后检索时间:2023年2月20日。
④ 李盈盈:《上海养老保险基金良性运营计算机仿真研究》,《科技信息》2014年第1期,第62~63、106页。
⑤ 李晓芬、罗守贵:《全面二孩政策下上海城镇职工养老金财政压力测算及对策研究》,《财政研究》2018年第8期,第105~120页。

支付风险，且可持续发展能力较弱①。但有的文献持乐观观点，认为上海城职保基金是能够化"缺"转"余"的②，上海市城居保基金是能够可持续发展的③；尽管目前管理上海城职保基金工作的压力较大，但基金未来增长将是安全而稳健的④。以上所有文献都没有预测到疫情对养老保险的影响，这是一个重大的公共卫生事件，无论是国家还是上海都提供了应对政策，在新冠疫情和政策影响双重冲击下，本文通过分析目前上海市城职保和城居保的运行现状，并提出相关建议，从而为上海市养老保险高质量可持续发展提供参考。

二 上海市养老保险"第一支柱"现状分析

（一）城镇职工基本养老保险发展现状

1. 在职职工人数和离退休人数逐年增长

以历年的国家统计年鉴及《上海统计年鉴》为研究对象，搜集了 2001～2021 年上海市城职保的在职职工人数。由图 1 可看出，参加城职保的在职职工人数总体增长，城职保在职职工由 2001 年的 443.67 万人增加到 2021 年的 1081.58 万人，其中需要说明的是，2011 年在职职工人数增长率过高是由于综保⑤和镇保⑥合并纳入城职保范畴。

随着人口老龄化程度持续加深，《扩大内需战略规划纲要（2022－2035

① 叶茂春、李红艳、任慧霞：《基于 BP 神经网络的上海城镇养老保险基金支付风险预警》，《中国老年学杂志》2018 年第 15 期，第 3827～3832 页。

② 梁鑫、张伯生、熊寿伟：《上海城镇职工养老保险可持续发展对策研究》，《统计与决策》2010 年第 13 期，第 150～152 页。

③ 章萍：《城镇养老保险基金可持续发展对策研究》，《经济体制改革》2011 年第 3 期，第 136～140 页。

④ 李红艳、万桃、吴忠、万萍：《可控和稳定视阈下城镇职工养老保险发展分析》，《数学的实践与认识》2019 年第 7 期，第 20～27 页。

⑤ 《上海市人民政府关于外来从业人员参加本市城镇职工基本养老保险有关问题的通知》（沪府发〔2011〕26号），http://www.shanghai.gov.cn/nw2/nw2314/nw2319/nw10800/nw11407/nw25262/u26aw27952.html，2011-6-27，最后检索时间：2023 年 2 月 20 日。

⑥ 《上海市人民政府关于本市郊区用人单位及其从业人员参加城镇职工社会保险若干问题的通知》（沪府发〔2011〕29号），http://www.shanghai.gov.cn/nw2/nw2314/nw2319/nw10800/nw11407/nw25262/u26aw27955.html，2011-6-27，最后检索时间：2023 年 2 月 20 日。

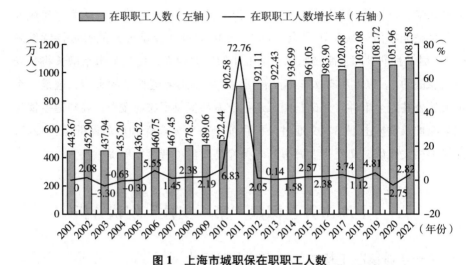

图1 上海市城职保在职职工人数

资料来源：根据历年《上海统计年鉴》整理与计算所得。

年）》等文件中，都明确提到了实施渐进式延迟退休。如图2所示，城职保离退休人数从2001年239.87万人增长至2021年的528.35万人，离退休人数逐年增长，且离退休人数增长率大部分高于在职职工人数增长率。

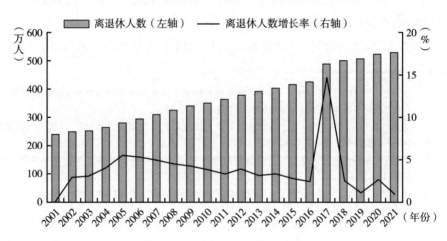

图2 上海市城职保离退休人数

资料来源：根据历年《上海统计年鉴》整理与计算所得。

2. 城职保基金收入和支出分析

随着养老保险制度的覆盖面扩大，参加城职保的人数增多，城职保基金收入也随之增长。如图 3 所示，上海市城职保基金收入从 2001 年的 216.66 亿元增长至 2020 年的 1554.74 亿元，增加 1338.08 亿元，增幅达到 6.18 倍。与此同时，由于离退休人数增长较快，城职保基金支出逐年上升，从 2001 年的 236.25 亿元增长至 2020 年的 2493.35 亿元[①]。

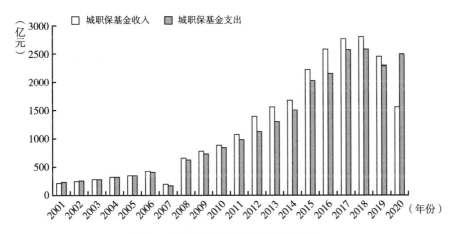

图 3 上海市城职保基金收入和支出

资料来源：根据历年《上海统计年鉴》整理与计算所得。

3. 城职保基金累计结余与基金支付能力分析

由图 4 可知，在 2008~2020 年基金收支结余积累的基础上，2001~2020 年上海市城职保基金累计结余从 93.12 亿元增加到 1214.1 亿元，基金可支付能力也从 4.7 个月上升到 5.3 个月。上海市城职保目前处于合理结余水平。但随着人口老龄化程度不断加深以及养老金的持续上涨[②]，上海城职保基金支出需求也在不断扩大。

---

① 陈子微、李红艳：《城镇职工基本养老保险基金的可持续发展研究——以上海市为例》，《经济研究参考》2020 年第 24 期，第 11~22 页。

② 《上海市人力资源和社会保障局 上海市财政局关于 2020 年调整本市企业退休人员基本养老金的通知》（沪人社规〔2020〕4 号），http：//rsj.sh.gov.cn/tylbx_ 17283/20200617/t0035 _ 1389756.html，2020-5-9，最后检索时间：2023 年 2 月 20 日。

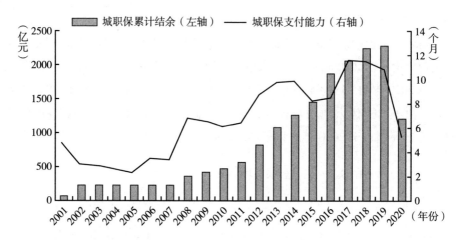

图4　上海市城职保基金累计结余和基金支付能力

资料来源：根据历年《上海统计年鉴》整理与计算所得。

（二）城乡居民基本养老保险发展现状

1. 城居保参保人数和实际领取待遇人数分析

2014年4月颁布的《上海市城乡居民基本养老保险办法》将城镇居民社会养老保险与新型农村社会养老保险相结合，上海市从5月1日开始全面推行城乡居民基本养老保险①。如图5所示，参加城居保的人数在2014年为78.3万人，到2021年下降到74.42万人，整体呈现减少的态势；城居保实际领取待遇人数连年上升，由2014年的47.7万人上升至2021年的52.04万人。

2. 城居保收支结余情况分析

由图6可知，2014~2021年，城居保基金收支总体增加，累计结余总体呈上升趋势，且中间略有波动。城居保基金收入从2014年的42.8亿元增加至2021年的92.35亿元；2021年末基金支出90.22亿元，比2014年增加了49.62亿元。2021年末城居保基金累计结余91.52亿元。

---

① 《上海市城乡居民基本养老保险办法》（沪府发〔2014〕30号），https://www.shanghai.gov.cn/nw32219/20200820/0001-32219_39120.html，最后检索时间：2023年2月20日。

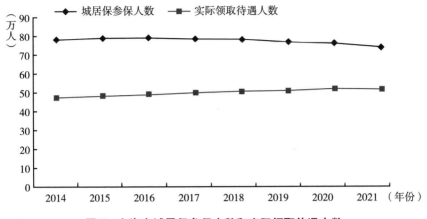

图5　上海市城居保参保人数和实际领取待遇人数

资料来源：根据历年《上海统计年鉴》整理与计算所得。

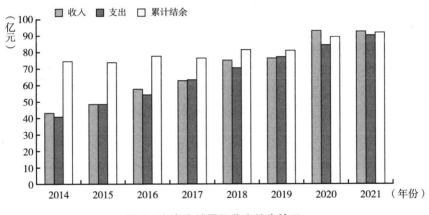

图6　上海市城居保收支结余情况

资料来源：根据历年《上海统计年鉴》整理与计算所得。

3. 养老保险待遇水平分析

城居保待遇包括基础养老金与个人账户养老金两部分，给付终生。上海市城居保实行个人缴费和政府补贴相结合。根据参保人员不同情况实行差别费率，实行计发办法与月领取年龄相结合，保证了基本养老基金保值增值。未参加职工养老保险的城乡居民，均可办理城居保，缴费标准分为10档，多缴多得，居民自行选择缴费档次。在上海缴纳城居保，如果缴费15年达到60周

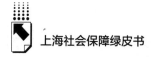

岁，2021 年在上海按照城居保的规定办理待遇领取手续，养老金最低每月可以领取 1200 元左右，最高可以达到每月 2000 元左右，养老金的高低取决于缴费标准的高低和缴费年限的长短。

如图 7 所示，2014~2021 年，上海市养老保险待遇水平稳步提升，城职保待遇水平与城居保待遇水平差距较大，但二者总体差距呈下降趋势。城居保待遇水平由 2014 年的 688 元提高到 2021 年的 1353 元，2021 年城职保待遇水平达到 4608 元，比 2021 年城居保待遇高 2.4 倍。

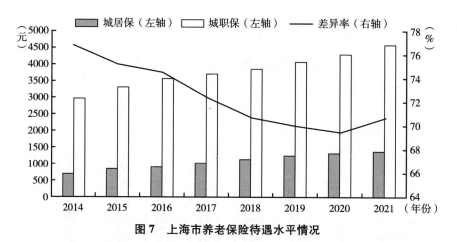

图 7　上海市养老保险待遇水平情况

资料来源：根据历年《上海统计年鉴》整理与计算所得。

三　上海市养老保险"第一支柱"存在的问题

（一）老龄化进程加快，养老保险面临巨大压力

上海人口老龄化、高龄化程度不断加重，老龄化程度直接影响的就是养老保险基金的支出。据统计，截至 2021 年，上海 60 岁及以上的户籍老年人口占户籍总人口的 36.32%（见图 8），与 2001 年相比，增幅已达 17.74 个百分点，这意味着上海市养老保险支出将面临巨大压力。过去 30 年来，养老保险抚养比和人口预期寿命不断上升。截至 2021 年，上海市 15~59 岁劳动年龄人口抚养 60 岁及以上人口的老年抚养系数为 68.7%，比 2019 年增加了 3.5 个百分点；1990 年平

均 5.4 名在职职工赡养 1 名离退休人员，而如今平均 2.6 名在职职工赡养 1 名离退休人员，在职职工的赡养压力不断增大；2021 年人口预期寿命为 84.1 岁，比 1990 年增加了 8.65 岁，高龄化程度日趋严重，庞大的老年群体使养老保险面临巨大压力。以上分析显示，城职保离退休人数增长率较快；城居保参保人数总体呈下降趋势，而实际领取待遇人数却逐年增长，参保人数与实际领取待遇人数之间的差距不断缩小，这都导致上海市的养老负担不断加重。

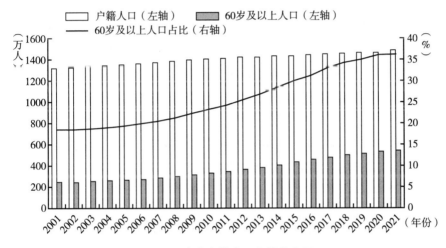

图 8　上海市户籍人口老龄化水平

资料来源：历年《中国统计年鉴》《上海统计年鉴》整理与计算所得。

养老保险的保障力度有限，城镇职工和城乡居民养老金待遇差距大。根据《上海统计年鉴》整理得出，2021 年，60 岁及以上老年人领取城镇职工基本养老金人数共有 443.6 万人，占老年人口的 81.8%，平均养老金为每月 5040 元；共有 50.02 万人领取城居保，占老年人口的 9.2%，城乡居民人均养老金 1100 元，整体待遇较低，且城镇职工和城乡居民待遇差距大，城乡居民每月领取金额无法满足基本生活水平。

（二）养老保险费征缴困难，基金支撑能力下降

2019~2020 年，城职保支出远高于收入，保险的支付能力大幅下降。延迟退休方案的提出，会影响个人乃至企业的缴费积极性，限制了参保率的提高。

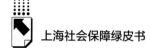

城乡居民养老保险属于自愿性参保的保险，受到传统思想和延迟退休方案的影响，多数人一般停留在眼前利益上，并且参保人担心随着物价的上涨，补贴金额会出现贬值，进而影响参保养老的收益，部分居民对养老保险持观望态度。同时，大多数基层工作人员一般只会引导居民完成缴费，不会将工作重心放在提高缴费档次上，这就直接造成居民投保缴费档次普遍偏低①。居民没有意识到选择较低的缴费标准对其自身利益而言有损失，同时会对养老保险制度的推行和发展产生影响。

在新冠疫情的冲击下，2020 年，上海市人力资源和社会保障局在《关于本市实施阶段性减免企业社会保险费的通知》的基础上进一步发布《关于延长本市阶段性减免企业社会保险费政策实施期限等问题的通知》，确定中小微企业养老保险、失业保险和工伤保险（以下简称"三项社会保险"）单位缴费免征期延长至 2020 年 12 月底，对大型企业等其他参保单位缴纳"三项社会保险"的减半征收期延长至 2020 年 6 月底，并且推迟调整社保缴费基数，从而有针对性地缓解企业困难，推动企业复工复产，支持稳定和扩大就业。如此看来，将严重影响上海养老保险基金的当期收入。

（三）养老保险投资模式单一，抗风险能力有待加强

目前国内基金主要投资于银行存款、国债等，养老保险基金的投资方式较单一，保值增值不能保证。虽然 2001 年 12 月颁布的《全国社会保障基金投资管理暂行办法》，允许全国社保基金进入资本市场，推行市场化运作②，但这种方式只能让全国社保基金进入市场，将地方社保基金挡在市场之外。长期以来，地方社保基金仅限于银行存款和买入国债。因银行利率较低，在高通胀的情况下，资金投资于银行存款和国债，已经产生了显著负回报率，造成养老金增值迟缓甚至损失，尽管银行存款与国债能保证基金安全，有效规避市场风险，但是市场效率和经济效益有限，进一步影响了基金支付能力。

尽管我国每年的养老基金滚存余额逐渐增大，但是在现实中，其中绝大多

---

① 王涵、周淑芬：《上海市城乡居民养老保险缴费激励机制研究》，《劳动保障世界》2017 年第 14 期，第 30~31 页。

② 单大圣：《全国社会保障基金的建立、发展及未来展望》，《社会政策研究》2019 年第 1 期，第 111~126 页。

数都是个人账户中尚未使用过的资金，从理论上讲，这些资金的所有权应属于参保者个人。但是，按现行规定，参保人没有权利做出投资决策，而由劳动保障部门代为投资，在此背景下，受投资方式制约，养老保险基金对长期风险的规避作用不明显，一旦发生贬值风险（如通胀风险等），亦无明确责任，这些亏损最终仅可由养老金受益人承担，造成的结果是：所有者一方面无权进行投资选择，而另一方面又不得不承担风险①。

四　结论与建议

（一）优化养老保险结构，促进二大支柱均衡发展

目前，上海初步建立了多层次、多支柱养老保险体系，但养老保险体系结构严重失衡。截至2021年，第一支柱占比为53%，第二、第三支柱占比分别为46%和1%，这远远落后于发达国家。随着老龄化的加剧，第一支柱可持续运行的压力增大②。因此，应通过减税降费降低第一支柱的比重，加强第二支柱的支撑作用，加大中小企业养老保险力度。积极推动个人养老金第三支柱，加大宣传力度，打消公众疑虑，促进公民对养老金第三支柱的社会信任，助力第三支柱蓬勃发展。在现行的养老保障体系的基础上，推动个人养老金制度，促进三大支柱均衡发展，有利于养老保险制度的改革，满足居民多样化养老保险的需求。

（二）促进养老保险缴费人数稳定增长

一方面，2021年的出生率仅为0.752%，人口净增长48万人，增长率持续走低。低出生率情况下，养老金率先受到巨大的冲击，退休人口高于缴费人口，势必对财政造成严重的负担。在出生率持续走低的情况下，如何维持养老基金的财政自平衡将成为一个值得关注的问题。因此，应促进社会资源向提高生育率方向倾斜，如加强母婴用品的安全监管，推动普惠性教育不断完善，尤

---

① 高建设：《中国养老基金安全运作的制度研究》，福建师范大学硕士学位论文，2004，第19页。
② 王宝杰：《推动社保事业高质量可持续发展》，《中国劳动保障报》2022年6月7日，第3版。

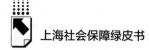

其要重视"学区房"制度改革，以此来降低家庭生育孩子的成本，进而提高生育率来增加缴费人口，从而提高养老金的可持续能力。另一方面，在职职工人数的减少，必然导致社会保险费断缴，最终影响上海市养老保险的可持续发展。因此，一方面，政府可利用中央财政发行的国债发放给本市经营困难的企业，确保困难企业保留工作岗位不裁员，或少裁员；另一方面，随着虚拟经济快速发展，就业形态发生变化，非全日制从业人员及其他灵活就业人员大幅增加，为确保城职保缴费人数增长，上海市政府可适当引入缴费激励机制，鼓励非全日制从业人员、个体工商户、自主就业人员及其他灵活就业人员参加养老保险[1]。

（三）逐渐恢复企业社会保险费征收比例

新冠疫情期间，上海市出台的阶段性减免"三项社会保险"政策直接受益主体是企业，截至 2020 年 3 月 10 日，上海市已有 7.3 万户参保单位完成延期缴纳社会保险费报备工作[2]，这意味着 2020 年上海市养老保险基金当期收入大幅减少。随着全面放开政策的实行，经济逐渐复苏，恢复企业社会保险费征收比例，保证城职保基金收入的可持续发展就显得尤为重要。因此，上海市政府需要出台相关政策来激发企业用减免的"三项社会保险"费资金进行投资，扩大企业生产，以便企业能够从容应对减免政策到期后社会保险费征收比例恢复带来的社会保险费支出压力。

（四）建立科学合理的基本养老金动态调整机制

疫情对经济的冲击影响着社会平均工资的增长幅度，而目前调整养老金待遇水平主要参考的是物价和工资增长情况。在政策环境变动的背景下，如果不改变当前基本养老金调整机制，上海市养老保险基金当期缺口将持续加大，基金的可持续发展能力也将变弱。因此，将基本养老金调整水平与城镇居民生活费用挂钩，考虑养老保险基金收支情况和未来经济发展情况，建立科学合理的

① 戚巍:《养老基金与资本市场互动分析》，武汉科技大学硕士学位论文，2008，第21页。
② 周渊:《疫情防控新闻发布会 | 上海已完成7.3万户参保单位延缴报备工作》，文汇网（2020年3月10日），http://www.whb.cn/zhuzhan/cs/20200310/332012.html，最后检索时间：2023年2月20日。

基本养老金动态调整机制,是维持上海市养老保险"第一支柱"收支平衡的重要举措。

(五)加强养老保险投资管理,提高抗风险能力

党的二十大提出要健全社保基金保值增值和安全监管体系。我国养老保险基金是由若干级别组成的,各级基金在目标与职能上并非完全一致。因此,投资方式不同,风险承受能力也不一样[1]。上海养老保险基金可采取多元化的投资方式,确保养老基金的保值和增值。对于社会统筹部分,因其采用现收现付制,积累额不大、变现要求强烈,所以其最佳投资自然就是存入银行或者买入短期国债之类。对于个人账户和社会保障基金部分,其存续时间较长、使用周期长、存在贬值风险,对投资增值具有一定的要求。而且我国对此基金的投资有比较严格的限制,目前以银行存款、国债等形式为主,限制了上海养老保险基金的升值空间[2]。此外,我国养老基金收益率较低,使得养老基金不能实现预期收益。所以,为了提高收益,确保养老保险基金保值增值,必须扩大其投资渠道[3],上海养老保险基金在银行、国债投资外,还可以投资债券类、股票、基金类等稳定性较高的产品,构建多元化的投资组合,从而达到增加基金收益的目标;高收益的同时往往伴随着高风险,在多元化的投资中还应注意风险的预防。

(六)逐步推进渐进式延迟退休方案的实施

在全球人口老龄化加深、生育率持续走低的大背景下,上海严峻的老龄化形势不可避免地导致养老金支出大幅增加。2021年人社部印发的《人力资源和社会保障事业发展"十四五"规划》中明确指出:要按小步调整、弹性执行,分类实施、统筹兼顾的原则稳妥推进法定退休年龄渐进式推迟、基本养老金最低缴费年限逐步增加。为了减轻养老金支出对政府财政造成的重负,应积极推进渐进式延迟退休方案的实施,即采取弹性退休制度。拉长延迟退休方案

① 李辉:《私募股权基金选择目标企业的标准研究》,大连海事大学硕士学位论文,2010,第6页。
② 李树利:《我国养老保险基金市场化运营模式研究》,河北大学硕士学位论文,2008,第31页。
③ 高建设:《中国养老基金安全运作的制度研究》,福建师范大学硕士学位论文,2004,第19页。

实施的时间跨度，通过逐年按月增加的温和式延长方式，降低对参与延迟退休人员的影响程度，提高公众接受度，进而促进政策落地执行。

参考文献

敖阳利：《我国养老金融供给侧改革加速破局》，《中国财经报》2022年2月15日，第5版。

王晓峰、刘华伟：《积极应对人口老龄化的中国模式》，《人口学刊》2023年第1期。

G.4
上海企业年金和职业年金改革发展报告

吴 忠 李含伟 黄 璐*

摘 要: 面对国内人口老龄化的快速发展，我国已经提前进入老龄化时代，社会不得不认真思考人口老龄化所带来的一系列问题，其中最突出的就是养老危机。针对老龄化问题，我国一直积极倡导"三支柱"养老体系的构建，其中第二支柱中企业年金和职业年金的发展更是值得探究。本文梳理了上海市企业年金和职业年金的发展与现状，对其中存在的关于相关法律体系建设、运作管理模式以及缴费比例、激励体系等相关问题进行探讨，针对现在上海市自身的发展情况和年金制度存在的问题，提出相关的发展建议措施。

关键词: 社会保障 企业年金 职业年金 上海市

一 上海市企业年金和职业年金的发展现状

（一）上海市企业年金的发展现状

从我国 1999 年进入人口老龄化社会至今，老龄化所带来的养老危机日益增多：养老保险中效率与公平的结合不理想，政府、单位和个人三方在面对养老问题时的责权难以明确和界定，在追求经济增长的同时更要全力维护社

* 吴忠，信息管理博士，教授，博士生导师，复旦大学应用经济学博士后，上海商学院院长，教育部管理科学与工程指导委员会委员，主要研究方向为企业信息管理系统；李含伟，管理学博士，教授，硕士生导师，上海工程技术大学教师，主要研究方向为社会保障、养老服务、养老金融；黄璐，上海工程技术大学硕士研究生。

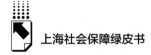

会的和谐安定。目前上海市户籍人口老龄化比例已经达到 36.3%，远远超过 18.7% 的全国老龄化比例，因此上海在应对人口老龄化及其引发的养老危机上会面临更大的挑战，也应当更快速地寻求和采取有效的、有针对性的应对措施。于是，上海市开始探索养老保险第二支柱中企业年金的建设工作，1993 年颁布的《上海市城镇职工养老保险制度改革实施方案》中第一次提出了新的养老保险制度改革目标，而上海全面推行补充养老保险制度的雏形是在 1997 年制定的《上海市企业补充养老保险试行意见》后创立的。2004 年发布《企业年金试行办法》《企业年金基金管理试行办法》等一系列文件，这一时期上海的企业年金建设工作也走上正轨。在国家出台了关于企业年金的相关办法后，上海也以国家出台的相关办法为依据推出了《关于本市实施企业年金制度若干问题的意见》等文件，文件中提到发展企业年金的重要性和必要性，与此同时"十四五"规划中也在对上海提出新的要求，要求上海扩大企业年金覆盖面、增加职工参加人数、扩大基金积累规模等。到目前为止，上海市已经积累了一定数量的参保企业和参保职工，积累了一定规模的基金总额，初步实现了企业年金制度化、规范化的运行管理模式，并且对于未来企业年金的发展也做出新思考、迈出新步伐，对于纠正企业年金存在的不足也开始新尝试。

（二）上海市职业年金的发展现状

1993 年，上海作为全国机关事业单位养老保险的试点城市对于机关事业单位的基本养老保险等相关问题提出了试行办法，对于机关事业单位参保缴费基数也做出了相关规定，即缴费基数参照各单位的岗位工资决定，工资收入不同，则缴纳费用也不同。在 2008 年颁布了《事业单位工作人员养老保险制度改革试点方案》之后，上海成为进行职业年金试点的五个省市之一，正式着手构建事业单位职业年金制度，从而弥补企事业单位职业年金相关规定的空缺，但综合多方面考虑，选择部分单位先行试点的方式进行。2014 年 10 月 1 日起，机关事业单位工作人员也和企业职工一样开始自行承担缴纳养老金的义务。2016 年人力资源和社会保障部出台的《职业年金基金管理暂行办法》中规范了职业年金基金的运营管理，2019 年 1 月《关于本市贯彻〈职业年金基金管理暂行办法〉的实施意见》的颁布为上海做好职业年金基金管理工作提供了指导思想，对于职业年金基金管理的各方面做出了更准确的要求。2019年3月，上海完成受托人选择托管人及投资管理人工作。2019年9月，上海市职业年金基金正式投资运营。

二　上海市企业年金和职业年金发展的瓶颈

（一）基金运作管理模式不够完善

2008年，根据上海市劳动保障局、上海市金融办印发的《关于本市原有企业年金移交工作实施方案》，原由上海职业年金发展中心经办的补充养老保险以整体移交的方式统一移交给长江养老保险管理运作。但直到现在，我国企业年金在计划投资方面并没有出台相关政策文件，即集合性的企业年金投资比例仍按照单一性的投资比例实施，二者的收益并没有明显差异。另外，上海市目前的企业年金管理机制仍较为单薄，且不够完善，市场规模较小，无法对多家企业的企业年金进行有效的投资管理，因此上海企业年金的运营机制管理需要继续实践探索。

（二）缴费过高影响企业竞争力

根据《企业年金办法》的规定，企业年金所需费用由企业和职工双方共同承担缴费义务，其中企业缴费不超过本企业职工工资总额的8%，企业和职工个人缴费合计不超过本企业职工工资总额的12%。企业年金作为养老的第二支柱可以进一步保障职工的基本养老生活，但是企业缴费比例较高的话会降低参保企业的积极性，面对过高的缴费比例，企业不愿意负担额外的税费支出，进而不愿意积极参与企业年金制度，影响年金的发展。并且过高的缴费比例在疫情防控常态化阶段对于企业本身来说就是一个很大的财政负担，尤其是针对中小型企业，其自身的规模较小，资金基础不够，疫情对于原本经营就举步维艰的中小企业来说本就是雪上加霜，这部分企业在基本养老保险的缴纳方面都存在困难，更不用说建立和发展企业年金制度，另外缴费过高在经济方面也会影响这部分企业的市场竞争力。

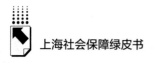

（三）激励不足，税收优惠政策不够完善，员工参保意识还需增强

税收优惠政策可以促进职业年金快速发展，是不可缺少的外在动力，在理论层面上，相关支持政策严重缺乏，税收优惠力度不足，并且相比较其他的社保政策，目前的法律条文并没有对企业职业年金的税收政策做出明确具体的规定，促进年金发展的相关政策也不够全面，难以激发企事业单位和职工参与的积极性；在实践层面上，具体运作过程中政策界定模糊，各地方在实施企业职业年金税收优惠政策过程中容易出现混乱的状态。受家庭养老观念的影响，我国大部分地区包括上海市普遍存在个人养老意识不足、参加补充养老保险（包括职业年金计划）积极性不高的情况。

（四）法律体系不够完善

目前我国对于社保并没有完善的法律体系出台，直到今日有关年金制度管理等相关问题也没有完整的法律支撑。职业年金制度在实施初期是补充养老保障制度、是一种员工福利，以期提高员工的积极性并对员工的养老做出补充保障。目前，虽然我国已经陆续出台了多个关于职业年金的政策文件，这些文件规范了职业年金的实际运作管理，但是这些文件仍然处于碎片化状态，不能使职业年金的实施和运营形成完整成熟的体系。职业年金的相关政策仅仅停留在办法层面，对于约束年金管理运营过程中的一些问题还不够充足，因此年金制度迫切需要完善的法律体系为其提供强有力的保障，为其管理运营保驾护航。

三 上海市企业年金和职业年金政策建议与展望

作为多层次养老保障体系建设中的重要支柱之一，企业年金和职业年金将是有效缓解基本养老压力、提升养老保障、完善单位人力资源和提升综合竞争实力的最佳选择之一。在有效借鉴企业职业年金的运行经验、分析和总结年金运行中存在的问题及企业和市场需求的基础上，应对年金计划健康运行的管理和保障措施进一步细化和完善。

（一）建立合理基本养老保险制度，进一步拓宽年金发展空间

我国基本养老保险制度对于员工退休后的老年生活保障有很大意义，但是由于制度的强制性，目前养老保险的替代率仍然过高。养老保险替代率过高较易挤压掉企业年金的生存空间，但如果盲目地降低替代率，又会影响大量员工的退休老年生活，难以保障其老年生活质量，影响社会安定。从长期来看，我国养老金制度的完善，其根本目标在于缩小国家机关事业单位和企业之间的差异，使其达到"三位一体"的水平。但从根源来讲还是要继续推进机关事业单位养老保险的改革。要在事业单位分类改革、工资制度、人事制度改革三方面同时进行的基础上，构建职业年金的测算和准备机制，制定试点方案。职业年金的建立需要通过完善财政补贴制度、财政转移支付制度及财政引导机制形成更为完善有效的财政支持制度。根据国家相关财政政策和以事定费的缴费原则，再结合不同事业单位的具体特点和实际财力状况，进而制定出有针对性的、更为完善的、有促进效应的财政政策。

（二）完善年金制度的激励措施，提高年金发展动力，加大年金税收优惠政策

年金制度是企业和事业单位对于其员工的重要激励措施，可以通过设置合理的激励手段，在吸引人才的同时减少员工的离职流失，对于企业自身的发展来说相当重要。通过部分企业的企业年金细则条款的实例研究，有一部分企业将员工的工作年限作为参保的一个划分指标，其目的是防止员工的离职流动使得企业为其缴交的企业年金受到损失。除此之外，一些公司还会对企业年金的激励作用进行更加详细的分类，对企业年金的缴纳比例进行全面考核，然后给出与其相对应的缴纳比例，随着员工在公司工作时间的增长，公司相应的缴纳比例也会随之提高，从而公司年金的个人账户积累的金额也会越来越多，这样就可以成为一种重要的激励手段，以鼓励员工可以更好地投入工作中，增加员工的忠诚度。另外，要完善多层次养老保障体系，必须出台相应的政策，加大职业年金税收优惠力度，以解决我国目前年金制度存在的税收优惠不足、个人缴费空缺、年金发展动力不足等各种问题。

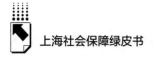

（三）以园区为中心建设年金缴费平台

年金缴费制度是以企业为单位进行的，实行企业年金后，企业如遇到经营亏损、重组并购等当期不能继续缴费的情况，经与职工一方协商，可以中止缴费，这样以企业为中心的缴费制度相对来说比较自由，企业可以自行决定是否参保，部分企业由于缴费比例过高等因素而拒绝参保，从而减少了年金制度的覆盖面。基于此，应该建立以园区为中心的年金缴费平台，按照企业的分布范围或者所涉及的领域进行划分，如科技园区、漕河泾开发区等，以园区为单位统一进行年金收缴、管理，鼓励园区内的企业积极参保，减少企业参保的自由度，扩大年金实际覆盖范围。

（四）设置年金缴费缓冲期

在疫情防控常态化时期，企业正处于经济复苏期，无论是从经济还是从企业的人员配置各个方面，尤其是中小型企业，都处于低迷状态，大部分企业难以在固定的时间缴纳足够的年金费用，因此综合考虑，对于企业年金的征缴应设置年金缴费缓冲期，给企业"生机复苏"空出时间，通过缴费缓冲期，给企业一定的时间，计划和周转资金，从而缓解企业的缴费压力，提高企业和员工的参保意愿。

（五）以法律建设为保障，完善年金构建环境

企业职业年金市场目前表现出了不同层次的不稳定性和风险性，但针对这方面问题，相关的法律法规建设无论是从细节还是相关制度上来看都不够完善。

企业年金和职业年金需要通过投资管理运营来不断实现资产转化获得利益，因此，要从根本上保障企业年金投资运营的安全性和稳定性，以确保实现利益最大化。首先，对年金投资市场运作的各个主体，政府需要设立严密的参与和退出机制，需要运用严格的法律手段进行规定和监督，以降低投资风险，其次，可以对投资比例进行规定，从而实现年金投资多渠道化，可以分配给多个投资人进行管理运行，从而分散投资风险，减少投资所造成的损失。另外还需要通过法律对年金的各个运行环节进行明确的规范约束，建立完善的风险防范监督管理体系。

建立年金管理情况报告制度和信息披露制度，建立行政监督与社会监督相结合的基金监管机制，促进年金基金的规范化运作。也可以引进第三方监管机构，包括参保企业与个人都可以从源头上以较少的成本投入对年金的运作实施监督，大大提升监管力度。

（六）加大年金制度国民教育力度，提高职工参保意识

对于企业年金和职业年金的宣传教育远不及基本养老保险充分透彻，部分企业雇主对于企业年金计划概念模糊，没有足够的动力与积极性去建立自身的企业年金，不愿投入资金损失企业自身利益，部分员工也更加注重现有的可支配收入，认为自己已经参加了国家的基本养老保险，有了一定的养老保障，加之受传统的家庭养老观念的影响，便不再参加企业年金。对于这样普遍存在的现状，我们更需要加大企业年金的宣传力度，将思路、政策、方针传达给企业雇主与雇员。年金制度的相关实施部门可以通过各种渠道让企业员工与雇主获悉年金的相关利好政策与实施方针，如针对中小型企业可以提供年金延后缴费政策等，缓解企业缴费压力，也可通过电视媒体、广播、报刊以及举办新闻发布会和专题讲座、发放宣传手册的方式使得民众对于年金制度的认识进一步加深，深刻了解到年金与自身利益是密切相关的，从而提高其参保意识。

参考文献

蒋怡琳：《推动上海企业年金健康发展的策略研究》，《上海保险》2022年第12期。
李爱茹：《职业年金运营管理中存在的问题及对策研究》，《中国集体经济》2022年第20期。
徐沛：《委托代理视角下上海市机关事业单位职业年金基金管理风险防范研究》，上海师范大学硕士学位论文，2019。

G.5
养老保险"第三支柱"建设发展报告

刘功润[*]

摘 要： 在深度老龄化趋势背景下，发展养老保险"第三支柱"不仅有助
于降低国家养老保障制度的整体运行成本，也有利于推动商业养
老保险投资基础设施和新经济发展，发挥金融资本支持服务实体
经济的功能作用。本文从发展背景、行业状况及现实挑战等多角
度作分析，较全面地呈现了中国养老保险"第三支柱"建设发展
的图景，并立足现阶段发展实际，提出了针对性的对策建议。

关键词： 老龄化 养老保险 社会保障 "第三支柱"

人口老龄化是国家现代化发展和人类文明进步的重要趋势之一，也是当前及
今后很长一段时期最基本的国情。从我国人口老龄化进程来看，1990~2000 年、
2001~2010 年、2011~2020 年老龄化程度年均分别增加 0.15 个、0.18 个、0.46 个百
分点，老龄化速度呈逐年加快态势。按照世界银行的标准，2001 年我国 65 岁及以
上人口比例达到 7.1%，即跨越 7%的老龄化社会临界门槛。据国家统计局数据，我
国 65 岁及以上人口在 2021 年占全国总人口的 14.2%，相比第七次全国人口普查数
据的 13.5%，提高了 0.7 个百分点，这意味着中国已经迈入"深度老龄化"阶段。

在深度老龄化趋势背景下，仅靠"第一支柱"基本养老保险显然难以提
供充足、可持续的养老保障，也无法满足人民群众日益多样化的养老需求。当
前，大力发展社会保障和养老金融事业，补上"第二、三支柱"短板，尤其
是加快养老保险"第三支柱"建设发展迫在眉睫。

---

[*] 刘功润，博士，研究员，中欧陆家嘴国际金融研究院副院长，主要研究方向为宏观经济政策、
国际金融中心建设与养老金融。

一 背景分析：概念界定、政策基础与功能作用

（一）概念界定

1."三支柱"体系

世界银行 1994 年出版了《防止老龄危机——保护老年人及促进增长的政策》报告，报告中首次提出建立养老金制度"三支柱"分类模式，按照资金来源、设立目的等维度，将养老金体系分为"公共养老金计划""企业养老保险计划""个人储蓄养老金计划"。随后，虽然不同国家的养老保险实践各不相同，但基本都按照多层次分类法，建立了包括基本养老保险、企业年金和个人储蓄性养老保险的"三支柱"体系。

在养老保险"三支柱"体系中，第一支柱基本养老保险是由国家立法强制实行、为劳动者退休之后的基本生活提供可靠保障；第二支柱是在第一支柱的参保基数上，由企业根据经营状况，自主确定是否参保以及确定保险水平，并自行选择经办机构的企业年金行为，是一种补充养老保险；第三支柱是具有商业性质的个人储蓄性养老保险，完全是公民和劳动者根据自己的意愿自主投保的市场行为。

2.养老保险"第三支柱"

世界银行对"第三支柱"的定义是个人养老的储蓄计划，只要是以养老储蓄为目标的资产储备都可以囊括进来。当前研究者普遍认为，第三支柱计划是由家庭或个人发起设立的、各类养老储蓄计划，完全以个性化需要为前提的自主缴交、储蓄，它包括正规及非正规的多种保障形式，比如商业养老保险、以房养老、储蓄与投资养老以及家庭代际传承养老，等等。[①]

养老保险"第三支柱"是"三支柱"体系中的重要一支，也是养老服务金融的重要内容。目前，不少国际组织，包括世界银行、经济合作与发展组织、国际劳工组织等，更倾向于认为"第三支柱"是为少数有能力的人建立的制度，某种意义上是"第二支柱"参保人的补充性制度。欧盟则指出可以

---

① 董登新：《世界养老金体系重构的动因与动向》，《人才资源开发》2017 年第 5 期。

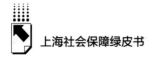

把"第三支柱"建成多数人参与的普惠型养老金制度。

养老保险"第三支柱"建设虽然在我国目前仍处在初级阶段，但其有十分广阔的发展前景。养老保险"第三支柱"不仅能缓解"第一支柱"的负担，在降低整个养老保障制度运行成本的同时满足居民多层次的养老需求，还能将居民闲置资金集中投资于基础设施和新经济，有助于促进我国资本市场的健康发展。①

（二）政策基础

从政策演进的角度看，我国开始探索建设"第三支柱"始于20世纪90年代初期。《国务院关于企业职工养老保险制度改革的决定》于1991年6月发布，《国务院关于深化企业职工养老保险制度改革的通知》发布于1995年3月，相继对企业补充养老保险和个人储蓄性养老保险提出了导向性要求。

养老保险的顶层制度设计，遵循了国际社会普遍实行的"三支柱"体系，并通过持续政策供给不断优化"第三支柱"的建设发展环境。2019年，我国专门制定改革和完善基本养老制度的总体方案，明确提出"要立足我国基本国情，借鉴国际经验，努力构建以基本养老为基础的，以企业和职业年金为补充的，以个人基本养老、储蓄性养老、商业养老相衔接的'三支柱'养老保险制度"。2020年12月的中央经济工作会议以及2021年3月出台的国家"十四五"发展规划，都将"规范发展第三支柱养老保险"列入其中。

2022年，我国《政府工作报告》中频繁提及"保险""养老"等关键词，强调"要积极应对人口老龄化""继续规范发展第三支柱养老保险"。2022年4月，国务院进一步为养老保险"第三支柱"建设提供政策指针，发布了《关于推动个人养老金发展的意见》。

2022年10月，党的二十大报告提出要健全多层次社会保障体系。随后11月，人社部等5部门共同发布《个人养老金实施办法》，就个人养老金发展提出落实措施，个人养老金制度在北京、上海、广州等36个城市（地区）先试先行。

---

① 刘功润：《新养老促新需求　商保面对全新养老"考题"》，《金融时报》2021年11月3日。

（三）功能作用

1. 有助于减轻财政负担，提高资金的效能

随着人口结构"抚养比"上升、生育率下行，我国社保基金压力凸显，人口红利逐渐消退。2022年末，我国人口141175万人，比2021年末减少85万人。世界银行预计，2035年我国65岁以上人口占总人口比例将突破20%，届时每5人中就有一位65岁以上的老年人。人口老龄化加剧，势必催生庞大的养老金融市场。从实践效果来看，调动市场力量和个体需求参与养老保障体系建设更趋于合理，不但有助于减轻财政负担，也更利于提高社保资金的运营效能及更好满足人民群众对美好老年生活的个性化向往。[1]

2. 为新兴的自由职业者，提供个性化商业养老保障

从人口结构变化和养老保险体系运行情况看，在基本养老保险和企业年金、职业年金等保基本的基础上，规范发展养老保险"第三支柱"，可以补齐商业养老保险这个短板。[2] 当前灵活就业人员、平台经济就业者等新兴自由职业群体增多，他们普遍面临参保项目较少、保障不全、水平低等难题，但通过市场化、门槛低、灵活度高的个人商业养老保险方式，可以形成个性化商业养老保障。[3]

3. 依靠多样化的筹资和管理安排，合理分担养老责任

要加强社会养老财富储备，迫切需要完善共建共享的养老保险体系。推出个人养老金制度的初衷就是要促进"三支柱"养老体系的均衡发展，增加个人参保的责任，拓宽养老保障的储备渠道。建设以账户制为基础、个人自愿参加、国家从税收上给予支持和市场化运营的养老保险"第三支柱"，有助于进一步织密社会保障安全网，促进社会保障和养老事业高质量、可持续发展。

4. 进一步提高个人养老保障水平，使劳动者能更体面、有尊严地养老

根据央行公布的2022年金融统计数据，截至2022年末，我国住户存款余额已经达到121.18万亿元，按照14.13亿人口计算，人均存款达到85761元，个人养老

---

① 刘功润：《新养老时代，关注多层次社会保障体系建设》，陆家嘴金融网，2021年10月17日。

② 张进财、祝尚运：《加快构建养老金"第三支柱"》，光明网，2022年5月11日。

③ 柯锐：《汪泓：二十大对促进我国社会保障事业高质量发展提出新要求》，《新京报》2022年10月19日。

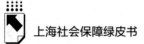

金账户里的资金转化为长期养老资金的潜力巨大，为养老保险"第三支柱"发展提供了现实基础。建设发展"第三支柱"为满足人民群众多层次、多样化养老保险需求提供了可能的选择，人们可以在基本养老保险和企业年金、职业年金基础上，再自行选购符合规定的储蓄存款、理财产品、商业养老保险、公募基金等养老金产品，有利于退休后能够再增加一份积累、再多一份收入，从而进一步提高个人养老保障水平，使劳动者的养老更体面、更有尊严。

二 养老保险"第三支柱"发展现状及产品动态

（一）商业养老保险

商业养老保险主要指专属商业养老保险和税延型养老保险。[1] 我国自 2018 年 5 月开始在上海等部分地区试点税延型商业养老保险，发展较为缓慢。专属型商业养老保险起步则更晚，2021 年 6 月才开始一年期的试点。相比税延型商业养老保险而言，专属型商业养老保险投保和交费方式更加简便、覆盖面更广，同时退保规则也更灵活。[2]

税延养老保险产品在形态上分为 A、B、C 三类，主要是收益特征和风险等级不同，不论哪种产品，除非发生保险合同约定的责任免除事项导致全残或身故、或者罹患重大疾病，否则不能退保，直到退休后按照合同约定领取养老金。但由于税收力度优惠不大，保险公司销售动力不强，且试点地区一直没有广泛推开，该产品销售总体不及预期。

商业保险中的普通寿险、年金险、分红险等都可作为专属型商业养老保险产品。2022 年，商业养老年金保费收入规模为 617 亿元，其中专属商业养老保险累计保单件数 33.9 万件。[3] 据界面新闻统计，专属商业养老保险 2022 年的结算利率均超 4%，13 款专属商业养老保险产品稳健型账户年化结算利率在 4%～5.15%，进取型账户年化结算利率在 4.5%～5.7%。入选个人

---

① 卜振兴：《发挥养老三支柱作用》，《中国外汇》2022 年第 14 期。
② 温来成、贺志强、张偲：《我国第三支柱养老保险税收政策完善研究》，《税务研究》2021 年第 12 期。
③ 银保监会：《2022 年银行业保险业运行数据情况》，2023 年 2 月 3 日。

养老金的 6 公司 7 款产品中，进取型账户 2022 年结算利率为 4.50% ~ 5.70%，稳健型账户 2022 年结算利率最低为 4.00%，最高为 5.15%（见表 1）。尽管大部分专属商业养老保险 2022 年的结算利率较 2021 年有所下调，但相较于其他理财形式，专属商业养老险的表现算得上稳健。

表 1　2022 年专属商业养老保险的产品收益率

单位：%

公司		产品	2022 年收益率	
			稳健型账户	进取型账户
个人养老金产品	中国寿险	福寿年年	4.80	5.10
	中国人寿	国寿鑫享宝	4.50	5.00
	太平人寿	太平岁岁金生	4.00	5.10
	太保人寿	太保易生福	4.30	4.80
	泰康人寿	泰康臻享百岁	5.05	5.50
		泰康臻享百岁 B	4.80	5.00
	国民养老	国民共同富裕	5.15	5.60
	新华保险	卓越优选	5.00	5.15
	新华养老	盈佳人生	4.60	4.60
	平安养老	平安富民宝	4.30	4.50
	大家养老	大家福满万家	4.50	5.25
	太平养老	太平盛世福享金生	5.10	5.70
	恒安标准养老	信天翁·启航	5.00	5.60

资料来源：Wind。

（二）银行养老理财

银行主要通过开发养老理财产品参与养老金融市场运作。中国银保监会正式启动养老理财产品试点是在 2021 年 9 月，试点半年后于 2022 年 3 月 1 日发布《关于扩大养老理财产品试点范围的通知》，将养老理财产品试点范围由成都、武汉、深圳、青岛与工银理财、建信理财、招银理财、光大理财"四地四机构"扩展为"十地十机构"。

作为资管新规正式实施的第一年，银行理财在 2022 年内虽然经历了股债市冲击等压力，但业务规范化转型成效显著，市场仍呈现较稳健的发展态

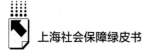

势。相对其他资管产品而言，我国的银行养老理财产品起步较晚，但从规模体量和成长性看，银行及理财子公司若能充分发挥优势开展养老理财业务，将有望成为我国养老保险"第三支柱"的中坚力量，极大促进养老金融产品发展。

《中国银行业理财市场年度报告（2022年）》（银行业理财登记托管中心发布）数据显示：截至2022年底，全国共存续产品3.47万只，分布于278家银行机构和29家理财公司，较年初下降4.41%；银行理财市场全年累计新发理财产品2.94万只，存续规模27.65万亿元，募集资金89.62万亿元，为投资者创造收益8800亿元（见图1）。从具体表现看，净值型理财产品存续规模26.40万亿元，占比为95.47%，较上年同期增加了2.52个百分点，可见尽管存续规模出现回落，但理财产品净值化转型仍成效显著。

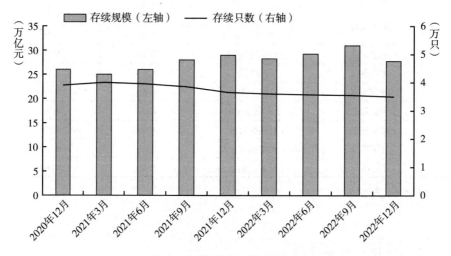

图1 银行理财产品存续情况

资料来源：银行业理财登记托管中心。

（三）养老目标基金

养老目标基金是养老金融产品的重要类别，它是以追求养老资产的长期稳健增值为目标，鼓励投资者采用成熟的资产配置策略、长期持有并合理控制投资组合波动风险的公开募集证券投资基金。与普通的基金直接投资"一篮子"

股票或债券不同，养老目标基金投资的是"一篮子"基金，即以 FoF（Fund of Funds，基金中基金）的形式运作，目的在于优化资产配置、减小投资风险。

证监会于 2018 年 2 月正式发布的《养老目标证券投资基金指引（试行）》，被认为是我国养老基金的纲领性文件。总体而言，我国养老目标基金处于初级发展阶段，成立时间短、基金规模较小、投资收益优势不明显，仍然面临巨大的市场挑战。

Wind 数据显示：截至 2022 年 11 月 30 日，我国全市场共有 206 只养老目标基金，整体规模近 950 亿元。其中，养老目标日期基金的产品数量和规模都小于养老目标风险基金，特别是规模方面，养老目标日期基金的规模仅为养老目标风险基金规模的 18%。同时，成立时间满 3 年的养老目标基金年平均收益率明显高于成立 2 年和 1 年的基金。这说明在观察期内，随着持有期限的增加，该类基金投资收益会逐渐增加。

（四）养老信托

养老信托作为信托业务的类型之一，它形式多样且极具创新空间，对财产的安排包括直接提供养老公寓床位、医疗保健、康复护理等方面养老服务，用于养老产业开发或建设进而实现财富传承等。

当前，市面上存在的养老信托产品主要有养老消费信托、养老财产信托和养老产品信托三种类型。我国还未建立起完善的养老信托制度，更创新的信托产品类型也有待探索开发。

（五）产品动态

1. 理财产品加速落地，凸显长期、普惠属性

据中国理财网统计，截至 2022 年 11 月 28 日，工商银行、建设银行等 15 家商业银行以及 10 家理财公司已通过个人养老金理财产品行业信息平台系统验收。银行业理财登记托管中心于 2023 年 1 月 20 日发布《个人养老金理财产品行业信息平台管理实施办法（试行）》，意味着个人养老金理财产品进入加速落地阶段。

从目前发行的试点阶段养老理财产品的期限看，其长期、普惠性属性表现突出。产品大多在 5 年及以上，而且起购点门槛一般低至 1 元，此外产品的管

理费、托管费也有一定的优惠。

2. 保险产品不断扩容，万能险列入其中

中国银保信官网在 2023 年 1 月 31 日发布消息称，个人养老金保险产品由首批 7 款产品增至 12 款产品。值得关注的产品更新名单中，工银安盛人寿推出了首个万能型账户年金保险产品。该款产品近一年结算利率为 4.65%，投资金额为 1 万元，70 岁以下的人群均可投保，保底利率为 2.5%。业内人士认为，金融机构比拼收益率的时代即将到来。

3. 投资者有了更多选择，产品格局逐渐清晰

2023 年 2 月 10 日，中国理财网公布首批个人养老金理财产品名单，共 3 家机构 7 只产品。具体来看，3 家机构分别为工银理财有限责任公司、农银理财有限责任公司和中邮理财有限责任公司。目前，投资者们在个人养老金账户"货架"上有了更多选择。低风险投资者可以关注个人养老金理财和个人养老金基金，中高风险投资者可重点考虑个人养老金基金。据缴费人口测算，预计到 2030 年，我国个人养老金存量将达到 2.5 万亿元规模。

三　养老保险"第三支柱"面临现实挑战

（一）"第三支柱"处于起步阶段，规模体量不足

当前，养老体系存在第一支柱"一支独大"的结构性问题：第一支柱基本养老金占比高达 65.76%，第二支柱职业年金和企业年金占比 34.23%；"第三支柱"商业保险规模只有 4 亿多元，占比仅 0.01%，可以说是高度不平衡的。[1] 截至 2022 年底，第一支柱覆盖群体为 10.5 亿人，第二支柱覆盖人群 7500 多万人，第三支柱覆盖范围则很有限，个人养老金参加人数为 1954 万人，缴费人数只有 613 万人，总缴费金额为 142 亿元。[2] 从资产结构看，养老保险"第三支柱"的资金占比极低。不论是在提升养老金规模还是覆盖人群上，养老保险"第三支柱"都有着巨大的增长空间。

---

[1] 唐婧：《中欧国际工商学院院长汪泓：推出个人养老金制度有利于提高全民理财意识和金融素养》，《21 世纪经济报道》2022 年 4 月 29 日。
[2] 《人力资源和社会保障部举行 2022 年四季度新闻发布会》，2023 年 1 月 18 日。

当前，我国灵活就业的 2 亿多人，城镇 4.7 亿劳动者，包括农村劳动者等，理论上只要参加了基本社保都可以开立第三支柱养老金账户。[1] 随着"第三支柱"个人养老金落地、"第三支柱"养老金的架构逐步完善，养老财富市场将进入新的发展阶段。

（二）养老财富储备方式以银行存款为主，真正具有养老属性的金融产品相对匮乏

在居民家庭金融资产配置中，可以用于长期养老的资产占比很小。根据《中国养老金融调查报告 2021》，将银行存款作为养老储蓄的人数居多，达到 50.81%，其后依次是商业养老保险（27.98%）、银行理财（26.27%）、房产（21.69%）；此外，一部分人还通过购买基金、股票、信托、国债等产品进行养老财富储备，也有一些人参加了企业年金和职业年金，但仍有 15.92% 的人尚未进行任何养老财富储备。

现有养老理财产品投资期限以中短期为主，其中 6 个月（不含）至 1 年（含）产品居多，占比高达 45.07%；其次是 1 年（不含）至 3 年（含）产品，占比 28.82%；而 3 年（不含）至 5 年（含）及 5 年以上产品，数量较少，占比分别为 6.40%、2.46%。[2] 这显然与养老长期储备需求难以相匹，未能真正体现"长期养老"属性。目前，保险公司提供的年金型养老保险产品在人身险行业中的占比较低，保险业年金产品总体发展明显迟缓，养老保障功能较强的传统型产品数量占年金保险产品总数的比例不足 10%。此外，养老目标基金虽以养老投资为目标，但一般也只有 1~5 年不等的封闭，与银行理财等金融产品一样具有短期性。

（三）税优型养老保险试点效果未及预期，消费市场亟待开发

截至 2022 年底的数据显示，个人养老金缴费人数不到参加人数的 1/3，参保规模和缴费人数都不及预期。[3]

---

① 《郑秉文：大众养老金迎来新阶段》，《金融界》2022 年 12 月 19 日。
② 中国养老金融 50 人论坛（CAFF50）：《中国养老金融调查报告（2021）》，2021 年 9 月 22 日发布。
③ 《人力资源和社会保障部举行 2022 年四季度新闻发布会》，2023 年 1 月 18 日。

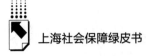

个人税收递延型商业养老保险采用的是延迟纳税（EET）优惠模式，对购买符合条件的养老保险的保费支出，在购买时予以免税，税收递延至养老金领取时收取，账户资金收益也暂不征税。当前政策对当期的税收优惠力度较小，难以形成有效的激励，且领取时的税优减免力度对于多数人意义不大；另外，试点地区、试点产品范围十分有限，相应的税收扣除操作过于复杂烦琐，这使投保人的节税体验大打折扣；再者，税收优惠制度所覆盖的群体通常以领取工资收入的群体为主，这类群体大多已被第一、第二支柱覆盖，因此再额外增加养老保障的动机不强烈。因此，"第三支柱"消费市场总体面临投资者认知不足、资金来源有限和产品单一等大量现实问题，需要进一步涵养、开发。

（四）机制建设与发展要求不同步，难以适应未来快速发展的需要

第三支柱政策制度涉及多个部门，与第一、第二支柱相比，其制度安排、参与方式、运作模式、产品类别等内容尚不明确，且监管规制相对滞后，难以适应未来快速发展的需要。突出表现在，对于养老保险"第三支柱"，各类金融机构在不同主管部门的指导支持下，均自行发行不同的养老金融产品，产品之间差异巨大，各方面的标准也不统一，运营规则五花八门。

四 促进养老保险"第三支柱"发展的对策建议

（一）完善顶层设计，促进"第三支柱"规范发展

1. 明晰"第三支柱"的内涵与外延

养老保险"第三支柱"的建设发展涉及政府、企业和个人，需要税务、财政、社保、银保监等多部门联合参与。要明晰"第三支柱"的内涵与外延，通过制定和完善相应的规制，厘清其功能框架、参与方式、覆盖人群、监管职责和运作模式等，健全业务管理细则和市场运营规则，建立统一规范的产品业务体系。

2. 提升配套政策服务能级

在满足基本服务功能的基础上，要进一步提供增值服务，包括养老投资顾问、养老理财规划等，协助民众个性化分析养老诉求，定制适宜的养老投资方案，合理管理控制养老风险等。

3. 建立机制以平衡"风险—收益"

设立相对收益担保、投资风险分摊、养老保险产品再保险等机制，加大信息披露力度，拓宽包括养老保障产品在内的第三支柱养老保险风险化解渠道，通过建立机制以平衡"风险—收益"，形成终身养老的稳定收入预期。

（二）实现行业变革，提高"第三支柱"发展效率

1. 推动产品革新，实现多层次的养老服务和养老保障产品有机结合

推出适合不同风险偏好和不同年龄阶段的生命周期养老保障产品，引导更多民众建立覆盖至退休的养老资金管理目标；推出具备市场竞争力的政策性养老保障产品，鼓励更多民众建立长期养老储备；加快推进产品端与服务端协同发展，实现产品服务化和服务产品化。

2. 释放投资效能，为养老基础设施建设提供长期稳定资金

增加大宗商品、黄金等抗通胀品种，通过不同资产多元化配置降低资产波动性，稳定投资业绩；稳步开放养老保障资金投资范围，由国家结合实际发行通胀保值类债券，优先匹配养老保险产品；动态管理资产负债久期匹配的周期性，注重投中风险识别与管理；发挥好长期投资的专业优势，为民众提供跨周期、安全、稳健投资收益。

3. 提升风控能级，确保风险管理由线到网，立体贯穿、全面覆盖

以健全制度流程、明确问责标准、定期回溯检查实现过程强管理，打破孤立运行的现状；以"制度+技术"进行组合管控，杜绝混业经营模式下风险传导的不确定性；以业务隔离分区、人员隔离分岗、考核隔离评价实现风险强隔离。

（三）优化个人账户，夯实"第三支柱"基础设施

1. 在个人养老金制度基础上，要进一步完善转移接续机制

个人账户是"第三支柱"最为重要的基础设施，建议进一步完善我国三支柱体系（分别指公共养老金、企业年金、个人养老储蓄），建立养老金转移和流动机制，逐步实现各个支柱个人账户之间的转移衔接。①

---

① 《中欧国际工商学院院长汪泓：要进一步完善养老保险三支柱体系》，《每日经济新闻》2022 年 8 月 30 日。

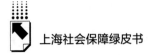

2. 建立金融市场基础设施与国家税务信息系统的对接

个人账户承载各种优惠政策的实施，建议建立金融市场基础设施与国家税务信息系统的对接，以方便税务部门掌握该账户内的缴费、投资和收益情况，为税收优惠和递延征收提供依据。与此配套，应允许将所有合格的金融产品纳入账户资金的配置范围，将税收优惠享受主体从金融产品转移至账户持有人。

3. 建立金融市场与个人账户的双向对接

建立金融市场与个人账户的双向对接，既可以用个人账户的资金投资金融市场的养老相关产品，也可以通过购买政府明确规定的养老保险产品来建立和充实个人账户，以满足灵活就业和未就业群体的养老需求。

（四）加大税优力度，扩大"第三支柱"惠及范围

1. 适当提高税延型养老保险税前抵扣标准

目前税延型养老保险税前抵扣标准偏低，建议适当提高税延型养老保险税前每月抵扣上限。比如，或可提高至2000元或3000元，此外，还可探索建立抵扣额度上限与社会平均工资增长指数化挂钩的动态调整机制，未来随着经济发展和收入水平的提高，动态提高税前抵扣额度。

2. 进一步简化税前抵扣流程

对于年收入未达到起征点或灵活就业群体，给予一定比例的财政补贴；探索建立直接补贴式个人养老金制度，使政策惠及更多低收入人群。

3. 加快向个人综合所得税制过渡的步伐

综合所得税制的实施是从根本上促进多层次养老保障体系的动力源。加快向个人综合所得税制过渡的步伐，可以使第三支柱的账户持有人彻底摆脱供职单位的束缚而灵活、自由购买税优型养老产品，实现一人购买、带动并惠及全家。

参考文献

汪泓等：《中国健康人力资本：测量预测与发展战略》，上海交通大学出版社，2022。

汪泓、罗娟：《上海社会保障史》，上海人民出版社，2018。

中国养老金融50人论坛编著，董克用、姚余栋、孙博主编《中国养老金融发展报告（2018）》，社会科学文献出版社，2018。

于雷、杨元策等：《我国第三支柱养老保险发展探析》，《保险理论与实践》2021年第8期。

董克用：《建立和发展中国特色第三支柱个人养老金制度》，《中国社会保障》2019年第3期。

张晓慧：《加快促进养老金第三支柱发展》，《中国金融》2020年第Z1期。

中欧社会保障与养老金融研究院、上海社会保障问题研究中心：《新时代社会保障制度的高质量发展研究报告集》，2022。

G.6
个人养老金产品发展报告

李　文　李宏纲*

摘　要： 我国老龄化进程加快，养老金体系面临考验，政府引导的"第一支
柱"基本养老保险基金依然占据主要地位，呈现"一支独大"的格
局，存在替代率不足、财政支出压力大等问题。个人养老金制度是
完善我国养老保障体系的关键环节，也是促进国民共同富裕、推动
社会经济高质量发展的重要基础性制度。发展好个人养老金，是贯
彻落实党的二十大关于"增进民生福祉""积极应对人口老龄化国
家战略"的重要举措，对于构建多层次、多支柱的养老保障体系，
应对日益严峻的社会老龄化挑战，做好全民养老保障，提升未来老
年人的退休生活水平，具有重要意义。随着我国经济社会不断发展，
人民生活水平不断提升，多样化养老需求日益增加，养老产品供给
问题更加突出。公募基金、保险、银行等金融机构都积极参与提供
了多样化的养老金融方案，分别对应公募养老目标基金、个人税收
递延型商业养老保险和专属商业养老保险、养老理财产品和养老储
蓄等。本文主要针对银行、公募基金、保险公司、养老金公司等金
融机构提供的个人养老金产品进行分析，总结了产品的设计要点、
发展情况，并提出未来发展的政策建议。

关键词： 养老目标基金　个人税收递延型商业养老保险　专属商业养老保险
养老理财产品　养老储蓄

* 李文，管理学博士，高级经济师，汇添富基金管理股份有限公司党委书记、董事长，中国证
券投资基金业协会副会长，上海资产管理协会会长，中国养老金融50人论坛核心成员，主要
研究方向为养老金金融、公募基金、金融监管；李宏纲，统计学博士，原汇添富基金管理股
份有限公司资深产品专家，主要研究方向为养老金金融、基金管理。

2022 年 4 月 21 日，《国务院办公厅关于推动个人养老金发展的意见》发布，为构建多层次、多支柱养老保险体系和规范发展个人养老金第三支柱要求提供了制度基础。10 月 26 日，五部门联合发布《个人养老金实施办法》；11 月 3 日，《财政部　税务总局关于个人养老金有关个人所得税政策的公告》发布，个人养老金制度的核心政策和财税配套安排初步建立。11 月 4 日，中国证监会发布《个人养老金投资公开募集证券投资基金业务管理暂行规定》，银保监会也于 11 月 17 日和 21 日分别发布《商业银行和理财公司个人养老金业务管理暂行办法》和《关于保险公司开展个人养老金业务有关事项的通知》，进一步明确了银行、保险、基金等各金融行业参与服务我国个人养老的未来路径。至此，我国个人养老金制度体系的配套政策已全部落地。

制度规定，参加人可通过个人养老金账户资金购买符合规定的银行理财、储蓄存款、商业养老保险、公募基金等金融产品，参加人可自主选择。个人养老金制度推动银行、公募基金、保险公司、养老金公司等金融机构从不同角度参与养老第三支柱的完善和发展。

关于个人养老金第三支柱体系的建设，银行、保险、公募基金等金融机构都积极参与提供了多样化的养老金融方案，分别对应公募养老目标基金、个人税收递延型商业养老保险（以下简称"税延商业养老保险"）和专属商业养老保险、养老理财产品和养老储蓄等。本文将个人养老金产品的研究定位在以上提及的相关产品中。

一　个人养老金产品设计

（一）个人养老金产品的界定

个人养老金产品的界定有多种方式，为了避免读者的混淆，本文涉及的个人养老金产品界定如下：养老目标基金、税延商业养老保险、专属商业养老保险、养老理财产品、养老储蓄五个品类。[①]

1. 养老目标基金

养老目标基金是指以追求养老资产的长期稳健增值为目的，鼓励投资人长

---

① 本文如无特殊说明，所有研究对象研究时间截至 2022 年 6 月 30 日。

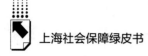
期持有，采用成熟的资产配置策略，合理控制投资组合波动风险的公开募集证券投资基金。

2. 税延商业养老保险

2018 年 4 月，财政部、国家税务总局、人社部、银保监会和证监会联合印发《关于开展个人税收递延型商业养老保险试点的通知》，在上海市、福建省（含厦门市）和苏州工业园区实施税延商业养老保险试点，试点为期一年。税收递延政策具体体现为 EET 模式，对试点地区个人通过个人商业养老资金账户购买符合规定的商业养老保险产品，允许在一定标准内税前扣除；计入个人商业养老资金账户的投资收益，暂不征收个人所得税；个人领取商业养老金时再征收个人所得税。

3. 专属商业养老保险

专属商业养老保险是指以养老保障为目的，领取年龄在 60 周岁及以上的个人养老年金保险产品。产品设计分为积累期和领取期两个阶段，领取期不得短于 10 年。产品采取账户式管理，账户价值计算和费用收取公开透明。

4. 养老理财产品

养老理财产品是面向具有养老需求的个人投资者发行的以追求养老资金长期稳健增值为目的，采用符合长期养老需求的资产配置策略，合理控制投资组合波动风险的公募理财产品。

5. 养老储蓄

养老储蓄产品是监管部门引导商业银行在兼顾普惠性和养老性的基础上，符合长期养老需求、充分体现养老功能的特定养老储蓄产品，是具有产品期限长、收益稳定，本息有保障等特点，可满足低风险偏好居民的养老需求的存款产品。

（二）个人养老金产品的发展

1. 养老目标基金

2018 年 3 月，证监会正式发布了《养老目标证券投资基金指引（试行）》，养老目标基金根据投资策略的不同分为目标风险基金（TRF, Target Risk Fund）和目标日期基金（TDF, Target Date Fund）。

截至 2022 年 6 月末，养老目标基金共 169 只，合计规模 955.72 亿元。

2022 年 11 月 4 日，中国证监会发布《个人养老金投资公开募集证券投资基金业务管理暂行规定》，明确将符合相应条件的养老目标基金纳入个人养老金可以投资的基金产品。11 月 18 日，中国证监会公示了个人养老金基金名录，首批个人养老金基金共 129 只，均为养老目标基金。

2. 税延商业养老保险

2018 年 4 月，财政部、国家税务总局、人社部、银保监会和证监会联合印发《关于开展个人税收递延型商业养老保险试点的通知》，自 2018 年 5 月 1 日起，在上海市、福建省（含厦门市）和苏州工业园区实施税延商业养老保险试点，试点为期一年。

截至 2021 年末，共有 23 家保险公司参与税延商业养老保险试点，累计实现保费收入 6.3 亿元，参保人数 5 万人。

3. 专属商业养老保险

2021 年 5 月，银保监会发布《关于开展专属商业养老保险试点的通知》，自 2021 年 6 月 1 日起，在浙江省（含宁波市）和重庆市开展专属商业养老保险试点，试点期限暂定一年，参与试点的保险公司包括中国人寿、人保寿险、太平人寿、太保寿险、泰康人寿和新华人寿 6 家公司。2022 年 2 月 15 日，银保监会正式下发《关于扩大专属商业养老保险试点范围的通知》，自 2022 年 3 月 1 日起，专属商业养老保险试点区域将扩大到全国范围，在原有 6 家试点保险公司基础上，允许养老保险公司参加试点。

根据银保监会统计，截至 2022 年 6 月末，专属商业养老保险产品实现保费约 22 亿元，累计的投保件数是 19.6 万件，其中新经济新业态从业人员和灵活就业人员投保 2.96 万件。2022 年 11 月 21 日，中国银保监会发布《关于保险公司开展个人养老金业务有关事项的通知》，明确保险产品参与个人养老金业务的具体实施路径。11 月 23 日，中国银行保险信息技术管理有限公司披露个人养老金保险产品名单，首批有 6 家保险公司的 7 款专属商业养老保险产品入选。

4. 养老理财产品

2021 年 8 月 31 日，银保监会发布《关于开展养老理财产品试点的通知》，结合国家养老金融领域改革试点区域，选择"四地四家机构"开展养老理财产品试点。工银理财在武汉和成都、建信理财和招银理财在深圳、光大理财在

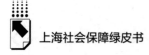

青岛开展养老理财产品试点，试点期限暂定一年。自 2021 年 12 月 6 日起，首批养老理财产品开始进入募集期。2022 年 2 月，中国银保监会发布了《关于扩大养老理财产品试点范围的通知》，从 2022 年 3 月 1 日起，养老理财产品试点范围由"四地四机构"扩展为"十地十机构"。对于已开展试点的工银理财、建信理财、光大理财和招银理财，单家机构养老理财产品募集资金总规模上限由 100 亿元人民币提高至 500 亿元人民币。此外，2022 年 1 月，贝莱德建信理财被批准参与养老理财产品试点工作，试点期限暂定一年，养老理财产品募集资金总规模目前限制在 100 亿元以内。

截至 2022 年 6 月末，5 家银行理财子公司成立 25 只养老理财产品，合计规模 577.52 亿元。2022 年 11 月 17 日，中国银保监会发布《商业银行和理财公司个人养老金业务管理暂行办法》，明确参加人可以通过个人养老金资金账户购买个人养老储蓄、个人养老金理财产品、个人养老金保险产品、个人养老金公募基金产品等个人养老金产品。

5. 养老储蓄

2022 年 7 月 29 日，银保监会与人民银行发布《关于开展特定养老储蓄试点工作的通知》，自 2022 年 11 月 20 日起，由工商银行、农业银行、中国银行和建设银行在合肥、广州、成都、西安和青岛市开展特定养老储蓄试点。试点期限暂定一年。试点阶段，单家试点银行特定养老储蓄业务总规模限制在 100 亿元人民币以内。2022 年 11 月 17 日，中国银保监会发布《商业银行和理财公司个人养老金业务管理暂行办法》，明确开办个人养老金业务的商业银行所发行的储蓄存款（包括特定养老储蓄，不包括其他特定目的储蓄）均可纳入个人养老金账户购买范围。

（三）产品特点

1. 命名规范性

个人养老金产品的命名均包含"养老"字样。过去行业中也有以"养老"命名的理财产品和公募基金产品，但 2018 年证监会率先对原有"养老"字样的公募基金进行变更改造；2020 年以来，银保监会持续清理名不符实的带有"养老"字样的理财产品，2022 年 5 月 10 日银保监会发布《关于规范和促进商业养老金融业务发展的通知》（以下简称《通知》），《通知》指出，银行保险机构应当按照依法合规、稳妥有序、保护客户合法权益的原则，对名称中带有"养老"但不符合本《通知》规定的金融产品进行更名或清理。对于符合《通知》规定的商业养老金融产品，银行保险机构可在产品名称和营销宣传中使用"养老"字样。其他金融产品不得在名称和营销宣传中使用"养老"或其他可能造成混淆的字样。

2. 普惠性

从起购门槛看，公募基金和养老理财产品起购金额低至 1 元。从费率结构看，总费率收取远远低于对应类型的产品。目前市场上混合型公募基金管理费率为 0.4%~3.0%，养老目标基金管理费率为 0.6%~0.9%。个人养老金政策发布后，养老目标基金进一步在 Y 类份额实行管理费、托管费优惠，统一为原 A 类份额的五折，进一步提升公募基金养老产品的普惠性。养老理财产品除工银理财无基本管理费以外，其余理财机构均收取 0.1% 的基本管理费。托管费率一般在 0.015%~0.02%。目前发行的全部养老理财产品中，除建信理财安享固收类按月定期开放式产品和贝莱德建信贝安心 2032 养老理财产品 1 期分别收取 0.1% 和 0.125% 的费用以外，其他产品均不收取销售服务费。税延商业养老保险和专属商业养老保险的初始费、资产管理费和产品转换费的实际费率均低于费率上限。

3. 投资长期性

养老产品旨在引导投资者合理规划养老金融投资，树立长期投资、合理回报的投资理念。养老目标基金采取定开封闭运作期或最短持有期的方式引导长期投资，定开封闭运作期或最短持有期限不短于 1 年、3 年或 5 年；养老保险产品要求交费期限为保险合同生效后至参保人达到国家规定退休年龄前。养老理财产品期限相对较长，封闭期或者最短持有期最少为 5 年。养老储蓄的产品期限最短为 5 年。

4. 稳健性

养老目标基金以追求养老资产的长期稳健增值为目的；税延商业养老保险和专属商业养老保险均要求以"收益稳健"为产品设计原则，产品的类型均包括稳健性产品；养老理财产品则主要投向固定收益类资产，并引入了目标日期策略、平滑基金、风险准备金、减值准备等，进一步增强产品风险抵御能力。

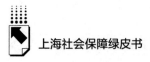

表1　个人养老金产品特点比较

指标	养老目标基金	税延商业养老保险	专属商业养老保险	养老理财	养老储蓄
产品名称	规范统一的命名规则,管理人+养老字样+产品类型+运作方式	规范统一的命名规则,管理人+税延商业养老保险+产品类型(A、B1、B2、C)	规范统一的命名规则,保险公司名称+说明性文字+专属商业养老保险	产品命名规则各异,延续各行理财内部命名体系	—
起购金额	起购点为1元	按照当月工资薪金、连续性劳务报酬收入的6%和1000元的低值	—	起购点为1元	—
产品类型	FOF基金,80%以上基金资产投资于公募基金。包括目标日期基金和目标风险基金	包括积累期和领取期两个阶段。根据积累期收益类型不同,分为收益确定型、收益保底型、收益浮动型	积累期采取"保证+浮动"的收益模式,保险公司应为消费者提供风险偏好不同的一个以上的投资组合。每家公司至少提供一款稳健型产品和一款进取型产品	普通公募,除光大理财权益上限设为40%,贝莱德建信理财权益比例0%~80%,属于混合型产品外,另外三家公司产品权益投资比例不超过20%,均为固定收益类公募产品	整存整取、零存整取和整存零取三种类型
运作模式	定开封闭运作期或最短持有期,期限不短于1年、3年或5年的,分别对应的权益类资产投资比例上限为30%、60%、80%。持有期或封闭期到期后,产品继续存续并调低权益配比,满足投资者需求	保险期限:终身或长期,包括积累期和领取期两个阶段。长期领取期限不少于15年	保险期间为终身或长期。长期领取期限不少于10年	封闭期或者最短持有期最少为5年。其中贝莱德建信理财发行一只封闭期为10年的产品	产品期限:5年、10年、15年和20年四档

指标	养老目标基金	税延商业 养老保险	专属商业 养老保险	养老理财	养老储蓄
提前赎回机制或特殊退保	没有特殊赎回机制,严格按照产品持有期或封闭期约定执行	重大疾病	重大疾病、意外伤害	重大疾病、购房可提前赎回,满足一定年龄条件可以免除赎回费。对于符合条件的提前赎回是否收取赎回费管理人的约定不同,从0%~2%不等	
分红设置	现金分红或红利再投。目前成立运作的养老目标基金并未在分红条款上做出迎合养老需求的特殊安排。169只已成立的养老目标基金中,仅有3只在合同中明确约定每年收益分配的次数至少为1次;1只基金成立以后每季分红	—	—	均为现金分配,信息披露材料约定产品成立一段时间(半年到两年)后按照既定频率进行分红。除工银理财明确在合同中约定了在满足分红条件下每年的分红日外,其他养老理财产品均保留了既定频率下决定分红与否的权力	—

二 个人养老金产品投资管理

（一）投资分类

为了更好地跨行业比较个人养老金产品,根据资管新规,资产管理产品按照投资性质的不同,分为固定收益类产品、权益类产品、商品及金融衍生品类产品和混合类产品。固定收益类产品投资于存款、债券等债权类资产的比例不低于

80%，权益类产品投资于股票、未上市企业股权等权益类资产的比例不低于80%，商品及金融衍生品类产品投资于商品及金融衍生品的比例不低于80%，混合类产品投资于债权类资产、权益类资产、商品及金融衍生品类资产且任一资产的投资比例未达到前三类产品标准。具体投资分类说明如下。

（1）由于混合类产品范围广，可进一步依据资产配置的不同将混合基金分为偏股型、偏债型、股债平衡型、灵活配置型等。

（2）养老目标基金定期开放的封闭运作期或投资人最短持有期限不短于1年、3年或5年的，基金投资于股票、股票型基金、混合型基金和商品基金（含商品期货基金和黄金ETF）等品种的比例合计原则上分别不超过30%、60%、80%。目标日期基金存在下滑曲线，随着临近目标日期，投资组合的权益配置比例会逐渐降低。因此，养老目标日期基金会结合目标日期与下滑曲线等信息进行分类。

（3）后续投资组合的分析基于2021年年报和2022年中报，统计产品范围为2020年底之前和2021年底之前成立的产品。

（二）投资收益

不同类型的个人养老金产品净值估值频率差异比较大：专属商业养老保险每年1月公布上一年度的实际结算利率；税延商业养老保险A款和B1款产品每月结算一次，B2款产品每季结算一次，以上产品归类为结算利率产品进行比较。税延商业养老保险C款产品设立了专门独立的投资账户进行投资管理和运作，并披露了投资账户说明书，与养老目标基金、养老理财等资产管理产品具有一定的可比较性，养老目标基金和养老理财净值估算相对比较频繁，养老目标基金每日进行估值，养老理财以每周或者每月频率进行估值；养老储蓄产品每5年对储蓄利率进行重新定价，首个5年期养老储蓄的利率在3.5%~4.0%。为了与专属商业养老保险的数据具有可比性，结算利率产品所有数据均采用年度数据，其他产品采用最新估值数据。

1. 结算利率产品

（1）A类

A类产品是收益确定型，指在积累期提供确定收益率的产品，每月结算一次收益，在目前发行的20只产品中，17只确定收益为年复利3.5%，3只年复利 3.8%。

（2）B1 类

B1 类产品是收益保底型，指在积累期提供保底收益率，同时可根据投资情况提供额外收益的产品，每月结算一次收益。在目前发行的 20 只产品中，19 只保底收益为年复利 2.5%，1 只（太平人寿）年复利为 2.0%。产品实际年度收益率普遍在 4.5%~5.0%，各年度较为稳定，只有少数产品调整收益率。2021 年平安养老在 5 月降低收益率为 4.3%，人民人寿在 7 月降低收益率由 4.9%降低为 4.8%。

（3）B2 类

B2 类产品是收益保底型，指在积累期提供保底收益率，同时可根据投资情况提供额外收益的产品，每季结算一次收益。在目前发行的 13 只产品中，12 只保底收益为 2.5%，1 只为 2.25%（中意人寿）。但只有泰康养老公告了实际年度收益率为 5%。

（4）稳健型

稳健型投资组合账户是在严格控制风险的情况下，主要投资于固定收益类资产，并适当配置少量具有投资价值的权益类资产和流动性资产，追求账户资产长期稳健增值的投资账户。

目前发行的 7 只稳健型投资组合账户保证利率都在 2%~3%，其中保证收益率最高的是人保寿险，达到了 3%。产品实际年度结算收益率普遍在 4%~6%。

（5）进取型

进取型投资组合账户是在有效控制风险的前提下，配置相对更高的风险资产、追求相对较高收益的投资账户。进取型投资组合的账户一般会均衡配置权益类资产和固定收益类资产，并设置较低的最低保证利率，在保障账户流动性要求的良好管理与匹配的基础上，提升客户养老资金的长期增长潜力。目前已发布的 7 只进取型投资组合账户的保证利率都在 0%~1%，其中有 2 家机构（太平人寿和中国人寿）的进取型账户的保证利率为 0%。产品实际年度结算收益率普遍在 5.0%~6.1%。

（6）对比结论

A 类产品的收益率不会跟随市场的波动而变化，但是收益率相对较低，

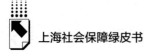

B1类、B2类、专属商业养老保险稳健型和进取型产品收益率会随着市场的波动而变化，相对来讲，B1类、B2类、稳健型产品从配置的角度以固定收益为主，相比较进取型产品而言，可能收益率略低，但稳定性更好（见图1）。

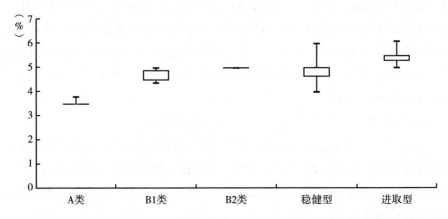

图1　结算利率型产品实际年化收益率

资料来源：各机构官网，数据截至 2022 年 6 月 30 日。

2. 浮动净值产品①

（1）收益率比较

2022 年上半年在国内经济疲弱和疫情突发、美联储加息和俄乌冲突加剧全球通胀的环境下，债券市场呈现小幅震荡格局，中债综合全价（总值）指数收益率为 0.12%；股票市场先跌后涨，剧烈波动，中证 800 指数下跌 9.97%。

固定收益类银行理财产品的收益率在 2.38%～4.12%；偏债基金按照 15% 的权益仓位中枢进行配置，产品收益率为-1.84%，稳健一年 51 只产品收益率存在一定分化，中位数为-1.11%；2025 一年产品的中位数为-0.05%；太平洋人寿和中国人寿的收益率也在±1%之间，均优于中枢仓位配置；光大理财的产品收益率为 2.59%，表现出了相对高的正收益。而对比 2021 年度，偏债基金如果按照 15% 的权益仓位中枢进行配置，产品收益率为 1.67%，稳健一年 33 只产品收益率中位数为 4.79%；2025 一年产品的中位数为 5.21%；太平洋

---

① 资料来源：各机构官网。

人寿和中国人寿的收益率也在 1.16% ~ 1.66%。整体来说，银行理财产品在固定收益投资方面表现比较强的能力。养老目标基金一年期产品通过适当超配权益资产以及借助较强的选基能力，相对业绩比较理想。

股债平衡型和灵活配置型如果按照 50% 的权益仓位中枢进行配置，产品收益率为 -5.19%，平衡三年产品的中位数为 -4.60%，略优于中枢配置；203X-204X 产品的中位数为 -5.56%，这与产品成立时间较短、下滑曲线的起始点权益配置略高有关；泰康养老和泰康人寿的产品出现小幅的亏损，体现较好的资产配置能力；光大永明的产品属于唯一灵活配置的产品，权益资产不高于 60%，收益率为 -10%，可能与较高权益仓位有关。对比于 2021 年，股债平衡型和灵活配置型如果按照 50% 的权益仓位中枢进行配置，产品收益率为 0.67%，平衡三年产品的中位数为 6.68%，远好于中枢配置；203X-204X 产品的中位数为 5.76%，这与产品成立时间较短、下滑曲线的起始点权益配置略高有关；泰康养老和泰康人寿的收益率在 6% 左右，光大永明的产品收益率为 9.24%，与前文推测的高仓位判断一致。

偏股型按照 80% 的权益仓位中枢进行配置，产品收益率为 -8.06%，积极五年产品的中位数为 -6.89%，204X-205X 五年产品的中位数为 -7.44%，均优于中枢配置，一方面目标日期产品成立时间较短、下滑曲线的起始点权益配置接近中枢配置，另一方面 FOF 的基金选择优于中证 800 指数；平安养老和工银安盛人寿的产品优于中枢配置，整体来说，体现较好的资产配置能力。相较于 2021 年，偏股型按照 80% 的权益仓位中枢进行配置，产品收益率为 -0.19%，积极五年产品的中位数为 9.00%，204X-205X 五年产品的中位数为 7.36%，均优于中枢配置，一方面目标日期产品成立时间较短，下滑曲线的起始点权益配置接近中枢配置，另一方面 FOF 的基金选择优于中证 800 指数；平安养老和工银安盛人寿的产品优于中枢配置，体现较好的资产配置能力。

（2）波动率比较

2022 年上半年固定收益类银行理财产品的波动率在 0.1% 左右；偏债型产品的波动率高于固定收益率产品的波动率，其中稳健一年和 2025 一年产品的波动率中位数在 0.5%；中国人寿的波动率为 0，太平洋人寿和光大理财的波动率在 0.3% 左右。2021 年末固定收益产品刚刚成立。偏债基金的波动率相对较低，稳健一年 33 只产品波动率中位数在 0.66%；2025 一年产品的中位数在

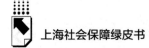

0.63%；太平洋人寿波动率略高于养老目标基金一年产品，为 1.35%，中国人寿的波动率控制在较低的水平。

股债平衡型和灵活配置型的波动率相对来说高于偏债产品的波动率，2022年平衡三年产品的中位数为 1.14%；203X-204X 产品的中位数为 1.37%；泰康养老和泰康人寿的产品波动相对较低，分别是 0.61% 和 0.26%；光大永明的产品属于唯一灵活配置的产品，权益资产不高于 60%，波动率更高一些，为 1.43%，可能与权益仓位配置较高有关。2021 年平衡三年产品的中位数 1.37%；203X-204X 产品的中位数为 1.54%；泰康养老和泰康人寿对于波动率进行了非常好的控制，与偏债产品的水平相当，光大永明的产品波动率为 1.52%，略高于其他产品。

偏股型产品的波动率最高，2022 年积极五年产品的中位数为 1.54%，204X-205X 产品的中位数为 1.79%。平安养老和工银安盛的波动率分别为 2.14% 和 1.45%。2021 年积极五年产品的中位数为 1.49%，204X-205X 产品的中位数为 2.01%，平安养老和工银安盛人寿的产品波动率在 1.5% 左右。

（3）最大回撤比较

2022 年上半年固定收益类银行理财产品的最大回撤仅在 40 个 bp 左右；偏债型产品的最大回撤高于固定收益率产品的最大回撤，其中稳健一年和 2025 一年产品的最大回撤中位数在 5% 左右；中国人寿的最大回撤为 0，太平洋人寿最大回撤在 2.5% 左右，光大理财产品的最大回撤仅为 40 个 bp，2021 年末固定收益产品刚刚成立。偏债型产品的稳健一年和 2025 一年产品的最大回撤中位数分别是 4.11% 和 3.84%；中国人寿的最大回撤为 0，太平洋人寿最大回撤在 4.63% 左右。整个来看，银行理财产品和中国人寿的产品有效控制最大回撤，这与对应客户的风险偏好比较一致。

股债平衡型和灵活配置型的最大回撤相对来说高于偏债产品的最大回撤，2022 年上半年平衡三年产品的中位数为 13.57%；203X-204X 产品的中位数为 15.75%；泰康养老和泰康人寿对于最大回撤进行了非常好的控制，与偏债产品的水平相当，光大永明产品的最大回撤为 18.46%，略高于其他产品。2021 年平衡三年产品的中位数为 8.47%；203X-204X 产品的中位数为 10.10%；泰康养老和泰康人寿对于最大回撤进行了非常好的控制，与偏债产品的水平相当，光大永明的产品最大回撤为 11.20%，略高于其他产品。

偏股型产品的最大回撤最高，2022 年上半年积极五年产品的中位数为 18.21%，204X-205X 产品的中位数为 20.73%。平安养老和工银安盛的最大回撤分别为 16.38% 和 12.67%。2021 年积极五年产品的中位数为 8.58%，204X-205X 产品的中位数为 13.39%，平安养老和工银安盛人寿的产品波动率在 10% 左右。

（4）对比结论

从收益率、波动率以及最大回撤进行对比，养老产品总体符合高收益率高波动率的特点，无论市场的波动大小，养老理财产品和中国人寿特别重视产品净值的稳定性，波动率和最大回撤控制在非常小的范围内；其他混合产品受市场影响比较大，养老目标基金充分发挥资产配置和选基能力，相对于仓位中枢，都有比较好的超额收益，但是回撤和波动率会高于其他产品。税延养老 C 款产品因为不同公司的管理风格不同，回撤和波动率略有不同，泰康养老和泰康人寿相对较低，其他公司的相对较高。

（三）资产配置

1. 穿透前资产配置

从穿透前的大类资产配置来看，养老目标基金以 FOF 为主要投资形式，养老理财以资产管理产品为主要配置方式。根据养老目标基金公布的 2022 年半年报，养老目标基金采用 FOF 形式，除 5 只基金外，基金的配置比例均不低于 80%，未达到 80% 配置比例的产品，均出现了净申购的情况（见表 2）。

表 2　养老目标基金 2022 年中报基金配置比例

单位：%

指标	稳健 年	平衡二年	积极五年	202X 一年	203X-204X 三年	204X-205X 五年
最小值	66.61	66.83	81.21	84.84	76.76	83.39
下四分位	84.90	83.08	85.22	86.85	84.22	89.07
中位数	90.93	89.15	89.22	88.86	89.89	90.83
上四分位	92.78	91.30	90.56	90.83	92.46	93.08
最大值	94.55	94.37	91.89	92.80	130.52	97.74

资料来源：各机构官网，数据截至 2022 年 6 月 30 日。

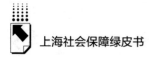
根据养老理财公布的 2022 年半年报，养老理财产品通过资产管理计划的投资比例不低于 50%。光大理财、工银理财和招银理财的比例均超过了 70%。充分发挥不同资产管理人的优势（见表 3）。

表 3　养老理财产品 2022 年中报期末资产持仓穿透前占全部产品总资产的比例

单位：%

指标	光大理财橙 2026 第 1 期	工银理财 21GS5688	建银理财 2021 年第 1 期	招银理财稳健五年封闭 1 号
固定收益类	27.04	24.18	49.89	18.60
现金及银行存款			4.80	0.12
债券				18.48
非标准化债权类资产			45.09	
代客境外理财投资 QDII			0.00	
公募基金				6.77
资产管理产品	72.96	75.82	50.11	74.63
合计	100.00	100.00	100.00	100.00

资料来源：各机构官网，数据截至 2022 年 6 月 30 日。

2. 穿透后资产配置

根据养老理财公布的 2022 年半年报，从穿透后的资产配置而言，固定收益类资产仍是养老理财产品的配置主体，占比平均值为 88.75%。其中工银理财旗下产品固收比例达到 98.39%，光大理财的比例为 79.92%。特别需要提出的是非标资产持有到期有助于稳定净值，养老理财配置非标准化债权类资产比例较高，建银理财非标配置比例达到 40.98%，招银理财和工银理财配置比例分别是 25.27% 和 21.86%。光大理财并未披露非标资产占比。权益类投资占比平均值为 7.32%，其中光大理财产品是混合类产品，权益类投资达到 14.38%，建银理财与招银理财分别是 4.16%、3.41%，工银理财相对比较谨慎，权益类投资为 0。公募基金投资占比平均值为 5.75%，其中招银理财配置比例最高，是 12.78%（见表 4）。

表4 养老理财产品2022年中报期末资产持仓穿透后占全部产品总资产的比例

单位：%

指标	光大理财橙2026第1期	工银理财21GS5688	建银理财2021年第1期	招银理财稳健五年封闭1号
固定收益类	79.92	98.39	92.89	83.81
现金及银行存款		8.58	5.08	0.76
同业存单			1.08	
拆放同业及买入返售			1.35	0.15
债券		67.95	44.40	57.63
非标准化债权类资产		21.86	40.98	25.27
权益类投资	14.38	0	4.16	3.41
代客境外理财投资 QDII			0.03	
公募基金	5.70	1.61	2.92	12.78
合计	100.00	100.00	100.00	100.00

资料来源：各机构官网，数据截至2022年6月30日。

根据养老目标基金公布的2022年半年报，从穿透后的资产配置而言，体现了基金合同的相关规定，稳健一年和202X一年产品权益基金（股票基金和偏股混合基金）配置比例比较低，分别为10.51%和15.34%，与2021年年报8.98%和16.12%相比大体相当；平衡三年和203X-204X三年产品权益基金配置比例居中，分别是31.02%和40.61%，与2021年年报32.60%和34.15%相比，203X-204X配置比例略高。积极五年和204X-205X五年权益基金配置比例最高，分别是47.67%和53.84%，与2021年年报43.01%和54.69%相比，积极五年配置比例略高。在具体配置的品种上，偏股混合型基金、被动指数基金的配置比例总体来说高于普通股票型基金，而2021年则是偏股混合型基金和普通股票型基金的配置比例高于被动指数基金，主要是偏股混合型基金历史业绩比较长，被动指数基金业绩比较透明；固定收益资产（偏债混合型、债券基金、货币市场基金）配置方面，稳健一年和202X一年产品的配置比例比较高，分别是79.17%和74.23%，与2021年年报77.72%和79.23%相比大体相当；平衡三年和203X-204X三年产品配置比例居中，分别是45.49%和39.16%，与2021年年报43.60%和38.38%相比，配置比例均略高；积极五年和204X-205X五年配置比例最低，分别是23.85%和15.31%，与2021年年报23.03%和14.80%相比大体相当。在具体配置的品种上，

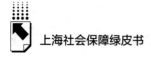

中长期纯债的配置比例最高。作为多元资产配置的一部分,养老目标基金也少量配置了海外基金和绝对收益基金,来降低组合风险。

表 5 养老目标基金 2022 年中报基金穿透后配置比例

单位:%

基金分类	稳健一年	平衡三年	积极五年	202X一年	203X-204X三年	204X-205X五年
股票基金	4.64	15.39	25.55	9.97	24.79	21.44
普通股票型基金	1.98	6.10	9.75	2.94	8.19	12.14
被动指数型基金	2.09	6.41	11.60	7.03	15.93	9.14
增强指数型基金	0.58	2.88	4.21	0.00	0.67	0.16
混合基金	15.46	36.38	49.39	13.76	39.66	63.27
偏股混合型基金	5.87	15.63	22.12	5.38	15.83	32.40
平衡混合型基金	0.00	0.10	0.00	0.00	0.08	0.04
灵活配置型基金	8.17	18.71	24.54	7.17	18.83	30.03
偏债混合型基金	1.42	1.94	2.73	1.22	4.92	0.80
债券基金	76.49	41.13	20.28	68.43	33.48	14.11
混合债券型二级基金	4.17	7.26	1.17	4.14	9.12	5.37
混合债券型一级基金	13.09	9.60	1.29	7.08	6.40	0.99
可转换债券型基金	0.02	0.00	0.00	0.00	2.69	1.40
被动指数型债券基金	6.26	2.22	2.22	12.62	2.46	0.52
短期纯债型基金	9.80	1.61	0.00	11.04	3.95	0.86
中长期纯债型基金	43.15	20.44	15.60	33.55	8.86	4.97
货币市场型基金	1.26	2.42	0.84	4.58	0.76	0.40
海外投资	0.84	2.96	3.86	3.26	1.15	0.78
互认股票型基金	0.01	0.00	0.00	0.00	0.01	0.00
互认债券型基金	0.02	0.24	0.00	0.00	0.06	0.00
国际(QDII)股票型基金	0.80	2.50	3.79	3.26	1.03	0.66
国际(QDII)混合型基金	0.00	0.05	0.00	0.00	0.03	0.11
国际(QDII)另类投资基金	0.01	0.12	0.07	0.00	0.00	0.00
国际(QDII)债券型基金	0.00	0.06	0.00	0.00	0.02	0.00
其他基金	1.32	1.72	0.09	0.00	0.16	0.00
股票多空	1.15	0.64	0.00	0.00	0.05	0.00
商品型基金	0.17	1.08	0.09	0.00	0.11	0.00
合计	100.00	100.00	100.00	100.00	100.00	100.00

资料来源:各机构官网,数据截至 2022 年 6 月 30 日。

三　个人养老金产品面临的挑战

一是如何从产品销售模式向账户配置模式转化。各类个人养老金产品具有不同的特征和产品优势，定位具有差异性。例如：个人养老金储蓄安全性高，但存款利率低，长期可能无法抵御通胀；个人养老金理财安全性相对较高，由于银行具有国家信用，公众对此类产品的接受度较高；保险产品能够实现保底收益，同时设计按年、按月乃至终身领取的模式，并与医养、保障等功能结合，具有稳健与灵活的双重特性；基金产品的优势在于权益投资，长期收益更高但波动较大。个人养老金的投资管理应当基于个人养老账户进行各类资产的配置，而非单纯销售某一类金融产品。如何发挥各类金融产品的差异化优势，打好组合拳，关系未来个人养老金能否长期健康发展，包括其一是销售端是否具备账户层面的资产配置能力，其二是销售端如何积极引导投资者进行不同产品的组合，其三是各类销售机构能否支持代销其他不同行业的养老金融产品等。

二是如何进一步提高投资收益、满足客户长期养老投资需求。养老资金的有效投资管理具有应对未来长寿风险的能力。"渐进式延迟退休"等政策引发广泛讨论，未来在市场结构性分化行情进一步加剧的情况下，如何在控制风险的同时，进一步提高养老金融产品的收益，是金融机构面临的挑战。包括：其一是境外投资和另类投资对于做高投资收益的同时进一步分散风险，具有重要意义，但目前个人养老金产品在权益投资、境外投资和另类投资方面仍然面临一定限制；其二是各类机构养老金融产品面临的监管标准并不完全一致，例如，不是所有金融机构都能够投资一定比例的非标资产、进行平滑机制的设计等，这些因素可能会给个人养老金产品未来的发展带来影响。

三是如何进一步提升个人养老金投资者持有体验。养老资金具有长周期属性，能够承受短期波动，但在实际投资过程中，由于这是一笔关乎老百姓未来退休生活的重要资金，其投资的稳定性是提升投资者持有体验的重要因素。基金产品方面，截至 2022 年 6 月末，全市场成立满三年的养老目标基金过去三年的年化平均收益率为 10.15%，但是近三年最大回撤的首尾差异可以达到 26.79%。银行理财产品方面，2022 年 3 月权益市场波动和 11 月的债券市场波

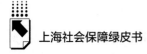

动，造成两次"破净潮"，在净值化大背景下，没有一类资产能够完全保本保收益。因此，在养老金投资管理中，运用好平滑机制、混合估值等创新模式，尽可能减弱投资者在投资过程中对于产品波动的感受非常重要。此外，在销售端要注重对投资者的适当性管理，以及持续推动投资者教育工作，这些对金融机构来说也是不小的挑战。

四 个人养老金发展的政策建议

（一）制度层面

在试行期间持续推动制度优化。2022 年 10 月，五部门联合发布《个人养老金实施办法》，财税配套文件、金融监管部门的配套文件随后发布，个人养老金业务已正式启动实施。我国的个人养老金制度正处于起步阶段，涉及政策制定部门、金融监管部门、金融行业平台和各类金融机构，需要在运行过程中不断完善和优化，以保障个人养老金平稳有效运行，切实提升老百姓的获得感。建议在个人养老金制度试行期间不断总结经验，在实践中逐步优化和完善。具体来看：一是建议完善税收优惠安排，建议领取环节对投资收益不征税，最大化发挥税收优惠对个人养老金业务发展的激励和带动作用；二是建议提升个人养老金制度的开放程度，包括提升开户绑卡的开放性和便利度、让投资者能够在多个渠道获得全流程账户服务，以及尽快让存量的养老目标基金客户通过份额转换的方式直接参与个人养老金业务等，提升个人养老金客户的转化率；三是建议尽快出台个人养老金投资基金业务的投资顾问服务管理规范，通过投资顾问的专业服务，提供各类型、跨行业的养老金融产品，帮助客户实现养老资产的科学合理配置。

（二）产品层面

建立统一的评价体系和投资要求，鼓励产品创新发展。个人养老金产品区别于普通金融产品的特点就是长期性。在长期性特点下，个人养老金产品的投资组合特征、绩效评价模型都显著不同于一般个人金融产品。个人养老金产品目前在不同监管体系下存在不同的监管标准，包括评价体系、投资范围、杠杆约束、信息披露等要求。建立个人养老金产品评级体系，可以形成养老金产品的不同评级，不仅有利于监管部门在实际管理过程中对各类个人养老金产品的过程监管和结果监管，切实有效地提升监管力度和效果，而且有利于产品投资中对各类不同个人养老金产品的风险识别和风险管理，从而有效地降低监管部门的监管强度，提高监管效率。不同类型的个人养老金产品有不同的风险收益特征，在不断变化的资本市场中投资者选择适合风险偏好和收益目标的养老金产品是非常重要的。建议给不同类型的机构预留创新空间，使其在实践中不断探索新方向，比如在估值方法、期限错配、流动性比例、杠杆比例、风险限额等方面探索创新，进一步丰富和完善养老金融产品，同时应坚持产品和投资者匹配原则，加强投资者适当性管理。现阶段，美国拥有全球最大的第三支柱养老金体系，第三支柱占比高达 35%，具有发展成熟、投资品种和策略丰富等特点，这对我国建设个人养老金具有良好的参考意义。

（三）投资层面

坚持专业科学的投资理念，坚持长期投资。养老金融产品投资方向要和国家大政方针、战略布局紧密结合，积极参与重大项目建设，在支持实体经济的同时让投资者分享经济发展红利，真正做到养老金取之于民、用之于民、回馈于民。养老金融产品的期限相对较长，更关注的是长期回报，因此要充分发挥在大类资产配置方面的优势。具体来看：一是投资要坚持科学的资产配置理念，覆盖多种金融工具，通过资产配置进行风险管理，进一步实现组合收益的多元化；二是投资要坚持长期，通过长期投资实现跨越周期的稳健配置，实现养老金资产的长期保值增值；三是建议拓宽投资范围和投资限制，投资更加丰富的底层标的，例如 REITs 等稳定的固定收益类资产、另类资产、金融衍生工具等，通过配置长久期资产和低流动性资产，能够努力获取期限和流动性溢价，进一步做好个人养老账户的资产增值，提升投资者的获得感。

（四）基础设施层面

夯实基础设施，完善信息平台建设。信息平台的系统对接、统一的行业中央数据交换平台、标准化的产品评价体系等对个人养老金产品的发展尤为重要，是监测评价机构表现、充分压实主体责任的关键抓手，也是真正实现有进

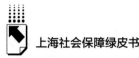

有退、优胜劣汰、为民理财的重要环节。人力资源和社会保障部组织建设的个人养老金信息管理服务平台对接商业银行和金融行业平台，以及相关政府部门，为个人养老金实施、参与部门职责内监管和政府宏观指导提供支持。信息平台为参加人提供个人养老金服务，支持参加人开立个人养老金账户，查询个人养老金资金账户缴费额度、个人资产信息和个人养老金产品等信息，根据参加人需要提供涉税凭证。一是建议在个人养老金业务试行期间，信息平台应当确保与商业银行和金融行业平台的顺畅对接，以保障个人养老金业务的平稳运行；二是建议信息平台加强对个人养老金的投资者信息管理，增加个人养老信息数据的统计分析功能，帮助大家更加清晰地认知我国个人养老金业务发展的总体情况，个人投资者参与个人养老投资的总体情况、投资行为和习惯，有助于未来提升个人养老金业务的可持续发展；三是建议及时扩展信息平台的配套功能，为未来打通基本养老保险基金账户、企业年金职业年金账户、个人养老金账户的统一账户体系奠定良好的技术基础。

上海灵活就业人员养老保险制度改革发展报告

李红艳 杨创豪 陈志浩*

摘　要： 国家产业结构调整和新业态经济的发展使得灵活就业快速崛起，灵活就业人员养老保险缴纳的自愿原则使得这类人群的养老问题逐渐凸显。尽管上海的养老保险政策已将这类人群涵盖，但政策实施效果仍不理想。通过对上海灵活就业人员养老保险政策的历史沿革和发展态势进行研究发现：上海灵活就业人员养老保险缺乏参保积极性；上海养老保险缴费标准有待进一步优化；灵活就业人员劳动权益保障体系尚未完善。因此报告提出：通过加大基本养老保险政策宣传力度及完善基本养老保险基金监管体系来提高服务和经办水平，鼓励灵活就业人员积极参保；通过制定与灵活就业人员收入相匹配的缴费标准，加强政府对灵活就业人员养老保险的补助来优化养老保险缴费机制以提高上海灵活就业人员持续缴费能力；通过制定科学合理的劳动关系标准，完善新业态劳动法律法规体系来健全上海灵活就业人员劳动权益保障体系；通过逐步放开灵活就业人员户籍限制，简化灵活就业人员养老保险的转移接续来减少户籍制度对灵活就业人员参保的阻碍。

关键词： 灵活就业　养老保险　上海市

---

* 李红艳，博士，上海工程技术大学教授，硕士生导师，主要研究方向为社会保障、健康管理；杨创豪，上海工程技术大学硕士研究生，主要研究方向为社会保障；陈志浩，上海工程技术大学硕士研究生，主要研究方向为社会保障。

一　上海灵活就业人员参加养老保险的现状

"十四五"规划纲要提出，我国的基本养老保险参保率要提高到 95%。鼓励引导灵活就业人员积极参加养老保险不仅是扩大养老保险覆盖范围这一政策要求所需，也是对该群体基本养老权益的重要保障。上海于 1996 年正式将"非正式就业"这一提法从国际劳工组织引入，并把"非正式就业"作为一种重要的就业形态给予支持。近年来，上海经济社会发展不断取得各种突出成就，在构建养老保险体系等方面居于较为领先地位。上海建立支持多渠道灵活就业机制，一方面为扩大就业市场提供重要支撑，另一方面在呼吁劳动者从事灵活就业岗位的同时，落实保障配套的灵活就业相关的社会保险，切实解决灵活就业人员的后顾之忧。

（一）上海灵活就业人员参加养老保险政策沿革

1997 年《国务院关于建立统一的企业职工基本养老保险制度的决定》的出台，标志着我国灵活就业人员在制度上被纳入基本养老保障体系。改革开放以来，上海社会保障体系经过 30 余年的建设已逐步走向成熟，养老保险已经基本实现制度上的全覆盖，灵活就业人员可按自身需求参加城镇职工社会保险或城乡居民社会保险。通过查阅相关文献并梳理，将上海关于灵活就业人员参加养老保险的相关重大政策、事件整理如下（见图 1）。

（二）上海灵活就业人员参加养老保险现状

1. 灵活就业人数逐年增加

人社部相关数据显示①，我国灵活就业人员已经达到 2 亿人，约占全国总人口的 1/7。上海外来人员数量大，2021 年上海全市迁入人口 265934 人，迁出人口 28401 人，其中灵活就业人员占比非常高。灵活就业人员流动性强且人员组成复杂，因此统计部门未能对其进行统计，且未能形成一致的统计口径，

---

① 《2021 年上海市国民经济和社会发展统计公报》，上海市统计局网站（2022 年 3 月 15 日），https://tjj.sh.gov.cn/tjgb/20220314/e0dcefec098c47a8b345c996081b5c94.html。

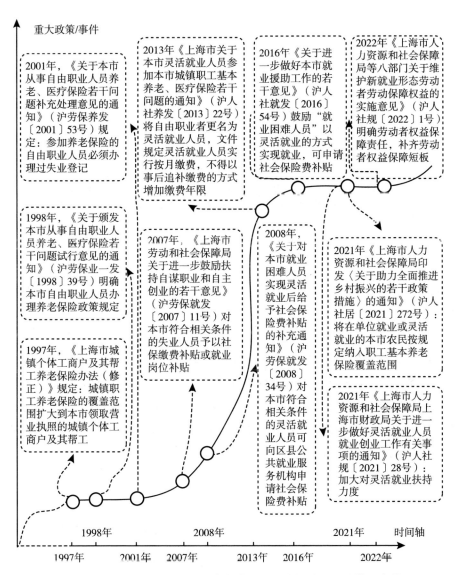

重大政策/事件

2001年，《关于本市从事自由职业人员养老、医疗保险若干问题补充处理意见的通知》（沪劳保养发〔2001〕53号）规定：参加养老保险的自由职业人员必须办理过失业登记

2013年《上海市关于本市灵活就业人员参加本市城镇职工基本养老、医疗保险若干问题的通知》（沪人社养发〔2013〕22号）将自由职业者更名为灵活就业人员，文件规定灵活就业人员实行按月缴费，不得以事后追补缴费的方式增加缴费年限

2016年《关于进一步做好本市就业援助工作的若干意见》（沪人社就发〔2016〕54号）鼓励"就业困难人员"以灵活就业的方式实现就业，可申请社会保险费补贴

2022年《上海市人力资源和社会保障局等八部门关于维护新就业形态劳动者劳动保障权益的实施意见》（沪人社规〔2022〕1号）明确劳动者权益保障责任，补齐劳动者权益保障短板

1998年，《关于颁发本市从事自由职业人员养老、医疗保险若干问题试行意见的通知》（沪劳保业一发〔1998〕39号）明确本市自由职业人员办理养老保险政策规定

2007年，《上海市劳动和社会保障局关于进一步鼓励扶持自谋职业和自主创业的若干意见》（沪劳保就发〔2007〕11号）对本市符合相关条件的失业人员予以社保缴费补贴或就业岗位补贴

2008年，《关于对本市就业困难人员实现灵活就业后给予社会保险费补贴的补充通知》（沪劳保就发〔2008〕34号）对本市符合相关条件的灵活就业人员可向区县公共就业服务机构申请社会保险费补贴

2021年《上海市人力资源和社会保障局印发〈关于助力全面推进乡村振兴的若干政策措施〉的通知》（沪人社居〔2021〕272号）：将在单位就业或灵活就业的本市农民按规定纳入职工基本养老保险覆盖范围

1997年，《上海市城镇个体工商户及其帮工养老保险办法（修正）》规定：城镇职工养老保险的覆盖范围扩大到本市领取营业执照的城镇个体工商户及其帮工

2021年《上海市人力资源和社会保障局上海市财政局关于进一步做好灵活就业人员就业创业工作有关事项的通知》（沪人社规〔2021〕28号）：加大对灵活就业扶持力度

1998年　　　　2008年　　　　2021年　时间轴

1997年　2001年　2007年　　2013年　2016年　　2022年

图1　上海关于灵活就业人员参加养老保险的相关重大政策、事件

但经过对相关文献的梳理，可采用差值法来计算灵活就业人员的数量。即上海灵活就业人数＝（全国城镇就业人数－城镇单位就业人数）×上海人口数占全国人口数比例。选取2001～2020年城镇就业人数和城镇单位就业人数，利用差值法算出城镇灵活就业人数。结果详见图2。

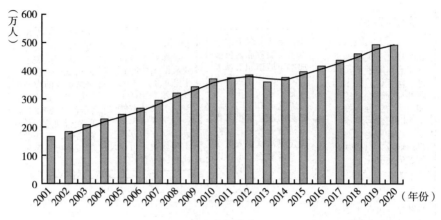

图 2　上海灵活就业人数

2001~2020 年，上海城镇就业人数从 752 万人增加到 1374 万人，灵活就业人数从 167 万人增加到 492 万人，人员规模不断壮大，人数净值在 20 年间增加了 325 万人，年增长率为 5.9%，说明上海的灵活就业人数在逐年增加。

2. 灵活就业人员养老保险参保人数有待提升

根据上海统计局《上海人力资源和社会保障事业发展统计公报》调查数据可知，2020 年末时，上海企业在职参保职工参加养老保险人数为 1028 万人，个体工商户和自由职业人员参加养老保险人数为 42.94 万人。同理可获得上海 2001~2019 年灵活就业人员养老保险参保人数情况（见图 3）。

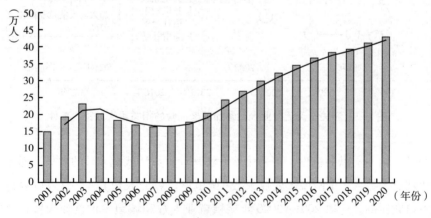

图 3　上海灵活就业人员养老保险参保人数

利用粗估法，设上海灵活就业人员参保率=个体工商户和自由职业人员参加养老保险人数/灵活就业人数，得出上海 2020 年灵活就业人员参保率为8.73%。因此，2001~2020 年城镇灵活就业人员参加养老保险率分别为8.94%、 10.48%、 11.09%、 8.84%、 7.44%、 6.34%、 5.54%、 5.19%、5.18%、5.50%、6.48%、6.96%、8.30%、8.57%、8.71%、8.80%、8.77%、8.53%、8.33%、8.73%，可见上海灵活就业人员参加养老保险率并不乐观，有相当一部分劳动者未在养老保险制度保障范畴中。

3. 灵活就业人员收入水平差异明显

灵活就业具有收入波动大、失业风险高的特点，而劳务收入是灵活就业人员最主要的生活来源。灵活就业人员受年龄、性别、户籍、学历、行业职业等方面差异的影响，收入水平不一。2019 年中国社科院"中国社会状况综合调查"（CFPS）数据库显示，灵活就业人员收入分配的基尼系数为 0.45，说明灵活就业人员内部收入差距较大。报告根据 CFPS 数据库整理得到 2019 年上海灵活就业人员的收入水平情况（见图 4）。

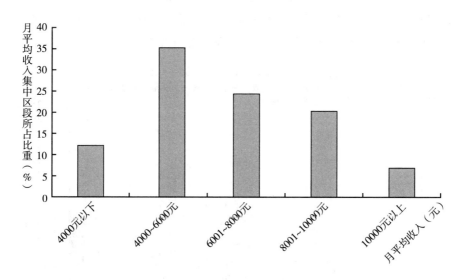

图 4 2019 年上海灵活就业人员收入水平现状

以上海为例，官方公布的 2021 年上海月平均工资为 10338 元。灵活就业人员社保缴纳基数的上限为每月 31014 元（＝10338×300%），下限为每月 5893

元（＝10338×57％）。上海以正规部门就业的养老缴费基数为参照，对灵活就业人员进行缴费基数的设置，规定灵活就业人员缴纳基本养老的比例为24％。由此可见，灵活就业人员在收入水平稳定性差、薪酬结构不固定的情况下，很难以机关事业单位的固定参保基数作为缴纳依据。在这种情况下，基本养老保险参保断缴对灵活就业人员而言将是一种常态。

二 上海灵活就业人员养老保险参保存在的问题

（一）灵活就业人员养老保险缺乏参保积极性

1. 低年龄群体普遍缺乏参保积极性

报告通过对 CFPS 数据库中灵活就业人员年龄特征进行分析发现，在城镇职工养老保险中，30 岁及以下的人参加养老保险的概率比较低。在相同的其他因素下，31~40 岁、41~50 岁、51 岁及以上的人参保概率分别为 11.63％、60.67％、72.04％。在城乡居民养老保险中，年龄在 21~30 岁、31~40 岁、41~50 岁、51 岁及以上的人参保概率分别是 13.96％、33.58％、51.67％、58.43％。51 岁及以上的人员参保意愿更加强烈（见图 5）。

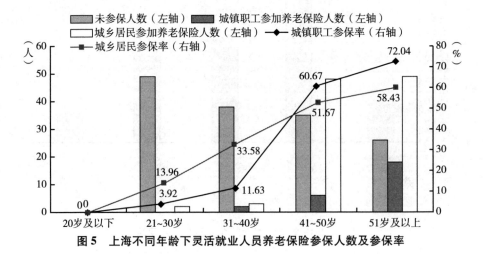

图 5 上海不同年龄下灵活就业人员养老保险参保人数及参保率

灵活就业人员的年龄结构偏低，大部分属于年轻人或者中年人，这类人群通常会认为自己离退休还很遥远，他们更加注重眼前的利益。例如，30 岁及以下的灵活就业人员认为自己相对而言具有较大的优势，还有足够的时间和可能性来应对未来生活中的经济问题，因此并不会特别关注养老保险；31~40岁的灵活就业人员的经济压力较大，更加想提升当下的生活质量。同时，缴费年限的增加并不会导致养老保险待遇的提高，这也导致他们不愿意参加养老保险或者推迟参加。

2. 灵活就业人员对于养老保险政策缺乏深入、全面的理解

报告通过对CFPS数据库中参与灵活就业人员的学历特征分析发现，所调查的灵活就业人员文化程度集中在小学及以下水平，参加城镇职工养老保险的灵活就业人员文化程度集中在高中，参加城乡居民养老保险的灵活就业人员学历集中在初中及以下水平（见图6）。

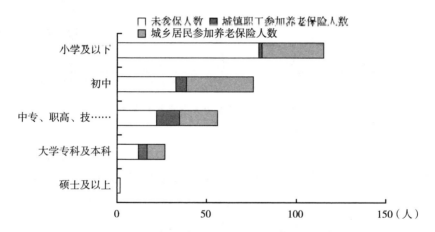

图6 不同文化程度下灵活就业人员养老保险参保现状

文化程度越高，对于养老保险政策的理解会更加深入、全面，因此参保意愿会更加强烈；灵活就业人员的学历越高，其所掌握的关于技术技能、人际技能往往也会更多，学习新的就业技能的能力也会更强，从而也能够提高其持续缴费的能力。在现实生活中，多数灵活就业人员文化程度偏低，对养老保险制度和政策缺乏全面的了解和认知，更加倾向于将资金保存在自己手中，而不是缴纳保险费用。

（二）上海养老保险缴费标准有待进一步优化

1. 灵活就业人员持续缴费能力不足

在对CFPS数据库中参与灵活就业人员的收入特征分析发现，被调查的灵

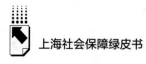

活就业人员的年收入水平集中在 5 万元以上和 2 万元以下的水平，分别占比 33.33%、32.25%。参加养老保险的灵活就业人员收入水平集中在 5 万元以上，占比 73.91%（见图 7）。

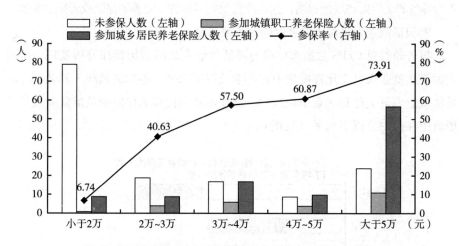

图 7　不同年收入水平下灵活就业人员养老保险参保现状

灵活就业人员参加养老保险主要是基于经济收入水平，若经济能力不足便无法支撑养老保险的持续缴纳，大多数灵活就业人员选择从事灵活就业并非完全出于自愿，而是因为其经济能力无法维持其基本生活水平。上海养老保险缴费方式在政策上缺乏灵活性，政策中并未针对灵活就业人员缴费标准做出特殊的规定，参保人员需要持续不间断缴费，灵活就业人员的工作本身具有较大的不稳定性，其收入来源随时会因为工作的变更而中断。在这种情况下，持续不间断地缴费对灵活就业人员造成了较大的压力，在失业期间没有稳定的收入，若无法按时缴纳规定费用，就会失去保障。

2.缴费标准与灵活就业人员收入水平不匹配

灵活就业人员相对于传统主流的从业人员，在收入、工作时间、工作关系方面都有所区别，灵活就业群体本身处于就业群体中的劣势地位，收入水平通常较低。上海灵活就业人员养老保险的政策文件中对于灵活就业人员参保缴费的标准设置与其收入并不匹配。经济收入是决定灵活就业人员是否参加养老保险的关键因素，缴费标准过高会对其造成较大经济负担。此外，正规单位和企业职工养老保险的缴纳均是采取单位和个人相结合的缴费方式，职工个人只需承担较少的费用负担，而灵活就业人员需要个人承担全额费用，包括统筹基金和个人账户，都是由个人缴纳，这也对灵活就业人员造成了较大的经济压力。

（三）灵活就业人员劳动权益保障体系尚未完善

1.劳动关系标准界定不清晰

在对 CFPS 数据库中参与灵活就业人员的劳动关系特征分析中发现，有11.59%的灵活就业人员签订劳动合同，而未签订的占比高达 88.41%（见图8）。由此可见，灵活就业人员较少与用人单位签订劳动合同。在交叉分析中，签订正式劳动合同的灵活就业人员参保率为 100.00%，高度说明合同签订情况高度影响参保行为。

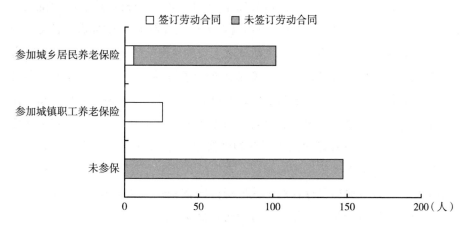

图8 不同劳动合同下灵活就业人员养老保险参保现状

灵活就业人员的劳动权益能否得到保障在很大程度上取决于其与企业之间的合同关系，灵活就业人员与企业之间往往并非正式的劳动关系，灵活就业人员在工作中仍然处于弱势地位。许多企业会模糊与灵活就业人员之间的劳动关系，个体通常以集体登记的形式与企业达成协议，未形成正式劳动关系，而养老保险政策保障范围的界定是针对具有正式劳动关系的就业人员。如果仅仅凭借登记或者是合作协议的形式来建立灵活就业人员个人与企业之间的合作关系，而非基于正式的劳动合同，则未签订正式劳动合同的灵活就业人员往往无法得到持续稳定的保障。

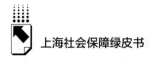

2.劳动权益保障相关配套措施不完善

上海关于灵活就业人员劳动权益保障的法律法规仍然有待进一步完善，灵活就业人员养老保险还未建立科学合理的机制和体系，面对新的就业形态和新技术，缺乏对于灵活就业人员社会保障权益的针对性法规。同时，对于灵活就业人员工作的配套制度还不完善，其工作本身存在较大的不稳定性，灵活就业人员劳动权益保障的不足导致了其不愿意参加养老保险，也不利于养老保险政策目标的实现。

（四）户籍限制灵活就业人员养老保险参保

1.户籍制度本身存在缺陷

上海城镇户籍的灵活就业人员参保率为41.78%，农村户籍的灵活就业人员参保率为47.06%。农村户籍的灵活就业人员更加倾向于参加城乡居民养老保险。我国城乡二元结构显著，灵活就业人员养老保险的参保意愿和参保能力会受到现有的户籍制度的制约。户籍制度的存在是为了对人口进行统计和管理，而养老保险中，户籍的限制会导致农村居民和城镇居民在待遇水平和参保能力上存在较大的差异。由于农村居民的经济收入普遍较低，收入存在不稳定性，中老年人能够凭借劳动工作所获的经济收入来保障老年生活的可能性较低，因此他们更加需要依靠政府和社会来保障其老年生活质量。农村和城市的户籍差异，导致农村居民存在对于获取保障的依赖性强和缴费能力弱的矛盾，缴费能力有限导致许多灵活就业人员无法获得养老保险的保障。

2.上海户籍限制灵活就业人员参保

对外来人员的户籍限制在一定程度上影响灵活就业人员的养老保障。上海养老保险政策中提到灵活就业人员可以参加城镇职工养老保险，但是随着经济社会的发展和人口的剧增，人口流动量日益增加，灵活就业人员的就业规模越来越大，灵活就业人员的参保率却无法同等增长。上海外来人员数量大，2021年上海全市迁入人口265934人，迁出人口28401人，灵活就业人员已经成为就业人群的重要组成部分，许多其他地区的灵活就业者也选择进入上海就业。上海对于外来者的户籍有着严格的限制条件，这些由其他地区迁入的灵活就业人员是上海经济社会发展的重要推动者，但由于严格的户籍限制，这些就业者无法享受上海城镇职工养老保险的有效保障，从而只剩下参加城乡居民养老保险这个选择，而城乡居民养老保险必须由参保人独立缴纳全额保费，这对于收入水平较低的灵活就业人员而言也是非常重的负担，导致许多灵活就业人员选择推迟参加或者是拒绝参加养老保险，从而无法获得有效的保障。

三 完善上海灵活就业人员参加养老保险的对策与建议

（一）提高服务和经办水平，鼓励灵活就业人员积极参保

1. 加大基本养老保险政策宣传力度

养老保险政策宣传力度不足是人们对养老保险缺乏信心的关键原因之一[1]。居民个人通常较少关注自身的保障利益和养老保险政策信息。灵活就业人员与传统就业人员的差别，意味着他们对养老保险的认识程度要低于传统正规单位就业人群。此外，养老保险的收益无法在短期内体现，这也减弱了灵活就业人员参保的意愿。针对这一问题，政府应该加大对养老保险政策的宣传力度、丰富宣传手段，使人们能够通过更多的渠道了解养老保险政策以及参加养老保险的收益，通过宣传真实事件，增加人们的参保积极性。同时可以通过各大网上平台、政府网站等向公众推送养老保险信息及最新政策。

2. 完善基本养老保险基金监管体系

养老保险基金安全问题是影响灵活就业人员参保的重要因素，同时也是公众广泛关注的一个社会问题。如今许多诈骗、挪用养老金等新闻事件，严重影响了公众对养老保险基金的信任程度，在一定程度上降低了灵活就业人员的参保意愿。解决这一问题，可以从以下方面入手。第一，由政府牵头，建立完善的养老保险基金监管体系，加强各部门之间的协调，保证监管体系的独立性。同时，从外部引入专家团队，对养老保险基金进行合理的监管，构建严密的评估体系。第二，向社会公众公开养老保险基金的运营状况，定期更新基金情况，让公众能够全方位了解养老保险基金的明细，加快建设科学透明的养老保险体系，增强灵活就业人员对养老保险的信心，提高其参保积极性。

---

[1] 邓雅弦：《我国养老保险改革的困境与出路》，《现代经济信息》2019年第20期，第314页。

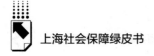

（二）优化养老保险缴费机制，提高灵活就业人员持续缴费能力

1. 制定与灵活就业人员收入相匹配的缴费标准

针对灵活就业人员制定合理的、特殊性的缴费基数和标准，是促进灵活就业人员参加养老保险的重要方式，减轻灵活就业人员的缴费负担，才能提高其参保率①。上海目前并未设置具有针对性的缴费标准。灵活就业人员不同于正规单位和企业的职工，他们需要个人承担全额参保费用，因此，制定适当合理的、符合其收入水平的缴费标准至关重要。

在这方面，上海可以参考借鉴其他地区和城市的缴费标准，适当降低缴费数额，将缴费标准与灵活就业人员收入挂钩，按照收入水平不同划定等级分档，设置合理的缴费标准。此外，应该增加缴费时限的灵活性，允许灵活就业人员按年缴费，并允许其补缴参保费用，这种方式更加适合收入来源不稳定的灵活就业人员。

2. 加大政府对灵活就业人员养老保险的补助力度

上海养老保险政策规定对灵活就业人员参保缴费给予一定程度的补助，但是补助对象范围较窄，大部分灵活就业人员仍然无法持续稳定缴费。为此，政府应该出台针对所有缴费困难的灵活就业人员的补助和优惠政策，在资金方面给予更多的支持，为其提供一个相对稳定的缴费资金来源，帮助灵活就业人员实现持续稳定缴费，将更多的灵活就业人员纳入养老保险体系中。

（三）健全上海灵活就业人员劳动权益保障体系

1. 制定科学合理的劳动关系标准

灵活就业人员的工作平台并非以传统的标准劳动关系为基础，而是一种合作协议的关系，而这就给以"职工"为保障对象的养老保险体系提出了新的要求。对于灵活就业人员与企业之间的关系的合理确定是保障其劳动权益的关键环节。首先，需要明确界定灵活就业人员的范围，只有将其身份进行明确地划分和归类，在保障其劳动权益时才可以避免政策上的漏洞。其次，在明确灵

---

① 李丽、马琼：《灵活就业人员养老保险参保行为研究》，《合作经济与科技》2021年第21期，第172~176页。

活就业人员的身份之后，以正式的劳动关系为基础，规范灵活就业人员的工作条件、待遇标准以及其作为养老保险保障对象的合法权益，对灵活就业人员较为重要的、薄弱的权益方面进行适当的倾斜对待。

2. 完善新业态劳动法律法规体系

上海已经形成较为完整的劳动法规，但是在新就业形态等方面仍然存在一些不适应的问题，完善上海劳动法律法规体系，对于灵活就业人员的劳动权益保障具有重要意义。首先，适当调整法律法规的适用范围，将更多形式的劳动者纳入保障范围之内，并以法律的形式规定其合法的社会保障对象的身份，以信息化的方式帮助灵活就业人员参加养老保险，享受应有的待遇，这样才能适应当前时代新技术、新就业形态的发展。其次，在法律层面规范灵活就业人员的基本劳动标准，并相应地完善灵活就业人员工作的配套制度，对劳动强度、劳动时间、待遇标准、社会保险等方面进行制度性规范，提高其工作本身的稳定性。

（四）改革户籍制度，减少灵活就业人员参保阻碍

1. 逐步放开灵活就业人员户籍限制

国家于 2021 年 7 月出台《关于维护新就业形态劳动者劳动保障权益的指导意见》，提到要放开新形态就业者在就业登记地参加基本养老保险的户籍限制。具体措施则由各地区根据当地发展情况自行规定。上海目前仍然存在对于灵活就业人员参加养老保险的户籍限制。针对这个问题，应该在合理考虑本地居民和外来就业人员的共同利益以及本地区发展的基础之上，尽可能放开对外来灵活就业人员的户籍限制，灵活就业人员队伍越来越大，上海的经济社会发展离不开灵活就业人员的巨大贡献，如果始终不放开对于灵活就业人员参加养老保险的户籍限制，将会阻碍社会经济的发展。应该合理考虑灵活就业人员的特殊就业情况，制定具有针对性的参保政策，最大限度减少灵活就业人员参加基本养老保险的阻碍[①]。

2. 简化灵活就业人员养老保险的转移接续

进一步优化外来灵活就业人员办理就业地养老保险的过程和手续。上海养

---

① 姚虹：《中低层灵活就业人员的社会保障问题探究》，《湖北经济学院学报》（人文社会科学版）2011 年第 2 期，第 66~67 页。

老保险制度并未针对灵活就业人员进行具有针对性的设计，外来灵活就业人员办理养老保险转移接续的过程非常烦琐。新形态就业方式存在其特殊的多样性和复杂性，相对于本地户籍就业人员，其养老保险手续的办理本身就存在更多的程序。因此，应该从政策层面规范外来灵活就业人员的户籍限制问题和转移接续的办理问题，根据灵活就业人员自身的从业特点来制定具有针对性的办理程序，尽量提高灵活就业人员养老保险参保的便利性。

参考文献

陈子微、李红艳：《城镇职工基本养老保险基金的可持续发展研究——以上海为例》，《经济研究参考》2020 年第 24 期。

匡亚林、梁晓林、张帆：《新业态灵活就业人员社会保障制度健全研究》，《学习与实践》2021 年第 1 期。

穆怀中、陈洋、陈曦：《灵活就业人员参保缴费激励机制研究——以家庭预期收益效用为视角》，《中国人口科学》2016 年第 6 期。

王立剑：《共享经济平台个体经营者用工关系及社会保障实践困境研究》，《社会保障评论》2021 年第 3 期。

薛惠元、万诗雨：《灵活就业人员参加城乡居民基本养老保险兜底措施研究》，《保险研究》2022 年第 2 期。

G.8
上海市划转国有资本充实社会保障基金改革发展报告

崔开昌　张洪源*

摘　要： 在人口老龄化加剧、养老金缺口风险扩大的背景下，养老金征缴收入相比往年呈下降趋势，而养老金发放支出却在快速增长，养老保险基金难以维持自平衡。在其他增收减支政策效果不明显的情况下，划转国有资本充实社会保障基金无疑是对维持养老金自平衡的一剂强心剂。总体来说，目前上海市划转国有资本充实社会保障基金工作已取得较好的成果。但受各种因素的影响，划转上海市国有资本充实社保基金的发展仍面临一些瓶颈和问题，包括划转国有资本进程缓慢、部分国企经营情况有待提升、划转国有资本的比例还存在提高空间、划转国有资本存在区域不平衡问题等。本文深入调研分析了中央层面和上海市划转实施的现状和成效，分析提炼了目前上海市划转存在的瓶颈和问题。未来进一步推进和完善上海市划转工作，要提高划转国有资本比例与完善政策法规并行，增强养老保险基金的可持续性与安全性；明确承接主体功能定位，强化划转国有资本承接主体的专业性；优化国有企业布局，完善国有企业治理结构。

关键词： 国有资本　社会保障基金　上海市

---

* 崔开昌，博士，上海工程技术大学社会保障问题研究中心副研究员、硕士生导师，中国企业管理研究会理事，主要研究方向为社会保障基金、养老服务；张洪源，上海工程技术大学管理学院公共管理专业研究生。

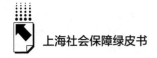

一 上海市划转国有资本充实社会
保障基金的现状与成效

划转部分国有资本充实社保基金对养老金的可持续发展具有重大意义。1999年，国有资本充实社保基金的萌芽初步显现。在探索国有资本充实社保基金的过程中，一系列政策文件相继出台，有效推动了国有资本充实社保基金的实施，上海市响应国家全面划转的部署，开展划转国有资本充实社会保障基金的工作，且取得了不错的成效。

（一）政策演进

划转国有资本充实社保基金不仅推动了国有企业深化改革、完善公司治理结构，更带来了良好的社会效益。我国国有资本充实社保基金的探索时间不算长，共经历"减持、转持、划转"三个阶段的探索。在这个探索过程中，国务院和上海市地方政府出台了一系列政策，确保国有资本顺利划至社保基金持有，从而提高我国社会保障制度尤其是养老保险制度的可持续发展，发挥弥补养老金缺口、增强代际公平、保障改善民生、促进养老保险全国统筹等作用。然而我们更应注意到的是，随着银发时代的加速到来，养老金支付紧张，划转国有资本充实社会保障基金的工作压力也随之增加。中央层面划转政策汇总如表1所示。

表1 中央层面划转政策梳理一览

序号	政策名称	核心内容
1	《中共中央关于国有企业改革和发展若干重大问题的决定》（1999年）	通过变现部分国有资产等多种渠道丰富社保筹资渠道，充实社保基金
2	《减持国有股筹集社会保障资金管理暂行办法》（2001年）	开拓社会保障资金新的筹资渠道
3	《中共中央关于完善社会主义市场经济体制若干问题的决定》（2003年）	提到"采取多种方式包括依法划转国有资产充实社会保障基金"
4	《国务院关于试行国有资本经营预算的意见》（2007年）	对国有资本经营预算支出安排上规定，在"必要时，部分可用于社会保障等项支出"

序号	政策名称	核心内容
5	《境内证券市场转持部分国有股充实全国社会保障基金实施办法》(2009 年)	将部分国有股转由全国社会保障基金理事会持有,而社保基金将在承继原国有股东的禁售期义务上再延长 3 年禁售期
6	《中共中央关于全面深化改革若干重大问题的决定》(2013 年)	提到"划转部分国有资本充实社会保障基金"
7	《国务院关于改革和完善国有资产管理体制的若干意见》(2015 年)	将部分国有资本划转至社保基金持有,分红和转让收益用于弥补养老金等社会保险资金缺口
8	《划转部分国有资本充实社保基金实施方案》(2017 年)	决定划转部分国有资本弥补企业职工基本养老保险基金缺口
9	《关于全面推开划转部分国有资本充实社保基金工作的通知》(2019 年)	全面推开中央和地方划转工作

资料来源:笔者自行整理。

我国划转部分国有资本充实养老保险基金的政策探索,经过梳理,大致可以分为三个阶段,第一阶段是减持国有股充实养老保险基金阶段 (2001~2009年),通过减持国有股的方式,将国有企业 10%的国有股变卖;[①] 第二阶段是转持国有股充实养老保险基金阶段 (2009~2013 年),通过转持国有股,将国有企业 10%的国有股转持;[②] 第三阶段是划转部分国有资本充实养老保险基金阶段,通过划分国有资本充实社会保障金。

早在 2006 年上海市就出台了《上海市企业国有产权无偿划转暂行办法》,明确上海市企业国有产权无偿划转的基本要求,以规范国有资本投资运作行为。2020 年出台的《上海市划转部分国有资本充实社保基金实施方案》是完善上海市基本养老保险制度的制度安排,充分体现国有企业践行共同富裕的重

[①] 《国务院关于减持国有股筹集社会保障资金管理暂行办法》(国发〔2001〕22 号),中国政府网 (2001 年 6 月 6 日),http://www.gov.cn/gongbao/content/2001/content_ 60921.htm,最后检索时间:2023 年 2 月 23 日。

[②] 《财政部 国资委 证监会 社保基金会关于印发〈境内证券市场转持部分国有股充实全国社会保障基金实施办法〉的通知》(财企〔2009〕94 号),中国政府网 (2009 年 6 月 19 日),http://www.gov.cn/gongbao/content/2010/content_ 1528908.htm,最后检索时间:2023 年 2 月 23 日。

要作用。为了应对不断变化的划转环境和持续推进的国资国企改革形势，上海市国资委在《上海市企业国有产权无偿划转暂行办法》的基础上，出台《上海市企业国有产权无偿划转管理办法》，进一步规范无偿划转行为，提升国有资本配置效率。2021 年印发的《上海市就业和社会保障"十四五"规划》提出要落实划转国有资本充实社保基金后续相关工作更是为未来划转工作指明了方向。上海市划转政策汇总如表 2 所示。

表 2 上海市划转政策梳理一览

序号	政策名称	核心内容
1	《上海市企业国有产权无偿划转暂行办法》（2006 年）	明确上海市企业国有产权无偿划转的适用范围、基本原则、划转流程
2	《上海市划转部分国有资本充实社保基金实施方案》（2020 年）	明确上海市划转部分国有资本充实社保基金的划转范围、对象、比例和承接主体
3	《上海市企业国有产权无偿划转管理办法》（2020 年）	调整上海市企业国有产权无偿划转的适用范围，优化无偿划转范围和程序，明确划转优化审计基准及账务调整标准
4	《上海市就业和社会保障"十四五"规划》（2021 年）	提出要落实划转国有资本充实社保基金后续相关工作

资料来源：笔者自行整理。

（二）划转国有资本充实社会保障基金的现状

1. 中央层面划转情况

中央层面完成划转工作共经历三轮。第一轮于 2018 年开始，经国务院批准，中国联通、中国有色、中农发等 3 家央企以及中国再保险等 2 家中央金融机构开展首批划转试点，划转比例为国有股权的 10%，划转金额总计超过 200 亿元。[①] 在第一批的基础上，中央层面马不停蹄地开展了第二批次划转，这次划转的对象扩大为中国华能等 15 家中央企业和 4 家中央金融机构。截至 2018 年底，前二批试点划转工作顺利完成，18 家中央企业股权划转规模达

---

① 《3 户试点央企国资划转社保基金已超 200 亿元》，中国政府网（2018 年 10 月 15 日），http://www.gov.cn/xinwen/2018-10/15/content_ 5330884. htm，最后检索时间：2023 年 2 月 23 日。

到 750 亿元，同时 4 家中央金融机构的 10%的股权也相继划转给社保基金会，划转股权总价值约 1520 亿元。[①] 在前两批试点顺利完成后，2019 年 9 月全面推开划转工作，争取在 2020 年底前完成中央层面的划转。2021 年 1 月 12 日，财政部发布消息表明中央层面已完成划转："截至 2020 年末，符合条件的中央企业和中央金融机构划转工作全面完成，共划转 93 家中央企业和中央金融机构国有资本总额 1.68 万亿元。"[②] 划转国有资本充实社会保障基金工作的全面展开大大丰富了社保资金的储备，提升了全社会对养老预期的安全感。

2. 上海市划转情况

在全面推开划转工作的通知下达后，各省份陆续开始了划转工作。为了推动国有企业改革，稳定社会预期，加强社会保障能力，上海市逐步开展了划转的实践。2020 年 9 月，上海市政府印发《上海市划转部分国有资本充实社保基金实施方案》，确定将本市国有企业和金融机构 10%的国有股权划转至上海市社会保障基金。同时明确，划转的全市企业国有股权委托上海国有资本投资有限公司进行专户管理。作为由上海市国资委出资并直接监管的大型国有资本投资平台公司，上海市国有资本投资有限公司立足于服务国家战略和上海市委、市政府中心工作，承担管理划转社保基金国有股权的业务功能，实施国有资本战略性持股管理和资本运作，开展市场化、专业化股权投资基金运营，为完善国有企业治理结构、推进国有企业混合所有制改革奠定了基础。根据《上海国有资本投资有限公司 2021 年度信息公开报告》，2021 年地方国企华建集团 39.5%股份无偿划转至上海市国有资本投资公司，上海机场 7%股份无偿划转完成过户登记。充分体现了国有资本全民所有、全民共享、全民收益，对有效积累社会保障储备基金、强化社会保障能力、构建可持续社会保障体系具有重要意义。

---

① 《养老金足额发放再添保障 划转部分国有资本充实社保基金将全面推开》，中国经济网（2019 年 7 月 12 日），http://www.ce.cn/xwzx/gnsz/gdxw/201907/12/t20190712_ 32597554.shtml，最后检索时间：2023 年 2 月 23 日。

② 《中央层面划转部分国资充实社保基金完成 共划转国有资本总额 1.68 万亿元》，中国政府网（2021 年 1 月 13 日），http://www.gov.cn/xinwen/2021-01/13/content_ 5579333.htm，最后检索时间：2023 年 2 月 23 日。

二 上海划转国有资本充实社会保障
基金存在的问题与瓶颈

到目前为止，93家中央企业和中央金融机构全部划转，上海市也在有序推进划转工作。但在开展划转国有资本充实社会保障基金的实践过程中，上海市仍面临不少有待解决的问题，主要体现在划转国有资本进程缓慢、部分国企经营状况有待提升、划转国有资本的比例还存在提高空间、划转国有资本存在区域不平衡问题。

（一）划转国有资本进程较慢

目前来看，上海国有企业面临着各种难题，这使得划转进程推进较慢。企业的负责人及高级管理人员大多是由地方政府直接指派或批准的，这些人员上任时间短，或者换岗情况多，大多不能完全掌握企业的情况，对国有产权关系尚未完全理顺，难以明确应划转国有资本的数量，因此开展划转工作缓慢。同时国资部门对地方国有企业也存在监督不足的问题，部分企业存在股权大量质押抵押、长期亏损等情况，在短时间内难以进行划转工作。总体上看，上海国有资本划转工作进展缓慢，审计署公布的报告显示，截至2021年12月底，上海还未完成本地区国有资本划转社保工作。部分社保资金捉襟见肘的区域往往也面临着经济结构陈旧、动力不足的问题，这些区域的国企自身也受产能过剩、效益下滑的影响，这对国有资本划转也会形成阻力。总而言之，上海国有企业数量多，情况复杂，难以形成更多更全面的"可复制、可推广"的划转经验，全面落实划转还有待时日。

（二）部分国企经营状况有待提升

国有资本划转社保基金体现了共建共享的发展理念，划转国有资本填补社保欠账实质是国企共建社保基金的"责任回归"，[1] 但划转的国有资本大部分

---

[1] 李培、丁少群：《国有资本划转社保基金：多元视角、互动机理与利益协调机制构建》，《改革》2019年第5期，第148~159页。

为流动性和收益性不高的未上市国有企业集团股权，如何盘活这部分股权，使之产生较好的收益和现金流，将是上海市国有资本投资有限公司等承接主体面临的较大挑战。根据划转国有资本的内容，国有企业需要把国有股权的 10% 划转至承接主体，如果国有企业的规模越大、收益越高，可划转的金额、收益也就越高，但并不是每一家国有企业都处于正收益状态。在划转的实际操作中，会遇到处于亏损状态的国有企业，这些国有企业符合划转范围，应该进行划转，可划转亏损状态的国有企业又不符合充实社会保障基金的初衷。从整体上看，亏损的国有企业只占少数，大部分的国有企业还是处于赢利状态的；从长期来看，现在亏损的国有企业，经过一段时间的改善后，也有可能变为赢利。但从划转的过程来说，短期内亏损的国有企业还会维持一段时间的亏损，若把亏损的国有企业纳入划转范围，如何进行后续处理是个重要问题。亏损的国有企业也会有一定的运营收入，这部分按制度安排应该放入社保基金，但从现实角度来看，运营收入用来弥补企业亏损，使其能尽快扭转亏损状态更有意义。

（三）划转国有资本的比例还存在提高空间

根据全国第七次人口普查数据，上海市是我国最早进入老龄化社会的超大型城市。截至 2021 年 12 月 31 日，全市户籍人口 1495.34 万人，60 岁及以上老年人口 542.22 万人，占总人口的 36.3%。[①] 上海市老龄化增长速度如此之快，长期来看维持养老金收支平衡较为困难，这就显得划转国有资本充实社保基金的工作尤为重要，而划转国有资本的比例设置就成为解决养老金缺口问题的重中之重。从弥补历史欠费的角度来分析，现有的全部国有资本的划转比例也是不够的，根据以往学者的研究，从划转资本全部变现来填补养老金缺口的角度来分析，国有资本划转比例范围为 10%~30%。[②] 此外，社保实际能获得的分红收益可能十分有限。由此可见，10% 的比例设置需要科学的数据去证明，而且比例的设置还有很大的动态调整空间。当前 10% 的划转比例的设定

① 《第七次全国人口普查公报》，国家统计局（2021 年 5 月 11 日），http：//www. stats. gov. cn/ tjgz/wzlj/dftjwz/，最后检索时间：2023 年 2 月 23 日。
② 《上海市划转部分国有资本充实社保基金实施方案》，上海市人民政府（2020 年 9 月 10 日），https：//search. sh. gov. cn/search，最后检索时间：2023 年 2 月 23 日。

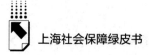

相对科学和有效，能够暂时维持养老金收支平衡，同时划转国有资本在全世界范围内都属于新颖的政策，但我们在实行划转政策时免不了有摸石头过河情况的存在，所以在实行划转政策时，可以先保持10%的划转比例，等到时机成熟后，再把划转比例提高。

（四）划转国有资本存在区域不平衡问题

上海市国有企业的发展与其经济发展存在一定的正相关，即部分较偏远的上海区县往往国有企业数量少、国有资本规模小且发展速度较慢，而如上海市中心这种经济发达地区往往国有企业数量多、国有资本规模大。现实中却存在相反的情况，偏远上海区县的养老金缺口大，正需要国有资本发挥补充作用，而这些地区的国有资本总量小难以发挥应有作用，而上海中心养老金缺口较小，当地国有资本无法发挥国有资本的补充作用，且上海也存在区县划转不平衡、区属国有企业数量不均等问题。因此，如果只是区域国有资本补充区域社保，很可能造成固化现象：区属间划转不平衡，加剧基本养老保险本已存在的区域不协调局面，造成新的区域不公。同时，划转主体之间协调不够到位，尚未实现划转信息互联互通、划转的智慧化信息共享机制起步还较为滞后。在国资划转中，国有企业对国有资本有着直接运营权、国有资产监督管理部门对国有企业有着管理和监督的作用，财政部门是国有企业定期上缴国有资本收益的接收者，社会保障基金理事会、国有资本投资运营公司是国资划转储备基金的承接主体。各部门间的关系既密切相关又有一定的复杂性，各部门均依据自己的需求或标准建立了各自的划转信息库。但缺乏顶层设计、部门间关于划转信息互联互通不足，造成了诸多分散且相互封闭的"信息孤岛"，这一方面加重了划转的行政成本，另一方面影响了划转信息的实效性和共享性，从而难以有效地进行监督和管理，也不利于第一时间化解划转过程中遇到的困难和问题。

三 上海市划转国有资本充实社会保障基金的政策建议

新时期我们要坚持党在社会保障事业中的领导地位，认真学习贯彻党的二十大提出的民生思想，充分指导划转国有资本充实社会保障基金，适当提高划转国有资本比例，完善相关法律法规，明确承接主体功能定位，积极优化国有企业布局，推动国有企业发展成果全民共享，有效弥补养老金缺口，促进基本养老保险代际公平，满足人们日益增长的美好养老生活需要。

（一）提高划转国有资本比例与完善政策法规并行

从目前划转的效果来看，划转国有资本充实社会保障基金的确在一定程度上能够维持养老金收支平衡，但只靠一项划转政策达到收支平衡状态是不现实的，我们也需要未雨绸缪，通过提高划转国有资本比例，来尽可能地使养老保险基金能够保持财政自平衡，同时进一步完善相关政策法规，保障基金安全。

1.适当提高划转国有资本比例

目前的划转比例统一规定为企业国有股权的10%，[①] 这一划转比例仅仅是基于2001年和2009年的历史惯性而提出的，并非基于对未来养老金缺口的精确测算。从目前划转的成效来看，划转国有资本充实社会保障基金在一定程度上能弥补养老金缺口，但从长期看，只靠10%的划转比例难以长期维持，为降低上海市养老金缺口风险，相应的划转比例必须进行动态的调整，在未来适当提高划转比例时需要考虑到以下几点。首先，不应让划转限制国有企业的发展，如果一次性把划转比例提得很高，那么国有企业就会没有多少股权可以使用，反而会影响企业本身正常运行秩序。其次，划转时要考虑到股票市场的承受力，由于不少国有企业在股票市场发行了股票，企业实行划转时，应该严格按照划转要求，保持划转的秩序性，避免国有企业股权流通速度过快，减少因划转而引起的股票市场震荡。再次，应完善划转投资管理体系，确保划转后资本保值增值。可结合不同区域的实际情况，借鉴发达国家养老金的投资经验，可将这部分资金用于投资"一带一路"的铁路、公路、机场等公共基础设施的建设，或者结合多重方案分散投资风险，确保其保值增值、效益最大化，将投资收益用于维持养老金自平衡。最后，要明晰划转在完善养老保险制度中的角色定位。要立足长远、面向未来养老金缺口来统

---

① 《上海市人民政府关于印发〈上海市划转部分国有资本充实社保基金实施方案〉的通知》（沪府发〔2020〕3号），上海市人民政府网站（2020年9月10日），https：//www.shanghai.gov.cn/nw48502/20200916/0001-48502_65649.html，最后检索时间：2023年2月24日。

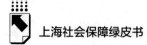

筹考虑划转部分国有资本充实社保基金与养老保险降费、加快养老保险全国统筹之间的关系，实现三者的有机统一，国资划转工作也才可能实现可持续发展，凸显其社会价值和意义。

2.完善相关政策法律法规

在相继出台有关国有资本充实社保基金的一系列政策文件过程中，确保社会保障基金安全，成为维护划转国有资本充实社保基金实施成果的重要环节。为此，有必要建立一系列基金监管的法规体系及配套措施来切实保障社会保障基金安全。基金监管的法律法规是基金监管体系的重要组成部分，完善的法律法规能够有效保障基金的运营与管理，为基金监管提供规范与保障，使得基金监管有法可依。因此，需通过完善相关政策法律法规，建立完备的基金监管保障体系。首先应完善以《全国社会保障基金条例》为核心、各部门规章制度与政策规范性文件为配套的基金监管法律法规体系。在基金运营与管理的过程中，需要通过法律法规来对其进行规范，包括基金管理主体及其职责、基金管理对象及内容范围以及基金管理的手段和措施等方面。在保障社会保障基金安全过程中，除日常监管外，应针对风险预警防控系统出台相关法规，以法律形式进行规范，定期开展基金风险防控排查，以排除社保基金管理中存在的风险隐患。随着互联网、大数据等新兴技术在社保基金风险预警机制当中的运用，为更为规范地对基金运行状况和基金风险管控状况进行安全评估，建立并筑牢社保基金安全的"防火墙"，推动社保基金风险防控体系朝规范化、法制化方向发展，应完善有关信息数据安全层面的法律法规，在保障信息数据安全的基础上进行社保基金风险预警与防控。在推进国有资本充实社保基金过程中，应充分严格按照相关法律法规对社会保障基金进行保障，以完善的政策法律法规保障社会保障基金安全。

（二）明确承接主体功能定位

2020年8月25日，在上海市人民政府印发《上海市划转部分国有资本充实社保基金实施方案》的通知中，为做好本市划转部分国有资本充实社保基金工作做了十分细致的方案，划转的全市企业国有股权，由市财政局代市政府集中持有，委托上海国有资本投资有限公司对划转企业国有股权进行专户管理，各区不再各自设立承接主体，各区按照印发通知划转国有企业股权，当国有企业完成划转后，其划转的股权便由承接主体代为管理和经营。① 目前承接主体可操作的空间尚小，可随着人口老龄化的加剧，承接主体的能动作用也会随着增加，到时候承接主体既能参与国有企业治理，又能对划转股权进行经营。而现在对于承接主体的功能定位尚未明确，应该在未雨绸缪时便进行探讨，为以后探索承接主体主观能动性做出贡献。

1. 积极探索承接主体能动作用

当前承接主体只能靠划转的股权被动地领取收益，但随着国有企业混合所有制改革的持续深入，承接主体的地位越来越重要，其专业性也越来越受到重视，可想而知，承接主体能发挥的作用也会越来越大。探索承接主体主观能动作用集中在两方面，一是获取收益，即承接主体接收划转股权收益后，能够能动地运营划转的股权，正确面对和处理风险与收益之间的关系，分析现状以获取更多的收益。二是参与治理，即承接主体参与国有企业治理的作用加深后，承接主体作为国有企业股东，发扬其专业素养，利用自身的专业以更好行使股东的审核权和建议权，来让国有企业发展变得更好。根据往年社保理事会的年度报告，社保理事会对社保基金进行运营，以保证其保值增值，每年的运营收益率约为8%，而划转的股权由于规定，只能被动地领取收益，其收益率远远达不到8%。随着人口老龄化的加深，可以假设承接主体也可以对划转的股权进行一定程度上的经营，以缓解目前所面对的越来越严重的养老金缺口问题。虽然常言道"市场有风险，投资需谨慎"，可如果只是被动地领取收益，而不愿意面对潜在的风险，其收益率可能还追不上通货膨胀率，反而会有让划转国有资本贬值的风险。划转的股权如果贬值了，就无法发挥划转国有资本充实社会保障基金的积极作用。当然，对于经营划转国有资本也不能过于激进，毕竟经营划转的股权最重要的是保值增值，过于激进造成损失反倒"得不偿失"。可以学习社保理事会往年经营的诀窍，把大部分的资金投入风险低收益低的项目，用这种稳妥的方式在能得到一定收益的情况下也避免过高的风险，先保证其保值的目标，保证其自身收益，再把剩下的资金投入风险较高且收益较高的

---

① 《上海市人民政府关于印发〈上海市划转部分国有资本充实社保基金实施方案〉的通知》（沪府发〔2020〕3号），上海市人民政府网站（2020年8月25日），https://www.shanghai.gov.cn/nw5001/20201027/858ecfb2d1a5441fa1d471e4b8ab1ef3.html，最后检索时间：2023年2月24日。

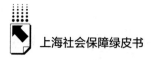

项目，此时已经有了稳定的收益，就可以尽可能地使收益最大化。

2. 完善承接主体资源配置

在讨论资源配置之前，先要讨论承接主体的差异性，不同的承接主体有着各个方面的区别，同时承接主体之间的资质互不相同，又正是承接主体之间资质互不相同，才要研究其资源配置。[①] 根据财政部推送的通知，各省区市在划转时可以根据自身情况自行选择承接主体，这导致各省份选择的承接主体不同，有的省份直接选择了社保理事会，有的选择了该省的国有资本运营公司，还有的选择了财政局作为承接主体。承接主体的多样化，其管理、运营都会有所不同，需要采取不同的模式与方案，这给承接主体的资源配置带来了一定的挑战。由于承接主体的不同，所需要的人才的专业性也有所区别，人才在承接主体的管理和运营过程中起到了十分重要的作用，它一定程度上影响了国有企业承接主体后续运转的效果与效率，所以人力资源管理问题应该首先解决。当前承接主体只能被动地领取收益，其工作量较小，暂时不用担心，随着承接主体主观能动作用的增大，承接主体既可以参与国有企业治理，也可以对划转的股权进行经营，其工作量大增，此时的人力资源管理问题也会显得更加突出和关键，在如此境况下，如何分配、处理这些工作也是一个问题。社保理事会和国有资本运营公司有相应的经验，而财政局对这两方面的经验不足，在处理此类问题时难度会相对更大一些，同时划转国有股权的运营与之前其他类型的运营略有不同，是股权的运营而不是资金的直接运营，考虑到这两种情况，最合适的方式是在承接主体新开设划转国有资本的部门。开设这个新部门，有两个好处，一是专事专办，既要参与国有企业治理，又要对划转股权经营，如此复杂、细致的事还需要一个全新的部门才能应对。在这个全新的部门当中安插符合条件的复合型人才，同时对经验稍有不足的人才加以培养，构建一个更加符合条件的管理系统，以更专业的素养与更高的效率辅助完成当下的工作，更好更快地解决当前所面临的难题。二是能为长期运行划转国有资本做准备，随着人口老龄化加剧等原因，划转国有资本将成为一项长期政策，其重要性也会越发重要，其划转比例或者划转的政策可能会随之改变，成立了专门的部门后，

---

① 徐浩然、陈文淅：《社保基金承接主体国有股权管理研究》，《国有资产管理》2019 年第 12 期，第 39~41 页。

也可以让这个部门全权统筹关于划转的内容，专注于这项工作，掌握情况，优化运行划转国有资本的方案和对策，减少操作成本，在节省成本的情况下改进国有资本的运行状况和进度。

（三）优化国有企业布局

截至 2021 年末，上海目前地方国有资产总额已经达到 25.77 万亿元，国有企业和国有资产是上海市经济增长的主力军，更需要不断完善国有企业空间布局，增强国有企业发展内生动力。划转国有资本充实社会保障基金，其中一个很重要的载体便是国有企业，国有企业应该发扬取之于民、用之于民的精神。划转的主要目的是弥补养老金缺口、维持养老金自平衡，可划转其实也是优化国有企业布局的手段，完成划转有利于国有企业向混合所有制转变，国有企业治理结构的完善能够加强划转国有资本承接主体的专业性，同时国有资本划转可以促进国有企业治理结构的完善。逐渐深化国有企业混合所有制改革是国有企业的发展趋势，所以完成划转会对优化上海市国有企业布局提供不小的帮助。

1. 推进国有企业混合所有制改革

自从党的十八届三中全会《中共中央关于全面深化改革若干重大问题的决定》提出积极发展混合所有制经济，新一轮的国有企业改革就拉开序幕。2021 年政府工作报告提出要深化国有企业混合所有制改革，其措辞由积极发展到深化改革，这说明国企改革进入了深水区，划转部分国有资本充实社会保障基金和深化混合所有制改革是相辅相成的关系。上海市印发了《上海市贯彻〈国企改革三年行动方案（2020-2022 年）〉的实施方案》，明确了上海国企改革注重以优化布局为关键，持续服务国家和上海重大发展战略。国有企业改革，即使技术水平不变，也能够降低国有经济的成本，而且会降低民营经济的成本，从而降低了我国整体的国民经济的运行成本。[①] 坚持尊重市场经济规律和企业发展规律，因企施策、因业施策，探索形成具有上海特点的混合所有制改革路径。深化国有企业混合所有制改革要点在于"混"和"改"两个方

---

① 叶满城、梅宇航：《纵向国民经济布局下国有企业改革的降成本和创新效应》，《社会科学辑刊》2019 年第 4 期，第 155~160 页。

面。"混"是指国有企业一定是混合所有制的性质，国有企业必须有国有资本，非国有资本同样也须进入，才能称为混合所有制。划转国有资本有助于国有企业向混合所有制改制，当部分国有资本完成划转后，其划转的股权由承接主体代为管理，使得承接主体成为国有企业股东，不断实现企业组成多元化。"改"是指国有企业在完成混合所有制改革之后，还要继续深化改革，而划转国有资本也有助于其改革。混合所有制改革是一项系统工程，需要企业内外部各方面的协调和帮助。承接主体在完成划转后成为国有企业股东，可以发挥承接主体的主观能动性和其专业性，承接主体因为要靠其划转的股权实现收益，所提的意见会有利于国有企业方向，同时承接主体是以旁观者的身份存在，能够较为清醒地为国有企业提出建议。同时在混合所有制企业的改革背景下，也要兼顾对董事会职责的修改完善。董事会是国有企业内部的决策层，主要负责管理国有企业的决策和运营，同时他们又受到股东会、监事会的监督。

2. 促进国有企业治理结构完善

如今，推进国有企业治理结构完善的三个原则中就有决策科学，而决策科学与国有企业和承接主体的专业性有关，因为无论是国有企业还是承接主体，对于国有企业的首要目标就是保证赢利，而赢利的关键之一就是决策科学，没有企业能不通过决策而赢利。而国有企业治理结构的完善，能提高国有企业自身的专业性，同时也能直接或间接地提升承接主体的专业性。当前承接主体不会直接参与国有企业的治理，不拥有决策权，但承接主体作为国有企业的股东，还是拥有审核权和建议权的，可以对国有企业的决策进行审核并对其提出建议，这正是承接主体专业性的体现，这就能间接地提升承接主体的专业性。当然在以后，随着承接主体机构的完善、专业性的提高，可以尝试让承接主体参与国有企业的治理。当前承接主体只能靠划转的股权被动地领取收益，但随着国有企业混合所有制改革的持续深入，承接主体作为非国有企业的地位会越来越重要，其专业性也会越来越受到重视。国有企业在混合所有制改革过程中要充分发挥非国有股东制衡和监督的治理效应，实现国有企业从行政型治理向经济型治理转变，充分发挥非国有股东制衡监督作用，改善公司治理。[①] 从立足长远来

[①] 李井林、阳镇、陈劲：《混合所有制改革与国有企业创新：基于质与量双重视角的考察》，《经济社会体制比较》2022年第4期，第78~90页。

看，随着上海市人口老龄化的加深和养老保险基金支出的持续扩大，划转国有资本的作用和承接主体的功能也会随之扩大，成为补充养老金缺口的长期重要来源。为了保障养老保险基金的自平衡，划转国有资本的比例可能会提高，而承接主体的持股比例提高了，就应该让承接主体参与国有企业治理的作用更进一步，才能更好地发挥承接主体的主观能动性。

G.9
养老财富管理和资产配置研究

芮 萌 龚 铭*

摘 要: 上海生育率的不断下降伴随着人口预期寿命的不断提高,加剧了
上海超级老龄化社会的程度,未富先老问题突出。在此背景下,
人民群众一方面表现出强烈的养老财富管理的需求,一方面暴露
出养老金融知识的欠缺。政府可以加强针对养老财富的投资者教
育,引导人民群众从制定养老规划开始,通过资产配置、长期持
有和定投等方式开展合理的养老财富管理。还可以通过借鉴海外
成功经验,大力发展"第三支柱",在降低政府负担的同时,满
足群众的养老财富管理需求。

关键词: 老龄化 养老保险 "第三支柱" 财富管理 上海市

一 人口结构与养老现状

上海市卫健委公布了上海市 2022 年度人口监测统计数据,上海 2022
年的总和生育率仅有 0.7①。统计历年来上海市卫健委发布的总和生育率,
可以看到上海仅在 2016 年全面两孩政策发布的当年出现过短期回升达到
1.1,其余年份都在 1.0 及以下,2020 年更是断崖式下跌,并连续三年处于
0.7 附近(见图 1)。更为惊人的是中心城区的总和生育率普遍低于 0.6,
这与全球总和生育率最低的城市韩国首尔基本相当,而黄浦等部分城区甚

---

* 芮萌,中欧国际工商学院金融与会计学教授,鹏瑞金融学教席教授,中欧财富管理研究中
心主任,中欧家族传承研究中心联合主任,主要研究方向为中国资本市场、养老金融、公
司治理;龚铭,中欧国际工商学院研究员,主要研究方向为中国资本市场。
① 《上海市 2022 年度人口监测统计数据》。

至不足 0.5。为了满足人口世代的更替水平，一般认为总和生育率需要达到 2.1，国际上通常认为总和生育率 1.5 是一条"高度敏感警戒线"，一旦降至 1.5 以下，就有跌入"低生育率陷阱"的可能。上海作为人口输入型城市虽然可以依赖大量外来人口的进入，然而全国的生育情况也不容乐观，根据第七次全国人口普查结果，2020 年我国育龄妇女总和生育率为 1.3，已经降至 1.5 的警戒水平之下，与以老龄化严重闻名的日本处于同一水平。

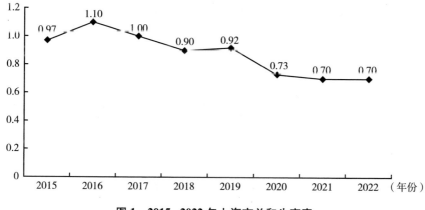

图 1　2015~2022 年上海市总和生育率

资料来源：上海市卫健委。

与此同时，上海人口预期寿命在不断提高。上海市卫健委发布的《上海市老年人口和老龄事业监测统计信息 2021》数据显示，2021 年上海人口预期寿命为 84.11 岁，其中男性为 81.76 岁，女性为 86.56 岁，较 1990 年高出近 10 岁，历年来不断创造新高（见图 2）。随着预期寿命的提高，老年人口的总量也在不断提高。

上述两个因素叠加，造成了人口老龄化的现象越演越烈。根据《上海市老年人口和老龄事业监测统计信息 2021》的数据，2021 年，上海全市户籍人口 1495.34 万人，其中 60 岁及以上老年人口 542.22 万人，65 岁及以上老年人口 402.37 万人（见图 3），占比分别达到了 36.3% 和 26.9%。国际上通常 65 岁及以上人口占比超过 20% 称为超级老龄化社会，上海早在 2016 年就已突破该门槛。

图2　1990~2021年上海市预期寿命

资料来源：上海市卫健委。

图3　2018~2021年上海市老年人口数量

资料来源：上海市卫健委。

从国家层面来看，国家统计局数据显示，我国2022年出生人口956万人、死亡人口1041万人，新中国成立以来出生人口首次低于死亡人口，出现人口负增长。65岁及以上人口20978万人，占全国人口的14.9%，比例较2021年进一步提升。① 我国仅仅用了不到21年就从65岁以上人口超过7%的老龄化社会迅速进入了超过14%的深度老龄化社会。

_____

① 国家统计局：《王萍萍：人口总量略有下降，城镇化水平继续提高》，2023年1月18日。

在我国进入深度老龄化社会的 2021 年，我国人均 GDP 为 1.27 万美元。综观世界各大发达经济体，绝大部分都是在物质财富积累到一定程度后，才开始进入人口老龄化阶段的（见表 1）。以我们的东亚邻国日本和韩国为例，它们进入深度老龄化时的人均 GDP 分别达到 4.4 万和 3.3 万美元，远高于我国目前的人均 GDP 水平。我国当前所面临的"未富先老"现象相当严峻。

表 1 部分国家进入老龄化社会当年人均 GDP

国家	进入老龄化社会		进入深度老龄化社会		间隔（年）
	年份	人均 GDP（美元）	年份	人均 GDP（美元）	
美国	1942	1231	2014	55050	72
英国	1930	—	1975	4300	45
德国	1922	—	1972	3810	50
法国	1850	—	1990	21794	150
澳大利亚	1937	—	2013	68157	76
日本	1971	2272	1995	44198	24
韩国	2000	12257	2018	33437	18
中国	2000	959	2021	12717	21

资料来源：根据公开数据整理。

我国目前已经拥有世界上规模最大的社会保障体系，截至 2021 年底，城镇职工基本养老保险覆盖约 4.8 亿人，累计结余 6.4 万亿元；城乡居民养老保险覆盖约 5.5 亿人，累计结存 1.14 万亿元（见图 4）。但是伴随人口老龄化的加速到来，养老金维持收支平衡的压力较大。根据中国社科院世界社保研究中心发布的《中国养老金精算报告（2019-2050）》，我国的养老金累计结余在 2027 年将到达顶点，而到 2035 年累计结余将耗尽。现阶段在我国养老金体系中占据主导地位的第一支柱已面临沉重的支付压力。作为第二支柱的企业年金和职业年金在我国覆盖相对有限，截至 2021 年底，企业年金参与企业数为 11.75 万个，参与人数约 2875 万，仅占城镇就业人员合计的约 6%，积累金额 2.6 万亿元。职业年金主要适用于机关事业单位及其编制内工作人员，截至 2021 年底结余规模 1.8 万亿元。①

---

① 资料来源：人力资源和社会保障部。

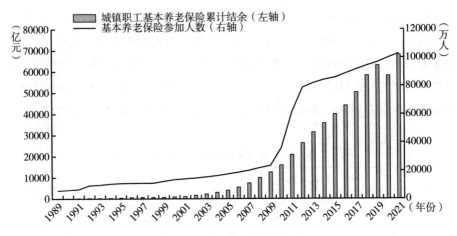

图4 中国基本养老保险情况

资料来源：万得资讯、国家统计局、人力资源和社会保障部。

合计上述城镇职工基本养老保险、城乡居民养老保险、企业年金及职业年金，我国养老金2021年的资产规模约为12万亿元，占当年GDP的比重约为10.4%。而根据经济合作与发展组织（OECD）的统计，38个OECD成员国的养老金平均占比为GDP的105%，其中9个国家养老金资产超过2021年底的GDP，占比最高的冰岛达到了GDP的219%。美国拥有OECD组织内最大的养老金市场，资产价值约为40万亿美元，占到OECD组织总额的67.3%。之后依次是英国（3.8万亿美元）、加拿大（3.2万亿美元）、澳大利亚（2.3万亿美元）、荷兰（2.1万亿美元）、日本（1.5万亿美元）和瑞士（1.4万亿美元），这7个国家占到OECD养老金资产总和的90%。①

再看上海，根据上海市人力资源和社会保障局的公开数据，上海市2021年度城镇职工基本养老保险累计结存1204.07亿元，城乡居民基本养老保险累计结存91.52亿元，企业年金积累基金1122.86亿元，合计资产规模仅占上海市当年GDP的5.6%，显著落后于全国数据（不考虑职业年金情况下全国养老金与GDP占比约为8.8%）。作为对比，我国香港地区养老金与GDP的占比达到了54%，接近于上海的10倍。

为了保障职工退休后的生活水平不致有大的下降，让退休职工能分享社会

---

① OECD, *Pension Markets in Focus 2022*.

发展成果，实现尊严养老，养老金替代率必须保持在合理的水平上。根据
OECD 组织在《养老金概览：OECD 和 G20 国家各项指标》中的建议，退休最
合适的养老金替代率至少要维持退休前薪资 70% 的水平。根据国际劳工组织
《社会保障最低标准公约》的建议，养老金替代率的警戒线为 55%。而我国基
本养老金替代率逐步下降，根据华创证券统计 2021 年基本养老金替代率仅为
45%（见图 5），远低于 55% 的国际警戒线水平。

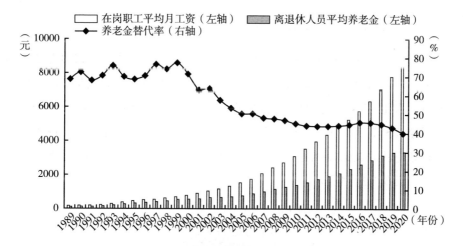

图 5　1989~2020 年中国养老金替代率

资料来源：万得资讯、国家统计局、华创证券。

《上海市老年人口和老龄事业监测统计信息 2021》显示，2021 年，上海市
60 岁及以上老年人领取城镇职工基本养老金的人数 443.60 万人，占老年人口
的 81.8%，平均养老金为每月 5040 元。而在 2021 年，上海市全口径城镇单位
就业人员平均工资为每月 11396 元，可得基本养老金替代率仅有 44.2%，略低
于全国平均水平。

二　人民群众的养老现状

宏观层面的数据反映出我国人口结构上的失衡和养老金体系的不足，"未
富先老"问题突出。我们再从微观层面来观察一下我国人民群众如何应对

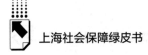

养老。

中国养老金融50人论坛综合考虑人口地区分布、年龄分布、性别分布、健康状况以及调研成本等因素，重点面向18岁及以上、在城镇居住的人口定向投放问卷，回收有效问卷12015份后形成了全国性的抽样调查报告《中国养老金融调查报告（2022）》（以下简称报告）。我们以此报告为基础，对中国养老金融的微观数据进行了一些分析总结。

（一）强烈的养老金融需求

报告询问了调查对象认为最为可靠的养老方式，借此了解居民对养老方式的预期。调查结果显示，大部分调查对象认为最可靠的养老方式是提前进行自我储备，占比67.4%；其次是选择依靠政府，占比12.9%；10.4%和9.3%的调查对象选择继续工作和依靠子女（见图6）。可以看出通过自我储备的方式来实现相应的养老保障得到了大部分居民的认可，养老金融活动和养老理财规划的需求因此十分强烈。

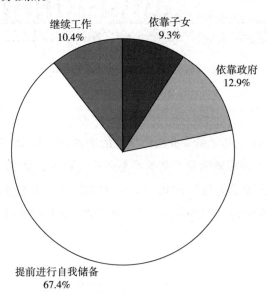

图6 调查对象的主要养老方式选择

资料来源：《中国养老金融调查报告（2022）》。

报告调查还显示，37.79%的调查对象愿意投入养老财富储备占收入的比重在 21%~30%，占比最高；之后是 11%~20% 和 31%~40%，分别占到 26.79% 和 17.56%（见图 7）。换句话说，有 82.14% 的调查对象愿意将 11%~40% 的收入用于养老财富储备。从平均水平来看，调查对象愿意将收入的 23.05% 用于养老投资。这一数据一定程度反映了居民对于养老金融活动的参与意愿和参与程度不低，我国养老金融市场的未来发展空间可期。

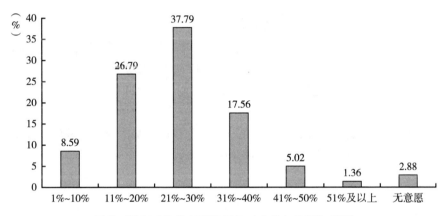

图 7 调查对象养老财富储备（占收入比重）意愿

资料来源：《中国养老金融调查报告（2022）》。

报告调查数据显示，2022 年合计超过八成（80.52%）的调查对象愿意为养老金融投资咨询服务支付相应的费用（见图 8），连续两年的调查数据都反映出调查对象有较强的支付意愿来获取更为专业的养老金融投资顾问服务，表明未来养老金融投资咨询业务具有广阔的发展空间。

（二）迷茫的养老规划

然而居民对于期望的老年收入水平认识不足，报告统计了调查对象对于退休后收入达到退休前的多大比例可以保证退休生活质量不下降这一问题的看法，32.63% 的对象认为老年收入在退休前收入 40%~49% 即可维持退休前生活质量，人数占比最高；之后分别是 50%~59% 和 30%~39% 的收入替代率，占 22.58% 和 22.31%；仅有不足 7% 的对象认为收入替代率需要超过 70% 这一国际经验水平（见图 9）。平均来看，调查对象认为收入替代率达到 47.74% 可以

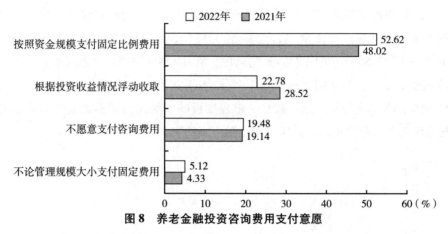

图8 养老金融投资咨询费用支付意愿

资料来源：《中国养老金融调查报告（2022）》。

保证退休生活质量不下降，巧合的是这与我国目前的基本养老金替代率基本一致。可以看到居民对于养老财富的认知相对乐观。

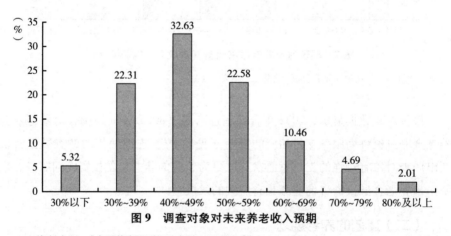

图9 调查对象对未来养老收入预期

资料来源：《中国养老金融调查报告（2022）》。

据报告统计，2022年，调查对象认为养老财富储备开始时间在30岁以前的人数最少，仅有11.48%，这比2021年的调查数据大幅下降（见图10）。另外与2021年调查数据相比，养老储备开始时间在40~49岁和50岁及以后的则双双增长，累计近半（49.01%）的调查对象认可40岁以后开始养老财富储备。这一数据反映居民对于退休养老进行财富准备的意识不足。

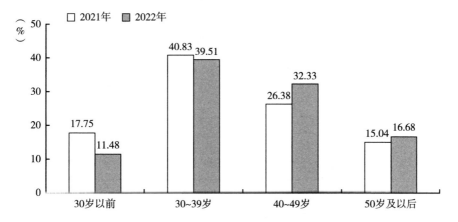

图10 调查对象开始进行养老财富储备的意愿年龄

资料来源：《中国养老金融调查报告（2022）》。

此外，根据中信证券与中国人民大学联合发表的《2022 中国中青年养老成熟度调查报告》统计，人们普遍能够意识到养老规划的必要性，但大部分人在养老规划问题上比较迷茫，青年人比中年人表现更突出，有 57.85% 的调查对象虽然认为有必要进行养老规划，但在行动上没有规划或者不知道如何规划。

这一系列数据的背后是我国居民养老金融知识的欠缺，养老金融教育需要大规模的普及和加强。

（三）片面的财务储备

据报告统计，除了参与国家基本养老保险，调查对象选择参与养老财富储备的最大偏好依然是银行存款，占比达到 64.14%，其次是商业养老保险（34.25%）、房产（16.41%）、企业/职业年金（12.31%）、银行理财（12.27%）等（见图11）。仅有 8.24% 的调查对象选择投资基金来进行养老财富储备，这部分占比不高，一方面应该和调查对象对于公募基金的认识较少有关，另一方面可能是认为公募基金属于风险投资，收益存在波动性，与其风险厌恶有关。特别值得注意的是，仍有 10.04% 的调查对象尚未进行任何养老财富储备。不合理的财务储备结构，特别是银行存款等对于通货膨胀抵御能力较差的资产被大量选择，导致养老财富目标无法实现。

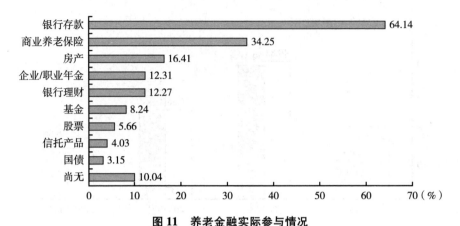

图 11　养老金融实际参与情况

资料来源:《中国养老金融调查报告（2022）》。

《2022 中国中青年养老成熟度调查报告》调查了受访者的投资知识和投资经验,有近60%的人认为投资知识一般、投资经验一般。回答投资知识丰富的占比仅为4.25%,回答投资经验丰富的占比更少,仅为2.24%。这也从一个侧面反映了不合理的财务储备结构形成的原因。通过两项调查均能看到,目前我国大众的金融素养普遍偏低,这也是限制人们进行养老投资的主要因素。

（四）过度的风险认知

2022 年,报告调查结果显示在养老金融产品的选择上,保本安全性还是人们的首选特征,41.34%的调查对象认为养老理财或投资最重要的目标是确保本金安全,普遍认为对养老资金而言亏钱是最大的风险。对于风险承受能力的认知,29.14%的调查对象认为在养老理财或投资中任何时候都不能出现亏损,52.46%的调查对象可以阶段性承受10%以内的亏损,仅18.40%的调查对象可以阶段性承受10%以上的亏损（见图12）。

风险承受能力同样受到《2022 中国中青年养老成熟度调查报告》的关注,在被问及"多少的亏损会让您心里不安时",受访者的回答集中在5%～10%和3%～5%,这表明人们的损失承受能力在10%以内。较低的风险承受能力导致人们在选择养老金融产品时过度关注在产品的安全性上,从而选择不足以满足自身养老投资目标的金融产品。

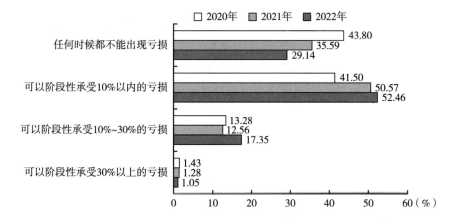

图 12　调查对象养老理财或投资风险承受能力

资料来源：《中国养老金融调查报告（2022）》。

三　合理的养老财富管理

广大人民群众该如何针对养老目标开展合理的养老财富管理呢？

（一）做好养老财富规划，选择合适投资品种

养老财富规划是个人理财规划的重要组成部分，是为了在将来拥有一个自立、有尊严、高品质的老年生活，而开始进行的财富积累和资产规划。一个科学合理的退休养老规划首先需要明确自身的养老目标，比如不低于退休前薪资的 70% 就是一个比较合理的养老金替代率目标。

人们需要明白为了实现养老目标，必须承受一定的风险。如果风险不存在，那么投资者就不会获得一个满意的收益，毕竟收益的高低是根据风险的大小来决定的。手握现金虽然会让人感到安心，但在通货膨胀的长期作用下，货币购买力会持续下降，在长期投资者看来，这是资产所面临的最主要风险。以每年 2% 的通货膨胀率为例，5 年后原始购买力将损失10%，10 年后将损失 18%。如果把大比例资产投资于无风险产品，随着未来市场利率的持续走低，投资收益未来将很难跑赢通胀，本金价值会逐渐受到侵蚀（见表 2）。

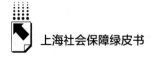

表 2　通货膨胀作用下货币购买力的变化

年通货膨胀率	1 年后	5 年后	10 年后	20 年后
1%	0.99	0.95	0.90	0.82
2%	0.98	0.90	0.82	0.67
3%	0.97	0.86	0.74	0.54
4%	0.96	0.82	0.66	0.44
5%	0.95	0.77	0.60	0.36
6%	0.94	0.73	0.54	0.29
7%	0.93	0.70	0.48	0.23
8%	0.92	0.66	0.43	0.19
9%	0.91	0.62	0.39	0.15
10%	0.90	0.59	0.35	0.12
12%	0.88	0.53	0.28	0.08
15%	0.85	0.44	0.20	0.04

综合收益与风险的考量，公募基金是一个比较适合养老财富投资的金融品种。以国外的经验来看，美国的养老第三支柱 IRA 的各资产投向中共同基金是绝对主力。自 1980 年来，共同基金市场占比从 3% 加速上升，并在 1996 年突破 40%，随后一直维持在这一水平之上，最高于 2005 年达到 52%，2021 年为 45%；通过证券公司经纪账户投资其他证券资产的市场占比从 1980 年的 5% 上升至 2021 年的 46%；而商业银行的市场份额则从 82% 急剧下降到了 2021 年的 5%（见图 13）。而从 IRA 账户持有的共同基金类型看，截至 2021 年底，IRA 账户所投共同基金的资产配置类型为国内股票型 45%、国际股票型 14%、混合型 19%、债券型 16%、货币市场型 6%。

（二）合理进行资产配置，"不要把鸡蛋放在一个篮子"

现代投资组合之父、诺贝尔经济学奖得主马科维茨通过分析近 30 年来美国投资者的投资行为和大量的投资数据后得出结论认为：在所有参与投资的人中，有约 90% 的人没有获得财富上的成功，而投资成功的仅占比 10%，其成功的秘密就在于资产配置。Brinson、Hood 和 Beebower 三位学者在 1986 年发表的《资产组合表现的决定性因素》（*Determinants of Portfolio Performance*）文章

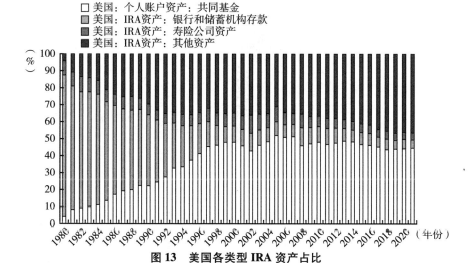

图 13 美国各类型 IRA 资产占比

资料来源：万得资讯、投资公司协会（ICI）。

中通过数据论证认为资产配置是整个资产组合回报收益的主要决定因素①。

先锋基金（Vanguard）曾经统计过（见图 14），证券选择和市场择时对投资的影响其实并不大，两者加起来才不过 6.4%，其中市场择时占比 1.8%，证券选择占比 4.6%，其他原因占比 2.1%。而对资产组合收益影响最大的是资产配置，占比为 91.5%。所以，通过数据来看，证券选择和市场择时可以为投资者带来的效益十分有限，资产配置才是应该关注的重点。

资产配置是一种长期、多元化的投资。说得更直白些，就是将鸡蛋放到不同的篮子里去。这种做法的根本目的与其说是提高投资收益，不如说是改善风险收益比、降低投资不确定性概率。图 15 为 2002~2016 年美国各类指数走势变化图，相比单独持有其中一个指数标的投资，若同时拥有以这四类指数为投资标的投资，可以看到这四种指数除了在某些特别的年份具有同向变化外，大多数年份有涨也有跌，以 2007~2009 年这段时间为例，如果仅拥有标普 500 指数、MSCI 新兴市场指数和彭博大宗商品指数其中任意一个为标的投资，在金融危机时期的教训必将是惨痛的，最低可逼近负 60%，这时假如我们再加入

① GP Brinson、LR Hood、GL Beebower, "Determinants of Portfolio Performance", *Financial Analysts Journal*, 1995, 51（1）.

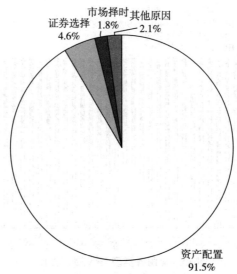

图 14　证券选择、市场择时、资产配置对资产收益的贡献对比

资料来源：先锋基金。

一个收益比较平稳的彭博债券指数，并赋予所有指数相等的权重，这时可以看到，在金融危机期间，除单独持有彭博债券指数产生的收益外，总体平均收益其实要高于单独持有其他三种指数的收益，尽管收益率依然为负，但相比原来接近负 60% 的收益率，资产组合的风险已经降低了一大半。

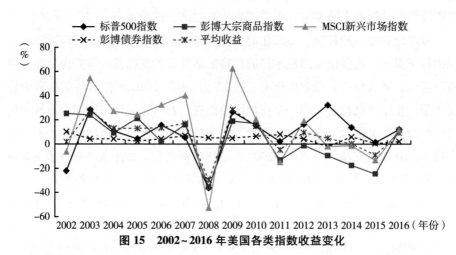

图 15　2002~2016 年美国各类指数收益变化

资料来源：先锋基金。

当然，实际投资中虽然投资权重会有所不同，让投资者在特定的风险水平上获得更高的收益或在特定收益水平上承担更低风险的结论却是一致的。即便没有投资经验的人也知道天上不会随便掉馅饼，更不会有免费的午餐，但出人意料的是，马科维茨却认为这种多元化的资产配置是经济领域中罕见的"免费午餐"，通过多元化的资产配置，投资者可以在降低风险的同时保持收益不变，或在风险不变的情况下提高收益。

资产配置也要因时而变，因为权益资产在提高组合收益率的同时也会加大组合的波动，养老投资需要寻找适用个人和家庭的投资组合，这是因为人们退休后收入来源有限，因此要随退休日期的临近而相应调整。迈克尔·茨威彻在《养老金投资组合》一书中表示，虽然传统的理财规划与养老金投资组合看上去相似，但两者其实有很大的区别，尤其是在资金累计和花费的过程中，养老金投资组合的消费计划更加平滑并且可持续。不论风险厌恶程度如何，在花费相同的情况下，风险厌恶程度高的客户更偏好稳定、安全的消费方式，图16是按照年龄配置的资本市场线，左侧轴线上是养老金全部投资保底资产（长寿保险和现金）的组合，人们随着年龄的增加，倾向于减少风险资产的配置，增加保底资产的比重（见图16）。

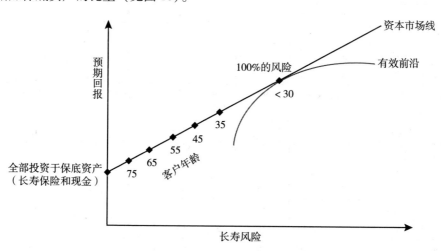

图16 按年龄配置的资本市场线

资料来源：〔美〕迈克尔·茨威彻：《养老金投资组合》，兴全基金管理有限公司译，中信出版社，2019。

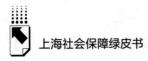

上海社会保障绿皮书

从本质上来看，个人养老金组合的构建关键看两个参数：一个是距离退休的年份，另一个是预期退休后的生活需求，其他有影响的参数是预期通货膨胀率、长寿的可能性和是否愿意将资金的一部分作为预防性资金。如果考虑把四类资产纳入个人养老金投资组合，在不同生活需求、年龄和预期通货膨胀率条件下的资产配置比例如表3所示。

表3　不同生活需求、年龄和预期通货膨胀率（%）的资产配置

单位：%

到85岁的保底资产配置名义值,2%的预期通货膨胀率					到90岁的保底资产配置名义值,2%的预期通货膨胀率				
年龄	保底投资组合	长寿保险	现金	风险资产	年龄	保底投资组合	长寿保险	现金	风险资产
30	28	3	10	59	30	26	1	10	63
35	32	4	10	54	35	30	2	10	58
40	37	4	10	49	40	35	2	10	53
45	43	5	10	42	45	40	2	10	48
50	50	6	10	34	50	47	2	10	41
55	58	7	10	25	55	54	3	10	33
60	67	8	10	15	60	62	3	10	25
65	77	9	10	4	65	72	4	5	19
70	82	11	10	−3	70	77	4	5	14
75	88	12	10	−10	75	82	5	10	3

到85岁的保底资产配置名义值,3%的预期通货膨胀率					到90岁的保底资产配置名义值,3%的预期通货膨胀率				
年龄	保底投资组合	长寿保险	现金	风险资产	年龄	保底投资组合	长寿保险	现金	风险资产
30	43	6	10	41	30	41	3	10	46
35	47	7	10	36	35	45	3	10	42
40	52	7	10	31	40	50	3	10	37
45	57	8	10	25	45	55	3	10	32
50	63	9	10	18	50	60	4	10	26
55	69	10	10	11	55	66	4	10	20
60	76	11	10	3	60	73	4	10	13
65	84	12	10	−6	65	80	5	10	5

到 85 岁的保底资产配置名义值,3%的预期通货膨胀率					到 90 岁的保底资产配置名义值,3%的预期通货膨胀率				
年龄	保底投资组合	长寿保险	现金	风险资产	年龄	保底投资组合	长寿保险	现金	风险资产
70	<u>88</u>	<u>13</u>	<u>10</u>	−11	70	<u>84</u>	5	<u>10</u>	<u>1</u>
75	<u>92</u>	<u>14</u>	<u>10</u>	−16	75	<u>88</u>	6	<u>10</u>	−4

原书注:这里把风险资产(可自主支配的权益资产)配比是否超过 10%作为测量财富是否充足的办法,如果整体投资组合只有不超过 10%的财富可以承担风险,那么除非承担的风险过高,否则我们不能期望太高的收益。表中数字加下划线的部分代表如果不完全货币化死亡风险,个人将没有足够的资金维持养老生活。

资料来源:〔美〕迈克尔·茨威彻:《养老金投资组合》,兴全基金管理有限公司译,中信出版社,2019。

(三)坚持长期投资,利用定投平滑成本

养老财富管理是为了应对未来的需求而开展的长期投资,一定要趁早开始进行养老财富管理,形成复利思维。复利思维其实是一种延迟满足,减少当下消费,从长期视角增加对未来的投资,就可以在财富滚动过程中不断实现增值。只要不断地参与投资,并耐心地持有等待,复利效应会创造意想不到的巨大价值。摩西·A. 米列夫斯基等在《老有所养》[①] 一书中指出,人们应当在年富力强、经济收入最好的时候为年老时期的花销积累资金。

在长期的养老财富管理中,定投的投资方法非常适合用来平滑波动。定投是定期定额投资的简称,指在一定时期内,每隔预设的固定时间,投入固定金额的投资方法,其核心交易逻辑来源于成本平均法或投资平均法。"价值投资之父"本杰明·格雷厄姆就在《聪明的投资者》一书中指出:美元成本平均法是"程式化投资法"的一个特例,纽约股票交易所曾经努力推广"月度购买计划",要求投资者每个月投入同样数额的资金买进一只或多只股票,这种做法的效果令人相当满意。

经过无数理论和实践的验证,即使是专业投资者都无法精准地择时,对于

---

① 〔加〕摩西·A. 米列夫斯基、〔加〕亚历山大·C. 麦奎因:《老有所养》,罗桂连、徐贞颖、谢晓晖译,中信出版集团,2022。

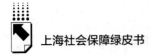

普通人来说，想要在资本市场踏准节奏，实现完美的"高抛低吸"非常困难。此外，投资者的行为还会受到市场环境和个人非理性情绪的影响，容易做出不合理的投资决策。然而选择定投的方式，就可以有效地避免主观择时，通过分批买入的方法，达到分散风险和平摊成本的目的。

在理解和具体操作层面，定投对大众来说十分友好，真正难的是长期的坚持。为什么长期坚持定投这么难？这是因为定投是"逆向思维"的一种体现，不论市场上涨还是下跌，面对短期的波动，定投要求投资者依然坚持买入行为，这是一种"反人性"的投资行为，但正因为其"反人性"，才可以直面市场下跌时的恐惧情绪，在基金净值下跌时不断买入，积累更多便宜份额，相比一次性投入，定投可以更好地均衡成本。

对于普通投资者来说，定投最大的优势就是帮助投资者分批建仓，平滑成本，降低决策失误所带来的风险。图17的范例是基金单位净值先下降后回升的情况。在基金单位净值下降的过程中，由于每期单位投资成本降低，可获得的基金份额数增加，平均后的单位成本随之不断下降。而在基金单位净值回升过程中，由于已有多期投资，新增的投资占比越来越小，虽然基金单位净值提升了，然而对于整体投资成本的增加并不明显。因此，在基金单位净值上升的过程中，基金单位净值与平均投资成本逐渐拉大，投资收益也越来越大。

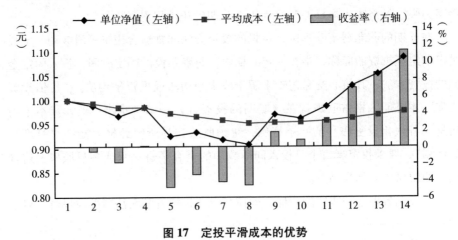

图17 定投平滑成本的优势

美国养老金第二支柱雇主养老计划 401（K）的运作模式和参与机制，其本质与基金定投有异曲同工之妙，员工每月把一定比例的工资收入存入养老账户并选择基金进行投资（见图 18）。截至 2021 年，美国第二支柱仍是养老金的最大部分，占比超过一半。通过雇主养老计划，美国家庭普遍选择通过养老账户定投基金。

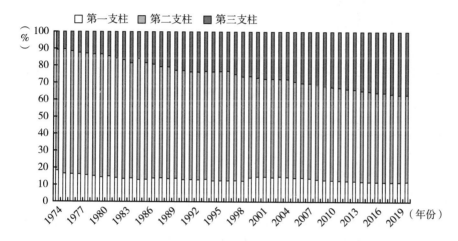

图 18　美国养老三大支柱占比

资料来源：万得资讯、投资公司协会（ICI）。

（四）借鉴海外优秀经验

根据 2022 年美世联合 CFA 协会发布的《全球养老金指数报告》，以全球各地的养老金制度为基准，从可持续性、充足性和完整性三个分类指数衡量各城市养老金体系。在亚洲，新加坡（74.1 分）和中国香港（64.7 分）两个城市分居前二，可以给上海的养老财富管理提供一些借鉴。

新加坡的养老金制度。公积金是新加坡政府建立的面向所有新加坡公民以及永久居民的社会保障储蓄计划，具有两大特征。一方面，公积金账户被设立为不同账户，严格规定每个账户的提取和使用范围。主要用于日常需要，可用于购房、投资、教育、退休等的普通账户（OA），主要用于医疗保健的医疗账户（MA），以及专门用于养老储备的特别账户（SA）。另一方面，公积金缴存率高，目前最高一档的缴存率为37%；并且为不同年龄段设

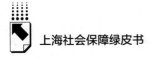

置不同的缴存率，不同年龄段所缴纳的公积金在不同账户间的分配比例也不同（见表4）。

表4 新加坡公积金各年龄段缴存率

单位：%

年龄段（岁）	总缴存率	雇员缴纳	雇主缴纳	OA	SA	MA
≤35	37	20	17	23	6	8
35~45	37	20	17	21	7	9
45~50	37	20	17	19	8	10
50~55	37	20	17	15	11.5	10.5
55~60	26	13	13	12	3.5	10.5
60~65	16.5	7.5	9	3.5	2.5	10.5
>65	12.5	5	7.5	1	1	10.5

新加坡公积金的投资方式较为透明，由公积金局将公积金以特别存款的形式存入新加坡金融管理局，由金管局去购买新加坡政府特别债券，政府再转交给新加坡政府投资公司（GIC）进行长期投资，实现高于全球通胀的长期良好回报。

香港的主要养老金为强制性公积金或称强积金，具有覆盖率高的特点。根据香港积金局2022年6月发布的《强制性公积金计划统计摘要》，在香港361万就业人口中，有79%受强积金计划保障，9%受其他退休计划保障，若剔除外来劳动人口以及18岁以下、65岁以上不需要交纳强积金的人群，香港养老保障覆盖率可达到99%。

强积金制度的一个特点是具有丰富的核准成分基金数量可供选择，根据香港积金局2022年年报，市场上共有411只核准成分基金，其中混合资产基金和股票基金数量分列前二（见图19）。强积金计划可以由参与人自行选择强积金计划下的核准成分基金，并决定投资比例。若强积金参与人未进行投资选择，则将按照预设投资策略进行投资。预设投资策略由核心累积基金及65岁后基金两只混合资产基金按照不同的比例构成。其中，核心累积基金将大约60%的基金资产投资于风险较高的资产（主要为全球股票），其余投资于风险较低的资产（主要为全球债券）。65岁后基金将大约20%的基金资产投资于风险较高的资产（主要为全球股票），其余投资于风险较低的资产（主要为全球债券）。

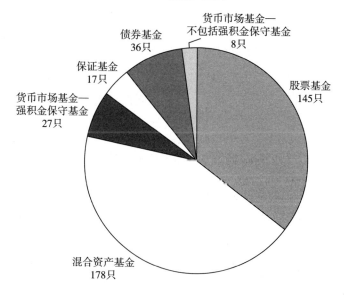

图19 香港强积金计划核准成分基金数量

资料来源：《香港积金局 2021~22 年报》。

四 政策建议

（一）充分发挥养老“第三支柱”作用

随着我国人口老龄化的深入，现有养老金体系不堪重负，一方面现有养老金规模相对较小，占 GDP 比重仅有 10% 左右，另一方面现有养老金不足以满足人民群众的养老需求，养老金替代率仅有 45%。因此充分发挥养老“第三支柱”作用势在必行。

应当学习国外先进经验，通过进一步完善个人养老金账户建设、增加个人养老金的限额和优惠、适当放宽产品类型等方式迅速提升养老“第三支柱”规模，一方面降低沉重的政府负担，另一方面满足群众的养老投资需求。

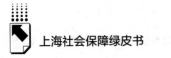
（二）加强对投资者教育，特别是针对养老财富的投资者教育

通过调查可以看到人民群众的养老需求十分强烈，然而养老金融知识的欠缺导致大部分群众对于养老财富管理呈迷茫态势，缺少对于风险的合理认知，从而导致养老财富管理目标和产品选择的盲目。

应当鼓励各级各类金融机构积极开展针对群众养老财富管理的投资者教育，增加群众养老金融的知识储备，让群众明白早期、长期、定期参与养老财富管理的必要性。

（三）引入专业机构辅助个人制定养老规划

调查显示，人民群众的金融素养普遍不高，但对于付费参与专业机构提供养老金融投资顾问服务并不排斥。因此，应当将养老金融事业交到专业的人手中，通过引入专业机构来辅助个人制定养老规划、提供养老金融投资顾问服务等手段化解人民群众对于养老财富管理想参与又不知如何参与的矛盾。

参考文献

芮萌、龚铭：《俄乌冲突给我国金融业的一些启示》，《上海商学院学报》2022 年第 3 期。

刘劲、陈宏亚、于艾琳：《新加坡如何破解养老难题》，《宁波经济（财经视点）》2022 年第 10 期。

G.10
上海养老服务体系建设发展报告

罗娟 汪泓 史健勇*

摘　要： 党的二十大报告明确提出实施积极应对人口老龄化国家战略，发展养老事业和养老产业，推动实现全体老年人享有基本养老服务。在老龄化背景之下，改革养老服务体系对于应对老年人的养老问题尤为重要。本文在全面梳理上海养老服务发展现状的基础之上，发现上海养老服务体系存在供需总量和结构失衡、养老服务质量有待提升、产业标准有待统一、监管体制主体协同动力不足以及养老格局发生变化的问题，并据此提出上海养老服务体系建设发展的层次构建需要建立分层次的需求评估体系、构建政策支撑及保障体系等。最后提出构建多元化的养老服务供给体系、建立分层次需求评估体系、完善多层次养老产业准入机制、创新多路径养老服务人才培养模式、构建全方位养老服务综合监管格局等对策建议。

关键词： 养老服务　社会保障　上海市

　　随着上海加速步入深度老龄化阶段，老龄人口的结构呈现新的特点和趋势，老年群体的需求也呈现多层次性，民众对养老服务体系提出了更高的要求。《上海市老龄事业发展"十四五"规划》中明确指出，到2025年，具有

---

* 罗娟，博士，副教授，上海工程技术大学管理学院副院长，主要研究方向为养老保险、养老服务与医疗保险；汪泓，博士，教授，中欧国际工商学院院长、中欧社会保障与养老金融研究院学术委员会主席、上海社会保障问题研究中心主任，主要研究方向为社会保障与养老金融；史健勇，博士，教授，上海工程技术大学党委副书记，主要研究方向为社会保障。

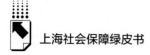

中国特色、符合超大城市特点的养老服务制度成熟定型，高水平的养老服务发展体系不断健全。然而，上海养老服务体系存在诸多问题，总结目前存在的问题，并提出对应的政策建议，对于满足老年人不断增长的多样化、差异化的养老服务需求，进一步优化上海养老服务体系有着重大的理论价值和现实意义。

一　上海养老服务体系改革发展现状

（一）养老服务政策日臻完善

上海养老服务体系政策从20世纪80年代初期开始，逐渐形成了多层面的养老服务政策，相关政策涵盖面较广，并且内容较为丰富。20世纪80年代，上海打破仅面向"三无"和"五保"的传统养老服务，1998年把新增养老床位列入市政府实事项目，2000年开始探索社区居家养老服务。2005年起，上海率先提出了"9073"养老服务格局发展思路。

近几年也出台了大量的关于养老服务发展的政策文件（见表1）。2021年3月20日，《上海市养老服务条例》实施，为养老服务提供了法治保障。2021年《上海市老龄事业发展"十四五"规划》中强调要建设枢纽型养老综合体和家门口服务站点，打造社区"养老服务联合体"，加大全市养老床位建设统筹力度。

表1　2017~2022年上海市养老服务相关政策梳理

年份	政策文件	颁布单位
2017	《关于开展2017年"为20万高龄老年人提供家庭互助服务"和"为1000个低保等困难老年人家庭提供居室适老改造服务"的通知》	上海市民政局、上海市老龄办
2017	《上海市"一键通"为老服务项目指南》	上海市民政局、上海市经济和信息化委员会
2018	《关于进一步调整本市养老服务补贴政策的通知》	上海市民政局、上海市财政局
2018	《关于做好社区为老服务机构综合责任保险工作的通知》	上海市民政局、上海市老龄办

年份	政策文件	颁布单位
2018	《关于2018年社区为老服务实事项目和老年宜居社区建设试点有关工作安排的通知》	上海市民政局、上海市老龄办
2021	《上海市养老服务条例》	上海市民政局、上海市老龄办
2021	《关于推进本市"十四五"期间养老服务设施建设的实施意见》	上海市人民政府办公厅
2021	《上海市养老服务发展"十四五"规划》	上海市民政局、上海市老龄办
2022	《上海市养老服务设施布局专项规划(2022-2035年)》	上海市人民政府

（二）养老服务保障体系逐渐完善

上海养老机构床位数、老年医疗机构床位数近十年来呈现持续增加的态势。如表2所示，截至2021年底，上海市养老机构有730家，总床位数量达到15.86万张，社区老年人日间服务机构有831家，老年护理院有83家。上海民政局实时的养老护理员数据显示，截至2022年11月12日，上海共有养老护理员71047名，其中，养老机构护理员16478名，社区养老机构护理员35405名，护理站护理员19164名。机构数量、床位数量以及护理员的增加，意味着养老服务体系正在逐步扩大，养老服务质量也在不断提高。

表2　2012~2021年上海养老机构、老年福利机构等情况

项目	2012年	2013年	2014年	2015年	2016年	2017年	2018年	2019年	2020年	2021年
养老机构服务										
机构数(家)	631	631	660	669	702	703	712	724	729	730
床位数(万张)	10.52	10.84	11.5	12.6	13.28	13.8	14.42	15.16	16.13	15.86
新增养老床位(万张)	0.5	0.5	0.58	1.1	0.91	1.11	1.06	0.95	0.76	0.57

续表

项目	2012年	2013年	2014年	2015年	2016年	2017年	2018年	2019年	2020年	2021年
养老床位占60周岁及以上人口比例(%)	3	2.8	2.8	2.9	2.9	2.9	2.9	2.9	3.0	2.9
居家养老服务										
社区日间服务机构(家)	313	340	381	442	488	560	641	720	758	831
日托老年人数(万人)	1.1	1.2	1.2	1.4	2	2.3	2.5	2.7	1.5	1.05
获得政府补贴的老年人(万人)	12.6	13	13	13	12.66	12.02	8.20	8.0	7.48	7.91
老年福利机构										
机构数(家)	601	609	637	607	626	648	649	700	702	
床位数(万张)	9.65	10.21	10.8	10.5	11.86	12.03	12.50	14.22	15.21	
老年护理院										
机构数(家)	17	20	21	24	28	37	38	52	64	83
床位数(万张)	0.4	0.44	0.54	0.66	0.91	1.17	1.24	1.61	1.96	2.42

资料来源:历年《上海统计年鉴》。

(三)养老服务保障内容呈现多层次

1.养老服务体系内容多样化

如图1所示,我国养老服务体系以居家养老为基础,社区养老为依托,机构养老为补充。养老服务体系多层次的同时,保障内容也多样化。在生活照料服务方面,包括助餐服务、起居服务、助浴服务等,可以满足老年人的基本需求;在医疗保健服务方面,包括预防保健等,为老年人提供健康咨询等服务;在家政服务方面,包括清洗服务、维修服务等;在精神慰藉方面,包括精神支持、心理咨询等,可以为老年人提供老年教育等服务,提高老年人的精神健康状况,保持良好的心理状态,提高老年人生活满意度和生活幸福感。

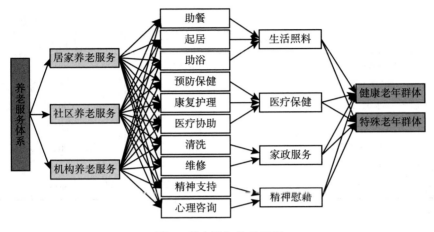

图1 养老服务体系框架

2. 上海市养老服务实践内容日益丰富

上海市近20年来也开展了多项政府购买养老服务实践，见表3，2001年的"社区老年福利服务星光计划"（以下简称"星光计划"），2008年的"老吾老计划——家庭照护能力提升项目"，2012年的"老伙伴计划"和"适老性"住房改造，2018年的"养老顾问"试点工作以及上海长期护理保险制度，2019年"养老服务时间银行"，2022年的智慧养老服务项目等，养老服务内容不断得到丰富。[1]

表3 养老服务实践内容

养老服务内容	开展年份
"星光计划"	2001
"老吾老计划——家庭照护能力提升项目"	2008
"老伙伴计划"	2012
"适老性"住房改造	2012
"养老顾问"试点工作	2018
上海长期护理保险制度	2018

---

[1] 罗娟、王舒心、张凯丽：《上海为老服务体系框架及优化路径》，《科学发展》2019年第4期，第107~113页。

续表

养老服务内容	开展年份
"养老服务时间银行"	2019
社区嵌入式养老服务	2020
养老服务"一卡通"（敬老卡）系统	2020
"长者运动健康之家"	2021
"养老院+互联网医院"模式	2022
"智慧长者食堂"	2022
"为老服务一键通"	2022

（四）养老服务保障水平逐步提升

根据《上海市老年综合津贴发放管理办法》，上海市户籍人口只要达到 65 周岁就可以申请领取高龄补贴，2022 年高龄津贴具体标准为：65~69 岁，每月 75 元；70~79 岁，每月 150 元；80~89 岁，每月 180 元；90~99 岁，每月 350 元；100 岁及以上的老年人，每月 600 元。与初步方案相比，主要有两大变化：一是年龄段划分从"四个档次"调整为"五档"，在 70~89 岁增加一档，即 70~79 岁、80~89 岁，使梯度更加合理。二是每一档的标准都有所提高，将最低年龄档的津贴标准从 50 元提高到 75 元；70~89 岁由 120 元/月提高到 150 元/月、180 元/月；90~99 岁由 300 元/月提高到 350 元/月；百岁以上老年人由 500 元/月提高到 600 元/月，提高了养老服务的保障水平。

（五）全方位多层次养老服务体系逐渐完善

1. 社区居家养老服务发展现状

上海社区居家养老设施数量见表 4，从 2019~2021 年的养老设施数量来看，除养老服务组织数量以外，助餐服务场所、老年日间照护机构、长者照护之家和社区综合为老服务中心设施数量均呈逐年增加趋势，截至 2021 年底上海市养老设施数量已达到 3121 个。

表4 上海市社区居家养老设施数量

单位：个

年份	养老服务组织	助餐服务场所	老年日间照护机构	长者照护之家	社区综合为老服务中心	总计
2021	280	1433	831	206	371	3121
2020	259	1232	758	204	320	2773
2019	266	1020	720	187	268	2461

资料来源：上海老年人口和老龄事业监测统计信息。

2.养老资源分布情况

（1）上海各区养老机构分布不均

养老机构分布情况见图2，上海市养老机构分布遵从市场化规律，主要分布在人口集中的浦西七区。单从机构数量方面来看，上海市各区养老机构数量排名前三的分别是浦东新区、杨浦区和宝山区，养老机构数量分别占上海市养老机构总量的22.40%、8.43%和6.98%。其中浦东新区之所以养老机构数量较多，更多的是因为其区域面积大、人口数量多。

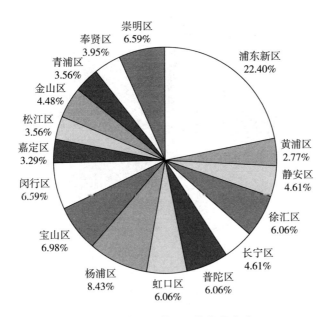

图2 上海各区养老机构数量占比

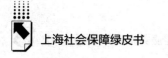

从养老机构分布密度来看，上海市养老机构分布与老龄人口在宏观空间上趋势一致，浦西七区养老机构分布密度明显高出其他区域。虹口区以每平方公里 1.96 个养老机构排名第一，其次是杨浦区以每平方公里 1.06 个养老机构排名第二，黄浦区以每平方公里 1.02 个养老机构排名第三。中心城区存在养老机构和床位数与老年人需求不匹配的情况。

（2）上海养老护理站发展处于起步阶段

为了积极应对老龄化所面临的居家护理服务资源紧缺的现状，上海开始探索鼓励和引导社会力量创办护理站提供居家护理服务，以缓解日益增长的老年居家护理服务的需求。当前上海共有 188 家护理站（见图 3），其中浦东新区以 30 家排第一，静安区、金山区分列第二、第三；虹口区、松江区、奉贤区为数量最少的三个区。

上海市目前的护理站中，最多的是非政府办的非营利性质的护理站，有118 家。其余性质的护理站中，政府办的非营利护理站有 54 家，营利性质的护理站有 16 家。

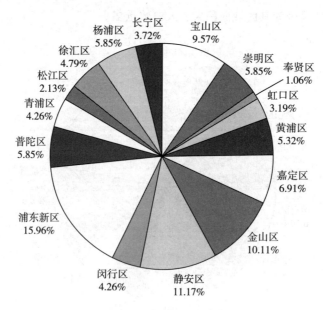

图 3　上海各区养老护理站占比

二 上海养老服务体系建设面临的挑战

（一）养老服务供需总量不平衡，需求满足度需提高

1. 养老服务供给有待提高，各区供给存在差异

据上海统计局公布的人口数据测算，2021年末，每百名上海户籍老年人口拥有养老床位约3.03张，虽然整体上达到"9073"的目标，但从各区的百名老人床位数来看，区域间存在分布不均的情况。中心城区及周边城区的养老床位的紧张程度高于周边各区。从养老护理员数量来看，上海市养老护理员和老年人配比低于《养老机构护理服务规范》中的1∶4，护理站护理人员数量需增加。

2. 社区居家养老服务供给内容有待丰富，需求选择缺乏弹性

上海社区居家养老服务供给内容统一化，不同类别老年群体需求选择缺乏弹性。针对身体健康状况良好的老年人，基本日常的生活照护服务即可满足基本的养老需求；而对于高龄纯老户、独居老人甚至失能老人家庭，不仅需要生活照护和精神慰藉，更需要专业医护人员介入服务，开展日常护理。

（二）养老服务供需质量有待提升，精准度不高

1. 养老服务供给内容统一化，尚不能满足老年人个性化需求

不同年龄段的老人对于养老服务需求存在差异化，根据《上海市养老服务相关情况》调研数据，60~75岁的低龄老年人社区居家照护的比例随年龄的增长而逐渐增加，从43.87%增长到54.82%，75岁以上的高龄老年人机构照护的比例由49.02%逐步增加至62.60%。高龄老年群体较低龄老年群体，在养老服务内容方面更注重专业医疗护理方面的服务需求，护理时长也相应增加，但目前老人的养老服务内容是统一的，未分人群、分类别提供精准化养老服务。

2. 长护险服务满意度待提高，服务监管机制需进一步完善

根据《上海市养老服务相关情况》调研，从长护险满意度来看，81.5%的人群对于长护险服务满意度感到一般。不同照护等级的老年人健康状况、自理能力存在差异，需求也有差异，如照护等级较高的老年人存在照料时间不够、护理服务难以接续等问题。目前，上海长护险服务监管主体主要有护理站自

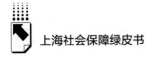

检、医保局抽检、行业协会监管和社会监督，需要进一步优化服务监管机制，有效利用社会力量和媒体力量，打通服务反馈通道，畅通投诉举报渠道，从服务受众群体中了解真实服务情况，及时发现长护险服务所存在的问题，提升长护险服务监管效率。

3. 养老护理人员专业化水平需进一步培训提升

上海市养老服务平台显示，截至 2022 年 11 月 12 日，当前上海共有养老护理员 71047 名，其中，87.64% 的护理员的学历处于初中及以下，持证率为 88.64%。大部分工作人员有平均年龄偏大、受教育程度较低的特点，虽然持证率近几年在上升，但是大部分为一些基础护理服务的初级护理证书。由于工资低、福利少，缺乏科学的培养体系和有效的激励机制，从业人员的流动性很大，队伍较不稳定。

（三）养老服务供需结构配置需优化，区域资源分布不均衡

1. 郊区床位空置率偏高，区域养老机构分布密度平衡性需提高

从各个区民政局发布的养老机构床位空置率来看，郊区的养老机构床位空置率均值是中心城区的 3 倍，其中郊区床位空置率均值高达 33.12%，中心城区的空置率均值仅为 11.45%。从养老机构分布密度来看，中心城区和中心周边城区养老机构分布密度明显高出其他区域，分布密度均值为 1.08，是其他区域养老机构分布密度均值的 1.4 倍，其中其他区域养老机构分布密度均值仅为 0.77。

2. 医养结合养老机构比例偏低，医疗资源供给有待加强

截至 2022 年 10 月底，在全市 669 家养老机构中，其中内设医疗机构的养老机构仅有 325 家。在各区内设医疗护理机构的养老机构中，占比排名前三的分别是松江区、金山区和闵行区，表明目前上海市具备医疗功能的养老机构数量仍然较少，大多养老机构不具备医疗护理功能，内设医疗机构的养老机构比例不到一半。

（四）养老产业链整合程度不高，标准有待统一化

1. 养老服务市场化程度有待提高，行业标准有待统一

目前养老服务市场以政府购买养老服务为主，部分地区还存在"公办民

营"的居家养老模式，市场化程度需提高。此外，养老服务供需缺口较为严重。养老供给和行业的准入标准有待统一，供给方缺乏有效的互联互通机制，造成养老行业质量参差不齐的问题。[1]

2. 未来养老产业发展将进入爆发期

2022 年正式迎来老年人口高峰，人口老龄化进入新周期，同时在 80 岁及以上的高龄老年群体的现有人口基础上，未来五年实现老年人口数量翻倍。未来康养市场消费潜力将进一步被激活。如图 4 所示，根据 2021~2030 年养老产业规模数值计算，2021~2024 年养老产业规模复合增长率为 8.9%，而2025~2030 年养老产业复合增长率为 10.8%，意味着未来五年养老产业将提前完成产业孵化，转而迈入产业爆发期。

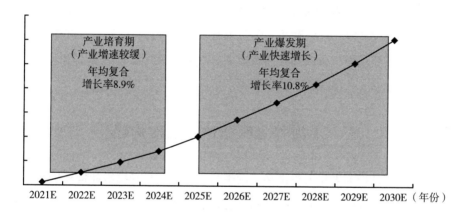

图 4　2021~2030 年养老产业规模曲线预测

资料来源：CRIC 康养产业数据库、克而瑞漾美。

（五）养老服务监管体制机制匮乏，主体协同动力不足

1. 监管体制机制落实尚需加强

养老服务监管制度是养老服务高质量发展的重要保障，体制机制匮乏难以形成有序的监管体系。虽然多个省份都出台了相应的监管改革方案，但更多的

---

[1]　汪泓：《构建"积极老龄化"立体养老服务体系》，《经济》2022 年第 10 期，第 32~35 页。

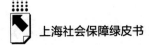
上海社会保障绿皮书

是基于上层政府压力而被动形成的宏观框架,没有根据各地老龄化程度不同、所需要的参与主体与参与方式的差异进行调整。

2. 监管流程模糊,各主体权责待厘清

各政府监管部门之间未形成互联互通的工作机制,导致各自为政,力量分散。社会监管力量参与养老服务监管明显不足。养老服务监管涉及的部门众多,尚未形成系统性的综合监管路径,各主体权责不清、主体间关系缺乏明确定位,导致多头负责、重复指挥,监管主体合力不足。

(六)养老服务格局发生改变

"9073"的养老格局发生改变,机构养老占比稳步提升。当前老年人的养老方式或者养老意愿逐步改变。原有的"9073"格局的表述已不再适宜。多数老人身体状况良好、经济购买力强且具有较高的选择自主性,因此老年人选择居家养老逐渐减少,机构养老逐渐增多。"90"逐渐减少,"7"和"3"逐渐增多,给养老服务体系的改革发展带来了新的挑战。

三 上海养老服务体系层次构建

养老服务是指为老年人提供必要的生活服务,满足其物质和精神生活的需求。在提供的过程中,政府、社会和家庭是重要的三个供给主体,根据不同老年群体的生活实际需求提供相关服务。上海养老服务体系层次构建如图5所示。

1. 建立分层次的需求评估体系

引进需求评估机制,以年龄、健康状况、收入为维度,对老年人建立长效的需求评估机制。低龄老年人自主养老,高龄老年人由家庭、社区和机构共担,缺乏自理能力的需要医养护结合;在收入水平维度,按照"适度普惠+重点扶持"原则,低收入水平老年人享有养老服务保障、中等收入群体有多元化的供给可供选择、高收入群体有高端养老服务市场;在家庭类型维度,家庭照料与社会化照料双轨并进,形成多元化养老模式;在服务形式上,养老服务需要物质惠老和精神助老相结合。

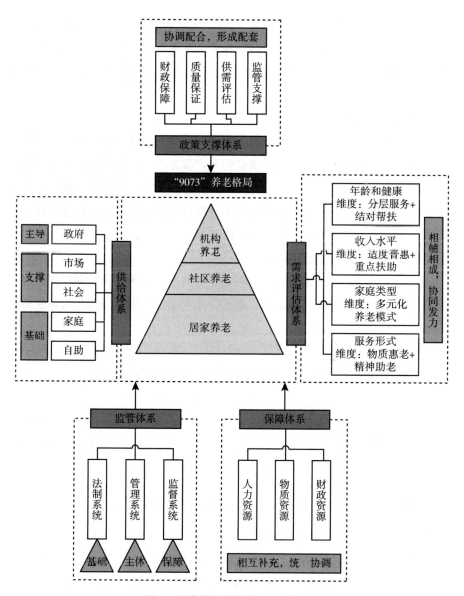

图 5　上海养老服务体系层次构建

2. 构建多元化的养老服务供给体系

养老服务供给体系由政府主导，承担"托底"和引导的作用；市场和社会起支撑作用，壮大银色产业，大力发展养老服务市场，承担社会责任，引入

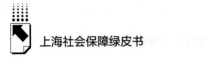

社会组织，整合社会资源；家庭提供支持，强化家庭养老责任，提供社区服务，提升家庭养老支撑力；老年人自助养老，互惠互利，开展老人自助自救培训及"老伙伴计划"等。养老服务供给由各方分别承担各自的作用，能够减少政府供给压力。

3. 构建政策支撑及保障体系

养老服务保障体系依靠人力资源、物质资源和财政资源的相互补充和统一协调。人力资源方面，积极培养高素质的专业服务人员，加强队伍建设。物质资源方面，建立多层次养老服务项目，提高多样化的物质资源。财政资源方面，对社会力量兴办的养老服务设施等多种项目加大财政帮扶。构建具有财政保障、质量保证、供需评估、监督支撑的政策支撑体系。

4. 完善严格规范的监督体系

建立统一的经济状况审核体系，制定享受财政养老服务补贴的标准。严把行业准入关，确保机构的从业资格。规范公办养老机构供给标准，明确收费标准，体现政府"底线公平"。

四　上海养老服务体系发展对策建议

为了应对上海养老服务体系目前存在的问题，进一步提高老年人的晚年生活质量，需从供给和需求两方面，构建多元化体系，提高养老服务人才质量，加强监督管理等"积极老龄化"立体养老服务体系。

（一）构建多元化供给体系，满足多层次养老需求

1. 政府主导，畅通多元主体参与

养老服务体系包括政府、企业、社区和家庭等主体，为老年人生活保障提供政策、制度和软硬件设施等。供给体系的构成应以政府为主体，市场、社会为支撑，家庭为基础。政府承担"托底"和引导的作用，政策上给予支持与监管，探索政府购买养老服务策略，各主体综合发挥各自的专业优势，为多层次养老保障体系建设提供综合支持。

2. 拓展市场，重视养老金融的发展

政府应引导支持对老年人生活照料、健康服务等养老服务业市场的发展，

不断壮大银色产业，扩大养老服务业市场。研发、创新智慧养老设备以及老年人适用的产品、用品，扩大老年产品供给。加强多元化金融服务支持，提升社会资本参与养老服务的积极性和有序性。通过引入社会化的支持，整合养老服务资源，落实养老服务的各项责任。

（二）建立分层次需求评估体系，开展需求评估机制

1. 从需求视角出发为老年人建立长效的需求评估机制

引进需求评估机制，从"需求导向"为老年人建立长效的需求评估机制。例如按年龄层次和健康状况将老年人分为低龄、高龄和无法自理的老年人，能够自主活动的低龄老年人以自助养老为主，自理能力较弱的高龄老年人采取居家家庭责任共担方式养老，无法自理的老年人采取医养护结合、家庭照料与社会化照料双轨并行方式养老。

2. 建立统一需求评估标准，打破条块分割下的部门壁垒

制订专为老年人的需求评估调查表，调查表涵盖老年人医疗和心理慰藉等能体现老年人各项身体机能和心理健康的服务项目，对老年人的身体健康状况、自理能力、沟通交流能力以及心理状态等各方面能力进行全面评估并划分照护等级，按照照护等级，为老年人提供相应的照护服务。

（三）完善多层次养老产业准入机制，行业标准统一化

1. 严把行业准入标准，建立评估监管机制

优化养老服务市场环境，充分发挥市场在资源配置中的决定作用，严格实行行业准入制度，全面落实养老服务领域公平竞争审查制度。依据法律规定的基本条件和基本标准，做好养老机构的规划设置、资格申请和登记审批工作，确保服务机构的从业资格，创新和丰富养老服务产业新模式与新业态。

2. 规范公办养老机构供给标准

严格规范入院标准，提供服务和收费前，应当与老人签订书面服务协议，明确设施条件、服务内容、收费标准等，按照协议提供服务。统筹评估不同群体的养老需求，为"三无"老人、困难、弱势老年群体提供适当补贴，体现政府保障的"底线公平"。通过网站及时公布轮候的情况及入住人员信息，接受社会监督，确保公平、公正、公开。

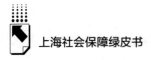

（四）创新多路径人才培养模式，加强人才队伍建设

1. 转变传统观念，出台人才激励机制

养老服务人才队伍要取得"量"上的突破，首先要转变观念和认知，改掉养老服务类似于"保姆""护工"的观念，摒弃选择养老服务专业将来"没出息"的误导性认知。同时各级部门要加强宣传和引导，设计兼容各个要素的薪酬保障体系、各类保险和津贴补助及奖励机制等，从立法、财政、管理等方面制定政策，激励更多的人加入养老服务队伍中来，不断扩大养老服务业人才数量。

2. 建立多途径人才培养机制，取得"质"上的提升

加入智能化元素，利用智能技术优化教学模式，创新人才培养方案。将人才的培养视为长期的发展规划，同时通过多途径建立专业化人才培养体制，如参照国外的非学历教育形式，培养专业化的养老服务人才，提高养老服务专业化程度，打造养老服务人才多路径培养机制，使得养老服务人才队伍取得"质"上的突破。

（五）构建全方位综合监管格局，规范监督体系

1. 加强顶层设计，整体规划综合监管格局

从顶层设计入手，形成社区、街道、乡镇、区、市域五级的一网通管格局，构建一体化平台型政府，提高政府效率、打破行政壁垒，打造"五位一体"的养老服务综合监督格局，通过透明的平台与全面的信息公开实现公民和社会力量对养老机构的监督，从而整体提高养老服务质量。

2. 多位一体，厘清主体责任

充分发挥各主体的优势和职能，厘清各主体的监管责任，形成市政府提供政治支持、各部门协同参与的养老服务监管体系，通过政府部门与行业和社会力量共同发力，以常态化、动态化和专业化监管，推动养老机构将内外部压力转化为自我监管的动力，推动服务高质量发展。①

---

① 汪泓：《构建"积极老龄化"立体养老服务体系》，《经济》2022年第10期，第32~35页。

G.11
上海社区智慧养老服务体系改革发展报告

汪　泓　李含伟　吴晓恒*

摘　要： 当前上海市作为全国老龄化程度最深的城市之一，养老需求大幅增加，受到家庭养老功能弱化的冲击，加快优化社区养老服务将有助于解决养老服务供给不足问题。当前上海社区智慧养老服务体系总体实现了广覆盖、多层次的发展，为响应高质量发展需求，也为了更好地服务老年人口，改善其晚年生活质量，应在现有基础上持续优化社区智慧养老服务体系，以期在新时代背景下老年人可以更好地享受数字红利。对社区智慧养老服务体系的优化应建立在以人为本、安全第一、注重创新的基础上，完善政治、技术、文化各方服务，方能打造出更加深入人心的服务供给体系，让老年人享受高质量的养老生活的同时，增强其获得感、幸福感和安全感。

关键词： 社区养老　智慧养老　养老服务　上海市

　　上海作为我国最早进入老龄化社会的城市，其对智慧养老领域的探索处于全国领先水平，当前上海社区智慧养老服务已形成体系。为有效应对人口老龄化持续加快所伴生的风险，解决养老服务市场供需失衡、改善参与度低等问题，应进一步优化上海社区智慧养老服务体系，提升老年人在新时代背景下的获得感、幸福感、

　　* 汪泓，博士，教授，中欧国际工商学院院长、中欧社会保障与养老金融研究院学术委员会主席、上海社会保障问题研究中心主任，主要研究方向社会保障与养老金融；李含伟，博士，教授，上海工程技术大学工商系主任，主要研究方向为人口老龄化与养老金融；吴晓恒，上海财经大学博士研究生。

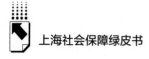

安全感。上海的成功实践对社区智慧养老服务体系在全国的推广与发展有重要指导
和借鉴意义。

一 上海社区智慧养老服务体系发展现状

2020 年，上海出台《关于促进本市养老产业加快发展的若干意见》，指出要聚
焦老年人需求最迫切、本市发展较好的领域，促进养老产业的发展，提升养老服务
和产品的质量，并且积极鼓励社会各类资本对养老产业的投资。然而受到我国传统
文化的影响，我国老年人大多倾向于居家养老，少有选择去机构养老，这也便出现
"9073""9046"模式。如今社会家庭结构缩小，"4+2+1"的普遍家庭结构使得子
女难以延续传统的家庭养老模式，随着现在二孩、三孩政策不断开放，未来传统的
居家养老模式将难堪重负。故如何让日益扩大的供给与日渐紧迫的需求相适应，亦
成为新的社会难题。

表 1 2019~2022 年上海市智慧养老相关主要文件梳理

年份	政策文件
2019	《上海市深化养老服务实施方案(2019-2022 年)》
2020	《关于全面推进上海城市数字化转型的意见》
2020	《关于促进本市养老产业加快发展的若干意见》
2021	《上海市老龄事业发展"十四五"规划》
2022	《上海市推进智慧养老院建设三年行动方案(2023-2025)》

截至 2020 年底，上海市日间照料中心、长者照护之家、综合为老服务中
心共有近 1300 家，各类社区养老服务组织 400 家左右，老年助餐服务场所超
过 1200 个，标准化老年活动室超过 6200 家，启动了 77 个老年认知障碍友好
社区试点。上海市养老相关服务不断完善，但老龄化趋势加深之迅速，使得养
老供给仍有很大的空缺。对此，上海市各个街区积极贯彻落实"十三五"规
划，结合多元社会力量，均在尝试用新技术提高服务供给，并取得了卓越成
果。以三区为例：虹口区的老龄化程度居上海市首位，其辖区范围内的嘉兴社
区通过合理布局市民驿站、长者照护之家、社区食堂、智慧健康小屋等，形成
15 分钟社区养老服务圈，为老年人就近就便提供日托、助餐、助洁、助医等

服务；长宁区作为国家级智慧健康养老示范基地，积极推进信息技术在养老领域的应用，成功搭建以家庭为基础、社区为依托、机构为支撑、医养相结合的全方位、多层次的养老服务格局；宝山区高境镇作为第四批全国智慧健康养老应用示范街道，也是上海唯一入选的非中心城区的智慧养老区域。

总体而言，上海社区智慧养老服务体系的建设已取得巨大成效，积极造福老年群体，然而该体系在发展迅速的同时也还有一定进步空间。报告通过扎根理论方法，以上文所提到的较有代表性的三区为主要调研地点，其余各区为参考调研地点，了解当前服务体系存在的相关问题，以此对上海社区服务体系优化展开深入分析。

二 上海社区智慧养老服务发展的现有挑战

1. 智慧养老行业标准有待规范与统一

当前养老服务市场需求巨大，智慧养老产业的发展处于朝阳阶段，企业竞相入场，如虹口区嘉兴路街道引进"天宝养老 AI 智慧安全防护场景"，力求"无感化"为老人提供服务，智慧化进行管理，生态化运行服务体系；宝山区高境镇则引入"5G"网络与黑科技结合，开创新型科技养老服务等。各区因推广力度和发展水平不一，所提供的服务缺乏统一的行业规范标准，不同的智慧养老平台所提供的服务水平参差不齐，因此也给部门监管带来一定的难题，如老年人用手环所测出的心率、血压与医用仪器测值不一致，导致监测手环错误报警，造成老年人体验较差，故智能设备的准确性也有待改进。除此之外，信息平台有待于进一步优化，新的项目需要新的配套设施，其中内容部分冗杂重复，每次信息的提交需要重复填写，缺乏智慧性。医疗卫生服务的质量也有待提升，许多养老机构无力添设专业的医疗服务，为后续老年人接受服务的安全保障带来隐患。

2. 当前政府的主体责任有待进一步明晰

上海市作为社区智慧养老发展的先进城市，相应出台了一系列政策来支持该服务的发展，如《2020 年上海养老服务工作要点》中明确提到，要推进智慧养老的发展，大力推动国家智慧健康养老试点示范工作，研究好上海智慧养老应用场景需求指南等。然而对于社区智慧养老各服务主体的针对性法律留有

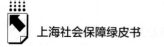

余白，当前我国只有《中华人民共和国老年人权益保障法》是对老年人权益保障的相关法律，故易出现政策覆盖不到位、管理界限模糊、责任部门互相推诿的情况，最终使老年人的合法权益难以保障。

3. 专业人才队伍亟待充盈

我国养老行业从业人员当前存在年纪偏大、文化水平偏低的特征，在提供服务的过程中，服务人员自身难以驾驭机构内的智慧养老设备，更遑论为老年人提供指导。以志愿者身份提供服务的人员不在少数，而志愿者的岗前培训常缺乏完善的教学、考核体系，且上岗门槛低，临时性强、稳定性差，故使得服务质量难以达到专业化水准，人才队伍尤其是一线服务人员规范性不足。此外，当前上海社区养老服务的工作人员年龄偏大，缺乏年轻劳动力，且学历水平普遍较低，学习能力偏弱，难以掌握智慧养老服务的技术问题。

对此，各大社区虽在志愿者、工作人员上岗前进行过相关培训，但都止步于一些基本操作层面，不仅缺乏完善的教学体系，更是没有规范的考核与监督体系，故使得其服务质量难以达到专业化水准。另外，提供服务的人力队伍没有统一的招聘标准，来源广泛且复杂，不能够实现人才队伍的专业化和统一化，故降低了服务供给质量。

4. 体系优化的资金投入略有不足

当前上海市政府对参与社区智慧养老服务的老年人给予了一定的补贴，如南京东路街道、杨浦区控江路街道、闵行区江川路街道等都开展了智慧适老化改造项目，其中包括玄关等智慧养老应用场景，如可折叠换鞋凳、梅花桌等适老化家具。然而当前对于智慧养老用户的补贴有限，如一台助老浴缸的引进、安装、使用费用达到数万元，一个机构内需要多台浴缸则成本开销大，使得设备的采购难以达到需求。除此之外，一些收入水平较低的老年人，对于智慧养老服务、设备的购买，仍存在经济上的顾虑，由于养老服务的成本来源于各个方面，不仅包括购买成本、使用成本，还包括用户的货币成本，故企业若一味追求低价吸引老年人参与，势必会因价格低、成本高等降低服务质量，对于一些郊区、农村没有经济来源、家庭困难的老年人，价格是非常敏感的影响因素，若价格过高，或超出他们的预算范围，无论产品服务的质量如何，都会成为阻碍其接受该服务的重大影响因素。

5. "数字鸿沟"向"数字红利"的转化力度有待加大

受中国传统文化影响，老年人对新型养老模式更多持观望态度，因此社会对智慧养老服务的宣传、推广不到位，将有碍老年人养老观念的加速转变，引发老年群体与数字化的鸿沟难以填平。当前社区推广的手段大多依靠信息平台，老年人对智能设备的使用水平有限，导致社区智慧养老服务平台的使用效率低下。当前上海市政府也积极致力于激发老年教育市场的活力，如长宁区成立长者指尖课堂，希望将"数字鸿沟"转化为"数字红利"，但对于郊区等偏远地区，相似的指导服务将难以普及。另外还有部分老年人拒绝接受智慧养老服务的原因是担心智慧设备在家庭的使用、在个人穿戴上的使用等会侵犯自己的隐私，故十分抗拒，甚至部分老年人在家属强烈要求下穿戴设备后，会将手环等智慧设备藏匿起来，即便现在已有高端企业改善了上述的一些问题，引入了毫米波雷达、Wi-Fi波等技术，力图以非侵入式的设备帮助老年人改善生活，但是老年人仍然存在对"非公有企业"的不信任，对企业的服务抱有质疑态度，导致服务受阻。难以了解到该服务对自身养老生活的重要意义，最终导致智慧养老服务的参与度不高。

6. 对服务需求的评估不足，服务智慧化程度较低

现有服务性质偏向于"给老"而非"为老"，重视老年人的生理需求而浅尝其心理需求。现有的服务供给并不能很好地满足老年人精神层面的需求，而对该服务有刚性需求的老年人体会不到服务的智慧性，只能被迫接受智慧平台所提供的服务，忽视老年人养老生活的主观能动性，使得智慧养老不显"智慧"却凸显"智能"，老年人难以实现其"主动养老"的愿望。此外，现有服务常有智慧设备失灵现象，如防盗系统会在家中有人时出现误报，降低了用户对服务的信任程度，因此需根据反馈积极破解现有技术瓶颈。

三　上海社区智慧养老服务体系优化的经验总结

针对上述问题，以及各区的现有应对措施，报告经过综合分析，得出如下总结。

1. 优化工作应以人为本，精准定位老年人需求

老年群体作为智慧养老服务的参与者、受益者、评价者，贯穿于社区智慧

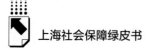

养老服务体系的全部流程中，以老年人的需求为准展开服务体系的建设，以老年人的真实反馈进行服务体系优化，才能从真正意义上改善老年人的养老生活质量，使服务体系的服务供给精准化和高效化。因此，应秉持"因人制宜"的态度，在初期评估老年人服务需求时，应结合其自身实际情况，按不同特征将智慧养老服务划分为不同等级，如为低龄、健康良好的老年人提供社交、保健等服务；为高龄独居老人提供健康数据监测、摄像监测等服务，从不同角度去劝导和推荐服务，了解老年人当前的养老痛点，提高智慧养老资源配置效率，为老年人制定针对性的需求计划，提供更加精准的智慧养老服务，体现社区智慧养老服务的价值与意义。

2. 优化工作应注重技术创新，实现服务的有效供给

智慧养老是借助互联网、大数据等技术开展的高科技养老服务，其发展的关键在于技术的创新与应用。部分老年人囿于智慧养老服务复杂性，故提高服务产品的易操作性很有必要。当前多数智慧养老平台的社交、心理咨询等服务仍处于开发阶段，因此应加快智慧养老平台的搭建，提高服务的稳定性和创新性，为老年人提供高质量的智慧养老服务，使其更好地发挥自主选择性。服务体系各方主体，应在其职责范围内进行供给优化。首先，政府应及时督促社区将智慧养老服务落实到位，制定相关规划，避免资源闲置；号召社会各界对社区智慧养老服务进行关注参与，吸引多方社会力量共同打造层次分明、责任明确、覆盖全面、主体广泛的社区智慧养老服务体系。其次，社区应提高服务的供给质量，社区作为智慧养老的服务场所，承担着所有服务的运载，因此其参与是全程性的。必须做好服务的推广、带动社区老年人参与，并组织专员向老年人进行智慧养老的信息普及，向老年人提供服务的指导教学。同时还要加强社区内医疗、文化、娱乐、出行、餐食等服务资源的整合，使资源配置更加有效。

3. 优化工作应牢记安全第一，建立多层次的保障体系

老年群体选择智慧养老服务的主要原因是保证自身健康安全，如当设备显示老年人正处于危险或有潜在风险时，后台社区人员应及时采取措施，保证老年人在第一时间得到安全救助。并且应对服务人员进行足够的培训，消除服务非专业性对老年人安全构成的威胁。在互联网时代，要重视老年人的信息隐私安全，故企业作为服务产品的设计者与提供者理应重视产品的安全性能，在社区智慧养老服务体系的优化中一定要坚持安全第一的原则。

对此，需做好相关法律完善工作，建立关于智慧养老服务的专项法律法规，如对老年人隐私信息的保护、相关产品服务的标准制定等，同时落实财政投入，让智慧养老服务成为一项普惠性服务，同时应完善监督管理机制，对服务的提供者进行强有力的监督，对服务不规范、产品质量差等情况要及时进行严肃处理。政府也应积极倡导第三方机构介入监督，形成客观、公正、高效的行业风气。除此之外，首先，可以充分发挥社会力量，号召社会群众、新闻传媒等共同对社区智慧养老服务进行监督，明确资金流向、服务落实等；其次，要强化人才培养体系，鼓励各大高校、高等职业技术学校开展相关专业的授课，制定招生计划、培养方案，系统培育养老服务人才的同时也能够扩大我国高校毕业生的就业；再次，也可以通过人才培训体系培养社会人员，使其成为高素质的智慧养老服务人才，并设立考核标准，培训后要通过考核方可上岗，通过岗前培训了解岗位的规范与要求，以便为老年人提供更好的服务；然后，要建立合理的薪酬制度，保障好每一个服务人员的收入与福利，完善激励机制与晋升渠道，鼓励服务人员提供更优质的服务，吸引更多的智慧养老的专业人才，让社区智慧养老服务体系的运转更加稳定与专业化；最后，应优化资金投入体系，政府投入应在资金投入体系中起到主导作用，依靠财政收入对社区智慧养老相关机构进行财政补贴，对智慧养老平台的相关企业给予税收方面的补贴，对于参加智慧养老服务的家庭可以给予适当的优惠补贴，如此可以减轻智慧养老服务体系中企业与家庭的负担，吸引更多企业进入市场，充沛智慧养老服务资源，同时也能够让该服务成为普及大众的惠民政策。通过社会捐赠，可以部分改善社区养老服务机构资源紧张的状况，一定程度上减轻政府的财政负担，同时也能引起社会对智慧养老服务行业的广泛关注，引起社会大众对新兴养老模式的重视；个人集资也是资金投入体系的重要组成部分，老年人可以根据自身实际需要与经济实力，选择适合自己的养老服务项目，减轻对政府和社会捐赠的依赖。

四 优化上海社区智慧养老服务体系的对策建议

1.重视政策优化与资金投入

政府要不断加强顶层设计，制定更加完善合理的政策制度，尽快成立专项

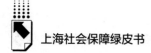

部门负责与指导优化社区智慧养老服务体系，统筹卫生、财政、民政等部门，明确各部门的责任，避免多方管理、责任互相推诿等现象发生，提高信息共享的效率，整合现有智慧养老的资源。结合各区的经济发展水平、地理位置以及老年人口等具体情况，制定符合实际情况的长期发展规划，以便各区有规范的文件依据，打造信息共享、协同运作、权责分明、相互借鉴的良好体系。此外，政府应发挥自身主导作用，制定社区智慧养老服务行业的规范标准，统一市场准入门槛，对服务平台的数据管理、平台建设、人员管理等都给予统一的标准。根据该体系的基本要素制定具有一定普适性的标准以便在全市范围内进行推广，以该标准作为全市服务标准的底线，各区可结合实际情况适当灵活调整，发挥各社区智慧养老服务的特色。

要建立合理的监督机制，为接受服务的老年人提供充足的保障，维护其正当权益。合理完善的监督管理体制是社区智慧养老服务体系顺利运行的重要保障。当前上海市社区智慧养老服务的监管方式主要是依靠信访办、政府部分联动检查、拨打投诉热线等。因此要抓紧建立社区智慧养老服务体系监督管理体制，设立专项监督部门负责各区的智慧养老服务管理，或引进第三方机构对其进行评估，由专员随机抽取接受居家智慧养老的老年人进行访问，以便进行客观的监督，并对评估结果进行鉴定，由此来影响后续的政府购买服务、政府财政补贴等措施。此外，规定社区内的养老服务机构定期向社区服务中心进行工作汇报，并由社区工作人员进行核对。在社区智慧养老服务平台上建立举报、投诉窗口，让居家养老的老年人可以通过智能设备向官方部门进行检举，举报服务中的违规问题，同时也可以在社区内设立专门的智慧养老投诉部门，若老年人在接受服务时发现任何不合理、不合法、不公正的待遇，可拨打电话或者上门投诉。

要加大资金的扶持力度，为上海社区智慧养老服务体系的正常运转提供充足的资金保障。当前智慧养老的设施设备引进成本较高，普通的养老机构以及入住的老年人难以承担高昂费用，使得高额引进的设备被闲置，造成资源浪费。对此，应尽快完善补贴制度，减少智慧产品对老年用户所造成的经济负担，避免因消费成本过高而导致的智慧养老服务资源闲置，可以鼓励老年用户利用医保途径对服务进行购买，设置相应的报销政策，使智慧养老服务成为真正意义上普惠性的服务。此外，对智慧养老服务行业的服务人员应给予一定的补贴与激励。当前专业服务人员供给数量远低于行业人才需求量的原因有以下几点：一是养老行业的服务人员工作繁重，但其付出与回报难成正比；二是大数据、互联网等高新技术的引入，导致对智慧养老服务人员的文化素质水平要求逐渐增高，且低薪难以吸引高素质人才，因此要设置合理的补贴与激励机制，广纳贤才。同时，政府应加大对该类企业的扶持力度，加大其财政补贴力度，鼓励企业不断创新与改进，提振行业发展信心与活力。

2. 注重服务推广与人才队伍建设

要加大推广力度，吸引更多老年人参加社区智慧养老服务。通过下发文件的方式督促各个社区加快对社区智慧养老服务的推广与宣传，在社区内的宣传栏等公共区域张贴宣传海报，或在社区内设置宣传点，由专员向社区内的老年人进行相关知识的普及与宣传，让更多的老年人了解智慧养老对改善养老生活质量的意义。同时可以通过新闻媒体、报纸、公众号推送等方式向公众宣传和普及社区智慧养老的优点，并告知其相关补贴政策，使老年人消除经济方面的顾虑。政府可以在多个区域建立老年人免费体验中心，或者向贫困老年人免费提供基础服务，以此吸引更多老年人，同时可以让他们直观地感受社区智慧养老的优质服务，并举办社区智慧养老经验交流会，邀请已经享受智慧养老服务的老年人分享自己的实际体验与真实感受，现身说法，更具有说服力。

要完善培训体系，打造高素质的人才队伍。对于当前社区智慧养老人才短缺的问题，可通过培养高素质专业人才进行纾困，主要渠道有：一是培训社会人才，可以借鉴日本在该方面的培训经验，在社区开设相关培训班，设立相关培训课程，建立考核标准，在系统学习所设课程后，统一进行服务培训考核，通过考核者可由社区为其颁发培训合格证书，方便其在该行业的应聘与上岗；二是在各大高校、高等职业学校等设立相关养老服务专业，通过系统规范的学校培训，培养更多高素质养老服务的专业人才，这不仅有利于缓解我国大学生的就业问题，也促进我国智慧养老行业的健康、迅速发展，加快技术创新的脚步，破解当前养老服务行业人员素质低下、专业化水平低等难题。此外，还要提高相关人员的薪资待遇水平，建立合理的激励机制与晋升渠道，如人才引进补贴、落户政策加分等激励政策。

要扩大服务的供给主体，建立多元化、多层次的服务主体。在明确政府主导地位的基础上，需要引进多元主体共同参与社区智慧养老服务体系的建设，

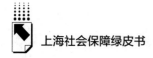

打造多主体参与的创新管理模式。鼓励公益组织参与，给予其相应的补贴与培训，打造一支专业且稳定的志愿者队伍，让更多的志愿者加入社区智慧养老服务中。充分调动各个部门协同运作，可以开发政企合作、民建公辅等新型社区智慧养老运行模式，鼓励采取智慧养老与商业保险相结合的模式，让老年人根据自身的经济水平自主选择是否购买更加高端、科学的养老服务，不断激发智慧养老行业潜力，形成良性的市场竞争，使社区智慧养老服务成为"政府兜底保障，市场自由发挥"的普惠且有层次化的服务体系。

3. 加速技术创新与服务平台搭建

应尽快搭建统一的智慧养老平台，不断加强信息共享能力。充分利用互联网技术、大数据等前沿科技对社区智慧养老相关数据进行分析与挖掘，同时要保证数据的保密性，避免老年人因数据泄露而权益受损。搭建统一的智慧养老平台有利于将同质性老年人进行数据分析，制定详尽合理的养老服务计划，也有利于政府及时了解当前全市社区智慧养老服务体系的运行现状，以便应对各种突发状况，及时做出相应的对策。

应丰富平台的服务供给，同时也要不断督促企业加快技术创新，以提供更多智能化、适老化的服务来提高老年人的智慧养老生活。基于某平台的使用频率调查其现有服务是否满足老年人的需求，若使用频率较低，或者服务的种类过于单一，则可认为当前服务供给种类较为匮乏，仍需扩大范围，丰富其种类，以便更好地满足老年人的养老需求。应督促企业加快对智慧养老服务平台升级改造，打破当前服务平台只能提供基础单一的服务困境，开创社交、娱乐等功能板块，让老年人在满足生理需求的同时满足心理需求，消除孤独感。同时加强生活照料服务的应用开发，使老年人可以通过智慧养老平台订购上门服务，如生活护理、助餐助浴、出行跑腿等服务。

4. 重视老年人的真实需求与反馈

要明确老年人的真实需求，对其进行需求评估。政府可以通过社区主体，对社区内的老年人上门调研或对养老服务机构了解情况，记录老年人对当前养老服务的需求，建立健康档案。根据老年人的需求设立服务项目，增加服务功能，不同特征的老年人对智慧养老服务的需求侧重点不同，如身体状况差、行动不便的老年人和不能自理的老年人，其最需要的是医疗护理服务、康复服务以及生活料理服务，而对于自理能力较强，但伴有高血压、心脏病等突发性疾病风险的老年人而言，日常保健以及 SOS 一键呼叫服务是其需求重点，对于文化水平较低的老年人应向其提供最为简便且实用的智能设备，对于已经接受服务的老年人需要定期回访，了解其需求是否发生变化，从而帮助老年人调整服务项目，保证满足老年人的需求，特别是注重打破老年人看病就医的障碍。提高老年群体参与智慧医疗的适应性，对就医场景展开了深度挖掘和分析。此外政府可以根据收集的老年人需求信息，制定出相应的发展计划，将需求评估报告分发给智慧养老企业，鼓励其根据老年人的需求评估提供相应的服务，增加企业的竞争力，提高服务的精准性，做到资源优化配置。

要尽快建立用户反馈机制。在智慧养老平台开发反馈评价服务，开通服务热线或建立专门的微信公众号，老年人可以通过这些途径对现有服务进行反馈评价并提出不足。完善评价奖励机制，如坚持每周评价，连续四周可以免费获取一次护理服务等，鼓励老年人反馈。还可以建立服务打分机制，根据用户反馈对智慧养老服务进行评分，评分低的服务则反馈给社区智慧养老服务平台，对其进行改进，而评分较高的服务则可大力推广为普及类服务，以便惠及更多的老年人。

参考文献

Lemlouma T. , Laborie S. , Roose P. Toward a Context-aware and Automatic Evaluation of Elderly Dependency in SmartHomes and CITIES ［C］. World of Wireless, Mobile and Multimedia Networks，［S.I］：2013.

徐兰、李亮：《互联网+智慧养老：基于 O2O 理念下的社区居家养老服务模式》，《中国老年学杂志》2021 年第 12 期。

赵曼、邢怡青：《"居家社区机构相协调"：政策机理和实现路径》，《社会保障研究》2021 年第 2 期。

邢珍珍：《人工智能赋能下社区智慧养老服务模式及关键技术研究》，《护理研究》2021 年第 9 期。

任素娟：《日本智慧养老发展经验及对我国的借鉴》，《未来与发展》2021 年第 4 期。

李圆圆、郭继志、徐彬彬、李文娟、宫晓静：《青岛市社区虚拟养老需求现状及影响因素的调查分析》，《中国社会医学杂志》2021 年第 1 期。

G.12
养老服务长三角一体化发展报告

汪泓 罗娟*

摘 要： 长三角一体化是一项重大国家战略，区域养老服务一体化有助于缓解地区养老压力以及有效配置养老资源，促进区域融合发展。养老服务长三角一体化对缓解区域养老压力、优化人口结构、统筹养老服务资源布局、激发养老服务资源效能，从而解决老龄化带来的严峻挑战具有重要的战略意义。当前，长三角核心地区开展养老机构服务合作一体化战略已经具备政策、产业、平台、品牌、人才多维合作基础，政策的"内容衔接"与"执行落实"逐步推进，产业供需对接持续强化、养老资源互通共享，政务平台建设"高效便捷"加快服务"互联互通"，联手打造长三角康养品牌、满足多样化需求，人才共建共享机制日益成熟。长三角应深刻把握区域养老服务合作发展的时代诉求，建立完善"上下联动、三级运作、统分结合、各负其责"的区域合作机制，以政策、产业、服务、平台为主要合作内容，从"两保险、两平台、两标准"具体推进，实现长三角区域养老服务合作的高质量发展。

关键词： 长三角一体化 养老服务 区域融合

促进区域协调发展是加快构建新发展格局、着力推动高质量发展的题

---

* 汪泓，博士，教授，中欧国际工商学院院长、中欧社会保障与养老金融研究院学术委员会主席、上海社会保障问题研究中心主任，主要研究方向为社会保障与养老金融；罗娟，博士，副教授，上海工程技术大学管理学院副院长，主要研究方向为养老保险、养老服务与医疗保险。

中应有之义。党的二十大报告指出，要坚持以推动高质量发展为主题，促进区域协调发展，深入实施区域协调发展战略、区域重大战略，推进长三角一体化发展。在长三角一体化背景下，已经形成了较为完善的区域融合政策环境，在医疗、教育、人才、资源、平台等多方面构建了一系列政策体系，当前研究养老服务长三角一体化建设的现状，有利于深刻把握改革发展的动态，识别其中还面临的困境和不足，为进一步养老服务高质量发展提供方向，实现养老服务的规模化，从而构建出养老服务区域融合的发展模式及融合机制。这是对于区域范围内养老服务融合创新发展的探索，同时也为居民提供异地养老这种新型的养老模式选择，是对完善养老服务的有益补充，也为其他地区养老事业的发展提供借鉴，更是对构建具有中国城市特色的区域养老管理服务体制模式的探索，具有重要的社会意义。因此，本文从养老服务长三角一体化的现状、面临的挑战以及养老服务一体化的合作思路和对策三方面来深入探究养老服务长三角一体化的建设改革发展。

一 养老服务长三角一体化发展的现状

（一）政策的"内容衔接"与"执行落实"逐步推进

1. 强化政策引领，推动养老服务区域协同发展

在顶层设计上，长三角地区加强推进相关政策的执行与落实，为长三角区域一体化发展提供政策指引，稳步推动养老服务长三角一体化的高质量发展。为贯彻落实国务院的意见，长三角一体化于2010年由国务院批准实施，正式印发了长三角区域规划（见表1），形成以上海为核心的"一核九带"的发展空间布局。之后根据发展的现状逐步发布一些相关的政策，积极探索推动养老服务长三角一体化的设施规划、养老行业标准、人才培养、平台互通、产业趋势和产业培育等多个领域的信息互认互通，建立统一的养老服务统计制度及统计标准。政策和法律的制定与落实为制度的推行和养老服务一体化提供了重要的政策和制度保障。

表 1 2008~2022 年推进长三角一体化发展的部分相关政策梳理

发布年份	相关政策
2008	《国务院关于进一步推进长江三角洲地区改革开放和经济社会发展的指导意见》
2010	《长江三角洲地区区域规划》
2018	《长三角地区一体化发展三年行动计划(2018-2020 年)》
2019	《长三角产业协同发展白皮书》
2019	《长江三角洲区域一体化发展规划纲要》
2020	《长江三角洲地区交通运输更高质量一体化发展规划》
2020	《长三角生态绿色一体化发展示范区总体方案》
2020	《长三角区域养老一体化服务协作备忘录》
2021	《长三角生态绿色一体化发展示范区共建共享公共服务项目清单》
2021	《上海市养老服务条例》
2022	《三省一市共建长三角科技创新共同体行动方案(2022-2025 年)》

2. 落实内容衔接，促进养老服务标准一体化

2018 年出台的《长三角地区一体化发展三年行动计划（2018-2020 年）》提出在产业、交通、公共服务等多方面进行合作规划，指明了一体化发展的合作方向和重点任务。2020 年出台的《长三角区域养老一体化服务协作备忘录》，包括加强区域基本养老服务综合信息平台建设、养老服务标准互认、统一组织管理、异地养老项目示范、养老信息服务提供与市场广泛合作等多项内容，从服务内容、服务标准、人才培养等方面进行互联互通，建立统一的政策内容衔接。目前，上海 14 个区已与江浙皖 20 多个省份地市区政府签署了区域养老服务协作备忘录，在待遇、旅游、文化、康养及产业管理协同、养老服务相关规范标准互认等多个方面共建共享，进行养老服务经验的交流协作。

（二）产业供需对接持续强化，养老资源互通共享

1. 完善产业布局，推动服务"数量"和"质量"双提升

为加快养老产业的发展，三省一市出台了加快发展养老服务业、全面放开养老服务市场等政策措施，在共同努力支持下，养老产业合作及信息平台共享工程也进入了新的阶段[①]。2020 年发布的首批长三角异地养老机构名单中，共

---

① 汪泓：《构建"积极老龄化"立体养老服务体系》，《经济》2022 年第 10 期，第 32~35 页。

有 20 个城市、57 家机构的 25698 张床位跨区域开放，并且 2021 年继续新增
25000 余张异地养老床位供给。这些养老机构的服务内容和管理服务事项等相关
信息均向社会公开，使居民能够充分了解到，同时这些机构名单将持续更新。
2021 年增加 14 家试点养老机构，为老年人提供更多优质异地养老新选择。三省
一市的养老机构数量及分布存在差异，长三角一体化是弥补区域资源逆差、发挥
区域优势的重要举措，可推动区域养老产业的布局优化，提高养老服务质量。

2. 加强养老资源流动，缓解老龄化与高龄化"养老双压"

在最新的第七次全国人口普查数据中，长三角地区的老龄人口比例超过
20%，已进入中度人口老龄化阶段。从长三角地区三省一市的老龄化系数来
看，上海的老龄化程度最深，三省一市的 60 岁以上老年人口占人口总数比重
都超过了 10%（见图 1），可见长三角的老龄化程度之深，因此养老服务市场
供给差异可以充分激发市场整体发展的巨大潜力。为缓解这一现状，三省一市
持续强化养老产业的对接，进行养老资源的互联互通。同时，积极发挥国有企
业领跑作用，发展满足多层次需求的大众养老产业。上海地产集团等多个国有
企业与江苏、浙江、安徽的相关国有企业，共同组建长三角国资养老产业发展
联盟。这进一步加强了异地养老产业的资源对接，形成了优势互补的服务机
制。因此，异地养老资源的互通共享以及养老产业对接的增强，为老年人异地
养老选择提供了坚实基础。

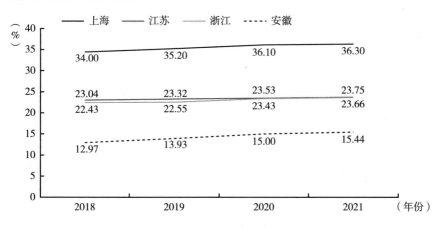

图 1　2018~2021 年三省一市老龄化率

资料来源：三省一市统计局。

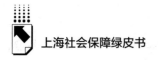

（三）政务平台建设"高效便捷"加快服务"互联互通"

1.完善平台建设，构建养老服务综合管理平台

为打破平台互通的堵点，上海牵头搭建长三角患者门诊费用支付跨省网上直接结算的综合信息平台。如表2所示，上海已完成上海养老服务平台和上海"一网通办"等信息平台的建设，盘活了养老资源，实现了养老机构、社区居家养老、老年综合津贴、长期护理保险等数据联动共享。基于该信息平台，浙江、江苏、安徽也致力于搭建各自的信息平台，通过省级平台逐步实现与上海进行互通。长三角地区通过"一网通办"网上服务走向纵深化发展，区域间积极协同推动跨省异地就医登记与备案办理、城镇职工基本养老保险转移接续等高频政务服务事项实现线上"一地认证，全网通办"，线下"收受分离、异地可办"。

表2　上海养老服务信息平台

养老服务平台	主办单位	网址
上海市养老服务平台	上海市民政局	www. shweilao. cn
"一网通办"	上海市人民政府办公厅	zwdt. sh. gov. cn
上海养老网	上海仁馨健康管理咨询有限公司	shanghaiyanglao. com
上海市养老机构信息网	上海市民政局	sh. gov. cn

2.异地医保结算稳步推进，打破区域"信息壁垒"

就医需求是老年人最为关注的点，因此养老服务长三角一体化要重点实现异地就医的结算，以扫除老年人的担忧，根据课题组调研数据可知医疗保险的异地结算是老年人异地养老的首要需求（见图2）。因此，重点针对在长三角异地养老的广大老年群体，三省一市逐步推进区域间的异地结算政策，三省一市跨省异地就医门诊费用直接结算试点已覆盖长三角41个城市和8100余家医疗机构，结算人次超过260万，实现市级统筹区与医疗机构的"全覆盖"。现在，三省一市居民异地门诊和住院可持卡就医、实时结算，长三角异地门诊直接结算信息平台，采用"就医地目录、参保地政策"的异地支付模式，为长三角地区异地就医参保人员带来了实实在在的便利。2020年9月，全面

实现长三角区域跨省异地就医门诊医疗费直接结算互联互通。与此同时，正规的异地定点养老机构单位和社区将同时逐步整合并纳入上海养老服务平台上，老年人一目了然就可以清楚知道这些养老机构相关服务和其场所环境设施，以及真实的市场环境、价格状况和社会评价。这种一站式的信息平台有利于打通区域间的信息壁垒，更好地实现长三角养老服务资源结算，实现信息互通，从而加快老年人的区域流动，为长三角地区医养融合发展奠定了基础。在长三角一体化示范区内85家异地联网定点医院门急诊、住院直接刷卡就医，并且实现异地就医结算全领域免备案。

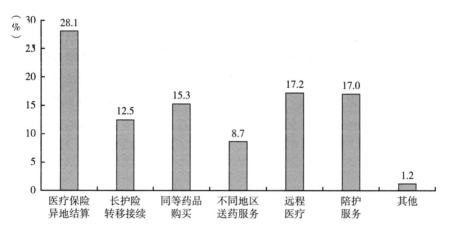

图 2　老年人异地养老的首选医疗需求

3. 逐步实现长三角医保"三个目录"统一

在实现长三角医保目录统一方面，2020～2022 年，三省一市医保局经过反复讨论，连续 3 年联合印发《长三角医保一体化工作要点》，明确责任分工，共同推进长三角医保一体化高质量发展。以国家医保信息业务编码（医疗服务项目分类与代码库）为基础，通过映射，形成统一的《长三角三省一市基本医疗保险医疗服务项目支付目录（2021 版）（诊疗项目、医疗服务设施）》（以下简称《支付目录》）。《支付目录》中医疗服务设施涉及国家医保信息业务编码共 11 项，三省一市全部完成映射对应，实现医保医疗服务设施目录统一。为推进长三角区域价采联动工作，2022 年，三省一市医保局联合印发了《长三角（沪浙皖）联盟地区药品集中采购文件》，坚持了国家药品集中采购和使用的基本方针，稳定了市场和价格，减轻了居民的看病负担。同时，进一步加强合作，加快推进统一的基本医保政策体系建设，逐步实现长三角医保"三个目录"（药品、诊疗项目、医疗服务设施）统一。

（四）联手打造长三角康养品牌，满足多样化需求

1. 依据区位优势特点，打造区域"大型养老综合体"

联手打造长三角康养小镇，建立跨行政区康养政策协同试验区。2020 年，长三角康养小镇项目正式揭牌签约，这是长三角首个跨行政区康养政策协同试验区。同时，建立综合养老社区。目前，全龄化颐乐生活小镇、学院式养生养老项目生态医养小镇等，都是长三角地区发展的具有各自特色的综合养老社区。苏州发布的"吴中颐养·太湖享老"养老品牌，公布的 8 条各具特色的旅居享老游学路线，吸引上海等城市的老年人群体，更好地提升沿途各地办好互联型养老产业品牌的合作水平。课题组调研数据显示，居民异地养老城市的选择，最看重的因素是生态宜居环境好（见图 3），可见打造各地区康养品牌的重要性。

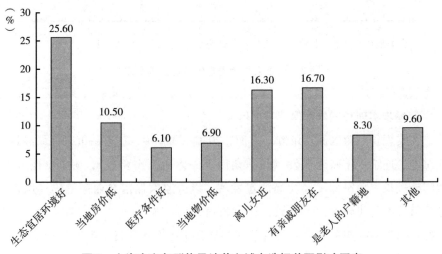

图 3　上海市老年群体异地养老城市选择首要影响因素

2. 加强机构区域合作，推进养老标准互认互通

区域间的养老机构进一步延伸连锁品牌养老机构的结算范围。目前，上海

214

多个连锁品牌养老机构已经被纳入延伸结算范围，尤其在长三角地区的异地分支机构进行试点。江苏多个养老机构也启动了长护险异地结算。因此。三省一市依据各地区的优势、自然环境等因素，都在致力于联手打造长三角地区的康养品牌，同时稳步推进政策的落地实施。通过先行试点的方式，实现平稳起步。在异地门诊就医政策上，长三角异地门诊就医政策主要沿用国家异地住院就医政策，即参保地待遇、就医地目录，进不进医保看就医地，能报销多少看参保地。就医地目录包括基本医疗保险的药品目录、诊疗项目和服务设施标准均使用就医地目录。参保地待遇执行参保地的起付线、支付比例和最高支付限额。

（五）人才共建共享机制日益成熟

长三角区域聚焦养老行业应用型及科研型人才培养，搭建养老产业人才的共建共享平台。通过举办长三角养老人才招聘会、护理员风采展示大赛、护理职业技能大赛以及养老行业人才培养与发展论坛等形式，共同构建长三角地区的养老人才培养机制，缓解养老产业人才的短缺现状。与此同时，老年服务与管理专业在职业教育中相继设立，且相对成熟，在应用技术型本科教育中逐渐得到发展，职业教育本科教育体系也逐渐建立。与此同时，三省一市的人均国内生产总值以及人均可支配收入，都呈逐年上升的趋势，为人才的培养提供了经济条件。长三角各地区经济水平差异不大，且形成了较为成熟合理规范的区域性产业分工格局，三省一市四地经济各自皆有明显侧重领域和发展特色，互补性较强，为养老产业一体化深度发展奠定了坚实的人文、经济及政治基础，经济融合为养老融合提供物质基础。养老类产业规模的持续发展，为社会提供了更多的优质就业岗位，吸引众多养老相关行业人才聚集至长三角区域。

二　养老服务长三角一体化面临的挑战

（一）区域间资源分布不均，优质资源有待均衡化

1. 资源延展性不足，优质"医养"资源未能有效下沉

从整体来看，长三角地区的养老服务资源多集中分布在交通便捷、经济较为发达的城市，三省一市养老机构的分布大致呈现总体分散、点状聚集的特

征。如养老机构的床位资源大多集中于经济较为发达的中心城区，周边地区养老床位资源相对缺乏。不同区域间的医疗服务资源存在差异性，上海的医疗养老资源较好且紧张（见图4、图5），上海的老年群体不愿意放弃本地较好的医疗和养老资源进行异地就医结算，根本原因是上海的优质医疗资源没有下沉。科学先进的医疗资源在长三角地区延伸性不足、辐射带动力不强，医疗资源的差异性阻碍老年人异地流动。上海优质养老机构服务的缺口和需求比较大，目前条件下养老资源相对不足。苏州和滁州的资源相对比较丰富，需要得到上海在其发展服务理念模式和服务管理组织方式等多方面强有力的支持。因此，优质资源应进一步辐射带动周边，扬长补短，让养老产业焕发出新的生命活力。

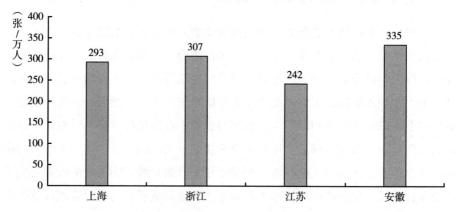

图4　2021年长三角养老机构每万老年人口养老床位数（按常住人口计算）

资料来源：《2021年上海市老年人口和老龄事业监测统计信息》《2021年江苏民政事业发展统计公报》，浙江、安徽省统计局。

2. 区域间养老福利待遇存在差异，政策补贴标准不一

区域间异地养老配套政策未能有效衔接，老年人入住养老机构的津贴、享受居家养老服务的补贴以及助餐补贴、交通补贴、旅游补贴等多种养老补贴政策并未实现异地打通。有老人担忧，若放弃上海享受的长护险、居家养老等补贴去异地养老，可能因为是非户籍老人而无法享受周边城市养老院的养老补贴，导致两头"踏空"。因此，需要解决养老补贴跨省流动的问题，即养老补贴跟着老人异地流动。

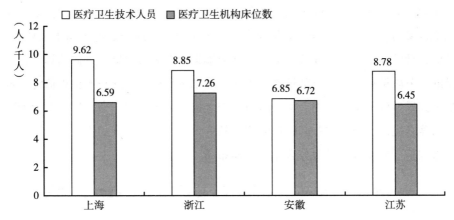

图5 2021年医疗卫生技术人员和医疗卫生机构床位数（按常住人口计算）

资料来源：各省市卫生健康事业发展统计公报。

（二）部分区域医保政策未能有效衔接，医保"双目录"有待统一

1. 医保报销目录有待统一，异地医保结算还需提升

一方面是长三角地区医疗保险部分不能跨省市结算。目前，长三角地区大部分城市已实现异地就医门诊费用直接结算，但还有少部分城市没有实现医疗保险的跨省市结算，经过实地调研，安徽省的医疗保险与上海的医疗保险还未完全对接。且医疗保险是否能跨省市结算是影响老人异地养老的主要因素，在关于老年人异地养老的医疗需求中有28.1%的老年人首选医疗保险异地结算。另一方面是区域间"双目录"有待统一，由于医保政策通常由地市级单位进行统筹，每个城市都有各地的医保报销目录，在医保制度、资费标准、医疗待遇标准方面异地医保政策存在较大的地方差异，客观上限制了异地养老服务一体化的发展。不同地区的筹资水平、起付线、报销比例和报销封顶线等不尽相同。例如上海一级、二级、三级医疗机构起付标准分别为50元、100元和300元；江苏的一级、二级、三级医疗机构的起付标准为500元、600元、700元，且住院多次起付标准会随之下降；而浙江的一级至三级医疗机构的起付标准分别为300元、600元和800元。

2. 长期护理保险"延伸"政策应进一步扩大

虽然长三角地区已全部实现医保"一卡通"解决了大部分异地就医结算

的压力，但长期护理保险异地延伸结算尚处于试点阶段。目前，只有71家养老机构参与长三角异地养老服务合作中。由于参与异地养老的沪籍老人较少，长期护理保险异地延伸面窄，只有小部分连锁的养老机构进行延伸结算，且提供的服务质量和享受的评估标准、入住标准都不统一，因此长期护理保险应逐步扩大异地延伸结算范围，逐步将所有养老机构纳入，不应该只停留在大型连锁的养老机构层面。这些问题都阻碍了长三角养老服务融合的进一步发展，直接影响长三角地区养老服务合作的全面布局。

（三）养老产业联动程度需加强，协调机制有待进一步优化

目前，参与长三角一体化的养老机构和养老产业较少，也都处于合作运营发展的初级阶段，产业联动不足。2020年在发布的首批长三角异地养老机构名单中，20城57家养老机构入选。这些养老机构要围绕信息公开、标准互认、政策互通、产业促进、要素流动等多个方面开展共建合作，但参与长三角合作运营发展时间短，还未形成统一的服务标准、没有达成政策上的互通以及要素的流动等，导致参与度不够、产业动力不足。受各区域经济和政策的影响，各个地区出台的基本养老管理服务政策标准不相统一，养老机构标准也不统一，详细来看，公办与民办的标准也不统一，包括养老服务需求评估标准不统一、养老服务机构质量评估考核标准不统一、各地养老服务人员考核标准也不统一①。各大养老企业很难联合起来制定统一的养老服务标准，因此，长三角各区域的养老产业标准有待统一化、明确化。

（四）养老服务平台衔接机制有待进一步落实，"信息网"有待全面构建

当前，长三角城市群各地社区养老信息服务公共平台缺乏信息整合机制。各地的养老服务信息平台不一，不同区域的养老服务信息体系平台无法快速衔接开放通用的各类老年人口信息管理服务平台。老年群体的人口信息、健康信息、服务与需求信息、医疗信息资料等无法及时有效共享和相互借鉴，这就进

---

① 罗娟、韩素念、单路路、张梦汝、孟令琪：《长三角一体化发展战略下推动区域养老服务合作思路》，《科学发展》2022年第10期，第66~73页。

一步制约了长三角老年群体的实际流动，容易造成养老信息供给与需求进一步脱节，有效信息无法发挥应有作用。与此同时，统一的养老服务"信息网"有待全面构建。当前，长三角地区养老信息网包括：上海养老服务信息平台、上海养老服务网、浙江老年服务网、江苏省养老信息网、安徽养老网等，然而这四地信息采集平台还没有完全互联互通，还需要进一步提升统一开放程度，应构建包含老年人口、医疗、养老机构等在内的全面开放的养老服务信息网。网络的不健全、平台的不完善限制了老年群体的信息获取，阻碍了长三角地区的养老融合。

（五）养老服务人员存在"偏好性"流动，专业管理人才短缺

当前养老产业服务人员缺乏，而且流动性较大。长三角地区养老资源分布不均衡，养老机构数量、工资水平、养老服务标准、福利待遇等存在差异，由此会出现养老机构之间的相互竞争，导致养老服务人员在各养老机构之间高频流动，都倾向于往福利水平高、经济发展较好的城市流动，所以存在流动的偏好性。区域间优质养老服务人员分布不均，间接影响长三角地区养老服务的区域融合。长三角地区养老服务产业也都面临着专业岗位相关人才缺乏的问题，根据对全国多家养老机构的市场调研，养老服务护理人员的市场需求旺盛，特别是中大型规模养老服务机构对专业培训师、养老管理机构院长、照护室主任、信息技术专家等综合管理技能培训相关岗位人才有长期急聘需求，而长三角地区目前现有的养老管理服务技能人才市场不能满足大部分养老机构的岗位需求。根据 2021 年统计公报数据，分析三省一市的医疗卫生技术人员和医疗卫生机构床位数的可及性，浙江省最高，安徽省较弱。从卫生机构床位数来看，上海卫生机构的床位数可及性最强，安徽省较弱。因此，地区之间还存在较大的差异性。

三 养老服务长三角一体化合作思路和对策

在养老服务长三角一体化现代化建设进程中，各省市部门务必要树立好"共识、共建、共享"的服务意识，加强业务合作、互通有无、资源共享，以公开开放养老市场信息为目标，本着"资源互补、市场共享、务实合作、协

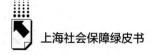

同发展"的原则，创新构建长三角区域一体化养老服务合作共享新模式，使长三角区域内各城市形成定位准确、分工明确、功能互补的养老服务格局，实现高品质养老服务的共享发展。推进养老服务长三角一体化可以从保险平台、标准等多方面具体展开。

（一）推动医疗保险和长期护理保险一体化发展

1. 技术赋能跨越距离障碍，实现资源整合

（1）实现医保报销目录"随人走"。各地区医保政策及标准不统一导致医保实际报销目录存在一定范围差异，因此，若不统一医疗保险政策，按照"就医地医保目录，参保地报销政策"的直接结算方法，即由就医地目录来决定能否报销，而具体能报销的比例则由参保地来决定，这种做法会导致异地就医直接结算的医疗费用支出显著高于参保地的状况。因此，在长三角区域内可推动实现医保目录"跟人走"，即"参保地医保目录，参保地报销政策"，医疗费用支出项能否报销、报销比例多少等均按照实际参保地制定的医保政策标准进行统一结算①，从而确保医疗费用、报销政策等不会因为人员流动而变动，解决省内异地就医的支付难题。

（2）发挥基层医疗机构的作用。建立跨区域分级诊疗长效机制，引导基层优质医疗资源实施良性梯度下沉优化，因此要发挥各级基层医疗机构的"守门人"作用，分级诊疗，起到"早发现早治疗"的作用，同时也能够缓解医疗的负担。为此，一方面国家要研究制定完善相关的医保统筹支付制度。例如，患者就诊时应首先到最近的医疗机构进行就医，若该医疗机构不能进行很好的救治，应为患者开具转诊单，去上一级医疗机构进行治疗。若未有基层医疗机构开具转诊证明，则对于所产生的医疗费用不报或少报。另一方面通过医联体、远程诊疗等方式鼓励养老产业优质品牌提供经验，帮助其他养老服务品牌发展，合作共赢，推动区域之间医疗资源有效流动，促进优质医疗资源的有效下沉，实现区域间养老服务的均衡化发展。

2. 建立等级转换机制，延伸结算平台

（1）建立统一等级评估机制，实现异地转换。确保异地老人与本地老人

---

① 特木钦：《长三角一体化下养老服务区域融合研究》，《宏观经济管理》2019年第8期，第51~58页。

享受同等标准的评估手段，确保老年人评估等级在长三角区域内实现同等转换，确保老人不因移居而导致所享受的服务发生变化。通过搭建评估平台，在长三角范围内强化相互认证，以"一地认证，多地认可"为目标，通过评估等级汇率表，将老年人长护险等级进行同等转换。例如，上海市本地老人在本市享受四级长护险护理等级，若去江苏进行异地养老，根据汇率表转换为江苏的五级护理等级。这样，一方面减少重复评估的麻烦，节省资源，另一方面，确保老年人生活环境发生改变时享受的养老服务不发生改变。

（2）延伸费用结算，建立异地结算平台。在示范区内延伸长护险费用结算，确保老年人享受的福利和服务水平的连贯性与稳定性，而不会在进行跨地区养老之后就发生断裂。一方面，发挥市场连锁品牌力量，建立优质品牌效应。连锁化的机构经营与管理模式使老年人在异地养老可提高信任感、安全感、便捷性。另一方面，探索建立长护险异地结算平台，扩大长护险异地结算覆盖范围。仅依靠市场化、连锁化的养老机构进行内部结算延伸，对于整个长三角长护险异地结算的作用微乎其微，因此，需要进一步建立异地结算平台，将公办养老机构也纳入进去，使享受居家或社区长护险服务的老人，也能直接通过平台进行结算，为老年人流动提供更多的机会。

（二）实现养老产业平台和养老信息平台互通发展

1. 发挥养老"加法"效应，打造综合产业平台

（1）分类实施，实现养老产业合作全链条发展。一方面，发挥养老的"加法效应"。通过加强合作不断提升产业的品质，创新"养老+旅游"等新思路，深耕特色养老产业，更好把自然生态转化为养老业态，形成一个具有品牌优势、服务更大范围的优质产业。另一方面，通过机构分层、老人分类，扩大中端养老机构数量，对上海老年人进行分阶段、分类别、分步骤的有序引导，减少异地养老阻力，鼓励老年人从被动接受到主动寻找适合自己的养老方式，提升晚年生活质量。提高养老的功能性，给予老年人更多选择，如图6所示的分层、分类实施步骤。例如疗养型养老，建立康养小镇，以自然资源为核心吸引老年人，主要指空气、水资源、气候、地貌、海洋等自然资源。还包括有田园型养老，享受特色乡村风情；候鸟型养老，南飞过冬，北漂过暑；社区型养老，建立老年公寓，增加老年人之间的交流沟通等。

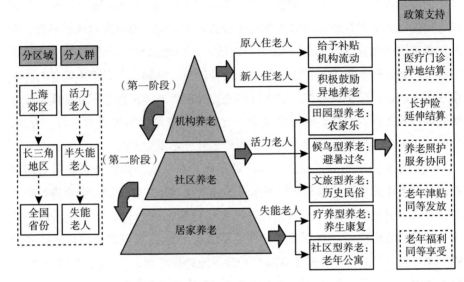

图6　长三角异地养老实施步骤

（2）推进综合化养老社区建设。上海周边的江苏、浙江、安徽具有上海"后花园"之称，各个地区都有独特的优势，例如自然环境优美，具有深厚的历史文化底蕴。因此，可以依据各区域的特色打造具有地区优势的特色养老综合社区，为有需求的老年人提供条件。与此同时，当前长三角的交通条件进一步优化，为老年人的异地养老提供了便利，为老年人与亲戚朋友等熟人社交网络的联络提供了便利。在此基础上，也可以为老年人提供一些交通补贴，为子女、朋友的探望提供便利，从而减少老年人的社交恐惧和孤独感。所以，可大力发展养老小镇建设，将老年人按照健康状况、经济条件、生活习惯等进行划区域养老，提高老年人之间交往便利性。打造区域养老服务之间的"养老综合体"，组成"区域联盟"，为老年人提供更多的体验式养老交换项目。在"大型养老综合体"的构建过程中，老年人已经组成了自己熟悉的圈子，再成团到其他区域进行养老时，可有力地解决老年人社交恐惧问题，进一步促进养老服务的一体化。

2. 实现信息互通共享，建设服务信息平台

（1）建立信息平台，实现数据共享。推动智慧医疗服务的发展，打破长三角区域之间信息堵塞问题，缓解老年人因担心医疗服务对接不足而不愿意进

行异地养老。因此，需要改善当前的技术堵点，实现三省一市信息平台的互联互通，实现老年人基本信息的对接，通过平台各个地区都能够及时了解到老年人的身体状况，从而做出有针对性的养老服务安排①。老年人也可以结合自己的需求选择相应的服务，打破被动等待的服务模式，拥有更多的主动权，实现精准选择。与此同时，平台的联通也有助于养老产业的发展，进行区域之间养老机构的规范化、养老服务标准的统一化，从而减小区域之间的资源差异，更好地促进养老服务的一体化发展。

（2）统一统计口径，共享老年健康数据。在长三角范围内，将老年人的基本健康信息统一为可比较、可交换的统计口径，实现区域内老年人口基础信息有效对接。从"需求导向"视角出发，建立分层次需求评估体系。以年龄、身体状况、经济收入状况、家庭特点为维度，为老年人建立长效的需求评估机制，根据不同的老年人需求特征，提供不同特点的养老服务。对老年人自我照顾能力、身体机能、沟通能力、行为情绪等健康状况和应付日常生活的能力等方面进行全面评估并划分照护等级。例如按年龄层次和健康状况划分，低龄活力老年人以自助为主，高龄无法自理老人则医养护结合与社会化照料双轨并行。按收入水平划分，可以分为低端有保障、中端有供给、高端有市场。依据这些可共享的老年健康数据，根据不同需求，为老年人打造专人养老服务。

（三）统一异地养老服务标准和养老福利标准

1. 养老机构统一标准，保证服务连续性

（1）统一评分标准，严格规范入院标准。在养老机构方面，加强对机构的监督和管理，从多个不同的评价视角来建立长三角地区的养老机构评级体系，确保评价指标的公平公正。与此同时，也要规范地区之间老年人的入院标准，通过统筹评估不同群体的养老需求，明确收费标准，通过网站及时公布轮候的情况及入住人员信息，接受社会监督，确保公开、公平、公正，保证老年人在异地的养老福利水平不降低。同时建立奖惩联报机制，对于出现重大责任事故的养老机构，将其情况在长三角区域进行通报，列入养老机构"黑名

---

① 张卫、马岚、后梦婷、鲍磊：《长三角一体化与区域养老融合发展机制研究》，《现代经济探讨》2018 年第 4 期，第 80~87 页。

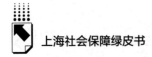

单"。促进各养老机构间的良性竞争，提高服务水平。

（2）统一服务标准，提升服务质量。加强区域间基本公共服务标准和制度的衔接与统筹，统一公共服务标准，结合老年人的需求情况以及机构的发展的状况进行动态调整、拓展和延伸，依据就高不就低的原则，共同提升示范区公共服务的高质量特性。在护理人员方面，国家即将出台养老护理院职业技能标准，长三角可根据国家制定的标准，逐步统一养老服务行业培训教材、技能等级，并推动行业协会等组织开展职业技能等级认定，如养老护理员职业技能等级认定试点。探索在示范区成立联合职称评审委员会，研究制订统一的评价标准，提高职业技能培训质量。对护理员进行专业技能、人文素养、学历教育等多维度评价。

2. 养老福利"跟人走"，推广养老咨询服务

（1）建立跨区域养老补贴，推广养老顾问制度。将闲置资源全面推向长三角养老服务市场，探索建立长三角养老服务优质供应商库。各地民政部门共同鼓励知名养老服务品牌在区域内布局设点或托管经营，建立跨区域养老补贴制度，实行养老福利补贴"跟人走"的政策。以上海为例，由于福利具有刚性，因此要确保老年人原来在上海享受的福利政策、补贴制度等，在异地养老之后也能够继续享受，如交通补贴、居家养老补贴等各项福利。同样，在长三角其他区域的老年人来上海养老也同样适用。在此基础上，可以在长三角区域内广泛推广上海的"养老顾问"制度，为老年人答疑解惑，从而增加老年人的异地养老意愿。

（2）加大宣传力度，推进体验式养老。很多老年人对长三角区域异地养老模式不够了解，从而阻碍了他们的跨地区养老意愿。因此，应加强对老年人异地养老的政策、福利水平、优惠措施、服务质量等进行多维度宣传教育，通过循循善诱的方式打破大多数老年人"安土重迁"的思想观念。通过异地优美的自然环境、更好的福利措施以及更低的养老成本吸引老年人到异地养老。在宣传方式上，选择老年人喜闻乐见的方式来进行宣传，如通过电视、报纸、居委会等多种渠道积极宣传。与此同时，也要注意积极发挥"同伴效应"，通过老年人身边朋友的真实体验，以真实的案例给老年人呈现异地养老的优势，再结合体验式养老的方式来促进老年人的异地养老意愿，进一步推动长三角养老服务的一体化发展。

医疗保障篇
Medical Security

上海公立医院高质量发展的报告

摘 要: 新医改启动以来,公立医院高质量发展一直是医改的重点内容之
一。上海作为医疗水平发展程度高,医疗资源丰富的国际化大都
会,公立医院比例也相对其他省份更高,在提供高质量医疗服务
层面发挥了更为显著的作用,《开展上海公立医院高质量发展试
点工作的通知》发布意味着上海公立医院高质量发展进入了新阶
段。上海为促进公立医院高质量发展采取了"全方位"、"可持
续"、"智慧化"和"重基层"的有效措施,取得瞩目的进展。
但是在发展过程中仍然面临一些严峻的挑战:医疗服务供需匹配
程度较低、绩效考核和监管体系亟待优化、医疗保险与公立医院
改革联动机制不健全和智慧医疗发展缓慢。因此报告提出,加快
优质医疗资源扩容,强化患者需求导向;加强医疗新技术转化体
系建设,提高医疗技术水平;加强全面预算绩效管理,建立多样

* 汪泓,博士,教授,中欧国际工商学院院长、中欧社会保障与养老金融研究院学术委员会主
席,上海社会保障研究中心主任,主要研究方向社会保障与养老金融;罗娟,博士,副教授,
上海工程技术大学管理学院副院长,主要研究方向为养老保险、养老服务和医疗保险。

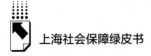

化激励机制；形成公立医院人才引进效应，发挥人力资源作用；配合医保支付方式改革，控制医疗费用上涨；激发数智融合的公立医院现代化管理的建议，以便于更好地促进上海公立医院高质量发展。

关键词： 公立医院　高质量发展　上海市

一　上海公立医院高质量发展现状

2021 年 6 月，国务院办公厅印发《关于推动公立医院高质量发展的意见》，标志着我国深化医改进入高质量发展新阶段。为打造公立医院高质量发展的"上海方案"，提高群众和广大医务人员的获得感与满意度，2021 年底，上海市政府办公厅也印发了《关于推进上海公立医院高质量发展的实施方案》，全面部署公立医院高质量发展工作，提出构建新体系、引领新趋势、提升新效能、激活新活力、建设新文化，不断满足人民群众更高水平的健康需求。2022 年 10 月 9 日，上海深化医药卫生体制改革领导小组办公室印发《开展上海公立医院高质量发展试点工作的通知》，上海公立医院高质量发展改革实践进入新阶段。

（一）上海公立医院以提升服务、三级联动实现多层次发展

1. 医疗服务能力提升，各类医疗机构结构层次完善

目前，整个上海的基础服务能力不断提升，结构层次逐步完善。上海已按照人口地理分布、城市交通规划，将 16 个行政区域划分成 58 个医疗服务区域，居民能够在 15 分钟内到达医疗服务点，不断优化 10 分钟生活圈。并且医疗机构类别多样、中西医并重，专科医院也得到了全面发展。如表 1 所示，各类卫生机构中门诊部占比最高，达到了 63.5%，表示上海分级诊疗正在逐步完善，充分发挥基层门诊作用。此外经过疫情影响，疾病预防以及卫生监督所数量较上年有所增加，"以预防为主"的医疗体系逐步建立。

表 1　2021 年上海主要各级医疗机构数量

卫生机构类型	数量
医院	432
门诊部	1397
社区卫生服务中心	335
疾病预防控制中心	19
卫生监督所	17

资料来源：《2021 上海国民经济和社会发展统计公报》。

2. 医院三级联动、带动社区卫生服务多层次协同发展

上海充分发挥三级公立医院在科技创新中的引领作用和对区域、基层的辐射作用，发挥一、二级医院在初级医疗保健研究中的哨点作用，形成有自身特色的发展方向。上海实行区域性医疗中心服务能力建设，优化社区卫生服务体系，推进优质医疗资源扩容下沉和均衡布局，按照试点先行、分类推广、逐步覆盖的原则，将社区卫生服务中心纳入公立医院高质量发展整体布局，同时加强公立医院对社区卫生服务中心的全方位支持。上海正在完善医院三级联动系统，以社区基层卫生机构为基础、三级医院为引领，逐步形成三级医疗网络。

（二）上海公立医院以卫生服务资源合理运用实现全方位发展

1. 各类医疗资源不断增加且资源利用率高

在医疗资源投入方面，上海每万人口医疗机构病床数与每万人口医生数逐年增加（见图 1），每万人口病床数由 2018 年的 108 张增加到 2021 年的 112.7张，每万人口医生数由 2018 年的 51 人增加到 2021 年的 58.2 人。每万人口医生数代表了一个地区的医疗资源水平，逐年增加的人数一方面体现了上海在医疗资源投入方面不断增加，另一方面表明了上海给予医务人员的福利待遇较好，对于医务人员留在上海具有吸引力。每万人口医生数在某种程度上属于软实力，而每万人口医院床位数则属于硬实力，说明在医疗方面资金投入较高。

2. 医疗技术水平的提高带动医疗服务需求增加

随着经济的发展，医疗技术水平的提高，上海的人均卫生费用持续增高，由 2015 年的 6362 元提高到 2020 年的 10183 元，增长 60.06%。人均医疗消费

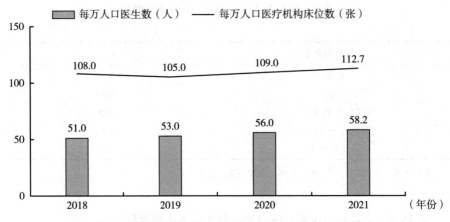

图1　2018~2021年上海每万人口病床数与医生数

资料来源：《2021年上海市卫生健康统计数据》（每万人口医生数和每万人口医疗机构病床数均按户籍人口统计）。

支出占总支出的比重也在加大。个人卫生支出反映的是个人从医疗市场自由购买服务的行为，体现医疗市场化程度。也就意味着，上海居民对于医疗需求增大，也更有实力去负担更高的医疗费用。此外，数据显示，社会卫生支出远远高于个人卫生支出和政府卫生支出，2020年社会卫生支出比重为56.6%，高于政府卫生支出的24.1%和个人卫生支出的19.3%（见图2）。社会卫生支出一定程度上与一个地区的经济水平和卫生政策相关，当经济水平较高时，人民生活质量提升，对于卫生健康需求增加。此时需求会带动自身的供给，倒推医疗技术水平提高，更高的医疗技术水平又会对居民产生吸引，促使医疗服务需求增加。

3. 全方位医防融合体系和绩效考核制度逐步建立

在医防融合体系层面：上海已逐步建立起全方位的医防融合体系，成立上海重大传染病和生物安全研究院、上海传染病与生物安全应急响应重点实验室。在医院绩效监管层面：2019~2020年先后出台了《三级公立医院绩效考核工作实施方案》《二级公立医院绩效考核工作实施方案》《上海公立医院巡查实施方案（2020-2022年度）》等政策方案。诸多绩效制度均以明确的绩效考核作为核心，为公立医院全方位发展指明了方向。

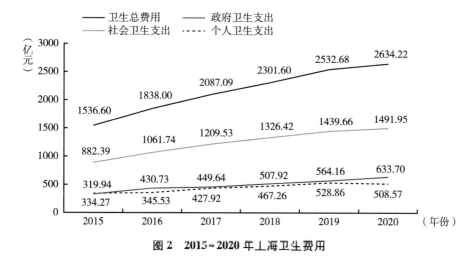

图 2 2015~2020 年上海卫生费用

资料来源：《上海统计年鉴》。

（三）上海公立医院以技术创新、人才培养实现可持续发展

1. 积极促进医学研究成果向临床应用转化，多项医疗技术国际首创

上海布局全球领先的健康科技创新中心，创新不仅包括技术创新，通过开展大样本临床循证、成果转化和防控策略等方面的多中心临床研究，提高医疗服务技术水平[①]；还包括产学研一体化创新，构建转化医学研究从基础到临床上下游结合的完整技术链，形成创新链、产业链和价值链相辅相成的现状，不断激发创新活力。医疗技术水平迅速提升，临床专科技术水平不断创新，微创手术、儿科手术国际领先，吸引全国各地患者前来就医，成为全国异地就医患者流入最多的地区。健康服务产业发展迅速，生物医药经济产业规模不断扩大。

（1）疑难杂症处理能力处于国际领先水平。近年来，上海医疗技术水平迅速提升。复旦大学附属华山医院神经外科，不仅在临床规模上位列全球前茅，在外科术式和脑科学领域也不断创新突破，尤其近年来"颅内外脑血流重建术"的创新，使我国难治性动脉瘤治愈率达 96%（发达国家均低于

---

① 罗娟、崔开昌、高凯、张健明等：《上海建设亚洲医学中心城市的国际借鉴和对策建议》，《科学发展》2020 年第 11 期，第 93~103 页。

90%)。上海交通大学医学院附属瑞金医院血液科治疗白血病的方法成为全球认可的"上海方案"。上海中山医院内镜中心年诊疗量突破10万例,位列世界第一,在国际上首创了多项技术,比如首创的经口内镜肌切开术治疗贲门失弛缓症和人体食道黏膜下"隧道"肿瘤切除术等,首创技术吸引大批国外专家来华进修学习、大批患者慕名接受治疗。上海儿童医学中心作为全球最大的小儿先天性心脏病诊治中心之一,专科诊治规模、技术、质量均已接近或超过欧美同行先进水平。

上海医学中心数量不断增多(见表2),医学中心是卫生健康领域的国之重器,是提升中国整体卫生健康水平、深度参与国际医学竞争的新载体。

表 2　上海国家医学中心

医学中心	机构
国家口腔医学中心	上海交通大学医学院附属第九人民医院
国家传染病医学中心	复旦大学附属华山医院
复旦大学附属中山医院国家医学中心	复旦大学附属中山医院
上海国际医学科创中心	复旦大学附属中山医院
国家儿童医学中心	上海交通大学医学院
国家精神疾病医学中心	复旦大学附属华山医院

(2)医疗质量水平达到发达国家先进水平。婴儿死亡率和孕产妇死亡率是反映一个国家或地区的居民健康水平和社会经济发展水平的重要指标,特别是卫生保健工作水平的重要指标。上海婴儿死亡率和孕产妇死亡率每年都在下降,明显低于全国平均水平。2015~2021年,上海的婴儿死亡率由4.58‰降至2.30‰,孕妇死亡率虽然在2019年发生波动,但是总体呈下降趋势,由6.66/10万降至1.60/10万(见图3)。这反映出上海的医疗质量水平、医疗环境、居民的医学常识都在不断提升。

与亚洲其他大型城市相比,上海平均预期寿命已经达到发达国家的先进水平(见图4),这说明相比于亚洲其他大型城市,上海医疗质量水平较高。

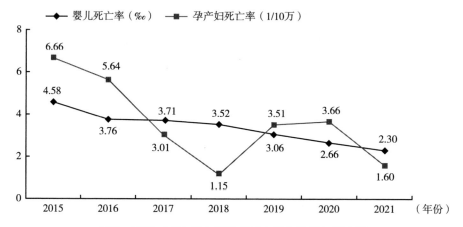

图3 2015~2021年上海婴儿死亡率与孕产妇死亡率

资料来源：《上海市国民经济和社会发展统计公报》。

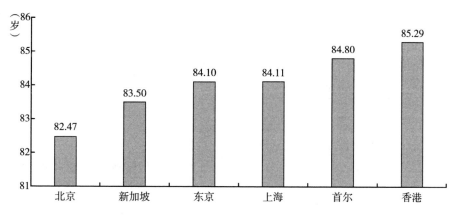

图4 2021年亚洲部分大型城市平均预期寿命

资料来源：北京数据来源于北京市卫生健康委员会；上海数据来源于上海市老龄办、市卫健委和市统计局的联合调查；其他城市数据来源于网络资料搜集整理。

（3）医学转化成果丰富，医学专利全国领先。上海已出台的《上海推进科技创新中心建设条例》《关于进一步深化科技体制机制改革增强科技创新中心策源能力的意见》等法规文件，均强调了扩大医疗卫生机构在成果处置等方面的自主权。《上海促进科技成果转移转化行动方案（2021-2023）》重点强化了医疗卫生机构科技成果转化。2022年11月17日出台《上海促进医疗卫生机构科技成果转化操作细则（试行）》再一次强调医学成果转化的重要

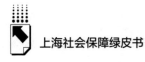

性。政府及医疗机构对医学科研投入力度不断加大，医学创新成果储备不断丰富，政策鼓励成果转化和医企联动创新，医疗机构兴趣浓厚，各大医疗机构、医学院校合作建立医学转化中心（见表3）。

表3 上海知名医学转化中心

年份	医学转化中心	机构
2009	国家干细胞工程技术研究中心上海医学转化基地	上海解放军455医院
2010	上海张江转化医学中心	上海张江集团、上海宝藤生物医药科技有限公司
2010	上海中医老年病转化医学研究中心	上海中医老年医学研究所、上海中医医院
2010	上海交通大学转化医学研究院	上海交通大学
2012	中国-哈佛医学院转化医学联合中心	哈佛大学医学院、中国医学科学院、上海交通大学医学院、复旦大学上海医学院
2013	转化医学合作中心	国家新药筛选中心、国家化合物样品库、美国珀金埃尔默公司
2014	上海广慈转化医学研究发展基金会	—
2014	上海国家转化医学中心	瑞金医院
2020	同济大学医学院专利研究与转化中心	同济大学
2022	复旦大学附属中山医院国家医学中心	复旦大学附属中山医院
2022	上海国际医学技术转化创新中心	国家技术转移东部中心、上海国际技术交易场与华润医商集团

　　全市三甲医院2017年获授权专利788项、成果转化数量15项，2021年获授权专利增长至2536项、成果转化数量增长到311项，发明专利在成果转化中的占比超过一半。专利转让金额超过千万的有19项，最高的一项达到2.19亿元①。无论是2020年全国各城市三甲医院授权专利数上海排名第二（见图5），抑或是2021年中国医院创新转化排行榜中前五名有2个上海公立医院（见表4），都说明了上海医学转化成果丰富，医学专利处于全国领先地位。

----

　　① 资料来源：上海卫生健康委员会。

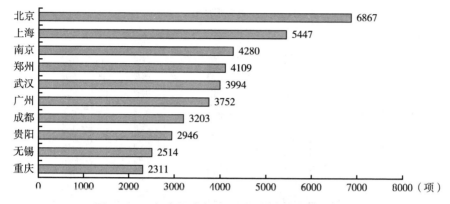

图5 2020年全国城市三甲医院授权专利数 TOP10

资料来源·《中国三甲医院专利授权行业分析报告》。

表4 2021年中国医院创新转化年度全国综合榜单

排名	医院名称	综合得分	省级行政区
1	上海交通大学医学院附属第九人民医院	100.00	上海
2	四川大学华西医院	86.50	四川省
3	复旦大学附属中山医院	71.15	上海
4	北京大学第三医院	55.07	北京
5	中南大学湘雅医院	50.85	湖南省

资料来源：《中国医院转化创新排行榜》。

2. 注重人才培养，充分发挥人才是第一生产力的作用

（1）各类医疗卫生技术人员数量均增长。此外，每年的医疗卫生技术人员数量都有不同程度增长（见图6），其中2021年上海执业医师人员为8.32万人，同比增长1.1%；医院执业医师人员数量5.3万人，同比增长3.9%；注册护士人员数量为10.87万人，同比增长5.4%。人才是第一生产力，各类医疗卫生技术人员的数量与上海实际需求相匹配，是保证上海医疗体系有序运行的关键。各类医疗卫生技术人员数量增长，说明上海对于卫生技术人才引进十分重视，还表明上海医疗体系健康运行。

（2）"科教研"一体化，医学教育水平处于全国前列。2021年上海市人民政府办公厅印发《关于加快医学教育创新发展的实施意见》，上海公立医院始终坚持"科教研"一体化发展，培养卫生健康领域人才在全国发挥带头作用。从

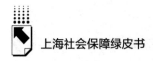
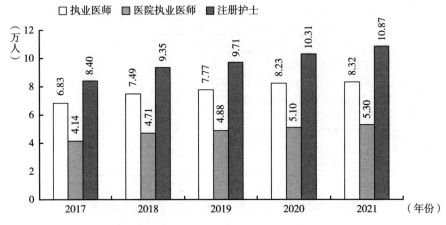

图 6　2017~2021 年上海各类卫生技术人员数量

资料来源:《上海统计年鉴》。

2018 年各大高校的医学科研经费情况来看,上海交通大学成为全国科研经费申请最多的高校,医学科研经费占比高达 49%。2019 年国家自然科技基金数据出炉,上海交通大学总项目数再创新高,自然科学基金数量高达 1199 项,而其中632 项来自自己的医学院,医学类自然科学基金占比高达 52.7%,说明了上海交通大学医学院的实力强大。此外,复旦大学、同济大学医学科研经费所占比例都比较高,上海这几所高校具有全国顶尖的医学院,医学科研水平也处于全国前列。

QS 世界大学学科排名由被视作“全球三大大学排名”之一的英国 QS 全球教育集团发布。QS 2022 年全球大学医学院排名前 100 名中,中国的医学院比较抢眼,共有 6 所大学入围 100 强(表 5),其中入围的上海高校有复旦大学和上海交通大学,上海占比达到 1/3。

表 5　QS 2022 年世界大学“医学”学科排名

排名	学校	城市
21	新加坡国立大学	新加坡
30	香港中文大学	香港
40	香港大学	香港
42	东京大学	东京
46	台湾大学	台湾

排名	学校	城市
52	京都大学	东京
54	北京大学	北京
74	复旦大学	上海
96	上海交通大学	上海

资料来源：QS 世界大学学科排名。

（四）上海公立医院通过互联网数字化实现智慧化发展

1. 智慧医疗服务平台和管理构建上海医疗技术基础

目前上海基础医疗服务已部分实现了智慧化，在医疗服务平台和管理层面取得显著成效。在智慧化平台方面，上海率先在全国打造医联"互联互通互认"平台，接诊医生不仅能实时调阅患者在其他任何一家医院的就诊记录、用药记录、检验检查报告和影像，还会在重复检验检查用药时收到智能提示。在此基础上，布局高品质、智慧化的整合型医疗服务体系，进一步打造了"互联网+管理"模式，形成"病种组合指数+费用管理"的云管理模式，推动"云大物移智"新技术与医院场景的深度融合；大力发展远程医疗，提高远程医疗水平突破看病治疗时空限制；开发医生 AI 助手，实现病例、医嘱等各类数据智能推荐。

2. 数字化医疗技术多方面运用提高上海医疗服务智慧化水平

为提升医疗技术的智慧化水平，上海致力于引进多种数字化技术。华为中国政企教育医疗系统部与瑞金医院合作开展了数字化病理的创新，把传统的病理切片变成"数字化"的方式进行存储和快速读取，通过算法优化，可以让病理的判别速度大幅提升。同时，一些可穿戴的健康设备可以提供连续、实时的智能医疗服务，监测用户行为习惯，最终形成真正的健康大数据，这些数据可以帮助我们预防一些疾病的发生。上海还在数字化转型场景应用中融入人工智能技术，如在方舱医院建设中就应用了消杀机器人、运送机器人。此外，充分运用互联网远程会诊功能，上海医疗机构尝试开设"多学科诊疗门诊（MDT 门诊）"，为患者提供"一站式"的个体化诊疗，多学科专家共同为患

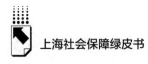

者开展"定制"诊疗。

2022年度"精准医学研究与产业创新发展基金"之"个体化医疗孵化项目"重点孵化项目入围名单中用于资助在肿瘤、阿尔茨海默病和眼科领域具有转化前景的临床研究项目，在10个全国入围项目中，上海占4席，上海医院在数字与医疗融合创新领域的实力强劲（见表6）。

表6 2022年度"精准医学研究与产业创新发展基金"重点孵化项目入围名单

领域	项目名称	单位
肿瘤	基于人工智能的食管癌新辅助化疗及免疫治疗疗效的预测分析	中山大学肿瘤防治中心
	非小细胞肺癌新辅助免疫治疗获益人群筛选的多模态模型构建	浙江省肿瘤医院
	早期肺癌智能诊断系统 lunaCAMR 研发与应用	四川大学华西医院
	基于时序 CT 影像多病灶异质性联合分析的晚期非小细胞肺癌免疫治疗疗效评估及预后预测研究	复旦大学附属肿瘤医院
	构建基于 CT 三维图像大数据的肺磨玻璃结节辅助诊疗云服务平台	上海胸科医院
	采用影像组学技术预测肝细胞癌患者接受抗血管生成药物联合免疫检查点抑制剂治疗的疗效	复旦大学附属中山医院
	以患者为中心的弥漫大 B 细胞淋巴瘤辅助诊断、风险分层与远程监控的人工智能和数字化解决方案	四川省肿瘤医院
	日间乳腺肿瘤患者全流程智慧化管理平台建设及乳腺癌靶向精准注射中心建设方案	天津医科大学肿瘤医院
神经疾病领域	阿尔茨海默病早期筛查及认知障碍进展智能监测技术研发与应用	上海同济医院
眼科领域	"DME-Care"糖尿病性黄斑水肿全病程智能管理云平台的推广与应用	广东省人民医院

二　上海公立医院高质量发展趋势

（一）公立医院发展将从"提速"逐步转向"提质"

上海公立医院逐步度过了量变的艰难时期，发展到了质变阶段，"质的提升"才是关键。公立医院要提高发展的"含金量",发展不仅仅在于数字的多少还在于创造了多少实质性的成果。上海公立医院发展的关键在于优质医疗资源扩容和区域均衡布局以促进质变。

（二）资源配置从注重物质要素转向更加注重高质量人才

在人民群众医疗服务需求和期待日益提高的背景下，卫生人才队伍数量多少、医务工作者待遇如何、工作积极性如何更好激发等，成为影响公立医院进一步发展的重要因素。人才是第一资源，为有效应对急诊、重症、麻醉等专业和中医医师人才缺口大的问题，打造人才、专家优势学科，成为上海公立医院发展新优势，医院将更注重人才技术高质量发展。

（三）打造新格局从依靠医学技术创新逐步转向依靠服务加技术并重

从医学和医院发展角度来看，锚定国家战略需求和医药卫生领域重大科学问题，进行医疗卫生技术创新，并转化落地应用回临床，提高诊疗水平，改善服务质量，是上海公立医院高质量发展不可或缺的支柱之一。要从机制上打通医院之间、医院与高校科研院所、医院与企业间在信息互联互通、资源整合优化和人才交流培养方面的壁垒，充分联动创新转化链条各环节，以医学技术创新和成果转化助推医学技术高质量发展。

（四）部分公立医院逐步从全科向专科转变

以满足重大疾病临床需求为导向建设临床专科，根据上海疾病谱的转变，重点发展相对应的临床专科，以专科发展带动诊疗能力和水平提升。发挥中医在治未病领域的作用，加大对其的支持力度，利用中医优势打造中医专科。此外，在"双一流"建设中加强相关专业学科建设。

三　上海公立医院高质量发展面临的挑战

党的二十大报告中提出必须坚持在发展中保障和改善民生，推进健康中国建设，深化以公益性为导向的公立医院改革。目前公立医院必须由高增速发展

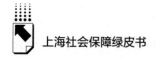

向高质量发展转变，进一步体现其公益性。上海医疗水平处于我国顶尖位置，公立医院改革取得瞩目进展，但仍然面临一些挑战，亟须克服。

（一）医疗服务的内容和质量需求"双重加码"，应提高供需匹配度

1. 医疗服务市场非刚性需求增加，导致市场份额发生改变

上海医疗服务市场规模巨大，需求迅速膨胀。但对于公立医院而言，医疗服务市场的非刚性需求和人们的消费性需求逐渐显现[①]。各民营医院逐渐在非刚性需求和消费性需求中发展，对公立医院的医疗服务市场份额产生影响。尤其在疫情防控常态化时期，公立医院的收入面临长时间低于历史水平，保持现金流平衡和永续发展将面临很大的挑战；数量和规模双增的民营医院作为公立医疗资源的良好补充，成为患者的选择。

2. 医疗服务布局和投入产出不均衡，供给效率有待提高

一方面，上海老年护理、康复医学和精神疾病的医疗资源尚不足，不能满足本地医疗服务需求。优质医疗资源也集中在中心城区，城郊间医疗水平差距大，三级医院人满为患，基层医院门可罗雀。另一方面，我国医疗服务投入和产出存在结构性矛盾，患者在看病时往往面临检查费用多的问题。医疗服务中投入的药品和检查过度和浪费，导致效率降低。

3. 未能根据医院实际情况招引人才，各科室分配尚不均

上海常住人口集中，外来就医人群多，公立医院的工作人员工作量庞大，再者疾病谱改变，新型科室需求增多，经常出现人力资源科室分配不均匀的问题，仅靠医院现有的医护人员很难满足所有群众的医疗需求。招揽人才过程中会忽略医院实际发展情况，招揽的人才往往缺乏相应的经验。并且相较于热门科室，一些新型科室或者冷门科室，人才招揽困难。

（二）公立医院绩效考核与监管体系亟待优化，激励机制需完善

1. 公立医院绩效考核目标缺乏科学认知

管理者缺乏对医院绩效管理目标清晰的认知，单纯用医院经济绩效考核管

---

① 李玲、江宇：《如何实现公立医院高质量发展》，《中国党政干部论坛》2021年第5期，第71~74页。

理员工，并且与医疗服务人员工资挂钩。在此背景下，医院员工容易丧失工作积极性，为了提高收入片面追求经济绩效，使绩效考核没有有效发挥促进医院高质量发展和规范医疗服务人员的作用。

2. 公立医院监管体系需完善，评估体系尚不健全

公立医院内外部监管能力有待加强。目前，公立医院外部监管仍然以政府行政监管为主，缺乏多元监管主体，参与监管的非政府组织大多依赖政府部门，独立性不强，医院绩效评价考核的主体单一化，没有发挥有效的监管作用。医院内部监管也不健全，公立医院内部没有建立行之有效的内部监督系统，无法从源头抑制公立医院的趋利行为、规范医院员工的诊疗行为，造成监管失效。

（三）医疗保险与公立医院改革联动机制不健全，支付体系需调整

1. 医保同公立医院改革，大数据联动有待进一步加强

医保支付方式改革必将直接影响"三医"联动改革的格局，现有医药卫生体制中管理和协调难度大以及医疗成本高阻碍了医保支付方式改革部门联动的实现。医保支付方式的改革不是单一环节、单一领域、单一角度的医保改革，而是一个系统性的改革，当前医院改革中数据技术、业务技术等缺乏强力支撑，医院信息、医务、质量、物价等部门的工作支撑和信息联动不紧密。

2. 公立医院内部医保支付的专业人才不足和有效监管需提高

在总额预算下实施按病种分值付费（DIP）或疾病诊断相关分组（DRG）支付方式，应该深入研究当地的医保政策，使医保支付方式与当地实际相结合，医保基金更应该优化管理方式，不断与时俱进。同时为了与医保支付方式改革同步发展，需要提高医院内部监管能力，但目前医院对医保进行监管多依赖于外部监察，忽视了内部作用，尤其没有培养专业人才队伍，难以对医保支付方式改革提供内部推动力。

（四）医疗技术平台待整合优化，智慧医疗应用需加快

1. 医疗大数据信息繁杂，整合难度较大

对目前的医疗数据进行进一步分析，可以发现绝大多数数据都是非结构化的自由录入，但这些数据信息通常有着极高的参考和研究价值。就我国而言包括上海，普遍存在技术发展落后的问题，提取数据信息和进行技术融合都有较

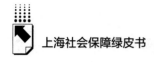

大难度，并且专业人员也缺少相关整合经验。

2.公立医院智慧医疗政策制度有待完善

医院信息化建设发展缺乏顶层建设规划，相关政策制度不健全、不完备，导致"智慧医疗"转型难以大规模推动，行业数字化转型速度缓慢。同时，受传统的就医诊疗观念的影响，部分医生使用智慧医疗时出现不适用现象，部分患者也存在排斥心理，从而导致对"智慧医疗"重视程度不够，数字化管理和实施细节不够清楚，也阻碍了"智慧医疗"的发展。

四　上海公立医院高质量发展对策

（一）加强医疗新技术转化体系建设，提高医疗技术水平

1.充分发挥互联网平台作用，加强智慧化医疗管理

依托数字互联网平台，从供需角度出发，促进新技术转化，建立具有收集、加载和控制功能的临床数据库，并进行性能评估。利用互联网新技术新应用对传统医疗产业进行全方位、全角度、全链条改造，在互联网医疗服务方面实现领跑。

2.加快医疗技术创新升级，适应社会化发展需要

通过人才带动创新，要为创新研发提供人才、资金等方面保障。依托重点医疗机构，与高校进行合作，实现"人才筛选—培育—培训—发展"的全流程机制，尤其注重高新医疗技术和智慧化医疗服务层面的人才培养。积极将多样化的社会资本与医学领域结合，鼓励国内外投资机构投资，建立医疗领域全方位的医疗基金，作为技术创新升级的经济保障。

（二）加快优质医疗资源扩容，强化患者需求导向

1.扩大优质医疗资源覆盖范围，持续改善医疗服务

上海加强区域性医疗服务圈和社区卫生服务机构标准化建设，提升社区卫生服务能级；布局建成五大儿科医联体，提升综合医院和社区卫生中心的服务能力。降低城郊间医疗水平差距，优先发展五大新城医疗水平，进而稳步推进提高上海整体医疗水平，实现优质资源扩容。

2. 提供"多功能一站式服务"，找差距补短板

公立医院应日常模拟从接诊、治疗、护理到出院、回访等医疗活动全过程场景，充分展现不同科室对医疗规范服务标准的理解，促使临床一线医务人员在服务群众上下功夫、见实效，取长补短、查漏补缺，全面提升医务工作者的服务质量与能力，提升一站式服务效能。在疫情防控新阶段，坚持以患者需求为导向，综合各学科意见的基础上为患者提供全方位、个性化、连续性、高质量、可执行诊疗方案的"一站式"诊疗服务，从而提高诊疗效率。

（三）加强全面预算绩效管理，建立多样化激励机制

1. 实施预算绩效管理，完善绩效监管体系

以医院战略发展规划和年度计划目标为依据，实行全口径、全过程、全员性、全方位预算管理，贯穿绩效考核各环节，强化预算约束，促进资源有效分配和使用。绩效管理应当明确管理目标，确定能够实现的效果，并将目标管理渗透到绩效管理的各个方面。同时，充分发挥国家绩效考核指挥棒作用，最主要的是进行内部考核形势改革，促进医院可持续发展。并与社会监督方式配合，通过公开医院运营信息的方式，实现内外部监督相结合。

2. 合理确定、动态调整公立医院薪酬水平

合理确定人员支出占公立医院业务支出的比例。在核定的薪酬总量内，公立医院可采取多种方式自主分配。体现各医院的亮点，充分发挥各项目的保障和激励作用，体现医务人员的劳动价值，更加注重发挥薪酬制度的保障功能。创新公立医院内部绩效考核办法，实行以岗定责、以岗定薪、责薪相适、考核兑现，引导医务人员重医德、重技术、重能力。

（四）形成公立医院人才引进效应，发挥人力资源作用

1. 投入更多经费吸引高层次人才，并提供政策支持

医院应该根据实际情况和需要，制定高层次人才引进以及培养的管理办法[1]。在引进人才的时候，需要为各种高层次人才提供合理的待遇，其中包含

---

[1] 孙凯洁、曲颖、罗涛：《基于动机需求理论构建公立医院人才激励模型实践》，《中国医院》2022年第8期，第94~96页。

福利、科研经费、薪酬、子女上学以及配偶工作解决，帮助高层次人才解决后顾之忧。并且提供更多学习和进修的机会，将晋升和进修与评优评奖结合，并给予高层次人才一定的补助，从而将其潜力发挥出来，帮助其更好地成长。

2. 强化人才培养，提高技术、医德双层面

深化医教协同，加强"医学+X"复合型人才和急需紧缺专业人才培养①。育人育德，引导医务人员弘扬和践行崇高的职业精神，塑造行业风范也是人才培养的关键。医德考评制度应当成为绩效考核制度改革的重点，"一票否决"制是关键，使医德与考核的各个层面挂钩。着力培育和塑造医学人文精神，打造有温度的医院。

（五）推进医保支付方式改革控制医疗费用上涨

1. 深化医疗服务价格和医保支付方式改革

通过推进试点，不断摸索经验，形成更加清晰的促进公立医疗机构改革的底层逻辑，促进公立医疗机构的薪酬制度改革，进而有效控制医疗服务价格。同时应探索医保多元混合支付方式，深化落实 DIP，并加强部门之间的协调沟通，建立统一的医保监测指标体系，重点对支付总额、人次、住院均费等指标进行监测考评②。加快信息系统建设，以各地区医疗信息系统为平台，建设医保费用监测系统、医保支付管理系统，将医保费用日常结算与智能监测相结合，对于医疗费用支出进行实时监控，强化事中监管。通过以上措施达到费用控制的目的③。

2. 推进药品和医用耗材招采机制改革

药品和医用耗材招采应遵循从线上到线下的方式，实现平台操作，阳光采购，全程留痕。一方面，应当建立明确的督察激励机制，制定清晰的评价指标，赋予分值和权重，突出采购招标重点。研究完善药械集中采购信用评价办

① 吕伊然、闵强、宋春蕾：《公立医院引进高层次人才的实践与分析》，《中国卫生标准管理》2022 年第 7 期，第 43~45 页。
② 田佳帅、高广颖、邓茜、张礼亮、张婧怡：《医保支付方式改革助力公立医院高质量发展组态路径研究：基于动态能力模型框架》，《中国医院》2022 年第 9 期，第 2~5 页。
③ 杨燕萍、马东平：《公立医院改革前后患者住院费用变化的 Meta 分析》，《卫生软科学》2021 年第 4 期，第 56~59 页。

法，推行信用积分和诚信等级管理制度。另一方面，打造阳光采购样板医院，发挥典型示范引领作用。

（六）激发数智融合的公立医院现代化管理

1. 全面推进医疗卫生数字化转型

落实全国医院信息化建设标准与规范。以 5G 等新基建为支撑，深度应用大数据、物联网、人工智能、云计算、区块链等新一代信息技术，推动医疗服务流程再造、规则重构、功能塑造和生态新建，打造全面感知、泛在连接、数字孪生和智能进化的未来智慧医院。上海也要实现与全国医疗卫生数字化转型的接轨，既要结合上海实际又要与全国对接和补充。

2. 聚焦数字化便捷就医服务，解决就医流程的"难点""堵点"问题

便捷就医服务应当依托数字化进行转型。依托"一网通办"和"一网统管"已有的成果，将便捷就医服务应用场景着眼于患者就医全流程，并加入急诊和慢性病诊疗区域，通过多部门协作、多数据融合，进行数字化创新。一是精准预约，减少就诊等候时间。二是智能家庭医生问诊机制，提高诊疗效率。三是促进分级诊疗有序推进，实现诊疗数据互通，建立患者就医信息数据库，减轻就医负担。四是优化就医付费方式，实现全网络化支付流程，减少排队等候时间。

G.14
上海医疗保险费用支付机制发展报告

罗娟　汪泓　单路路*

摘　要： 医疗保险费用支付机制改革，能够有效提高医保基金使用效能。
本文对上海医疗保险费用的支付现状及存在的问题进行分析，从
中医治未病体系和西医健康体检等方面梳理居民的医疗费用情
况；以预防为理念建立医疗保险费用支付与医疗保险费用控制的
逻辑机理，并进行实证研究，分析前期预防是否能影响当期的医
疗费用支付；优化医疗保险支付机制，从增加服务项目和增加服
务次数两个角度进行制度研究。因此，加大居民健康预防行为的
投入，优化医疗保险费用支付机制，成为降低我国医疗保险费用
支付的有效路径，对今后医疗保险制度的发展完善具有重要
意义。

关键词： 医疗费用　医疗保险　上海市

一　上海医疗保险费用支付现状

我国医疗保险基金的支付压力不断增大，如何有效地降低医疗保险费用成
为当前我国医疗保险必须解决的一大问题。巨大的医疗保险支付，既是我国医
疗保险覆盖面逐渐扩大导致，也是我国进入人口老龄化的加速期和慢性病呈现

---

* 罗娟，博士，副教授，上海工程技术大学管理学院副院长，硕士生导师，主要研究方向为养
老保险、医疗保险和养老服务；汪泓，博士，教授，中欧国际工商学院院长、中欧社会保障
与养老金融研究院学术委员会主席，上海社会保障研究中心主任，主要研究方向为社会保障
与养老金融；单路路，上海工程技术大学硕士研究生，主要研究方向为医疗保险。

年轻化、高发化等导致的。因此，我国医疗保险亟须进行制度优化，过度重视重大疾病的保障观念已不能满足居民健康生活的需要，坚持"预防为主、防治结合"的医疗服务理念，才能更好地发挥医疗保险的保障功能。

（一）有效优化医疗保险费用支付中预防发挥的重要作用

我国"以预防为主"的政策最初是 2008 年卫生部在"健康中国 2020"战略研究发展报告上提出的，该报告从解决我国居民重大健康问题着手，首次提出现代医学诊疗模式的根本转变，完善公共政策，推进中医和西医的协调发展，强调"预防为主"。从这以后"以预防为主"出现的频率增多，预防思想逐渐活跃在大众视野。随后 2016 年《"健康中国 2030"规划纲要》发布，提出积极开展全民预防促进行动，持续推进从传统的疾病诊疗到防治结合的转变，自上而下地贯彻落实"预防为主"的政策方针，满足居民持续增长的预防需求，保障健康预防政策体系的有效供给。2019 年国家卫生健康委员会发布《健康中国行动（2019-2030 年）》，又一次着重强调预防的重要地位，实施健康促进活动，坚持"预防为主"。2020 年，国务院办公厅印发《深化医药卫生体制改革 2020 年下半年重点工作任务》更是提出把"预防为主"摆在更突出的位置，着力推动把"以治病为中心"转变为"以人民健康为中心"。由此可见，当前我国医疗卫生体制的改革方向仍然坚持预防为主，加大预防的工作力度，提高预防在疾病诊疗中的地位，医疗卫生体制已经不再把重大疾病的诊治作为改革重点，而是面向全民，关心全社会的健康问题。

从梳理以预防为主的相关政策来看，如表 1 所示，以"预防为主"主要经历了以下四个阶段：以预防为主的概念提出—坚持"预防为主、防治结合"的理念转变—将预防为主纳入医疗卫生体制改革—坚持"预防为主、防治结合"的原则，在医疗卫生体制改革工作中摆在突出位置。国家的"以预防为主"政策从医学的诊疗服务角度转变为居民的健康促进行动，政策覆盖面从部分到全民，体现了"以预防为主"政策和理念的发展历程。新冠疫情防治期间，预防发挥了重要作用，例如我国对全民免费注射新冠疫苗行为，就体现了预防为主的理念，注射疫苗将大大降低重症风险，从而达到减少居民医疗保险费用支出的目的，保障全民的健康需求。

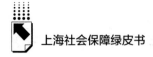

表 1　以预防为主的政策发展现状

年份	政策文件	相关内容
2008	《"健康中国"2020 战略研究》	强调预防为主,实现医学模式的根本转变,以公共政策、科技进步、中西医结合为切入点
2016	《"健康中国 2030"规划纲要》	坚持预防为主、防治结合、中西医并重,把健康融入所有政策
2016	《"十三五"深化医药卫生体制改革规划》	推动预防、治疗、康复和健康管理协同发展
2019	《关于完善城乡居民高血压糖尿病门诊用药保障机制的指导意见》	坚持预防为主、防治结合,落实基层医疗机构和全科医师的责任
2019	《健康中国行动(2019-2030 年)》	从以促进治病为中心向以人民健康为中心转变,专项行动包括:健康知识普及、控烟、心理健康促进、疾病防治、癌症防治
2019	《健康中国行动——癌症防治实施方案(2019-2022 年)》	要坚持预防为主,提高完善"防、治、管、教"综合防控体系;坚持防治结合,扩大早诊早治覆盖面
2020	《深化医药卫生体制改革 2020 年下半年重点工作任务》	把"以预防为主"摆在更加突出位置,着力推动从"以治病为中心"转变为"以人民健康为中心"
2022	《"十四五"国民健康规划》	把预防摆在更加突出的位置,聚焦重大疾病、主要健康危险因素和重点人群健康,强化防治结合和医防融合

(二)我国居民人均医疗保健支出逐年上涨,医疗保健需求增大

随着健康中国战略的提出,居民越来越关注自身的健康状况。为了满足广大居民的健康需求,我国的医疗保险制度不断改革调整,参保人数和保障范围不断扩大,相应的居民预防性医疗保健支出逐年上涨。从图 1 我国城镇居民的医疗保健支出占居民消费支出和可支配收入的比重来看,居民人均医疗保健支出占消费支出的比重都大于占居民可支配收入的比重,而且前者的增速明显高于后者,表明居民在消费支出上医疗保健所占的比重较大,并且都大于自己的可支配收入占比。2021 年,城镇居民人均医疗保健支出占人均消费支出的比重为 8.32%,相较于 2013 年占比上涨了 2.18 个百分点,城镇居民人均医疗保健支出占人均可支配收入的比重为 5.32%,相较于 2013 年上涨 1.03 个百分点。我国的人均医疗保健支出占比呈现整体上涨的特点,表明居民对医疗保健的需求逐年增大。

图 1　2013～2021 年我国居民人均医疗保健支出占居民消费支出和可支配收入的比重

（三）中医"治未病"的规模和贡献率总体提高，居民中医预防积极性增加

我国中医服务在预防领域发挥着举足轻重的地位，从古至今中医医院的"治未病"理念不断延续，2007 年我国出台相关政策开展"治未病"试点工作，各级医院积极贯彻落实国家相关政策，建立治未病服务试点单位，经过不断发展完善，中医"治未病"预防保健试点在我国全面展开，实现了从点到面的促进式发展，从最初只在中医医院开展试点逐步扩展至综合医院，甚至在基层社区卫生服务中心也逐步建立。其服务的内容主要包括体质辨识、健康检查检测、慢性病高危人群中的卫生保健与健康管理、健康咨询、妇女生殖保健、儿童保健、健康教育等。

国家中医药管理局《全国中医统计摘编》中医医疗机构运营与服务数据显示，全国中医类医院"治未病"人次总体规模呈上升趋势，2021 年我国中医类医院实现治未病服务 4826.47 万人次，比 2011 年增长了 3167.9 万人次，具体情况如图 2 所示。

（四）居民健康体检人数逐年增加，国家预防理念产生效果

近年来，我国居民去医院健康检查的人次逐渐增加，如图 3 所示，2021

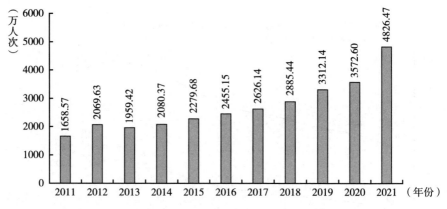

图2 2011~2021年我国中医类医院"治未病"服务人次

年,中国健康体检人数达到4.88亿人次,相比2020年增长了5.17%。相比 2017年中国健康体检人数增加了0.82亿人次,表明我国的预防理念起到了一 定作用,广大居民健康体检的积极性增加。如图4所示,随着经济的高质量发 展,我国居民的健康需求增加,中国的健康体检市场规模逐步形成,并且受疫 情的影响,居民更加关注自身的健康状况,进一步促进了体检市场的发展。从 中国健康体检的市场规模来看,2021年,中国健康体检的市场规模达到2011 亿元,较2020年增长了10.01%。

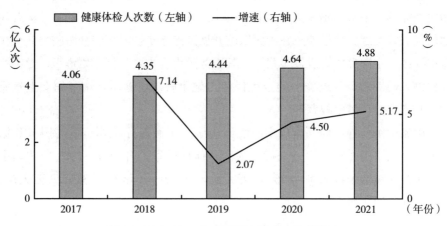

图3 2017~2021年中国健康检查人次及增速

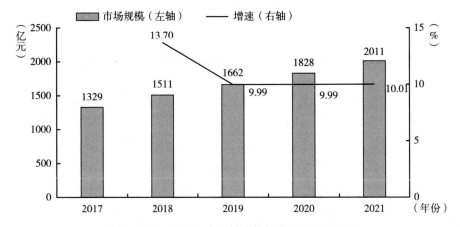

图4 2017~2021年中国健康体检市场规模及增速

二 上海医疗保险费用支付存在的问题

（一）体检纳入医疗保险支付范围的程度有待提升，限制居民预防积极性

近年来，将健康体检纳入医疗保险的呼声日益高涨，但是由于我国医疗保险基金的给付压力较大，暂时还无法将体检纳入医疗保险支付。事实上，各地都陆续开展了针对城镇职工医疗保险、城乡居民医疗保险缴费群体的健康体检工作，也分别出台了相应的政策措施，在一定程度上改善了我国健康体检参与度低的情况，增强了城乡居民的健康保健意识。但是，没有全面医疗保险的保障，大部分居民健康预防的积极性在某种程度上受到了限制。

（二）"治未病"标准体系有待完善，不能满足居民多样化健康需求

我国"治未病"服务虽然不断发展完善，形成了以社区为基础的"治未病"预防保健试点，从最初只在中医院开展过渡到在综合医院全面展开，"治未病"工作发展迅速，但是从整体"治未病"服务体系的全线建设上来看，

我国部分“治未病”服务的政策、标准已经不适应新时代居民的健康需求，不能满足社会的实际需要。

（三）医保“重住院轻门诊”的制度难以兼顾健康保障与费用控制

我国的医疗保险一直都侧重于缓解居民“因病致贫”的境况，着重保障居民的住院费用，提高居民的住院水平，从而忽视了门诊在医疗服务过程中的巨大作用。我国医疗保险过度重视居民的重大疾病诊疗费用，防止居民因为治疗疾病造成金钱的巨大损失。但是过度关注居民疾病后端的演化与治疗并不能抑制我国医疗保险费用的过快上涨，反而带来医疗保险基金给付压力的增大，更使得我国的居民不断陷入疾病致贫和贫穷致病的恶性循环。

三　医疗保险支付对医疗保险费用控制的机理及实证分析

（一）医疗保险支付对医疗保险费用控制的作用机制

以预防为主的医疗保险费用支付机制研究，从微观层面分析医疗保险费用支付对医疗保险费用控制的影响效应。如图 5 所示，其中涉及居民的个人特征、健康行为、预防行为、医疗费用、医疗保险费用支付几个层面，形成一个闭合的循环机制。

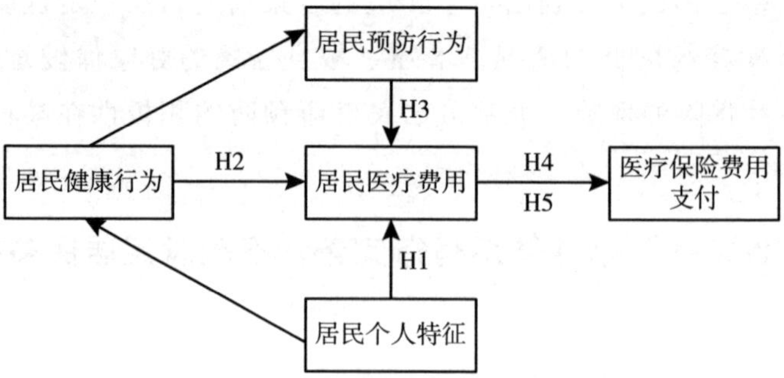

图 5　以预防为主的医疗保险费用支付机制机理示意

（二）医疗保险支付对医疗保险费用控制的实证研究

1. 研究设计

（1）数据来源。基于上述分析，本文研究的是居民个人特征、健康行为和预防行为三者与居民医疗费用支付水平之间的影响因素及滞后效应分析，因此选择中国健康与养老追踪调查数据库，以 CHARLS2015、CHARLS2018 数据的医疗保健与保险和收入、支出与资产为基础，合并成基本信息问卷、家庭问卷、健康状况和功能问卷。

（2）因变量与自变量的选择与说明。本文的研究主题是预防为主的医疗保险费用支付，因此研究的因变量为医疗保险费用支付。主要解释变量为是否体检因素。

（3）研究方法与模型。根据变量性质，被解释变量为多分类有序变量，建立如下有序多分类 Logistic 回归模型：

$$\ln \frac{\pi_1}{\pi_2 + \pi_3} = a_0 + X_1\beta_1 + X_2\beta_2 + X_3\beta_3 + \cdots + X_n\beta_n$$

$$\ln \frac{\pi_1 + \pi_2}{\pi_3} = a_1 + X_1\beta_1 + X_2\beta_2 + X_3\beta_3 + \cdots + X_n\beta_n$$

a_0 和 a_1 分别为截距项，β_i 是回归系数，记 $\pi_i = P(Y=i)$ 为医疗费用支出属于不同水平的概率，$\frac{\pi_1}{\pi_2 + \pi_3}$ 与 $\frac{\pi_1 + \pi_2}{\pi_3}$ 为优势比（Odds Ratio，OR），取自然对数。

2. 影响因素分析

（1）样本的描述性统计及变量赋值。为研究预防对医疗保险费用支付水平的影响效应，本文以是否参与健康体检为核心解释变量，通过对在 2015 年及 2018 年均参加过健康体检与均未参加过健康体检的被调查人员进行匹配、合并，共筛选出 874 个有效样本，其中两次调查均参加过健康体检的有 374 人，均未参加过健康体检的有 500 人，样本的赋值情况如表 2 所示。

表2 解释变量的含义及其基本统计特征

类型	解释变量	解释变量含义	均值	标准差
个人特征	性别($X1$)	表示被调查者的性别信息,为分类变量,其中男=1,女=2	1.10	0.306
	年龄($X2$)	表示被调查者的年龄,为分类变量,其中45~60岁=1,60岁以上=2	1.78	0.413
	婚姻状态($X3$)	表示被调查者婚姻状况,为分类变量,已婚与配偶一同居住/已婚但因工作等原因暂时没有跟配偶在一起居住=1,离异/丧偶/从未结婚=2	1.14	0.351
健康特征	自我健康认知($X4$)	表示被调查者的自认健康状况,为分类变量,很好/好/一般=1,不好/很不好=2	1.28	0.449
	是否患慢性病($X5$)	表示被调查者患慢性病的状况,为分类变量,是=1,否=2	1.16	0.364
	是否残疾($X6$)	表示被调查者的残疾状况,为分类变量,是=1,否=2	1.96	0.191
	是否患癌症($X7$)	表示被调查者患癌症的情况,为分类变量,是=1,否=2	1.99	0.095
健康行为	是否戒烟($X8$)	表示被调查者是否为了健康戒烟,为分类变量,是=1,否=2	1.30	0.460
	是否控制喝酒频率($X9$)	表示被调查者是否为了健康控制喝酒频率,即减少喝酒,为分类变量,是=1,否=2	1.46	0.499
预防行为	是否体育锻炼($X10$)	表示被调查者日常的健身锻炼,为分类变量,经常锻炼=1,很少/从未锻炼=2	1.19	0.390
	是否参加健康体检($X11$)	表示被调查者两次调查的体检情况,为分类变量,两次均体检=1,两次均未体检=2	1.57	0.495

注:* $p<0.1$,** $p<0.05$,*** $p<0.01$。

(2)模型输出结果分析。通过运用 SPSS 23.0 软件对模型进行分析,输出结果见表3。

表3 相关变量的 Logistics 分析

因素	分类	估算	标准误	瓦尔德	显著性
性别（X1）	［性别=1］ ［性别=2］	0.136	0.264	0.265	0.607
年龄（X2）	［年龄=1］ ［年龄=2］	-0.241	0.190	1.610	0.204
婚姻状态 （X3）	［婚姻状态=1］ ［婚姻状态=2］	0.595	0.241	6.115	0.013 **
健康状况 （X4）	［健康状况=1］ ［健康状况=2］	-0.632	0.162	15.230	0.000 ***
是否患慢性病 （X5）	［是否患慢性病=1］ ［是否患慢性病=2］	3.083	0.520	35.207	0.000 ***
是否残疾 （X6）	［是否残疾=1］ ［是否残疾=2］	0.529	0.379	1.944	0.163
是否患癌 （X7）	［是否患癌=1］ ［是否患癌=2］	0.173	0.506	0.026	0.872
是否戒烟 （X8）	［是否戒烟=1］ ［是否戒烟=2］	-0.462	0.158	8.533	0.003 ***
是否控制喝酒频率 （X9）	［是否控制喝酒频率=1］ ［是否控制喝酒频率=2］	-0.364	0.157	5.415	0.020 **
是否体育锻炼 （X10）	［是否体育锻炼=1］ ［是否体育锻炼=2］	-0.475	0.182	6.787	0.009 ***
是否参加健康体检 （X11）	［是否体检=1］	-0.276	0.150	3.399	0.065 *

注：* p<0.1，** p<0.05，*** p<0.01。

结果显示，个人特征信息中的婚姻状态，健康特征信息中的健康状况、是否患慢性病，健康行为中的是否戒烟、控酒，预防信息中的是否体育锻炼、是否参加健康体检对长期医疗费用支出水平具有显著性影响，而性别、年龄、是否残疾、是否患癌因素则没有通过显著性检验。

①体检对医疗费用支付水平具有长期控费效应①。本文重点研究的是预防行为与医疗费用支付水平之间的关系，具体来看，是否连续参加健康体检因素 X_{11} 与医疗费用支出水平有显著性关系 p<0.1，两次调查均参加体检的偏回归

① 崔宇杰、姚瑶、刘国恩、杨茂睿：《体检改变了人们的就医行为吗？——基于新农合健康体检数据的分析》，《保险研究》2018年第2期，第53~64页。

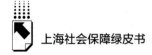

系数=-0.276，相应的 OR 值为 exp（-0.276）= 0.76<1，表明是否体检因素与医疗费用支付水平负相关。与未体检的人相比，体检的人的医疗费用支付水平低一个等级的可能性是 0.76 倍。也就是说参加两次体检的人其医疗费用支付水平比从未参加体检的人低。

②长期体育锻炼可以降低居民医疗费用。是否体育锻炼因素 X_{10} 与医疗费用支付水平有显著性关系 p<0.001，经常体育锻炼的人的偏回归系数是 -0.475，相应的 OR 值为 exp（-0.475）= 0.62<1，说明经常锻炼的人与医疗费用支出水平呈负相关。与不经常锻炼的人相比，经常锻炼的人的医疗费用支出水平低一个等级的可能性是 0.62 倍，表明经常体育锻炼的人的医疗费用支付水平比未参加体育锻炼的人低，这是因为经常体育锻炼的人，身体素质增强，免疫力提高，减少了看病就医的次数，所以其医疗费用支付水平低。也就是说经常进行身体锻炼及其他体育活动可以减少医疗费用支出。

③是否戒烟、是否控制喝酒频率因素显著影响。医疗费用支付水平在健康行为变量中，是否戒烟因素的 p<0.001，其对医疗费用支付水平在 1% 的显著性水平上显著，是否戒烟因素的偏回归系数为 -0.462，相应的 OR 值为 exp（-0.462）= 0.63<1，表明是否戒烟因素与医疗费用支付水平负相关，与抽烟的人相比，戒烟的人其医疗费用支付水平低一个等级的可能性是 0.63 倍。是否控制喝酒频率因素对医疗费用支付水平在 5% 的显著性水平上显著，其偏回归系数为 -0.364，相应的 OR 值为 exp（-0.364）= 0.69<1，表明是否控制喝酒频率因素与医疗费用支付水平负相关，与经常喝酒的人相比，控制饮酒频率的人其医疗费用支付水平低一个等级的可能性是 0.69 倍。

四　上海医疗保险费用支付机制构建

（一）增加服务项目控制医疗保险费用支付

第一，将健康检查纳入医疗保险费用支付①（见图 6）。从长远的角度看，

①　吴敬、李莉、李英华等：《2016 年中国居民慢性病防治素养水平及其影响因素》，《中国健康教育》2018 年第 5 期，第 22~26 页。

未来健康体检也将会建立试点区域，像长期护理保险的实施一样，先纳入几个城市进行试点，从医疗保险基金划分一部分作为长期护理保险的基金支付，体检纳入医疗保险也会经历这样的发展过程，国家给付一部分，居民自己支付一部分，通过医疗保险的保障减少居民在体检上的医疗消费支出，提高全民体检的积极性。

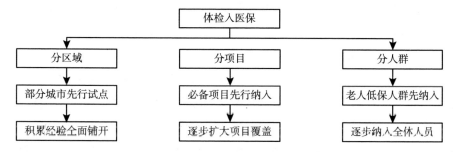

图 6　将体检纳入医疗保险的实施路径结构

第二，将肿瘤筛查、癌症防治项目纳入医疗保险费用支付（见图 7）。可以从癌症的高发地区入手，统计全国各地区的患癌人群，以患癌地区人数最多的省份先行试点。从我国疾病筛查技术入手，近年来我国的医疗技术突飞猛进，某些疾病的筛查手段已接近成熟阶段，从技术角度能够缩减体检成本，从而减少肿瘤筛查、癌症防治工作的投入成本。

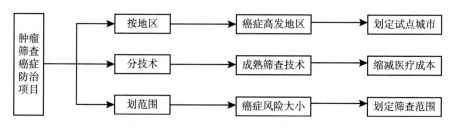

图 7　肿瘤筛查、癌症防治项目实施路径

（二）增加服务次数控制医疗保险费用支付

第一，增加"小病"的就诊次数，加大"小病"的保障力度[1]。许多重大

---

① 何文、申曙光：《医保"保小病"能否肩负健康保障与费用控制》，《保险研究》2018 年第 11 期，第 93~106 页。

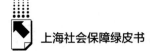

疾病给居民带来了巨额医疗费用支出，也使我国医疗保险费用持续上涨，报告
认为我国的医疗保险制度应该转变以保障"大病"为主体的发展格局，以注
重"小病"的诊疗为发展方向。重视"大病"在疾病演化前端的诊疗服务，
在疾病的初期将其预防和筛查，切断大病的演化路径。从居民的角度看，居民
要重视自身的健康状况，发现身体出现了某种小病立即就医，做到早发现早治
疗；从医院的角度看，注重小病的保障力度，重视和分析小病的演化潜力，帮
助居民建立完善的预防措施。

第二，发挥基层门诊"守门人"的作用，提高医院门诊服务效率。从医
疗服务的发展链来看，门诊服务和住院服务都起着重要的支撑作用，扮演着不
同的角色，门诊服务应聚焦于居民基础疾病的诊疗，在筛查疾病时做到合理高
效，减少居民不必要的就医行为；住院服务则侧重于疾病中后端的诊疗，进行
疾病的后续治疗，切断疾病的进一步演化。

五　上海医疗保险费用支付机制优化的对策建议

（一）加强基金预算管理，全方位控制医疗保险费用

实施基金总额预算管理是推行以病种给付为基础的医疗费用支出方法的基
本和必然路径①。全面控制医疗保险费用的总量，不仅包括医疗服务，还包括
药品、消耗品等费用。医疗保障监督管理机关必须通过对基金计划的有效控制
和对总额的适当管理，达到对基本医药收费总额的合理约束，还应根据医保基
金的预算，不断改进总量控制的具体管理措施和方法。

1. 科学制定医保服务支付标准，根据实际医疗费用调整

科学制定医疗保险服务的支付水平不仅要考虑医疗机构的水平、价格上涨
等因素，还要考虑医疗机构的长远发展需要。也就是说合理的医疗服务付费标
准需要同时符合市场物价、医疗机构收费以及参保患者的基本健康要求。所以
政府应当通过客观反映医疗服务消费情况的成本核算方式，确定支出标准。在

---

① 杨鸽鸽、罗娟：《我国基本医疗保险基金支付监管评价指标研究》，《生产力研究》2021 年
第 6 期，第 138~142 页。

短期内，历史成本水平和临床路线的疾病成本可作为支付依据。同时，它可以根据每年的实际医疗费用重新计算和调整，以便不断解决实际医疗费用问题。所以从长远来说，我们必须建立和完善医疗服务成本计算制度。

2. 合理确定医保药品支付标准，优化结算方式和补偿水平

确定购买医保药物的付费标准是药物价值产生的主要原因，也是医保的主要工作。积极推动医药定价改革，进一步提高医保的结算标准。首先，医保的支付标准改革基本上确定了在医保支付范围内的医药消费支出以及补贴标准。其次，医保管理部门还应该紧密结合医保用药的付费标准与医药招标规定，通过二者的有机整合，以推动基本医药价格的合理形成。最后，医保管理部门还应该扩大医保用药目录的基本用药类型，以体现对基本用药政策的倾斜，这样才能使医疗服务机构积极地推行基本用药，控制药品成本。此外，合理确定医保对医院的补偿水平。首先合理制定药物报销起止线；其次，在科学划分的基础上，根据相同数量设置相同的药物种类，让患者和医务人员优先选择药效相同而价位相对较低的药物；最后，再根据不同种类的药物价格设定相应补偿比例。

3. 规范使用高值医用耗材，实现医保按"质量付费"

多重混合支付标准除了决定医疗保险药品的支付价格外，还必须注意高价的医疗消耗品的使用。高价医疗应税消费品是指直接作用于人类身体，对安全需求较高、医疗临床使用率大、经济价值较高、民众经济负担重的医疗应税消费品。近年来，高价的医疗消耗品价格不断上涨，使用过度成为医疗费用上涨的原因之一。在 DIP 实际付费过程中，只要这些项目是医疗机构真实消耗掉的，医保均需综合衡量，平衡好费用的结构性变动与医保支付标准之间的关系，让医疗机构有动力去提供更好的医疗服务，不影响机构的可支配收入。与此同时，为避免医院为了降低成本而降低服务质量的情况，支付方式改革将双管齐下，医保考核在关注费用管理的同时，还会协同卫生健康部门加强对医疗质量安全的关注。在支付方式改革中，医保强调的是以健康为导向、以结果为导向，在治疗安全的基础上，考核医疗费用的合理性，实现医保"按质量付费"。

（二）继续完善多元混合支付方式制度设计，打破单一支付局限

1. 完善横纵多元的混合支付体系，实现支付体系动态调整

混合支付中，医疗保险费预付支付方式的控制相对薄弱，病种支付、人头

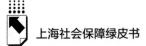

支付的实施范围有限。虽然提前支付总额可以有效抑制医疗费，但是因为不精细而无法反映医疗服务的质量。

横向混合是指根据付费对象及其特点，充分结合多种付费方式。慢性病实施按疾病类别分类付费，固定疾病按疾病类别支付费用。我们可以从目前医疗财团单位的全额支付方式，慢慢探索医疗财团单位不同支付方式的组合。纵向结构反映在支付水平、工作状态、年龄、健康水平、经济能力和医疗机构水平上。首先，在疾病支付、人头支付和项目支付中制定了不同的支付水平，在衡量不同层次医疗服务使用情况的基础上制定了不同的支付规则。其次，这些支付规则必须根据GDP、CPI和居民收入的实际变化建立动态调整机制，以实现科学适应，满足人们日益增长的医疗需求。总之，单一的支付方式有各自的优点和缺点，不能满足各样的医疗需求，应实行多种混合支付方式。

2. 推进弹性的按疾病诊断分组付费模式，增强基金可持续性

目前上海推进疾病诊断组（Diagnosis Related Group，DRG）付费方式的条件还不成熟，缺乏足够准确的病例信息系统，国际疾病分类、疾病诊断代码不统一。DRG的支付方式只能在单病种定额费用改革比较成熟的地区进行试验。促进弹性化的疾病诊断与相关群组的支付方式现在可以从以下几个方面进行。第一，建立疾病信息数据库。第二，确定DRG涵盖的疾病弹性分类和编码，形成疾病诊断相关分组基本分类系统。第三，建立评估体系，通过收集反馈意见和讨论，不断修订和更新特定疾病诊断相关分组系统。不断调整定额标准，进而推动按疾病诊断相关分组支付方式的不断发展和完善。

3. 探索门诊—住院弹性组合的支付模式，减轻医保支付压力

门诊—住院混合支付方式是根据患者在门诊和住院的不同情况制定不同支付方式。患者到社区医院就诊按人头支付，特殊慢性疾病和住院医疗费用采取年度定额付费，部分单病种实行按病种定额付费；此外，应根据上一年度实际支出比例确定本年度总量控制指标，门诊和住院医疗费用实施独立支付。门诊和住院医疗费用分开支付，如果门诊和住院医疗费用控制额度能够相互弥补超支的部分，那医保预算的超支部分就可以相应减少。门诊和住院相结合的报销模式是指住院病人的报销被系统地固定下来，灵活地与门诊报销控制框架相结合。这将能够更有效地降低目前国家医保总统筹基金预算支付压力，从而提升整个国家医保基金的整体运营效益。

（三）提高医保机构管理能力，提升医保基金监管效能

1. 根据患者的健康状况实行弹性化医保支付模式，提高基金运作效率

根据患者的健康状况确定付费模式，参保患者的门诊和住院病历需要录入参保患者医疗保险信息系统，指定医疗机构需要及时、真实地上传病例资料，并建立患者健康状况评分表。对不同的疾病和疾病的严重程度分别给予一定的评分，根据参保患者医疗保险信息系统中的信息对患者的健康状况进行打分，再根据参保患者的健康水平实施灵活的医保支付模式。根据不同的健康水平，医疗保险的支付设置有不同的规定。这可以提高医疗保险基金运作的公平性和效率，促进综合医疗保险支付方式的实施和完善。

2. 对基金支出科学测算和有效监督，限制定点医疗机构准入资格

科学计算医疗保险统筹基金支出，需要更准确地制定总预算控制指标，医保机构可以根据上一年度的各项指标计算出本年度医保统筹基金总支出。对医保统筹基金进行监管，一方面，所有医院必须定期向医保部门汇报医疗基金的运用状况、所提供的服务和产生的医疗费用。医保部门对医院的资金使用情况进行监督，如果发现滥用或者谎报医保基金使用情况的，减少其医保基金预算额度并通报批评。另一方面，医院在录入患者的信息时，要严格审核患者的身份信息，对非法冒用他人医保卡骗取保险金的，应当及时报告，有关部门予以处罚或追究法律责任。还需要严格限制定点医疗机构准入资格，不仅要关注定点医疗机构的医生医疗水平、设备完备情况、医务人员和资源供给是否能够满足需要，还要注意定点医院的声誉。

3. 建立医保基金运行效率的激励机制、监管的舆论公开机制

医疗保险基金运作效率高，说明医疗保险机构的管理能力较强，混合医保付费方式的管理能力也将相应提高。相反，医疗保险基金运作效率低下、医疗保险机构管理能力低下，也会降低混合医保付费的管理能力。由此可见，医保机构运作医保基金的有效性对付费方式的运作以及医药收费的管理具有十分关键的影响，建立医保基金评价激励机制应从以下方面着手：一是建立一套评价医疗保险基金运作效率的指标体系；二是运用公示激励制度对医疗保险机构运营医疗保险资金效率进行评价，可以将医保基金运营效率情况公之于众，利用公众对医疗保险基金运营效率的舆论评价激励医疗保险机构的工作。

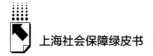

（四）提高医疗机构管理能力，发挥医疗保险费用控制的关键作用

医疗机构因为医药信息的垄断地位对限制医药收费、改善医药服务方面有很大影响，因此提高医疗机构的管理能力成为提高混合医疗保险支付管理能力的关键内容①。

1. 完善医疗机构自律监督机制，改进内部控制

随着混合医疗费用付费方式的改革推进，医院内部管理不善会严重影响医院的管理绩效，会阻碍混合医保付费模式的实施。必须改进内部控制，建立科学有效的组织管理制度。所有医院单位都应该有工作程序和明确的责任，还应建立医疗机构的财务控制体系。财务部门应严格监督和控制医院的各种原始表格，收集和归档各部门的支付记录，以确保数据的完整性和连续性。同时做好医疗机构财务会计工作和人员的教学与训练，加强财会审核员的法制观念，确保会计人员在工作过程中的自律和相互监督，杜绝随意变更会计主体、滥用职权、偷逃税款等违法行为。

2. 建立医疗机构服务质量社会评价机制，提高管理能力

医疗机构作为混合医保费用付费的利益相关者和参与者，其服务质量影响着其经营管理能力和混合医疗费用付费的实施。为了提高管理能力，医疗机构可以建立医疗服务质量的社会评价机制。一方面，建立医疗服务质量的评价机制。可以邀请患者、家属和医学专家组成评估小组，对医院提供的服务质量进行评估，找出问题并提出改进意见。另一方面，在医院内部进行患者满意度调查。通过改善服务提高患者的医疗满足度来吸引更多的患者就诊。

3. 建立医护人员评价激励机制，确保医保费用支付机制有效运行

医护人员提供的医疗服务质量体现着医疗费用付费方式变革的有效性。医务人员提供高质量的医疗服务，能促进医疗保险统筹基金的高效运作，也能体现混合医保付费方式较好的管理能力。为确保医保混合付费模式的合理运作，医院应当制定评价医务人员医疗质量的评价激励机制。首先要确立医务人员诊疗质量的评估机制，医疗机构行政监督管理机关每一个月或季度对各医院工作

---

① 罗娟、汪泓：《上海医疗保险费用宏观影响因素研究》，《中国卫生经济》2017年第5期，第20~22页。

人员的服务情况做出评估，按照相关指标对医务人员的服务进行打分，并对各科医务人员的考核得分进行排名和公示，以激励各个科室医院人员改进服务。其次，建立医务人员服务质量评估系统。根据各科医务人员服务质量考核结果的排名，每月向优秀医务人员发放特别奖金。对于在评估结果中医疗服务质量差的医务人员给予严重警告。通过激励惩罚等措施，促使医务人员之间建立合理的协同竞争关系。

G.15
上海智慧医疗改革发展报告

朱晓明*

摘　要： 党的二十大报告指出，推进健康中国建设，要把保障人民健康放在优先发展的战略位置，要健全公共卫生体系，加快数字中国等一系列建设。本文在全面梳理上海智慧医疗发展现状和特征的基础之上，认为智慧医疗的发展存在数字化服务与拓展应用尚未形成统一的标准、多方迫切需求互联网医疗提升信息化建设等挑战，并且发现上海智慧医疗的发展存在信息孤岛、实现路径落地困难、赢利理念和渠道仍待探索以及老年人面临的"数字鸿沟"等问题，并据此提出上海智慧医疗的发展需要完善顶层设计、推进信息化建设、扩大智慧医疗人才队伍、推动公立医院智慧医疗建设、做好宣传和引导工作等完善上海智慧医疗改革发展建设的对策建议。

关键词： 智慧医疗　数字化转型　公立医院　上海市

　　数字化转型是医院现代化建设的必然趋势。公立医院的数字化转型，在提升全民身体健康方面具有战略性价值，有利于实现创新成果普惠共享。过去几年，中国已经把数字中国、数字化应用转化融入"十四五"规划，并在《"健康中国2030"规划纲要》中，提出了要推动健康科技创新、推进医学科技进步、建设健康信息化服务体系。随着5G的高速发展，各类智慧医疗创新项目不断投入使用，医疗行业将基于5G技术形成新的业态产业链，在提升我国医疗服务整体能力的同时，深刻改变未来的医疗体制和群众的生活方式。

---

　　* 朱晓明，博士，中欧国际工商学院管理学教授，主要研究方向为智慧医疗。

然而，上海智慧医疗的改革发展建设存在诸多问题，因此。总结上海智慧医疗发展存在的问题，并提出相应的政策建议，对于打造线上线下相融合的智慧医疗服务生态体系、保障居民享受到更加便捷化的健康服务具有重要意义。

一 上海智慧医疗发展现状

（一）智慧医疗发展政策完备

我国数字医院的探索始于 1990 年，在这 30 多年的发展历程中医疗行业已经迈向未来智慧医疗发展阶段。上海智慧医疗的发展也初具成效，以上海瑞金医院、中山医院、华山医院、上海市第六人民医院为代表的一批公立医院所开展的数字化转型的实践已经具备雏形。

近几年，上海也出台了大量关于智慧医疗发展建设的政策文件，（见表 1）。2022 年 1 月 27 日，上海市卫生健康委员会发布《上海市"便捷就医服务"数字化转型 2.0 工作方案》，指出进一步深化上海市"便捷就医服务"数字化转型与数字医学创新发展新局面，打造更有温度的健康上海。2021 年 7 月 15 日，《上海市卫生健康发展"十四五"规划》发布实施，明确上海未来智慧医疗的发展要初步形成与健康服务智慧化相配套的制度体系，卫生健康智慧化程度不断提升，成为智慧化建设服务高地。2021 年 12 月，上海市人民政府办公厅发布《关于推进上海市公立医院高质量发展的实施方案》，提出推进数字健康城区建设和智慧医疗服务一体化发展，实现全要素、全流程、全链条集成优化。同年 12 月，《上海市医疗保障"十四五"规划》提出要建设具有国际水平的智慧医保，进一步提升医保管理服务数字化、智能化水平。

表 1　近年上海智慧医疗发展相关政策文件梳理

年份	政策文件	发展目标
2018	《关于推进本市健康服务业高质量发展加快建设—流医学中心城市的若干意见》	形成健康医疗大数据服务平台

续表

年份	政策文件	发展目标
2018	《"健康上海2030"规划纲要》	推进智慧医疗、信息惠民、智慧管理
2019	《上海市互联网医院管理办法》	规范和推进本市互联网医院健康发展
2021	《上海市医疗保障"十四五"规划》	建设智慧医保
2021	《关于推进上海市公立医院高质量发展的实施方案》	布局高品质、智慧化的整合型医疗服务体系
2021	《上海市卫生健康发展"十四五"规划》	初步形成与健康服务智慧化相配套的制度体系
2022	《上海市"便捷就医服务"数字化转型2.0工作方案》	进一步深化上海市"便捷就医服务"数字化转型与数字医学创新发展新局面

（二）智慧医疗发展建设技术基础完备

传统的公立医院在信息化建设的过程中，需要具备良好的技术和基础设施建设。医院数字化转型的技术基础见表2，医院环境需要5G、Wi-Fi、万兆光带，便于快速访问内外联通的网络，这是信息化的基座。物联网为智能平台提供各类感知数据，数据采集是医疗建设的基础功能。云计算和云存储高速运行的平台，使得将基础医学研究和临床治疗连接起来的转化医学有了强大的计算平台。互联网技术的发展为智慧医院的建设提供了技术支持。

表2　医院数字化转型的技术基础

技术基础	具体内容
信息网络	5G、Wi-Fi、万兆光带
感知平台	物联网
云平台	云存储、云计算
中台技术	统一数据标准、数据治理、数据表情
IT人才	复合型人才：IT工程师、临床医护人员、数据工程师、数据风险师和管理者

（三）智慧医疗覆盖范围和规模持续扩大

上海三级医院智慧医疗市场需求规模不断扩大，已占总需求的60%以上，达到330亿元左右，二级医院约占总需求的30%，达到165亿元。上海智慧医疗数字化实践见表3，近几年智慧医疗融入家庭医疗，主要应用于新生儿降生、打疫苗等各个环节以及老年人测心率、测血压等保障身体健康的日常生活中，并会被应用于更广阔的领域。

表3 上海智慧医疗数字化实践

数字化实践	具体内容
数字化转型1.0	精准预约、智能预问诊、互联互通互认、医疗付费"一件事"
数字化转型2.0	智能分诊导诊、智能院内导航、智能识别通行、医疗收费电子票据、智能诊后管理、区块链中药代煎、便民"一键呼救"
"5G+智慧医疗"	影像、超声、ICU监护、远程会诊等数据的实时高效传输和智能化管理

二 上海智慧医疗改革发展特征

（一）数字化重构医院运营模式

医院向数字化转型，目的是提高运营效率，解决看病难、看病贵、医疗资源分布不均等医疗系统中普遍存在的问题。瑞金医院基于数字化的底盘，对运营效率的提升进行了多维度的优化。在便捷就医方面，瑞金医院目前实施了七个项目，包括精准预约、智能预问诊、电子病历互联互通、化验互通、无感支付、核酸线上一条龙服务，以及与"120"的合作。瑞金医院通过App实现智能分诊，通过与患者的语言交流，智能化地推荐专家；依托智能优先就诊引擎，帮助危重、疑难、有实际困难的患者，为其提供优先就诊渠道；患者入院后，智能规划全程陪诊系统会提示患者行进路线及排队情况，主动服务患者。

（二）人机协作，运营效率提升

数字化转型后，医院的诊疗模式也随之发生变化，加强了人与技术的协作，从而实现提质增效的目标。瑞金医院将影像中心建成为技术平台、阅片平台、模块平台和监管平台，四个平台共同完成远程影像诊疗。华山医院的信息系统目前可以把全院的共病整合在一起，比如骨科病人若患有糖尿病和高血压，相关病症可交给相应科室处理，避开骨科不擅长的病种。目前华山医院的康复科已集中管理全院的病床，各科病人的康复问题都集中在康复科。中山医院还采用了物联网技术，以患者为中心，用数字孪生技术重构人、服务和空间，形成一个智慧驾驶舱，管理者在办公室就可以看到全院实时的诊疗数据、后勤管理数据等。

（三）智慧医疗信息普及范围广泛

为实现医疗信息互联互通，上海大部分医院已建立医院信息管理系统。医疗机构通过微信公众号、小程序、App 等方式，普及医疗信息。上海瑞金医院等机构发起的"上海市就医保药应急平台"积极发动全国医生为上海的重症慢病患者提供在线问诊、复诊购药、药品配送、健康管理等服务。上海市第六人民医院对于糖尿病患者建立的精准诊疗、预警筛查、发病机制实现了"医院—社区糖尿病无缝化管理"模式。华山医院秉持"以患者为中心"的发展理念，让患者利用一部手机"跑医院"，利用微信公众号打造智慧门诊，缩短患者等候时间，提供"周边停车预约"等服务，为群众就医提供了便捷。①

三 构建和完善智慧医疗发展体系的挑战

在推进医疗机构数字化转型工作中我国已经取得不错的进展，目的是让民众享有更便捷的医疗服务，打造更有温度的健康服务，但在发展过程中也遇到了一些挑战。

---

① 黄新平、朱思媛：《数字医疗时代健康档案数据开放共享机制研究》，《北京档案》2022 年第 9 期，第 9~13 页。

（一）国外智慧医疗发展势头足，各具特色

1.美国：智慧医疗强国，产业发展成熟

美国较倾向于利用设备/App 来共享健康信息和远程技术，在 Salesforce 进行的针对美国普通患者的调查中，除了互联网工具，61%已购保险的"千禧一代"有兴趣使用 3D 打印设备来帮助提高他们的健康水平，57%的人对高科技尖端工具感兴趣，如吞下后可以监视内部重要器官的药丸等（见图 1）。该调查研究不仅表明了"千禧一代"的偏好和习惯，代表了美国未来医疗保健的期待、消费和交付，还可以看出未来美国智慧产业将向可穿戴健康监测设备、与监测设备相连移动健康医疗服务 App、远程医疗等方向发展。

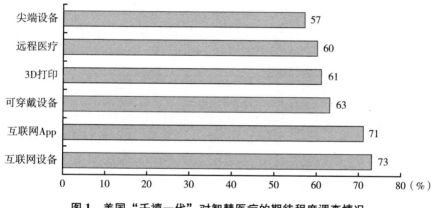

图 1　美国"千禧一代"对智慧医疗的期待程度调查情况

2.欧洲：市场交易旺盛，发展前景广阔

德国是欧洲最大的医疗设备生产国和出口国。德国拥有 170 多家智慧医疗设备生产商，其中绝大部分为中小规模公司，所生产的医疗设备中大约有 2/3 用于出口。法国是欧洲第二大医疗设备生产国，也是欧洲主要医疗设备出口国之一。法国智慧医疗市场总销售额约占欧洲市场总份额的 16%。① 法国进口智慧医疗产品与出口智慧医疗产品价值相当，进口产品集中在 MRI、PET、螺旋 CT 等先进电子诊断成像设备以及植入式智慧医疗设备。英国的智慧医疗市场

---

① 资料来源：中国医疗器械行业协会。

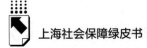

规模与法国相当，其智慧医疗产品进口额远高于出口额，是世界上最大进口医疗设备国家。意大利智慧医疗市场居欧盟第四位。意大利拥有相对完备的智慧医疗产业，其出口额大大高于进口额，与德国并列为欧洲两大医疗设备出口国。

3. 日本：市场需求巨大，积蓄发展潜力

日本智慧医疗市场是仅次于美国的第二大智慧医疗消费市场。在日本智慧医疗市场上，西方发达国家尤其是美国的智慧医疗产品占有很大比例。日本已进入高度老龄化社会，与老年疾病有关的智慧医疗产品，包括心脏起搏器、人造心脏瓣膜、血管支架、胰岛素泵、人工关节等植入性产品需求极为旺盛。同时，近年来陷入亏损的日本电子业巨头纷纷转型智慧医疗产业，将进一步促进日本智慧医疗产业的发展。

（二）我国智慧医疗数字化服务与拓展应用尚未形成统一的标准

1. 缺乏特大型城市医疗中心

大量先进数字化医疗设备的使用，提高了公立医院的医疗水平，如全球最新一代达芬奇手术机器人在赣南医学院第一附属医院顺利开机投入临床使用，反响较好。但目前缺乏特大型城市医疗中心，借助可视化的手段为有需求的省级、县级医疗机构提供精准读图、解析诊治、无时差的网络服务。

2. 缺乏统一的数据标准体系

虽然近年来我国不断规范健康档案数据存储体系、治理体系及科研知识库标准体系的建设，制定了《国家电子病历基本框架与数据标准》《健康档案基本架构与数据标准》等执行标准，也建立了 CDA、HL7 和 DICOM 等医疗通信标准，但由于此类标准多为推荐性国家标准，缺少一定的强制性，加之各级医院、医疗机构信息系统建设水平参差不齐，所选用的数据供应商的产品不同，其数据端口和格式并不统一，因此，各地在医疗信息系统建设过程中容易出现各行其是、标准不一的现象，影响区域间健康医疗数据的共建共享。

3. 缺少统一的数据共享平台

我国健康档案数据开放共享建设多集中于区域医疗信息平台，与英、美等数据共享开放领域的领先国家相比，仍存在较大差距。缺乏统一平台的保障，容易导致医疗卫生领域"信息孤岛"的产生，难以形成机构间互联互通的合

力；同时也会阻碍居民健康数据库、跨区域医疗平台的建立，为健康档案数据的跨机构、跨部门、跨层级共享利用增加难度。

（三）多方迫切需求互联网医疗提升信息化建设

1. 人口老龄化和老龄人口患慢性疾病比例大

中国已经成为世界上老年人口最多的国家，也是人口老龄化发展速度最快的国家之一。预计 2030 年，中国 65 岁以上老龄人口将超过 2.4 亿，占中国人口总量的 17.1%，占全球老龄人口的 1/4[①]。人口老龄化是未来影响我国经济社会发展的长期性重大问题，发展健康产业是应对我国人口老龄化的必然要求。随着经济的发展，老年人对养老支出的意愿与能力更高，因此老年护理已成为中国社会的"刚需"，而医疗信息化加持的养老体系能够提高养老质量，结合病史实现"一人一策"的精细化养老，减轻医疗负担。同时，2016~2020年，除了 2020 年新冠疫情带来了医疗资源不足等问题，我国每年总诊疗人次与总入院人次保持增长态势，产生的医疗信息数量快速增长；同时总体付费意愿与能力也在提高，这些因素使医疗资源日益紧张，因此迫切需要医疗信息化来优化医院运转，提高诊治效率，从而提高患者满意度。

老龄人口患慢性疾病比例大，并且由慢性病导致的疾病负担占总疾病负担的近 70%，导致的死亡人数占我国总死亡人数的 86.6%。医保部门提出，慢病在医保报销中占有 50%~60%，每年以 17% 的速度增长，其增长率比其他的病种高很多，不仅慢病病人增加，而且慢病费用增加[②]。

2. 用户和医疗患者档案信息安全保障不完善

目前，我国还没有针对医疗数据保护的法律出台，关于个人健康档案数据的法律主要参照 2021 年出台的《中华人民共和国个人信息保护法》。除此之外，《全国人民代表大会常务委员会关于加强网络信息保护的决定》《中华人民共和国网络安全法》等法规条例也从侧面为健康档案的保护提供相应的法律依据。但从整体来看，仅有对个人用户隐私保护的说明还不足以应对当前的困境，个人医疗数据、健康档案的隐私保护还需要全面性的法律支持。随着智

---

① 资料来源：国家卫生健康委员会。
② 资料来源：上海医疗保障局。

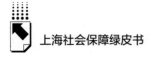

慧医疗的发展，迫切需要制定针对用户和医疗患者档案信息安全的法律。

3. 医院自身等级评审要求促使智慧医疗发展

智慧服务、智慧管理等级评审要求推动医院对医疗信息化服务的需求增加。卫健委将医院智慧服务的分级从低到高分为 0～5 级。据卫健委统计，智慧服务自评级别平均 0.33 级，绝大部分医院处于起步阶段，提升空间较大。在卫健委对 2020 年全国医院的智慧服务水平的评估中，仅有 29 家医院通过 3 级以上的评审，其中仅 1 家医院达到智慧服务 4 级标准，医院智慧服务建设市场拥有很大的发展空间。卫健委将医院智慧管理的分级同样从低到高分为 0～5 级，并要求在 2022 年，二级医院达到 1 级水平、三级医院达到 2 级水平。目前得益于电子病历等项目的实施，医院医疗管理类信息化水平最高，运营管理类、药品耗材管理类、行政管理类次之，而科研管理类较低，医疗信息化企业仍有机会通过参与智慧管理系统建设获得收益。智慧服务、智慧管理的等级评审前提是电子病历、互联互通的高等级建设，也会倒逼医院加强电子病历、互联互通等高等级的信息化建设。

四　上海智慧医疗发展面临的问题

（一）碎片化的医疗系统导致信息孤岛现象严重

1. 医院内部系统多且难以兼容

如今尽管大部分医院已经初步完成了信息化基础设施的建设，但是医院各个部门间难以共通数据和记录，疫情中暴露出了医疗信息不畅等亟待解决的问题，大大阻碍了数字化转型的进程。以华山医院为例，华山医院开始以需求为导向，针对临床、管理等实际问题逐渐进行业务信息化建设。医院不同科室工作存在很大差异性，关注并支持"大专科"发展的华山医院根据不同科室需求分别进行采购和配置。在信息化工具辅助下，虽然医务人员和医院管理的效率大幅提高，但 10 余年累计下来，整个医院从门诊、住院、医疗技术、检验、手术到病案差不多有 100 多个系统，这些系统的支持软件来自不同的厂商，模块、功能甚至文档格式都不统一，信息难以兼容。

2. 不同医院和机构之间的信息难共享

虽然目前各家医院都在上线数字化系统，但医院之间并没有实现互联互通，大医院之间的技术壁垒很难破除。当越来越多的智能技术涌向医院时，医疗信息化虽然解决了一些眼前的问题，但有时会带来更多的问题。比如电子病历，以往医生手写病例，速度很快，但现在填写电子病例表格时花的时间更长，反而降低了效率。在向其他医院输出数字化转型能力方面，各医院状况不同，信息化建设处在不同的阶段，对医疗健康数据的采集和整理程度不一致、评判标准不一致，因此存在明显的信息不对称现象。不同的人群接触的一些医疗保健资讯、医疗服务、药品和医疗器械、医保支付之间数据没有打通。远程病患电子病历信息传输和共享不流通阻碍实现区域医疗信息共享。[1]

（二）智慧医疗实现路径落地困难

1. 数字化产品选择困难

为了通过数字化解决以上问题，医院面对三种选择：一是像大多数公立医院，直接购买医疗信息化厂商的产品，结合自身特点配置成符合医院需求的系统；二是自主研发；三是开展与第三方创新企业的合作，共同定制开发适合医院的转型方案。这三种方案各有利弊：直接购买方便灵活，但是一旦不合适，容易陷入重复购买、升级的恶性循环；自主研发更容易满足自己医院的应用场景和个性化需求，但是成本高昂，对医院自主研发的实力要求极高（例如，打造一支专业的研发团队，配备相关研发系统等）；和优秀的创新企业合作，能够取长补短，让医院和企业充分发挥各自的优势，但是需要甄别优秀的创新企业，确保合作成功。

2. 缺乏医疗数字化专业人才

医疗卫生行业数字化是数字化技术与医学领域各学科专业的结合，包括数字化医学工程、数字化医疗技术、数字化基础医学等诸多方面。上海医疗卫生行业在这方面的人才储备还不够多，因此缺乏足够的数字化转型力量。

瑞金医院从 1988 年开始成立数据中心，最初对人才的要求是利用信息首先解决临床问题。但现在要求引进的人才具有数据处理能力、宏观规划能力、创新能力，要利用临床信息化手段倒逼管理。胡伟国教授认为："很多的创新

---

① 曾建丽、王华欣、马瑞晨、程淼：《智慧医疗服务满意度评价及影响因素研究》，《中国医院》2022 年第 6 期，第 42~44 页。

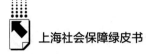

项目不是临床医生想出来的，而是 IT 工程师创建出来的。因此，医院要求的是复合型人才，团队中要有 IT 工程师、临床医护人员、数据工程师、数据风险师和管理者。"①

　　与瑞金医院类似，中山医院也在夯实自己的数据底座。复旦大学附属中山医院副院长、医院党委书记兼执行院长顾建英教授说："中山医院的医疗云，通过内外网的融合、5G 技术的应用，将给未来提供更多的创新应用。"目前中山医院把所有的数据进行了标准化、规范化的处理，形成了数据湖，并进一步形成数据仓库以便挖掘。"我们的目标是先做好基本功，未来可以更好地服务临床的科、医、教、研。"②

（三）智慧医疗营利理念和渠道仍待探索

1. 智慧医疗投入和维护成本较高

　　层出不穷的新技术与新设备的更新速度极快，会因为各种各样的问题被淘汰。已建立信息系统的"包袱"也会越来越大，久而久之，需要维护的成本也会水涨船高。

2. 医疗的公益性与智慧医疗的营利性相矛盾

　　如今，智慧医疗虽然融资容易，能否通过自我输血把钱赚回来却是问题。中国的医疗产业以公益为主，尤其是大型三甲医院强调公益属性。这才使得中国用 10% 的 GDP 达到了人均 78 岁的预期寿命，而美国用 19% 的 GDP 才实现了 76 岁的平均寿命。③ 因而，医疗这种带有公益属性的产业如何营利成为一个社会伦理问题。

3. 智慧医疗技术收费标准难以确定

　　如果没有进行技术收费，只由医院来承担巨大的成本，资产负担会越来越重；而一旦开始进行新技术方面的收费，又会面临医疗滥用的问题。这是当前

---

①　朱晓明、蔺亚男、赵丽缦、朱奕帆：《瑞金医院：智慧医院建设及平台化探索》，内部资料，2022 年 9 月。

②　朱晓明、刘耿、蔺亚男、朱奕帆：《复旦大学附属中山医院：怎样建造一座未来医院》，内部资料，2022 年 9 月。

③　朱晓明、刘耿、朱奕帆：《上海市第六人民医院：数字科技助力普惠医疗》，内部资料，2022 年 8 月。

医疗机构进行数字化转型的一大矛盾。网上诊疗、网上健康咨询、患者使用健康管理系统该不该收费？怎么收？很多病患并没有为线上咨询付费的习惯，如何培养建立这样的习惯？而一些新技术一旦可以收费，医院有无可能因为丰厚的利润而滥用新技术？业界认为数字化管理慢病的春天到了，但资本方发现，最后还是靠卖药赚钱，咨询很难赚到钱。

五 推进上海智慧医疗发展的对策建议

（一）完善顶层设计，制定相应的政策法规

1. 制定科学合理的智慧医疗政策法规

政府应结合智慧医疗的特点及在应用过程中可能面临的问题，例如老年群体面临的"数字鸿沟"、患者与医疗机构之间信息的不对称等各种潜在的问题，针对特定群体、特定的问题制定科学合理的政策法规。加强政府对相关利益主体的宏观引导，利用规范性较强的政策安排来有效约束各智慧医疗利益主体之间关系，促进不同部门之间的协调运作，提高效率，进而推动智慧医疗产业的深入发展和广泛应用。同时，利用法律的强制性和规范性来推动和指导智慧医疗的健康规范发展，保障患者的合法权益，最大限度发挥智慧医疗便捷化、高效率、个性化的作用。

2. 加强对相关主体的监督管理

一方面，政府内部应该设立相应的主管部门对智慧医疗的建设过程及实施情况进行有效的管理和监督，打破部门之间的利益壁垒，防止各个部门之间出现责任重叠和监管缺失导致智慧医疗优势难以有效发挥。另一方面，要强化对于智慧医疗实施机构的监督和管理，防止出现设备使用率低、不同机构间利益冲突、道德伦理等问题发生。同时也应加强对患者健康隐私信息的保护，保障智慧医疗使用者的信息安全，防止个人健康信息的泄露以进行不正当的交易，造成较大的损失，应通过强有力的监管来确保智慧医疗产业的健康可持续发展。

（二）推进信息化建设，打造坚实的技术基础

1. 利用互联网信息技术，构建智慧医疗网络平台

积极推进 5G、Wi-Fi、万兆光带等信息化基础设施配置，便于快速访问内

外联通的网络，建设信息化基座，为推动各医疗机构及相关主体之间的信息互联互通提供桥梁和纽带。同时，利用云计算和云存储等技术建设高速运行的云平台，将基础医学研究和临床治疗连接起来，为科研和医疗提供坚实的基础。打造"互联网+医院"平台，利用物联网为智能平台提供各类感知数据，协助医疗建设的数据采集。将多模态（指多种模态的信息：文本、图像、视频、音频等）和全方位的临床数据建成临床数据湖，将临床、个体、随访、影像、实验室、临床检查、门诊、家庭、院外等数据汇聚在临床数据湖中。建设智慧医疗的数据大脑，利用网络和感知数据为未来医院的数据大脑赋能。借助中台技术助力统一数据标准、数据治理、数据表情以形成新型信息化平台。

2.打通信息化平台，提高针对不同人群的精准服务水平

加速打通信息化平台，提高精准服务的医疗水平，串联起病人、医生、诊断技术和运营管理体系，让碎片化的医疗资源配置形成完整的信息化体系。[①]医疗机构要提升自己的配置水平，比如硬件设施、医生、诊断技术、研究能力、运营管理水平等一系列资源的卓越配置。要考虑不同人群的适应性，充分考虑老年人、儿童及妇女群体的特点，特别是注重打破老年人看病就医的障碍。提高老年群体参与智慧医疗的适应性，对就医场景展开了深度挖掘和分析，对就医流程的每个环节（预约、停车、挂号、候诊、问诊、检查、付费、取药、住院等）逐一研究，探索怎样能够借助技术改善每个环节中患者遇到的痛点。破除看病就医的障碍，构建快捷友好、简单方便的数据使用界面。

（三）培养数字化专业人才，建设智慧医疗人才队伍

1.培养医工交叉智慧医疗复合型人才

以"产、学、研、医、用"融合为目标，积极鼓励高等院校、研究所、医疗实验室等平台以医工结合的方式来培养新医科人才，助力打造智慧医疗创新人才培养基地。高校应构建多学科交叉融合的课程体系，组建交叉学科创新团队，为促进科研成果向临床应用的转化提供破题方案。依托跨学科平台，培养符合产业需求的复合型人才，推动智慧医疗的深入发展。

---

① 陈芸、许伟杰、田怀谷、汪文新：《智慧医疗背景下慢性病患者就医行为优化及展望》，《中国全科医学》2022年第28期，第3484~3487页。

2. 积极引进互联网信息技术人才

引进具有数据处理能力、宏观规划能力、创新能力的互联网信息技术人才，利用临床信息化手段倒逼管理。特别是复合型人才，要求团队中要有 IT 工程师、临床医护人员、数据工程师、数据风险师和管理者。科学地引进使用人才，最大限度地把人才配置到最需要的岗位，大力培养与引进高层次人才、高素质人才、急需紧缺人才，有效发挥互联网人才的作用。

（四）推动公立医院智慧医疗建设，发挥带头作用

1. 龙头大医院需在数字化过程中先行先试，形成优势资源的强化配置

政府应继续加大对公立医院的软硬件的支持，坚持公立医院的数字化转型。促进医学的基础应用研究和数字化手段相结合，推动行业整体向高水平发展。让数据自由流动，化解复杂系统的不确定，实现资源优化配置。在智慧医院建设中，通过顶层设计、技术带动，结合适宜场景，推动应用落地，并通过数据反馈发现现有信息系统和业务流程中存在的问题来推动业务创新。

2. 以患者为中心，提供人性化服务

推动医疗机构数字精细化管理，最终的目的是提高医疗资源配置效率，真正做到为患者服务，不论是丰富的数据库、知识库的建立，还是人工智能的应用，都是为患者打造全生命周期服务。以患者为中心、以疾病为中心，打造人性化、功能化、智能化的智慧医疗生态圈，集上下游行业合力，最终形成以患者为中心的未来医疗新模式之数字技术（如数字孪生），再塑未来医疗。在数字医院的建设中，同样也要以患者为中心，让患者全程参与未来医院的打造，共同引领生物医药产业发展以及技术创新。在医院数字化转型推进的过程中，也要考虑经济的实际发展情况以及人工智能与智慧医疗的边界。在实际诊疗中，数字化不是只存在于冷冰冰的仪器中，医生与病人之间需要面对面的温度，不能全部让机器代替，治愈过程有时比结果更重要。

（五）做好宣传和引导工作，提高使用效率

1. 积极宣传智慧医疗的优势，提高公众认知度

利用报纸、杂志、电视及互联网等多种传播媒介向大众传达智慧医疗的含义、优势及相关的使用指南，加强大众对于智慧医疗的认知，增强对智慧医疗

的接受度。设计操作简单、使用方便、人性化的互联网智慧医疗界面，为不同的人群设置相应的模块，提高使用效率。在社区卫生所、医院等医疗机构张贴相关介绍及使用指南，并配套相应的数字设备服务人员来引导公众使用智慧医疗设备。

2. 做好信息安全保护，提升公众信任度

针对大众对于智慧医疗的一些误解进行专门的解释，积极防范各类风险。加强对信息安全的保护，防止个人身份信息被窃取或者健康信息泄露造成个人隐私被侵犯等问题的发生。因此，智慧医疗机构需要积极利用数字化技术来强化信息加密，确保医疗信息安全可靠，提高公众信任度。同时，也要引导大众注意个人隐私的保护，提高防范意识，做到自我医疗信息的妥善保护，不泄露个人基本信息，设置相对安全的密码进行加密处理。医疗机构也应加强对医疗信息的保护，并向患者保证个人健康数据的安全可靠，提高公众对智慧医疗设备的信任度，进而更好地实现智慧医疗机构与患者的互相配合，促进智慧医疗的进一步深入发展。

G.16
上海长期护理保险模式及优化路径研究

史健勇 罗娟 姚佳伟*

摘　要： 随着人口老龄化、高龄化程度的不断加剧，低生育率和人均寿命的延长，社会中年龄结构及家庭结构发生转变。年老、疾病及精神障碍等引发的失能失智风险逐渐加剧，我国失能失智人口比重不断上升，整个社会将面临长期护理风险不断提高的挑战。然而养老及医疗保险无法承担长期护理功能，老人长期卧床所产生的长期护理费用基本被排除在社会保险之外，这不仅会让家庭承担巨大的经济压力，也会给失能老人带来一定的精神压力。为缓解失能老人及其家庭的经济和精神的双重压力，为其提供必要的日常照护和医疗照护显得尤为重要，因此长期护理保险制度成为当前社会发展的必然趋势，并应随着社会和个人需求的增加而不断完善。上海作为全国首批开展长期护理保险试点的城市之一，对长期护理保险的发展进行长期的探索及持续的优化，取得了显著的成绩。

关键词： 社会保险　医疗保险　长期护理保险　人口老龄化　上海市

党的二十大报告明确提出实施积极应对人口老龄化国家战略，建立长期护理保险制度。民政部公布的消息表示，"十四五"期间老龄人口将突破 3 亿人，老龄化阶段也逐步向中度过渡。老龄化程度的加深反映社会中劳动力人口

* 史健勇，博士，教授，上海工程技术大学党委副书记，主要研究方向为社会保障、邮轮经济与管理；罗娟，博士，副教授，上海工程技术大学管理学院副院长，主要研究方向为养老保险、养老服务与医疗保险；姚佳伟，上海工程技术大学硕士研究生，主要研究方向为医疗保险。

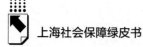

不断降低，这些改变必然对应着各种资源配置关系的改变，其中最为突出的就是养老、医疗护理等资源配置变化。中国老龄科学研究中心的数据显示，截至2021年底，60岁以上的老年人口超过了2.67亿人，其中失能老人和半失能老人的人口数超过4500万人，总体的失能率超过16.85%。中国疾控中心数据也显示，我国75%的老年人患一种及以上慢性病，16%的老年人存在失能或部分失能症状，4.8%的老年人处于完全失能状态。除此之外，目前老年人口抚养比已经高达65.2%，城市和农村家庭负担日益沉重。对失能老人无法仅通过传统家庭护理，更需要依靠社会力量为其提供必要的护理服务。因此，目前人口老龄化程度的不断加深对护理要求提出了较大的挑战。为了使老年人能够真正地享受到"老有所养，老有所依"，长期护理工作需尽快展开，建立长期护理保险也将成为不可阻挡的趋势。

一 上海长期护理保险实施现状分析

（一）上海长期护理保险体系逐步完善，制度优势明显

上海作为我国经济发展中心，人口老龄化、高龄化是上海正在并将长期面临的现实问题，老龄化导致的一系列医疗、养老及护理问题显著，在老龄化逐渐加深的大背景之下，有针对性地分析上海老龄化现状、进一步优化和完善长期护理保险制度显得尤为迫切[1]。

1. 人口老龄化程度加深，失能失智问题突出

上海统计局的相关数据显示：2008年，上海80岁及以上人口比例为3.84%，到2012年为4.7%，到2021年已达到5.6%，自2008年到2021年短短13年上海80岁及以上人口占总人口的比重增加了1.76个百分点（见表1），说明目前上海老龄化程度不断加深，由此引发的失能失智的护理问题将十分严峻。

---

[1] 郑秉文：《从"长期照护服务体系"视角分析长期护理保险试点三周年成效》，《中国人力资源社会保障》2019年第9期，第38~41页。

表1 上海60岁及以上老年人口占总人口的比重

单位：万人，%

年份	60~64 岁人口		65~79 岁人口		80 岁及以上人口	
	人数	占比	人数	占比	人数	占比
2008	86.07	6.19	161.06	11.58	53.44	3.84
2010	104.53	7.39	166.66	11.80	59.83	4.24
2012	122.05	8.55	178.24	12.49	67.03	4.70
2015	152.57	11.23	205.33	14.23	78.05	5.41
2019	156.46	10.65	279.68	19.03	81.98	5.58
2020	151.05	10.24	299.92	20.32	82.53	5.59
2021	139.85	9.35	318.49	21.30	83.88	5.60

资料来源：《上海统计年鉴》《上海市老年人口和老龄事业监测统计信息》。

2. 高龄人口增长，促使长期护理需求增加

上海80~84岁老人占比2021年比2010年高出了1.03个百分点，85~89岁的老人占比上涨了1.53个百分点，90~94岁的老人占比上涨0.76个百分点（见表2）。由数据可以充分看出，目前上海老年人口占比处于不断上涨的趋势，尤其是中高龄人口所占比例也逐年攀升，这也促进了对长期照护的需要[①]。

表2 2010~2021年上海老年人口年龄构成情况

单位：%

年龄	2010 年	2013 年	2016 年	2019 年	2020 年	2021 年
60~64 岁	7.39	9.15	10.24	10.65	10.24	9.35
65~69 岁	9.01	9.26	8.92	9.81	10.08	10.34
70~74 岁	6.84	6.66	6.09	6.35	6.59	7.04
75~79 岁	2.23	2.72	3.09	4.03	3.62	3.92
80~84 岁	1.46	1.76	1.98	2.55	2.48	2.49
85~89 岁	0.52	0.69	0.87	1.25	2.08	2.05
90~94 岁	0.08	0.13	0.21	0.38	0.81	0.84
95 岁及以上	0.01	0.02	0.04	0.08	0.21	0.23

资料来源：《上海市老年人口和老龄事业监测统计信息》。

---

① 彭亮：《长期护理保险试点背景下老年人长期照护需求研究——以接受长期护理保险服务的上海市社区居家老年人为对象》，《老龄科学研究》2021年第9期，第59~68页。

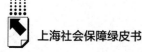

2018 年第四次中国城乡老年人生活状况抽样调查的相关数据显示，目前上海用来测量失能老人的标准采用的是复合评估工具，测量的标准主要是从自理能力和疾病情况两个方面进行，其中自理能力中包括认知能力、日常活动能力（起床、吃饭等）及工具性活动能力（提、拿物品等），按照 5%、85% 及 10% 的比重进行测量；疾病情况主要包括局部病症、体征、辅助检查及并发症等方面，按照 30%、30%、30% 及 10% 的比重进行测量，将两者比率作为对老年人失能率测算的依据。2018 年，上海老年人的总体失能率为11.86%，女性的失能率为 13.91%，高于男性总体失能率（见表 3）。从失能率的角度来说，上海失能老人的数量会随着时间的推移而逐渐增多，对长期护理服务需求更多，因此长期护理服务无论是数量还是质量都将在我国民生发展中越来越重要。

表 3　2018 年上海老年人失能率

单位：%

年龄组	合计	男性	女性
60~69 岁	4.66	2.42	2.24
70~79 岁	16.38	6.32	10.06
80~89 岁	46.92	21.17	25.75
90 岁及以上	97.33	43.50	53.83
合计	11.86	9.55	13.91

资料来源：2018 年第四次中国城乡老年人生活状况抽样调查上海数据。

3. 家庭结构小型化，家庭护理功能逐步弱化

自 20 世纪 70 年代我国执行了计划生育政策，其作为我国一项基本国策运行多年，在很长一段时间内有效地控制了我国人口数量的快速增多，家庭护理功能也随着家庭结构逐渐小型化而发生了较大的改变，降低了家庭护理功能本身的有效性。上海户均人口数量从 2010 年到 2021 年始终低于 2.75 人，并且逐渐减少（见图 1），家庭成员之间的照护责任逐渐减弱，在家庭规模不断缩小的背景之下，单靠家庭养老护理将会面临很多困境，因此老人长期护理需要得到国家及社会的支持。

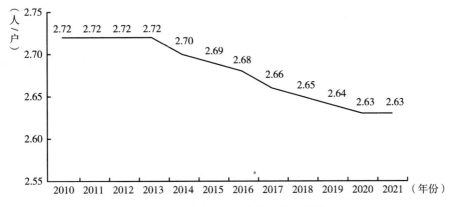

图1　2010~2021年上海户均人口数量

资料来源：历年《上海统计年鉴》。

4. 医疗卫生费用增加，长期护理制度优势凸显

随着经济和社会的快速发展，人均医疗卫生费用也在提高。医疗卫生费用的提高不仅会降低人们的可支配收入，同时也降低人们的生活质量。2010~2020年，上海人均卫生费用呈上涨趋势（见图2），个人的卫生费用支出80%以上是在其60岁以后产生。从卫生费用不断上涨的程度来看，现有的养老金很难支撑老人的日常生活和医疗费用支出，家庭生活水平降低，更有甚者会导致家庭的贫困或"返贫"，因此建立长期护理保险制度是目前解决家庭困境的根本途径。

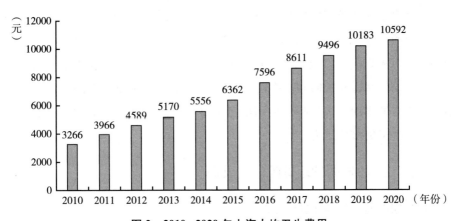

图2　2010~2020年上海人均卫生费用

资料来源：历年《上海统计年鉴》。

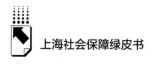

5. 社会保障制度需完善，长期护理需求亟待满足

目前与长期护理有密切关系的社会保障制度是养老保险和医疗保险，具体的对比见表4。但是无论是养老保险还是医疗保险对于长期护理所产生的费用都不能及时给付，因此长期护理需求无法通过目前社会保障制度得以解决。为失能老人提供持久且必要的护理服务、提高失能老人的生活质量、满足其个性化需求，是长期护理保险体系的重要组成部分。

表4 养老保险、医疗保险与长期护理保险的对比

项目	目标	对象	提供者	场所	周期特点
养老保险	保障劳动者退休后的基本生活	缴纳养老保险的劳动者	—	—	周期从退休到死亡
医疗保险	改善病人的健康状况	病人	医生、护士及专业机构的人员	专业的医疗机构	治疗频率较低，治疗周期较短
长期护理保险	日常活动及康复治疗	失能失智的老年人等	亲友、医护人员、社会工作者等	家庭、养老院、护理院等	频率较高，周期较长

6. 长期护理保险受益人数增加，老年人占比增大

2021年，上海60岁及以上老年人接受护理服务人数共计38.10万人，占老年人口的7.0%。相比于2018年试点初期，受益老年人数增加了19.5万人，增幅高达104.8%。并且在2020年有56.4万老年人享受长护险服务，占老年人比重达10.6%，长护险利用率较高（见图3）。数据的增长反映了长护险逐步发挥应有的作用；长护险的使用增多也对长护险可持续发展提出更高的要求，并产生了更多的压力。

（二）上海长期护理保险的发展现状

1. 长期护理保险制度日臻完善

2016年，人力资源和社会保障部颁布《关于开展长期护理保险制度试点的指导意见》（以下简称《指导意见》），上海成为实施长期护理保险制

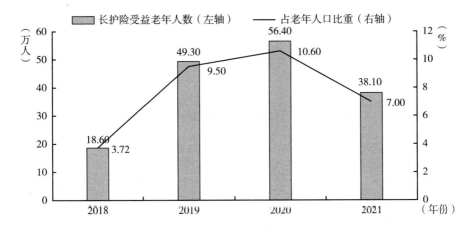

图 3　2018~2021 年上海长护险受益老年人数和占老年人比重

资料来源:《上海市老年人口和老龄事业监测统计信息》。

度的第一批试点城市,以解决失能老人实际的护理需求为目标,不断完善长期护理保险相关各项制度,以应对上海人口老龄化高龄化的问题。上海选择以社会保险制度模式进行长期护理保险,主要实行"两步走"战略,选择徐汇、金山、普陀三个具有典型意义的区域进行试点。《上海长期护理保险试点办法》文件的出台,是上海市政府实施长期护理保险的重要制度保证。

2. 参保对象明确,建立统一的需求评估体系

根据《上海长期护理保险试点办法》中对于参保对象和给付对象的相关规定,60岁以上的失能老人才能够享受长期护理保险,并按照规定参加城镇职工医疗保险,或是参加上海城乡居民基本医疗保险,以上人员必须进行统一的需求评估,根据失能情况,依据失能程度的不同提供相应的护理服务。

3. 长期护理保险收支模式平衡运行

根据《指导意见》的相关规定:"试点地区可通过调整职工医保统账结构、划拨职工医保统筹基金结余、调整职工医疗保险费率等方法筹集资金,并逐步形成期内互助共济、责任共担的长期护理保险多渠道筹资机制。"长期护理保险的收支模式采用的是现收现付制,上海职工按照个人

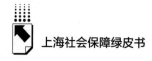

0.1％的比例缴费，公司按照1％比例进行缴纳，上海居民按照个人15％缴费、政府财政补贴85％，2020年度长期护理保险医保结算范围总费用45.17亿元，统筹支付40.30亿元。上海长期护理保险基金收支模式目前主要采用医保统筹基金划拨，按照一定的比例筹资，筹资水平较其他城市高。

4. 加大信息平台建设，加强长期护理保险监管

上海目前还没有专门的部门来管理与长期护理保险相关的业务，也没有专门的监管者对基金的募集和流向进行实时监控和披露。另外，上海设立了一个"为老年人服务"信息平台，"长期护理"服务信息可查询，实现长期护理保险资金"平台化""信息化"，整合民政、卫生、医保等各个渠道的数据资源，为居民提供强有力的服务支撑，同时可以对上海长期护理保险的实际运作进行有效的监督。

二　我国长期护理保险典型模式比较及上海发展瓶颈分析

（一）我国长期护理保险典型模式对比

2016年，人社部发布了《指导意见》，确定了15个试点城市。2020年，我国长期护理保险试点城市在原先的基础上增加至29个。第一批试点城市根据各自城市老龄化程度、社会保障发展情况和经济水平对长护险具体实施方式进行了适应性调整，就此形成了各具特点的不同长护险模式，其中特点显著的是上海模式、青岛模式、南通模式和成都模式。

1. 青岛模式

在长期护理保险制度实施过程中，青岛市始终发挥着"领头羊"的作用。青岛市主要采取巴氏量表法对失能等级进行评估，将那些因疾病卧床6个月以上、巴氏量表评分低于60分的人群纳入保障范围之内，借用国际常用的失能等级评估方案。青岛市长期护理保险覆盖对象与德国相似，实行全覆盖的模式，包括城镇职工和城乡居民基本医疗保险参保人员，以及参加新农合的农村居民。青岛市在"专护""院护""家护"的基础上增

加了"巡护",实现"四护一体"的服务给付形式。青岛市基金采用定额、包干的形式购买更多医疗护理服务,对于资金的监督,采取医疗保险基金专门机构和长期护理保险定点机构联合监督的方式,保障了资金的安全性。

2. 南通模式

南通市和青岛市相似,将巴氏量表评分低于40分作为享受待遇的一个标准,采用国际常用失能等级评估方案。长期护理保险制度实行后,南通市采取"政府主导、保险公司运营以及护理服务公司服务"三位一体的运营模式。注重发挥市场的作用,与第三方机构进行合作,将长期护理保险资金筹资压力分散化。南通市长期护理保险制度借助医疗保险制度,但不依赖医疗保险制度,形成独立的第六险。在长期护理保险资金筹资中,充分发挥社会、政府、个人的作用,建立起照护保险与医疗保险同步的参保机制和政府补贴、医保统筹基金筹集、个人缴纳、社会捐助"四源合一"的多元筹资机制。

3. 成都模式

成都长期护理保险参保对象为职工医保参保者;保险基金来源为医保统筹基金划拨、个人缴费、单位缴费、政府财政补贴,个人缴费从个人账户划转,单位缴费从医保统筹基金划转。长期护理保险给付对象为重度失能者、失智者。成都市长期照护保险制度在经办管理模式上进行了积极的探索与创新,动员商业保险机构参与到长期照护保险制度的经办中来。商业保险公司优胜劣汰,充分体现市场竞争原则,更好地为参保人员服务。

对比其他的长期护理保险模式并探究多个试点城市的实践情况(见表5),上海模式具有其鲜明的特点和优势。一方面,上海在老年人口数量众多的背景下,通过年龄分类覆盖全体城乡居民,既提高了制度覆盖公平性,又减轻了政府的财政负担。另一方面,上海率先将长期护理保险制度纳入社会保障的范围,明确长期护理保险与其他社会保险的界限,将长期护理保险账户与医疗保险账户独立,使得职责更加清晰,推动了制度的发展。同时,与其他试点城市的对比也暴露出上海模式存在的问题。

表5　我国长期护理保险部分试点城市实践情况

主要试点城市	试点覆盖人群	资金筹资标准	给付条件
上海	城镇职工、城乡居民(60+)	定比:以医保缴费基数为基数	使用自行开发量表
成都市	城镇职工	混合:个人缴纳+基本医疗统筹基金结余划转	使用自行开发量表
齐齐哈尔市、安庆市、重庆市、广州市			使用 Barthel 指数评定量表
承德市		定比:按上年度工资总额的0.4%	每人每月450元
南通市、宁波市、上饶市、石河子市	城镇职工、城乡居民	混合:城镇职工为个人缴纳+基本医疗统筹基金结余划转,城乡居民长期护理保险资金筹资方式与基本医疗保险捆绑	使用 Barthel 指数评定量表
青岛市		混合:城镇职工按比例从统筹账户、个人账户中划转,政府给予定额补贴,城乡居民从医保结余中一次性划转,额度不超过当年居民医保筹资总额的10%	
长春市		混合:城镇职工参考医保缴费基数,城乡居民采取定额缴费方式(30元/人年)	
荆门市		定比:以上年度居民人均可支配收入为基数缴费	
苏州市		混合:城镇职工为个人缴纳+基本医疗统筹基金结余划转,城乡居民长期护理保险资金筹资方式与基本医疗保险捆绑	使用自行开发量表

（二）上海长期护理保险发展瓶颈及障碍

1. 法律保障需加强，相关立法体系有待完善

在上海长期护理保险试点办法中未有长期护理保险立法的相关规定，从社会保险的角度来看，任何一项社会保险的实施基础都应是法律法规的健全，只有立法才能够让长期护理保险的各项发展都能做到有法可依，立法内容应包括：申请环节中需要明确申请人的条件，申请流程和申请名单的公示环节；评估环节中规定评估等级和评估条件等内容；服务环节规定服务内容、监管职责

等。为了让长期护理保险作为一个社会险种而存在，需要通过立法的手段使其发挥保障"底线"的关键作用，才能够确保其长期可持续发展。

2. 保障力度需加大，覆盖范围及内容需有序扩大

为了更好地分析上海长期护理保险保障力度及覆盖范围，本文结合调研数据发现，失能老人对护理需求主要包括养老、护理和医疗服务，对基本生活照料服务（包括洗衣做饭、打扫卫生等）的需求最为基本，对护理服务的需求较高。对医疗服务的需求包括临床护理模块的需求最高，还包括日常精神护理需求，但这些服务本不该由长护险的护理员提供，因此，在明确长护险功能定位的基础上，要对长护险提供的服务内容标准化。

从覆盖范围的角度来看，上海长期护理保险覆盖范围仅为60岁以上的失能失智老人，目前低于60岁的失能人员不在保障范围之内，不能够满足这部分人的护理需求。在实地调研之中不在保障范围之内的失能人员要求参加长期护理保险的呼声较高，因此也是在上海长期护理保险模式设计中亟须解决的问题。

3. 评估方式待完善，护理机构监管需加强

主要体现在长护险的评估标准上，当前评估标准侧重于"病"，而非是否需要照料，主要是运用偏疾病的量表来进行评定；侧重于"医"，对老年人生活自理能力侧重比较低，评估结果对于长护险护理等级的评定参考性有限，部分疾病对于长护险服务内容需求度不是很高，这就很可能造成长护险资源的浪费。

目前上海成立了大量的护理站，但是对护理站的管理不够严格，日常运营的监督力度不足，尤其是服务质量监管基本处于缺失状态。调研发现，护理站不规范运作的情况时有发生，有些护理站存在不提供服务、直接给老人发放现金代替服务，甚至出现定价出售"长护险"定点服务资质的现象。调查显示，少数护理站为了获得服务对象，选择赠送鸡蛋或者牛奶等礼品吸引老年人签约服务。

4. 护理人员供给规模较低，专业能力亟须提高

失能老人的数量不断增加，所需要的具备专业技能的护理人员的数量也在不断增加。在实际情况中，很多老年人所需要的不仅是简单的日常生活照料，由于突发疾病的风险较高，护理人员需要具备更为专业的医疗护理技能，以及时应对失能老人突发的疾病情况。现实中以养老护理员上门服务为主，而由于培训力度不足，培训涉及范围较小，培训标准较粗放，培训时长"缺斤短两"等，养老护理员掌握的护理技能也非常基础，对于一些操作项目，如帮助便秘

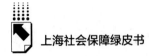

老人抠大便有特殊的手势要求，大多数护理员都并未掌握。在对上海 30 家护理机构的实地调研中发现，目前从事长期护理服务的护理人员整体年龄偏大，且缺乏专业的医疗护理人员。护理员的年龄在 36~65 岁，平均年龄超过 50 岁，50 岁以上占比共计 55.85%。证书的考核标准及需要的技能标准均较低，大多数人只要识字基本都可以考到相关证书，进入门槛较低会导致服务质量较差。护理专业人员的匮乏及专业能力水平相对较低成为阻碍长期护理保险进一步发展的关键因素。

5. 服务有待完善，经办模式需进一步优化

长期护理保险的申请和受理需要申请人携带相关的证明材料到指定的地点统一进行办理，没有网上直接办理的渠道，结算环节也需要失能老人持卡到定点护理机构进行统一结算。在调研中发现，无论是申请还是结算环节都会对失能老人及家人造成不便，还会给基层经办人员带来较大的经办压力。除此之外，上海各个区经办系统也彼此之间相互独立，经办人员只能查本区的经办记录，无法查询其他区域的申请人及护理机构的实际情况，因此会造成信息不对称，从而影响申请环节、评估环节、服务监督环节及结算环节的效率。上海长期护理保险经办模式传统且效率低，将会阻碍长期护理保险市级统一规划、统一管理、统一标准的进程。

三　上海长期护理保险制度模式及实施路径

（一）模式框架设计

结合国外长期护理保险发展的积极经验及我国的基本实际情况，本文对长期护理保险模式进行了设计①。长期护理保险商业保险形式与社会保险形式相比，商业保险形式主要依靠市场经济，当市场经济出现不稳定的时候，会出现市场失灵的现象。另外产品的定价较高，会造成购买者很大的经济压力，如果长期护理保险与商业保险结合，社会中的一些中低收入群体将无法得到社会的支持，也无法缓解中低收入群体的护理压力，因此应秉承权利和义务相结合的

---

① 史健勇：《上海进一步完善"长护险"制度研究》，《科学发展》2019 年第 2 期，第 97~103 页。

基本原则。上海长期护理保险模式可以在符合底线公平福利观念的基础之上，对顶层设计、筹资模式、给付模式及运作模式进行设计，对低收入者进行补贴，保障中低收入者的基本护理需求，采用护理服务、护理津贴及辅助器具等市场化的给付模式，政府、企业和个人在护理风险中处于共同承担的角色。医保经办机构、商保经办机构及失能人员定点服务机构协同发力，构建科学专业的长期护理保险运作模式，通过政策支持在为长期护理保险做顶层设计的同时，筹资主体、给付内容和运作方式相结合，以保障上海长期护理保险制度能够更为平稳且持续性地发展，具体"服务型"长期护理保险模式如图4所示。

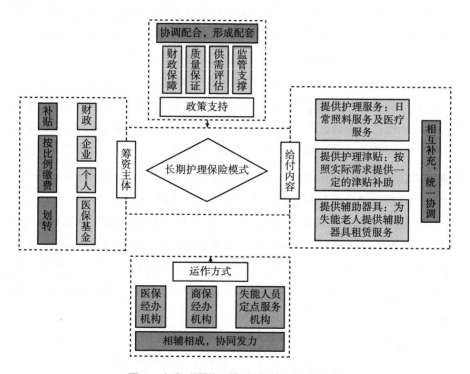

图4 上海"服务型"长期护理保险模式

（二）具体内容设计

1. 政策支持

（1）财政保障。长期护理保险制度在明确的受法律严格规范的环境下逐

步完善，遵循"保障基本、兜住底线"基本原则，明确财政责任，履行政府基本社会职能，合理确定财政补贴环节、对象和标准，在财政合理承受能力的范围之内，充分发挥财政的保障机制，适当增加财政补贴的力度可以对保险的覆盖率形成正向传导机制，有利于实现公平性和激励性，且不会形成较重的财政负担，以此来实现政策的稳步推进，确保长期护理保险制度能够稳步实施。

（2）质量保证。长期护理服务行业属于社会公益事业，会产生较低的利润，为了使长期护理服务行业能够稳定且高质量地发展，并确保老年人直接享受满意的长期护理保险服务，需要政策支持以保障服务质量，如对护理从业者的专业度的规定、对不同等级失能老人服务时长和服务内容的规定，对服务规范化和流程化进行详细规定。

（3）供需评估。从政策层面上明确了长期护理保险的服务目标，由于长期护理服务的形式、获取方式、购买费用等等各有不同，因此在不同的护理服务覆盖不同的服务对象时，需要构建一种评估机制对长期护理服务的供给和需求进行评估。在政策支持的基础之上，对不同失能等级的失能老人获得对应的护理服务进行评估、对长期护理保险资金进行评估、对长期护理保险费用的分担比例进行评估，这也是长期护理服务体系发展的前提。

（4）监管支撑。通过政策支持扶持、引导和规范对长期护理服务机构的监管工作，指导有关的护理机构能够更快更有效地落实各方面监管措施，对长期护理保险政策实施分类监管，逐步建立多种形式的监管模式，如移动监管、人工筛查、各个部门联合督查等模式，充分发挥监管支撑作用以保证护理服务质量。

2. 筹资主体

（1）财政。对财政责任进行明晰，根据上海不同区域的实际情况，市级财政需要承担相应的协调责任，各区财政部门通过转移支付的方式合理调配资源，以维持基金的稳定性。另外根据各区的实际情况对其采用具有针对性的补贴方式，针对不同经济情况及不同失能等级的失能老人进行不同程度的补贴，可以采用差异化的补贴方式，另外根据不同收入和雇佣情况给予分层分类的精细化财政补贴，以保证长期护理保险基金平衡。

（2）企业及个人。社会保险是社会保障体系中重要的环节，未来我国长期护理保险作为一项社会保险，应该独立筹资。企业和个人应该是长期护理保险资金的主要来源，社会保险中除了工伤保险以外，均由企业和个人承担，因此长期护理保险筹资渠道也应按照一定的比例进行筹资，以保障基金的可持续性。另外也应该充分拓宽企业捐赠、个人捐赠等社会化筹资渠道，要充分发挥个体和企业参与融资的主动性，做到互相帮助，共同承担责任。

（3）医保基金。从试点城市的基本情况来看，各试点城市均为医保统筹拨款，并将一部分资金用于长期护理保险体系的正常运转，因此在长期护理保险基金筹资中医保基金需要承担一定的职责，这是长期护理保险基金的补充机制。另外，参加长期护理保险的人群需要同时参加城镇职工或城乡居民医疗保险，因此需要做到医保基金和长期护理保险基金的有效衔接，也能最大限度地保障基金的可持续性。

3. 给付内容

（1）提供护理服务。按照失能老人不同的失能等级需要，长期护理为其提供个性化的护理服务，提供生活照料服务和医疗服务。生活照料服务的定位侧重于以失能老人为中心的生活照料以及便于居家护理服务开展的专业护理，如提供膳食营养服务、健康管理、翻身和关节活动及清洁照料等，以满足失能老人的日常生活照护的需要。医疗服务的定位是为失能老人提供医疗服务，保障失能老人的身体功能，延缓功能衰退，提高失能人群的生活质量，如提供用药、协助吸氧、血压血糖检测等服务项目。

（2）提供护理津贴。长期护理服务除了护理服务以外，针对低收入老人和孤寡老人，还对家庭护理进行政策倾斜，设立灵活的家庭护理补贴方式，采取提供护理津贴的方式确保低收入者能够获得相应的护理服务，对不同的失能群体提供不同的护理服务，满足个性化的护理需求，从而建立长期护理保障体系。

（3）提供辅助器具。考虑到失能老人家庭的实际经济状况，可以适当提供辅助器具的租赁服务，如提供失能床铺的租赁服务，按天收取一定的费用，当失能老人去世后，可以将租赁的商品退还给租赁公司，租赁公司消毒后再重新投放到市场之中，有效缓解失能老人家庭的负担，以提高长期护理保险制度的实际运行效率，提高运行能力。

4. 运作方式

（1）医保经办机构。从长期护理保险的运作方式来看，长期护理保险的

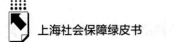

主要流程包括申请、评估、服务及结算，在流程之内还包括对于长期护理保险信息系统的维护和建设等内容。对于社会医疗保险的经办机构来说，长期护理保险属于一个全新的险种，因此医保经办机构需要充分发挥监管作用，以保障长期护理保险制度的平稳运行。

（2）商保经办机构。适当引入商保经办机构，采用政府购买的形式，将申请环节、评估环节、服务环节及结算环节中的部分业务转移到商业保险机构，结合失能人员定点服务机构共同运作。为了提高长期护理保险的实际运行效率和服务水平，需要对运作方式进行探索，积极引入第三方机构参与长期护理保险的经办环节，以发挥市场机制的关键作用。

（3）失能人员定点服务机构。长期护理保险运行模式中除了医保经办机构和商保经办机构以外，失能人员定点服务机构也是长期护理保险运作方式中重要的环节，可以为失能人员提供定点服务，其中包括个性化的服务，为失能人员提供更为精准的服务。

（三）上海长期护理保险模式实施路径分析

1. 第一阶段：完善长期护理保险制度设计

经济和市场化程度都高度发达的上海，老龄化程度较深，并且老龄化速度较快，由于市场竞争激烈和生活成本较高，家庭长期护理的负担较重。在此基础之上居家护理和机构护理就具有较大的市场，并且快速发展。在严格遵守支付条件的前提下，采取现收现付制，可保证中低收入人群的基本需要，并在不断扩大的基础之上，对其进行严格控制。在整个设计流程中，必须严格掌握基本原则，这种原则也适用于其他社会保险制度的建设。在上述社会保险的最初设计中起付标准均较低。在此基础上，上海在建立长期护理保险的路径之中，要改进养老保险的设计，应充分考虑其覆盖范围、给付方式、监管方式、服务手段、结算方式等特点，使其在发展过程中能够更好地扩大覆盖范围并接受度更高①。

2. 第二阶段：构建多层次长期护理保险体系

在第一阶段的基础之上，民营企业进入长期护理市场需要向当地政府申

---

① 韩丽、胡玲：《长期护理保险待遇给付的现实困境及优化路径研究》，《卫生经济研究》2020年第7期，第49~52页。

请，符合国家的基本要求之后，就可以获得成立护理服务机构的资质，因此无论是医院的工作者还是各个企业的法人等均可以进入长期护理服务的提供者范围，降低了护理服务的准入条件，有利于为护理服务提供更多的人力资源。上海开展了四年的长期护理保险试点，其中责任主体是政府，并逐步完善了长期护理保险制度。应建立商业保险公司参与的多元经办服务体系，第二阶段主要解决的问题是构建多层次的长期护理保险体系，因此需要引入第三方经办机构参与构建多层次长期护理保险体系。

3. 第三阶段：丰富长期护理保险服务内容设计

在前两个阶段的基础之上，第三阶段的重点在于丰富长期护理保险服务内容，本文认为长期护理保险服务主要包括覆盖范围和差异化的服务内容。由于目前上海享受长期护理保险服务的人群为 60 岁以上的老人，因此其他年龄段的失能群体并不被纳入保障范围，这对于具有护理需求的群体来讲缺乏保障力度。除此以外，护理服务内容需要进行重新设计，以失能人群的基本需求为主，设计个性化的护理服务内容，使长期护理保险服务受众面更广，更具有针对性，更能解决人们的实际需求。其一，扩大覆盖范围，长期护理保险应为失能群体提供更充分的保障。其二，设计差异化服务内容，从国内外长期护理保险服务的经验来看，失能群体的最基本需求是服务时长和内容，尤其是重度失能人群，普遍反映照护时间较短，服务项目较少，护理需求很难满足。

四 完善上海长期护理保险制度的对策建议

（一）优化长期护理保险制度顶层设计和制度方案

1. 优化长期护理保险制度顶层设计，增强法律保障

在现行的社会保险缴纳范围以外，再开发新的险种，面临巨大的阻力，单独设置老年人长期护理保险存在困难。而我国用基本医疗保险基金结余支付老年人长期护理保险费用，则是在实施过程中，逐步构建起的一套完整的长期护理保险体系。但是，任何一项科研计划和理念的实施都需要有国家的法律、政策来支撑。城镇职工和城乡居民基本医保基金有结余，为老年人长期照护保险的具体实施提供资金上的保障，是实现这一计划的关键。

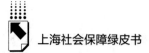
2. 建立健全长期护理保险制度体系，加强各方有机协调

从制度的可持续性出发，完善长期护理保险的顶层设计①。首先，在体制上，把"长期护理"纳入我国"积极应对"的战略、"健康中国"战略之中，应当在"社会保险"的框架内探索"自主"的模式，设立一个独立的"长期护理保险"和"经办机构"。其次，在政策方面，要加强有关部门的政策协调，使各部门合理分摊资金、明确个人缴费责任。最后，在制度建设方面，要从经济发展的角度考虑问题，坚持基本可持续发展，与社会养老结合，促进长期护理与家庭赡养、社会福利等有机结合，充分发挥社会保险的普惠功能。

（二）夯实多元化筹资机制

1. 建立动态调整的筹资机制，减少基金运行风险

根据"以收定支、平衡收支、适度结余"的原则，合理确定长期护理保险基金的资金规模，并在此基础上加强长期护理保险的精算平衡。一方面，对养老保险资金的收支、养老保险的需求进行了中期仿真，对养老保险基金的风险进行了预测，达到收入有数、支出有底、风险有边。另一方面，要完善养老保险资金的管理和结算方式，在具体的经营中，提出了与商业保险公司结合的建议。保险体系可以考虑采用"混合模式"，即政府相关部门负责规划、收费和监督，而将基金的经营和保险支付交给保险公司。在精算基础上，对多元筹资中的各方责任进行了清晰的界定，尤其是确定了医疗保险基金的规模、比例和筹资承压能力，并根据保险体系的运作情况，动态地调整筹资计划，防止某个险种的财务不平衡而导致的连带风险。

2. 提高资金的利用效率，保证基金可持续发展

长期护理保险能够做到"医养结合"，所谓的医养结合就是在老人身体健康的时候以"养"为主，当老人的身体健康情况较差的时候以"医"为主，因此长期护理保险与医疗保险和养老保险之间都有一定的交叉。目前上海的长期护理保险基金主要是医保基金划转，因此在实际的情况中很难分辨出医疗保险和长期护理保险之间交叉的部分到底由哪个资金进行支付。因此在基金的使

---

① 王东进：《坚持立足国情实际 全面总结试点经验 稳步建立中国特色长期护理保险制度》，《中国医疗保险》2021 年第 10 期，第 13~16 页。

用过程之中需要对"医养"部分进行明确的规定，同时也能够提高长期护理保险基金的利用效率。

（三）规范长期护理保险需求评估体系

1. 科学调整需求评估标准流程，建立综合监察模式

科学的长期护理保险需求评价系统是根据目前我国养老保险需求评价过程中存在的问题而进行的。首先，需要进一步完善评价程序，建立需求评价复查体系。其次，在评估的过程中，建议将有经验的社工、长期护理保险公司的护理人员加为评估员，以提升护理服务的内涵，使评估的结果与护理服务计划的制订相结合，为护理服务提供更多的参考。又次，需要对评价指标进行进一步的优化。最后，要建立一批社会化的、统一的需求评价体系，确保需求评价与护理服务供给总量充足、衔接平稳。

探讨在长期护理保险中设立一个单独的主管部门和经办机构，并在此基础上建立健全长期护理保险监管机制。在人力资源和社会保障局设立一个单独的长期护理保险管理处，并设立一个长期护理保险管理中心。在实行长期护理保险基金专账管理的基础上，与养老保险、医疗保险等社会保险实行并行管理。坚持以扶持、引导、规范为目标，继续加强对护理机构的监管，督促相关部门加快手机 App 的安装与使用；以移动监管工作部署为契机，注重分类监管，逐步建立自查、互查、督察、开展联合专项检查、加强投诉举报监督稽查等多形式的综合监管模式。

2. 培育标准化供给市场，培养高素质技术人才

培育合格的服务人员供应市场，培养高素质的专业技术人员。从宏观上讲，必须建立一个专业的组织来规范护理人员的培训、管理和质量控制，以确保护理人员的持续发展。首先，制定和发布有关的服务标准，建立评价体系，规范市场，接受服务对象和社会公众的监督，不断提升服务质量。其次，做好与养老保险相匹配的就业政策，在住房保障、职业规划、社会保障等方面提供一整套的保障措施。从微观层面来说，护理人员的素质直接关系护理工作的质量。同时，借鉴德国的护理教育经验，构建了一套完整的护理教育体系，包括中专、专科、本科三个阶段的护理人才培训制度，并逐步扩展到职业资格证书、职业等级的确定，从而形成了一批覆盖各级

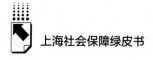

护理人才的护理队伍。此外，要拓展长期护理保险的服务范围，以满足失能人群的长期照顾需要。

（四）相互协调助力长期护理保险服务体系

1. 建立多层次护理服务体系，满足多样化护理需求

目前，护理人员数量少、素质低、流动性强，无法满足老年人的需要。为此，要确保养老保险基金有结余，以保障长期护理保险计划的正常运作。应满足其人力资源的正常需要，一是要提高护士的薪酬待遇，吸引更多的优秀人才进入护理队伍，健全对员工的工资和业绩激励机制，对业绩突出的员工进行奖励，激励他们的工作热情；二是实行分级培养，各级护理人员要有资格证书；三是要提高护理人员的社会地位，提升护理人员的职业发展空间，在工作一定年限后，随着专业水平提升可以有更大的发展空间和发展前景。

构建以居家为基础、社区为依托、机构为补充的长期护理服务体系。首先，为残疾老人提供生活照料、医疗保健、精神安慰等长期护理服务，要在社区照护服务的基础上，加强助餐、助浴、购物、户外活动、家庭病床等方面的支持。其次，以医疗康复为主的重度失能老人，可以转到指定的医疗机构；以日常照顾为主的，可以转到指定的养老院。在医疗保障系统中，政府和公立医院要承担起"托"的角色，为城乡特困、计划生育家庭（失独、独生子女残疾家庭）免费提供护理服务。最后，以私营和非营利性为主导、以市场为导向的护理服务，按失能程度和服务年限领取长期护理保险资金。

2. 持续提升护理质量，实现"公私互调""新旧融合"全面发展

要正确处理公立和私立医院之间的关系。首先，要加强公立护理机构"保底线、保基本"的功能定位。其次，要大力发展民办护理机构，不断提高其提供护理服务的能力和质量。最后，要正确处理好传统和创新之间的关系。在提高传统护理服务的基础上，增加科技支持，强化辅助设备和产品的研发，重点发展护理照料、生活辅助、功能代偿增进等失能失智辅助科技产品，推动护理服务创新。

G.17
上海分级诊疗和家庭医生
制度改革发展报告

张健明*

摘　要： 分级诊疗和家庭医生制度是提高医疗资源配置效率、实现医疗资源的供需匹配、解决居民就医难问题的重要政策措施。分级诊疗制度和家庭医生制度是密切关联的，家庭医生是分级诊疗制度实施的重要环节，分级诊疗制度是家庭医生运行的基础。上海构建分级诊疗和家庭医生制度的基本路径是基层社区卫生服务中心与二、三级医院双向转诊，形成三级诊疗医疗资源协同，构建了符合国情、市情的分级诊疗和家庭医生制度。分级诊疗制度下基层医疗机构实行首诊制。然而，现实情况是由于基层医疗机构服务能力较弱，难以有效满足居民的首诊需求，市民对基层首诊认同度不高，首诊制普及率较低。优化上海分级诊疗和家庭医生制度首先要更新医疗服务观念，建立以患者需求为导向的分级诊疗和家庭医生制度，加强医疗联合体建设是有效落实分级诊疗和家庭医生制度的关键环节，促进医联体内部资源流动是建立需求导向的分级诊疗和家庭医生制度的重要基础。

关键词： 分级诊疗制度　家庭医生制度　医疗联合体　上海市

党的二十大报告指出，深化医药卫生体制改革，促进医保、医疗、医药协同发展和治理。应促进优质医疗资源扩容和区域均衡布局，坚持预防为主，加

---

* 张健明，教授，上海社会保障问题研究中心副主任，主要研究方向为社会保障政策与实务。

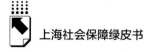

强重大慢性病健康管理，提高基层防病治病和健康管理能力。分级诊疗和家庭医生制度是提高医疗资源配置效率、实现医疗资源的供需匹配、解决居民就医的突出问题的重要政策措施，是深化医药卫生体制改革、促进基本医疗卫生服务均等化的重要举措，建立中国特色基本医疗卫生制度，对于促进医药卫生事业长远健康发展、提高人民健康水平、保障和改善民生具有重要意义。

当前，上海在全面建成更高水平小康社会，基本建成国际经济、金融、贸易、航运中心，形成具有全球影响力的科技创新中心基本框架的基础上，阔步迈进中国式现代化新征程，上海将加快建设具有世界影响力的社会主义现代化国际大都市，勇当全面建设社会主义现代化国家的排头兵，在推动高质量发展、创造高品质生活、实现高效能治理上迈出坚实步伐，谱写上海社会主义现代化建设新篇章。健康医疗服务体系是上海重要的民生保障制度，分级诊疗和家庭医生制度是上海提高健康医疗服务体系运行效率，保障和改善民生，以优质医疗服务资源的供给服务人民、提高人民生活品质的重要基础。近年来，上海不断推动公立医院高质量发展试点，推动国家医学中心建设，加快高水平医院"一院多区"建设，推进区域性医疗中心服务能力标准化工作，打造一批社区卫生服务标杆机构，持续深入地推进健康上海建设。

一　上海分级诊疗与家庭医生制度改革发展实践进程

（一）分级诊疗与家庭医生制度释义

1. 分级诊疗制度

分级诊疗指按照疾病的轻重缓急及治疗的难易程度进行分级，不同级别的医疗机构承担不同疾病的治疗，逐步实现从全科到专业化的医疗过程。分级诊疗制度内涵包括16个字"基层首诊、双向转诊、急慢分治、上下联动"。

分级诊疗最初源于世界卫生组织在1957年对医疗服务的分类。根据WHO的分类，医疗服务因其诊疗范围的不同，可以分为防治结合的全科医疗以及以治疗为主的专科医疗，对医疗服务进行划分所传达的核心思想是医疗机构要根据患者的就医需求来提供不同程度、不同类型的医疗服务。

分级诊疗制度是在我国医疗资源总量有限且配置失衡的局面下提出的一项

优化医疗资源配置的制度建设。分级诊疗制度以提高基层医疗服务能力为重点，以常见病、多发病、慢性病分级诊疗为突破口，完善服务网络、运行机制和激励机制，引导优质医疗资源下沉，形成科学合理就医秩序，逐步建立符合国情的分级诊疗制度，切实促进基本医疗卫生服务的公平可及。

2. 家庭医生制度

家庭医生制度是以全科医生为主要载体、社区为范围、家庭为单位，满足城乡居民个性化健康医疗服务需求的制度安排。目前我国的家庭医生主要由基层医疗卫生机构注册全科医生（含助理全科医生和中医类别全科医生）及具备能力的乡镇卫生院医师和乡村医生等组成。

家庭医生制度功能体现如下。第一，建立居民健康档案。家庭医生为其建立居民健康档案。第二，优先预约就诊。由家庭医生转诊，签约患者可以预约的形式优先到上级医院专科就诊。第三，慢病长处方。家庭医生可以为签约慢性病患者提供治疗所需的长处方，减少患者到医疗机构开药的次数。第四，转诊绿色通道。根据签约患者病情，家庭医生帮助其转诊到上级医院住院。第五，重点疾病健康管理。家庭医生帮助社区慢性病患者实施健康管理。第六，儿童保健管理。家庭医生为 0~6 岁儿童提供健康管理。第七，孕产妇健康管理。家庭医生为孕产妇提供健康管理。第八，老年人健康管理。家庭医生每年为 65 岁及以上老年人提供健康检查和健康状况评估。第九，预防接种。家庭医生为 0~6 岁儿童预防接种。第十，健康教育。家庭医生为签约居民提供健康生活方式、可干预危险因素、传染性疾病预防等健康教育知识。

签约服务是家庭医生制度实施的重要环节，分为基础包和个性化服务包两种类型。签约周期原则上为一年，期满后居民可续约或选择其他家庭医生（团队）签约。

3. 分级诊疗与家庭医生制度衔接

分级诊疗制度和家庭医生制度是密切关联的，家庭医生是分级诊疗制度实施的重要环节，分级诊疗制度是家庭医生运行的基础。党的十八大以来我国医疗卫生体制改革不断深化，2009 年，国家颁布了《国务院关于深化医药卫生体制改革的意见》；2015 年，国务院办公厅印发《关于推进分级诊疗制度建设的指导意见》；2017 年，国家卫计委等联合发布《关于印发推进家庭医生签约服务指导意见的通知》；2022 年，国家卫健委等六部门联合印发《关于推进家

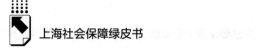

庭医生签约服务高质量发展的指导意见》，上述文件推动分级诊疗制度和家庭医生制度不断完善。实行分级诊疗和家庭医生制度能够提高有限的医疗资源使用效率。医疗资源的优化配置要从上海市民的医疗需求出发，满足居民的医疗服务需求。

（二）上海分级诊疗和家庭医生制度实践探索

上海是全国率先实施分级诊疗和家庭医生制度的城市。上海构建分级诊疗和家庭医生制度的基本路径，是基层社区卫生服务中心与二、三级医院双向转诊，建立三级诊疗医疗资源协同机制，逐步建立符合国情、市情的分级诊疗和家庭医生制度，为上海市民提供综合、连续、全程的医疗卫生服务。

2011年，上海在长宁、闵行等10个区启动家庭医生制度改革，在黄浦（原卢湾）、崇明启动瑞金—卢湾、新华—崇明两个医疗联合体试点，开展了一系列社区首诊、有序转诊、分级诊疗服务模式的探索。上海通过"5+3+1"完善医疗服务体系，通过"1+1+1"签约服务做实家庭医生制度。

2015年，上海启动新一轮社区卫生服务综合改革，普遍建立了家庭医生制度。市民在签约家庭医生基础上，可选择一家区级医疗机构、一家市级医疗机构构成"1+1+1"的签约医疗机构组合，家庭医生成为居民健康的"守门人"。到2016年6月底，上海市首批65家试点社区已签约"1+1+1"（1家社区卫生服务中心、1家区级医院、1家市级医院）居民超过24万人，其中60岁以上老人超过20万人，占上述社区卫生服务中心60岁以上老人的12.8%；已签约居民2022年以来门诊在"1+1+1"签约医疗机构组合内就诊占78.55%，在签约社区卫生服务中心就诊占60.8%。2022年底，全市17个区（县）的245家社区卫生服务中心近4000名家庭医生为936万名常住市民提供健康管理和医疗服务，占常住人口的48%，占户籍人口的55%。

2022年，国家卫健委等六部门联合印发《关于推进家庭医生签约服务高质量发展的指导意见》，要求进一步完善分级诊疗和家庭医生制度。经过近10年的分级诊疗和家庭医生制度建设，分级诊疗和家庭医生制度建设在系统调整医疗资源配置、破解供需失衡困局、营造医改新格局等突出问题方面有着重要价值。然而，上海对分级诊疗和家庭医生制度在基层落实存在较大困难，分级诊疗和家庭医生制度在推行过程中尚没有达到其预期目标，许多居民的基本医疗需求难以得到满足，医疗资源分配不均衡的局面也未能破解。为了最大限度发挥医疗资源的社会效益，提高医疗资源的配置效率，要重新审视分级诊疗制度的运行逻辑，平衡医疗资源的供需矛盾，使分级诊疗制度彰显其制度优势，切实惠及全体人民。

进入新时代我国医疗卫生事业高质量发展对分级诊疗和家庭医生制度提出了新要求。然而，实施历时6年，分级诊疗制度运行瓶颈尚未突破，基层医疗卫生机构能力依然不足，基层首诊制难以落实到位，医疗联合体内部协同性较低，双向转诊功能得不到有效发挥，签约率处于较低水平。

二 上海分级诊疗与家庭医生制度改革发展实践困境

（一）分级诊疗与家庭医生制度运行制约

1. 基层医疗机构医生首诊制难以落实到位

分级诊疗制度下基层医疗机构实行首诊制。然而，现实情况是基层医疗机构服务能力较弱，难以有效满足居民的首诊需求，市民对基层首诊认同度不高，首诊制普及率较低。

基层医疗机构服务能力弱主要体现在医疗水平、医疗设施和医疗服务这三个方面。2019年，上海基层医疗卫生机构数占全市总数的90%，而卫生技术人员数却只占全市的20%。[1] 此外，基层社区卫生机构卫生技术人员大学本科及以上学历的人员比重占比较低，基层医疗卫生机构的卫生技术人员在地区分布城乡差异较大，无论数量还是质量，基层医疗机构的水平尚未达到准确诊断常见病和多发病，以及甄别和判断复杂疾病的能力。同时，医疗设施不足和医疗服务水平不高也影响了社区医疗机构首诊制的有效落实，2021年上海医疗卫生机构拥有的万元以上设备台数远低于医院的数量，仅占全市医院数量的10.8%，医疗设施投入不足降低了基层首诊制的实施效果。

因此，基层医疗卫生机构在医疗水平、医疗设施和医疗服务方面不能满足

---

[1] 《上海基层医疗卫生机构数量3年数据分析报告（2020版）》，https：//ishare. iask. sina. com. cn/f/1LAJ4EhGbsH. html？utm_ source＝sgsc。

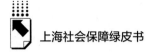

市民的首诊需求，市民就医决策倾向高等级的综合医院，分级诊疗制度下的基层医疗卫生机构首诊制难以落实到位。

2.分级诊疗制度下家庭医生签约率较低

上海是我国率先实行分级诊疗与家庭医生家庭制度的超大城市，2020年上海家庭医生的签约率尚未达到常住人口的40%，[①] 分级诊疗实施和家庭医生签约依然面临诸多困难。

家庭医生签约率较低因为受到多种现实条件的制约。第一，我国全科医生数量不足和质量不高，2020年我国人口总量超过14亿人，仅有40.9万名全科医生，每万人口全科医生不足3人，每名全科医生签约的居民人数高达3000余人，[②] 全科医生的缺口仍然较大。分级诊疗实施和家庭医生有效实施不仅要求全科医学人才储备充足，还要求其技术过硬、素质精良。第二，家庭医生服务内容与居民的签约需求存在错位。由于全科医生总量不足，在家庭医生人数有限情况下，上海采取家庭医生优先与老年人、残疾人、慢性疾病等弱势特殊人群进行签约，然后再逐步扩大到全体居民的策略。这就导致家庭医生围绕重点人群开展签约服务，疾病预防、健康评估等服务提供较少，对中青年人群签约的吸引力不高。此外，家庭医生提供服务的时间安排上，难以适应上班族需求，从而出现了签约率普遍较低现象。因此，上海分级诊疗制度建设亟须走出当前面临的实践困境，使其发挥应有的制度优势，切实惠及全体人民。

（二）上海分级诊疗与家庭医生制度实施调研

1.分级诊疗和家庭医生制度发展制约

分级诊疗和家庭医生制度是提高医疗资源分配效率的一项重要制度建设。然而，上海分级诊疗和家庭医生制度运行尚未达到医疗资源社会效益的最大化。一方面，二、三级医院"人满为患"与基层医疗卫生机构"无人问津"形成了鲜明的对比，优质医疗资源的向上集中导致居民"看病难"；另一方面，公立医院改革取得的成效甚微，医疗保险制度对于分级诊疗的推进作用难

---

① 《上海家庭医生签约率超30%》，上海市人民政府网站，https：//www.shanghai.gov.cn/nw4411/20210519/0f04bb42eca94a629b45bc3dc9013198.html。

② 《中国卫生健康统计年鉴（2021）》，https：//mianbaoduo.com/o/bread/mbd-Y5WWl5tw。

以有效发挥。

上海分级诊疗和家庭医生制度运行也没有解决"看病贵"的问题。对病人而言，看病贵主要是指患者所需要支付的医药费、住院费、手术费等超出其承受的极限，从而给患者造成了较大的经济负担；对医院而言，不管是购买高档医疗设备还是维持医院的日常运营，都与患者所支付的费用息息相关，但基层医疗机构相比较综合医院而言，其配备的基本药物费用和检查项目费用相对低廉。为了促使分级诊疗制度落地，我国把医保政策作为调节居民就医行为的杠杆，还制定了约束机制，对越级就诊的行为，医保将不予报销。然而，上述政策没有触及或者改变医院的门诊及住院费用偏高的情况。

从表1可以看出，国家层面医院门诊和住院病人的医药费支出都在逐年增加，尤其是住院费用，2020年人均医药费支出已超过1万元，占当年居民人均可支配收入的33%。如此高昂的医药费用支出一方面反映了医疗费用的不合理增长，另一方面也体现出分级诊疗制度在解决"看病贵"方面效果一般，居民的医疗费用负担仍比较重。

表1 医院门诊和住院病人的医药费支出情况

单位：元

年份	医院门诊病人次均医药费	医院住院病人次均医药费
2009	152.0	5684.0
2010	166.8	6193.9
2011	179.8	6632.2
2012	192.5	6980.4
2013	206.4	7442.3
2014	220.0	7832.3
2015	233.9	8268.1
2016	245.5	8604.7
2017	257.0	8890.7
2018	274.1	9291.9
2019	290.8	9848.4
2020	324.4	10619.2

资料来源：2010~2021年《中国卫生健康统计年鉴》。

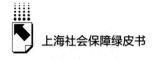

2. 市民医疗服务需求没有得到满足

上海贯彻执行分级诊疗制度的"十六字方针"，推动家庭医生签约来促进基层首诊，通过组建医疗联合体来实现双向转诊。我们通过上海松江区方松街道居民调查了解分级诊疗和家庭医生制度实施情况。

第一，上海家庭医生签约制度难以完全满足居民的医疗安全需求。家庭医生签约关键是保障医疗服务质量，在家庭医生数量和水平相对不足的情况下，居民的医疗安全需求难以获得满足，居民对家庭医生信任度不高，导致基层首诊制度落实受困。

第二，分级诊疗制度中医疗机构等级划分对居民就医心理缺乏足够考量。分级诊疗制度是为了减少高等级医院就诊的压力。但是由于医疗信息不对称，医疗机构划分等级加深了患者对高等级医院的光环印象，固化了人们对基层医疗机构设备简陋、技术不到位、药品不齐全的刻板印象。分级诊疗制度未能免除居民后顾之忧，难以实现制度目标。

第三，医疗联合体难以满足居民就医关系需求和成长需求。居民医疗关系需求表现为医患之间的顺畅沟通和医疗信息的充分共享，成长需求表现为全科治疗和专科治疗之间的良好合作。但是，由于难以将各级医疗机构结合起来，加之医疗服务的复杂性，分级诊疗往往忽视了医疗过程中的关系需求和成长需求。

上述调查显示，现行分级诊疗和家庭医生制度难以适应医疗卫生服务高质量发展的新要求。

（三）分级诊疗与家庭医生制度运行的制约因素

1. 制约因素筛选

（1）分级诊疗与家庭医生制度的制约因素筛选，影响因素分析的前提是基于基层首诊与分级诊疗制度的关系。

首先，基于分级诊疗制度与基层首诊的逻辑关系，选取基层首诊的不同测量指标，将居民的签约行为作为分级诊疗制度下居民选择基层首诊的量化指标。

其次，家庭医生签约本质上属于一种医疗服务关系。居民医疗卫生服务利用行为是情景特征、个人特征和医疗结果相互作用的结果。据此，分级诊疗和家庭医生制度的影响因素筛选如表2所示。

表2　基于 Anderson 医疗卫生服务利用行为模型的影响因素筛选

模型指标			指标定义	指标测量
情景特征	倾向特征	人口学	居民整体的年龄、性别结构	—
		社会	社区居民的民族和种族构成等	—
		信念	社区潜在的价值观念	—
	使能资源	卫生政策	关于医疗卫生事业的规划	—
		资金	支付医疗卫生服务费用的专项能力	—
		组织	社区医疗卫生服务设施和人员的数量、药品种类、位置分布等	医疗设施;人员配置;药品种类;就医环境
	需求	环境	与健康相关的物理环境	—
		人口健康指数	衡量社区健康的指标	—
个人特征	倾向特征	人口学	个体的属性特征	年龄;性别
		遗传基因	遗传性家族病史	—
		社会结构	个体在社会中的话语权	受教育程度
		健康信念	个体对医疗服务的看法	—
	使能资源	资金	个体可用于支付医疗服务的费用	人均月收入;医疗保险类型
	需求	组织	满足自身医疗服务需求的组织	医疗服务可及性
		感知需求	医疗行为发生前 个体对自身健康状况的主观判断	健康状况
		评估需求	医疗行为发生前,临床上医生对病人的诊断和预测	
医疗结果	感知健康状况		医疗行为发生后,专业人士对患者身体状况的评估	—
	评估健康状况		经过一定治疗后,居民对自身健康改善情况做出的主观评价	—
	患者满意度		居民接受医疗服务后,对其过程的评价及反馈	诊疗技术;医患沟通;服务态度;医患信任;医疗费用
	生活质量		能够提升居民幸福感的社会环境	—

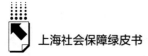

如表 2 所示，根据 Anderson 医疗卫生服务利用行为模型中各项指标的定义选取了医疗设施、年龄、人员配置、性别、药品种类、就医环境、受教育程度、医疗服务可及性、健康管理服务、人均月收入、健康状况、认知水平、诊疗技术、医患沟通、服务态度、医疗保险类型、医患信任和医疗费用等 18 个变量作为影响因素。

（2）分级诊疗制度下医联体建设的影响因素筛选。为了深度剖析医联体建设过程中面临的现实瓶颈，分析医疗联合体协同性较差的原因，课题组与医疗领域相关专业人员进行了分级诊疗制度下家庭医生制度建设的深度访谈。

根据访谈记录中获得的关键信息，经过分析整理，共提取了 10 个影响医联体建设的重要因素，因素命名和相关的访谈记录如表 3 所示。

表 3　医联体建设的影响因素筛选

编号	因素名称	访谈记录
S1	利益分配机制	"医联体的组建涉及多个医疗机构，只有打破不同医疗机构间的利益藩篱，建立合理的利益分配机制，才能使医联体获得可持续发展。"（P3）
S2	用药范围差异	"有一些老年人慢性病情况比较严重，必须得长期服用进口药品，而这些药是不在基药目录里的，导致无法在基层进行必要的继续治疗，只能不断前往上级医院。"（D1）
S3	检查结果互认	"患者在医院接受完治疗，所需的药品本可以在社区医院就买到，可是患者去了之后被告知有一位药仅靠医生的处方不行，必须得出示检查报告，医疗机构内部的规定我们无从得知也无法干涉。"（D3）
S4	政府资金投入	"在建设紧密型医联体过程中，不论是平衡医疗机构间的利益冲突，还是帮助医联体进行信息化改造，有财政的大力支持就是最强大的后盾。"（P3）
S5	内部资源流动机制	"医联体承载着区域内医疗资源共享的重任，内部资源流动机制的建立对医联体资源配置具有重要意义。"（P1）
S6	多元化激励措施	"来三级医院看病的人本身就多，每当有专家到基层指导时，其他在院同事的负担就会加重，大家的积极性都不太高。"（D4）

编号	因素名称	访谈记录
S7	上级医院支持力度	"儿科是我们的特色科室,有三甲的专家来坐诊,但每周只来2天。"(D2)"在基层薄弱的现实没有得到根本改变之前,医联体要想成功,上级医院的支持很有必要。"(P1)
S8	医保差异化报销	"对于门诊报销比例而言,在不同医疗机构的医疗保险支付比例拉不开差距的情况下,居民就医向上聚集符合其利益最大化原则。"(P2)
S9	医疗机构分工明确	"明确医疗机构的功能定位,对不同医疗机构进行有序分工是医联体高效运转的保障。"(P2)
S10	统一的信息管理平台	"我们当前的信息系统只能显示居民在本机构及其所属单位的就诊记录,其他医疗机构的诊断及用药记录是查不到的,有时候居民自己也不知道做过哪些检查,不能充分了解居民的身体状况。"(D1)

如表3所示,对受访人员的深度访谈结果提炼总结后,认为利益分配机制、用药范围差异、检查结果互认、政府资金投入、内部资源流动机制、多元化激励措施、上级医院支持力度、医保差异化报销、医疗机构分工明确及统一的信息管理平台是制约分级诊疗制度下医联体建设的重要因素。

2. 分级诊疗和家庭医生制度的影响因素分析

（1）分析模型选择

第一,二元 Logistic 回归分析。Logistic 回归分析是用来探究自变量和因变量之间相互影响关系的一种研究方法。由于本文将居民的签约行为作为分级诊疗制度下居民选择基层首诊的量化指标,而居民的签约行为又分为已签约和未签约两种情况,是一种二分类变量,因此选用二元 Logistic 回归方法进行分析。二元 Logistic 回归分析,有利于检验自变量对因变量的影响关系,从而筛选影响因素。

第二,解释结构模型。解释结构模型最初是系统动力学用来分析问题的方法。它是在既有知识的基础上把复杂的问题进行拆分,再根据实践经验,按照

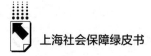

一定的数学方法，最后把研究的复杂问题以多层次、渐进式的分层模型来展现。由于医联体本身是一个涉及众多主体和环节的复杂系统，且本文根据访谈结果筛选出的影响因素难以进行质量控制，所以为了提高研究结果的可靠程度，本文选择用解释结构模型来判断医联体这一系统中各要素之间的影响关系，帮助我们把模糊不清的思想用直观的层级拓扑图展示出来，从而为分析需求导向下分级诊疗制度的影响因素提供参考。

（2）问卷调查

课题组设计了分级诊疗和家庭医生制度实施的影响因素问卷，调查问卷在题型上采用李克特5分制量表的单选题，分值由低到高代表认同感不断上升。

问卷共包含12个自变量、1个因变量、6个控制变量。问卷共设置了19个单选题，主体部分主要包括个人基本情况、家庭医生签约情况、签约行为的影响因素三个部分。

第一部分：调查对象基本情况，总共6道题，包括：年龄、性别、受教育程度、收入水平、医疗保险类型和健康状况等。

第二部分：居民与家庭医生的签约情况，共设置1道题，主要用来统计本次调查中已签约和未签约家庭医生的人数。

第三部分：签约行为的影响因素，总共11道题，采用打分的形式，让居民根据自身实际情况进行打分。

问卷样本确定为上海市松江区。截至2020年，上海市已有800多万人完成了家庭医生签约，签约率在全国范围内都位列前茅。上海市共有16个市辖区，其中，松江区2020年的常住人口为190万，家庭医生签约的总人数为47.6万，经过粗略计算，签约率为25%。

松江区共包含6个街道、11个镇，以随机抽样的形式进行问卷发放。调研共发放了305份问卷，回收292份，其中有效问卷275份，问卷有效率达到94.2%。

另外，在编制问卷时，除了自变量采用了打分的形式，问卷还对个人基本特征和签约行为皆设置了不同的选项。为了在SPSS软件中开展实证分析，就要对其他变量进行重新编码，变量的具体名称及赋值如表4所示。

表 4　变量赋值

变量类型	变量名称	变量赋值
分类变量	年龄	"老年组(60 岁以上)" = 1;"中年组(45~59 岁)" = 2; "青年组(44 岁以下)" = 3;
	性别	"男" = 1;"女" = 2
	受教育程度	"初中及以下" = 1;"高中/中专" = 3;"大专" = 3; "本科" = 4;"硕士及以上" = 5
	人均月收入	"3000 元以下" = 1;"3000~5000 元" = 2 "5001~10000 元" = 3;"10000 元以上" = 4
	医疗保 险类型	"城乡居民医保" = 1;"城镇职工医保" = 2 "商业医疗保险" = 3;"其他" = 4
	健康状况	"患病" = 1;"良好" = 2;"健康" = 3
因变量	是否与家庭 医生签约	"是" = 1;"否" = 0

表 4 展现了本文对问卷所涉及变量的赋值过程,其基本思路是按照问卷设置选项的顺序,将选项内容用阿拉伯数字进行代替。

(3)信度和效度检验

由于此次调查采用的是自行设计的问卷,在进行实证分析前,需要对问卷的信度、效度进行测量,信度的大小反映了问卷回收结果是否能够被接受。

运用 SPSS 26.0 统计软件输出的结果如表 5 显示,分级诊疗制度下居民对家庭医生签约服务需求的影响因素问卷的克隆巴赫 α 系数值为 0.882,基于标准化项的克隆巴赫 α 系数值为 0.876,均超出了 0.7,反映出本文设计的问卷信度较高,总体上可以被接受,可用来进行下一步分析。

表 5　问卷可靠性统计分析

克隆巴赫 α 系数	基于标准化项的克隆巴赫 α 系数	项数
0.882	0.876	12

效度是衡量问卷对所调查内容真实、有效的程度,效度越高,表示问卷结果越能代表其所研究的内容,反之亦然。本文运用 SPSS 26.0 统计软件里的

KMO 和 Bartlett 球体度检验来对问卷的效度进行统计学分析，当 P<0.05 时认为差异有统计学意义，KMO 值越接近 1，问卷的效度越好。得出的结果如表 6 所示。

表 6　问卷有效性统计分析

指标		数值
KMO 取样适切性量数		0.827
Bartlett 球形度检验	近似卡方 自由度 显著性	2004.234 66 0.000

运用 SPSS 26.0 得到调查问卷数据总体的 KMO 值为 0.827，Bartlett 球形度检验的近似卡方值为 2004.234，在自由度（df）为 66 的情况下显著性概率 p<0.001。可见，问卷有效性程度较高，效度检验结果比较理想。

（4）描述性统计分析

进行描述性统计，我们能够对问卷整体有一个总体的把握，既可以大致了解样本的分布，又能够厘清实证分析的思路，确定合适的统计研究方法，得到更加准确的研究结论。

本次研究的有效调查人数为 275 人，其中已签约居民 83 人，未签约居民 192 人。如表 7 所示，在年龄分布上，按照世界卫生组织对年龄的划分标准，已签约居民集中在老年组（60 岁以上），所占比重达到 62.7%；未签约居民集中在青年组（44 岁以下），所占比重达到 54.7%，并且各个年龄分组均有所覆盖，表明论文对年龄抽样的结果相对完善。

在性别分布上，论文此次所调查的 275 名居民中，男性共有 111 人，女性共有 164 人，男女性别比为 67.68∶100。而上海市在第七次人口普查显示其常住人口性别比为 107.33∶100，说明问卷所涵盖的人群还有待进一步扩充。

在受教育程度方面，已签约居民的文化程度有很大一部分在高中/中专及以下，比重高达 59.0%；未签约居民则主要分布在本科及以上，所占比重为 52.6%，反映出学历越高的居民对医疗质量及生活品质的追求越高。

在人均月收入方面，已签约居民的人均月收入不算很高，5000 元以下的人数所占比重达到 80.7%；未签约居民的人均月收入显著提升，5000 元以上的人数所占比重达到 73.9%。当人均月收入超过 1 万元时，二者之间的数量分布差距最大。

在医疗保险类型方面，已签约居民的医疗保险类型主要为城乡居民医保，未签约居民在医疗保险类型上则大多选择了城镇职工医保。值得注意的是，调研对象中已签约居民在商业医疗保险这一栏的数量虽然少，但是未签约居民却普遍没有参加商业医疗保险。

在健康状况方面，根据问卷回收的结果显示，在已签约居民中，有 53.0%的居民身体健康程度不容乐观，相比较已签约的居民，未签约居民的身体素质则明显有所提高，92.2%的居民表示其身体各项机能尚可，自评健康状态为良好及以上。

表7 调查对象的基本情况分析

单位：人，%

因素名称	类别	已签约居民		未签约居民	
		样本数量	所占比重	样本数量	所占比重
年龄	老年组 （60 岁以上）	52	62.7	25	13.0
	中年组 （45~60 岁）	15	18.1	62	32.3
	青年组 （44 岁及以下）	16	19.3	105	54.7
性别	男	33	39.8	78	40.6
	女	50	60.2	114	59.4
受教育程度	初中及以下	16	19.3	3	1.6
	高中/中专	33	39.8	33	17.2
	大专	24	28.9	55	28.6
	本科	9	10.8	86	44.8
	硕士及以上	1	1.2	15	7.8
人均月收入	3000 元以下	30	36.1	30	15.6
	3000~5000 元	37	44.6	20	10.4
	5001~10000 元	15	18.1	121	63.0
	10000 元以上	1	1.2	21	11.0

续表

因素名称	类别	已签约居民		未签约居民	
		样本数量	所占比重	样本数量	所占比重
医疗保险类型	城乡居民医保	48	57.8	40	20.8
	城镇职工医保	34	41.0	139	72.4
	基本医疗保险与商业医疗保险	0	0.0	6	3.1
	其他	1	1.2	7	3.7
健康状况	患病	44	53.0	15	7.8
	良好	28	33.7	82	42.7
	健康	11	13.3	95	49.5

3. 居民签约家庭医生的制约因素

表8为居民对签约家庭医生影响因素的打分，通过计算平均分和标准偏差可以看出，当前居民在就医环境方面得到了较大满足，其平均分最高，为3.55分，说明居民对社区医院的环境持认可的态度，认为社区医院的就医环境得到了较大的改善。居民对诊疗技术的评价最差，平均分只有2.48分，说明居民对前往基层医疗机构就医还存有疑虑，其诊疗技术水平还有待提升。

表8 居民签约家庭医生的影响因素

居民签约家庭医生的影响因素	样本数量	最小值	最大值	平均分	标准偏差
认知水平	275	1	5	2.72	0.916
医疗设施	275	1	5	3.92	0.552
药品种类	275	1	5	2.64	0.882
医疗费用	275	1	5	2.64	0.927
诊疗技术	275	1	5	2.48	0.956
人员配置	275	1	5	2.91	0.768
就医环境	275	1	5	3.55	0.788
医患沟通	275	1	5	2.88	0.944
服务态度	275	2	5	2.97	0.951
医患信任	275	1	5	3.05	0.891

居民签约家庭 医生的影响因素	样本数量	最小值	最大值	平均分	标准偏差
医疗服务可及性	275	1	5	2.63	1.140
健康管理服务	275	1	5	2.76	0.915

（1）相关性分析

相关性分析是为了验证问卷设计的影响因素与居民签约家庭医生的行为之间是否存在相关关系，这也是回归方程的必要步骤，即相关性分析是回归分析的前提基础，能够为后续影响因素的研究提供依据和保证。

由于问卷的因变量是二分类变量，而自变量则是连续变量，所以本文选用了卡方检验来分析这两个变量是否有相关关系，这一步主要是找出居民的签约行为受到哪些具体因素的影响，对不相关的因素进行剔除，进一步规范了需求导向下分级诊疗制度实施的影响因素研究（见表9）。

表9　影响因素与签约行为的相关性分析

因素名称	皮尔逊卡方值	自由度	渐进显著性（双侧）
年龄	71.676	2	0.000
性别	0.018	1	0.893
受教育程度	62.304	4	0.000
人均月收入	74.346	3	0.000
医疗保险类型	37.670	3	0.000
健康状况	76.078	2	0.000
认知水平	100.117	4	0.000
医疗设施	13.835	4	0.008
药品种类	142.374	4	0.008
医疗费用	145.661	4	0.000
诊疗技术	115.301	4	0.000
人员配置	44.314	4	0.000
就医环境	3.379	4	0.497
医患沟通	104.594	4	0.000
服务态度	89.552	4	0.000
医患信任	135.432	4	0.000
医疗服务可及性	123.944	4	0.000
健康管理服务	84.195	4	0.000

运用 SPSS 26.0 软件来测算影响因素与签约行为之间的相关程度，结果如表 9 所示。研究表明，除性别和就医环境因素与签约行为之间无显著的相关关系（P>0.05）外，其余 16 个因素与签约行为之间均存在密切的相关关系（P<0.05）。说明研究所采用的问卷能较好地反映影响因素与签约行为之间的关系，然而相关性分析只能说明二者之间有相互关系，不能推断其受影响的具体形式，要想得到影响居民签约行为的关键因素，还需要在相关性分析的基础上进行回归分析。

（2）Logistic 回归分析

在研究居民签约行为的影响因素时，居民的签约行为是问卷调查的因变量，并且是一个二分类变量，签约行为分为已签约和未签约两种情况，因此选用二元 Logistic 回归分析作为问卷的数据分析方法。但是，在进行 Logistic 回归分析时，为了提高模型的准确性，不能直接让所有的解释变量进入回归方程中，应先对变量做出共线性诊断，防止变量之间有重叠，使模型的准确性降低。

方差膨胀系数（VIF）是常用来判断共线性的指标[①]。本文已经对问卷回收的数据用卡方检验进行了相关性分析，在 18 个自变量中确定了与签约行为有密切关系的 16 个变量。基于相关性分析的结果，为了排除共线对研究结果产生的干扰，增强回归分析的准确性，研究运用 SPSS 26.0 软件对与居民签约行为相关的 16 个解释变量进行二元回归前的共线性诊断分析，软件输出的结果如表 10 所示。

表 10　共线性诊断结果分析

自变量指标	共线性统计	
	容差	VIF
年龄	0.317	3.152
受教育程度	0.353	2.837
人均月收入	0.560	1.787
医疗保险类型	0.599	1.669
健康状况	0.526	1.901
认知水平	0.590	1.695

---

① 任雪松、于秀林编著《多元统计分析》，中国统计出版社，2010。

续表

自变量指标	共线性统计	
	容差	VIF
医疗设施	0.704	1.421
药品种类	1.118	8.472
医疗费用	0.211	4.750
诊疗技术	0.486	2.057
人员配置	0.558	1.793
医患沟通	0.319	3.137
服务态度	0.360	2.781
医患信任	0.320	3.128
医疗服务可及性	0.376	2.656
健康管理服务	0.184	5.443

在统计学中，一般以 VIF 值等于 10 为分界线来判断变量间是否有共线，VIF 超过 10 需对变量进行修正①。从表 10 可知，问卷中所涉及的解释变量之间的 VIF 值均在 10 以下，说明这些变量之间无共线可言，可以对它们进行二元回归分析。

在公式 3 的基础上，本文借助 SPSS 26.0 软件对调查问卷的数据进行了二元 Logistic 回归分析，并将问卷中各分类变量的第一个类别作为参考类别，得到的结果如表 11 所示。

表 11　居民签约行为影响因素的二元 Logistic 回归分析

变量	B	Std. Err.	Exp(B)	P
年龄 [Ref.＝老年组(60 岁以上)]	—	—	—	0.035
中年组(45~60 岁)	0.181	1.279	1.198	0.888
青年组(44 岁及以下)	−1.906	0.839	0.149 *	0.023
受教育程度 (Ref.＝初中及以下)	—	—	—	0.085

---

① 李洪成、张茂军、马广斌编著《SPSS 数据分析实用教程》，人民邮电出版社，2017，第35~36 页。

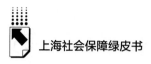
续表

变量	B	Std. Err.	Exp(B)	P
高中/中专	0.560	2.481	1.750	0.822
大专	0.334	1.796	1.396	0.853
本科	0.212	1.512	1.236	0.888
硕士及以上	−2.080	1.560	0.125	0.182
人均月收入 （Ref.＝3000 元以下）	—	—	—	0.352
3000~5000 元	0.194	2.206	1.214	0.930
5001~10000 元	1.624	2.140	5.075	0.448
10000 元以上	0.565	2.191	1.760	0.796
医疗保险类型 （Ref.＝城乡居民医疗保险）	—	—	—	0.648
城镇职工医疗保险	2.840	2.903	17.110	0.328
基本医疗保险与 商业医疗保险	1.835	2.779	6.268	0.509
其他	−16.087	14138.087	0.000	0.999
健康状况 （Ref.＝患病）	—	—	—	0.223
良好	1.211	1.055	3.357	0.251
健康	1.464	0.870	4.321	0.092
认知水平	0.905	0.369	2.473 *	0.014
医疗设施	0.096	0.681	1.100	0.888
药品种类	2.304	1.553	10.018	0.138
医疗费用	0.464	0.572	1.591	0.417
诊疗技术	1.000	0.403	2.719 *	0.013
人员配置	0.027	0.543	1.027	0.960
医患沟通	1.710	0.975	5.529	0.080
服务态度	−1.467	0.876	0.231	0.094
医患信任	−0.162	0.515	0.850	0.753
医疗服务可及性	0.847	0.410	2.332 *	0.039
健康管理服务	−2.276	1.452	0.103	0.117
Hosmer-lemeshow 检验	$x^2 = 4.528$		Df = 8	0.807

注：* 表示显著性水平 P<0.05。

由表 11 可知，Hosmer-lemeshow 检验的卡方值为 4.528，在自由度为 8、显著性水平为 0.05 的情况下，P 值大于 0.05，说明本文所建立的二元 Logistic 回归方程拟合程度良好，并且在 16 个自变量中有 4 个变量具有统计学意义，能够显著影响因变量，这四个因素按 P 值由小到大的排序分别为诊疗技术、认知水平、医疗服务可及性及年龄。

（3）问卷调查结论

第一，市民年龄与家庭医生签约发生的概率成正相关关系，年龄越大，签约意愿越强。原因是年龄与市民身体机能、健康状况、患病概率有关。此外，家庭医生签约服务时间与上班族时间冲突，也可以解释被调查对象的青年组与签约行为之间的负相关关系。

第二，家庭医生的医疗水平、诊疗效果等服务与市民对医疗服务的预期成正相关关系。调查显示居民对诊疗技术的打分总体上处于较低的水平，平均分只有 2.48 分，根据李克特量表设置的分值得出居民在家庭医生的诊疗技术上表现为比较不满意。医疗水平、诊疗效果等能较好地代表家庭医生的水平和能力，上述现象说明部分家庭医生专业性较差、服务质量不高。由于医疗服务的特殊性，医疗机构的水平无疑是影响人们做出就医选择的重要影响因素。

第三，市民对家庭医生的认知水平是影响签约因素。上海对家庭医生签约制度宣传不力，导致很多居民不清楚甚至没听说过这项制度，间接引发了居民就医无序的状态。对家庭医生政策熟悉的人更加愿意签约。

第四，距离居住地近、看病方便、关系拉近、价格亲民等，都是家庭医生签约服务可及性提高的表现。医疗服务可及性包括许多方面，以距离医疗机构的远近来说，和居民住所离得越远，居民去该医疗机构就医的概率就越低。因此，满足居民对医疗服务可及性的需求对签约率的提高起着正向的促进作用，如果家庭医生签约服务的覆盖面能够有所扩大，那么将会有更多的居民体会到与家庭医生签约的好处。目前签约率低的原因是政策在执行初期将重点人群视为重点签约对象，并没有切实提高其他人群在基层医疗机构对医疗资源的可获得性，因此签约率始终保持较低的水平。

总之，在分析需求导向下分级诊疗制度实施的影响因素时，居民是否与家庭医生签约主要受到诊疗技术因素的影响，其次是居民对家庭医生的认知水平，医疗服务的可及性也是促进基层首诊的重要方面，会对居民的签约行为产

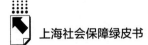

生一定的影响。此外，在讨论居民的签约行为时，居民的个人特质因素也不容忽视。只有综合考虑影响居民签约家庭医生的因素，有效满足居民的健康需求，才能更好地解决基层首诊率低的问题，从而促进分级诊疗制度落到实处。

三 上海分级诊疗与家庭医生制度改革发展的对策建议

（一）重塑分级诊疗和家庭医生制度的价值取向

1. 确立需求为导向的医疗服务理念

优化上海分级诊疗和家庭医生制度，首先要更新医疗服务观念，建立以患者需求为导向的分级诊疗和家庭医生制度。基于需求导向的分级诊疗和家庭医生制度建设要满足上海市民基本的健康医疗服务需求，各级政府作为分级诊疗和家庭医生制度的主导者，要将人民至上的原则融入制度设计和实施过程中，体现在制度运行的每一个环节中，推动各级医疗服务机构职能转型，确立满足市民健康医疗服务需求的价值导向。各级医疗服务机构作为分级诊疗和家庭医生制度的实践者，应当转变医疗服务理念，从以治病为中心转变为以健康为中心[1]，把握患者的健康需求。引导患者树立正确的医疗需求观，劝导患者根据自身的医疗需求理性选择合适的医疗机构[2]，最终形成合理合法、井然有序的就医秩序。接受医疗健康服务的居民应当打破长期以来形成的固有就医观念，养成有序医疗资源利用的习惯，提高对不同医疗卫生机构的认知水平，提高分级诊疗和家庭医生制度实施的可行性。

2. 加大对分级诊疗和家庭医生制度的宣传推广

多途径地宣传推广分级诊疗和家庭医生制度，广泛宣传分级诊疗下各级医疗机构功能定位，尤其要宣传基层社区卫生服务机构的功能定位，改变市民对基层医疗卫生机构错误刻板印象，提高市民对分级诊疗和家庭医生制度实施必

① 张伟、孙瑞玲：《基于患者需求视角下的分级诊疗制度研究》，《中国全科医学》2017年第12期。
② 杨坚、卢珊、金晶等：《基于系统思想的分级诊疗分析》，《中国医院管理》2016年第1期，第1~5页。

要性的认知。分级诊疗和家庭医生制度改革调整要倾听居民的意见，鼓励居民在参与改革中提高认识，改变医疗卫生服务利用的习惯。

3. 增强居民对分级诊疗和家庭医生制度的认同度

要帮助居民认识到医疗服务机构等级只是类型差异，不是质量水平差异。逐步消除三级医院的光环效应。长期以来，居民对三级医院存在盲目崇拜现象，要转变这种传统观念，要使市民理性认识到各个等级的医疗服务机构都是满足居民健康医疗服务需求。唯此才能提高市民对家庭医生认同，使得家庭医生的服务真正深入人心，并与市民的健康需求有效对接，提高市民对家庭医生的认可度和信任度，使市民明确基层医疗机构的功能，并依据医疗服务机构的功能定位，理性选择医疗服务资源，自觉做到基层首诊，才能形成上海分级诊疗和家庭医生制度良好发展格局。

（二）有效实施分级诊疗下的家庭医生签约制度

1. 有效实施分级诊疗下的家庭医生签约制度

鼓励市民签约家庭医生，家庭医生签约和分级诊疗首诊制的推广工作要做细做实，还要向居民广泛宣传家庭医生签约服务的内容和范围，使其真正感受到政策实施为其带来的切身益处，逐渐打消居民随意就诊的念头。应从多个方面，采取多样化的形式来推动家庭医生签约服务。要制定相关的激励政策，优化家庭医生治疗和药费的医疗保险报销比例，增加签约家庭医生对市民的吸引力。

2. 不断增强分级诊疗下的家庭医生签约的获得感

要通过分级诊疗下的家庭医生签约服务，增强居民的医疗服务获得感，从而引导市民的就医行为。从居民的健康医疗服务需求出发，针对性地满足居民在医疗服务过程中产生的需求，要依托上海打造"15分钟"社区生活圈，为社区配备较为完善的医疗卫生服务设施，发挥基层首诊的便捷性、经济性、可及性和连续性等优势，切实提高居民在基层医疗服务过程中的良好体验，使居民感受到基层首诊所带来的好处，逐步提高基层首诊的比例，增强分级诊疗制度给居民带来的医疗获得感，从而养成就近就医的良好习惯。

（三）进一步加强上海医疗联合体建设

1. 推动医联体内部资源有效配置

加强医疗联合体建设是有效落实分级诊疗和家庭医生制度的关键环节。促进医联体内部资源流动是建立需求导向的分级诊疗和家庭医生制度的重要基础。需求导向的分级诊疗和家庭医生制度需要推动医疗服务围绕市民的健康医疗服务需求实现资源整合。由于市民的健康医疗服务需求是多方面的，满足不同的需求涉及不同等级的医疗机构。推动医联体内部资源有效配置要增强不同等级医疗机构之间的有机衔接。推动不同等级医疗机构内部资源整合要兼顾协同主体间的利益，重视医疗机构分工协同的利益同向性，确保基层医疗机构和高等级医疗机构的利益均衡，激发各级医疗机构的内在动力，提升医疗联合体的运行效率。

2. 优化调整医疗资源配置结构

需求导向下的分级诊疗和家庭医生制度实施将推动医疗资源配置结构的调整。要改变重上层、轻基层的医疗资源配置结构，不再按照医院的等级标准来配置资源，而是依据市民健康需求程度配置医疗资源，即改变优质医疗资源向三级甲等医院集聚的资源配置格局。分级诊疗和家庭医生制度赋予和保障基层医疗卫生机构拥有开展相应医疗卫生服务的能力和条件，激励市民首选基层医疗卫生机构接受首诊服务，否则基层医疗资源的匮乏将阻碍基层首诊目标的实现，分级诊疗制度也会失去其应有的根基。

（四）进一步加大基层医疗卫生机构资源投入

1. 加强基层医疗卫生机构财政支持

加大财政对基层医疗卫生机构的支持力度是提高基层医疗卫生机构服务能力、维护群众切身利益的必经之路，也是体现政府公共服务供给责任和有效实施分级诊疗和家庭医生制度的重要前提。上海市区两级政府调整财政支出的结构，加大对基层的财政倾斜力度，补齐基层医疗资源匮乏这一短板[1]。发挥财

---

① 刘向容：《总额预付和增加基层医疗资源对分级诊疗的影响——基于CHARLS数据的实证分析》，《中国卫生政策研究》2016年第4期，第16~22页。

政对基层医疗卫生机构的财政支持的运行兜底功能。要适当控制三级医院规模的扩建，缩小三级医院和基层医疗机构的差距。

2. 构建医疗卫生服务信息平台

构建需求导向的分级诊疗和家庭医生制度，建设医疗卫生信息平台是重要基础。它有利于整合各级医疗机构的信息系统，为医联体的运作提供技术支撑，实现政府医疗服务监管部门、各级医疗服务机构和市民医疗服务信息共享，从而提高各级医疗服务机构的效率，同时，建设医疗卫生信息平台有助于拓宽患者的信息获取渠道，促使医疗服务市场更加公开与透明，降低医患之间的信息不对称，增强市民对医疗服务机构的信任度，推动市民理性选择医疗卫生服务。

（五）强化基层医疗卫生机构的队伍建设

1. 提高家庭医生的执业能力

提高家庭医生的能力是有效落实分级诊疗下家庭医生签约的重要保障。上海亟须建立数量充足的、服务质量有保障的全科医生队伍，以应对老龄化社会下居民"高健康需求"和"低医疗常识"之间的矛盾[①]。社会调查显示，市民家庭医生签约意愿不高，主要因素是对家庭医生医疗服务能力认同度低。因此，提高家庭医生的执业能力成为落实分级诊疗和家庭医生制度的重要环节。上海要通过医疗联合体建设，进一步加强各级医疗服务机构协同，强化基层家庭医生执业能力培养，要定期组织基层家庭医生到上一级医疗服务机构进修，或由上级医疗服务机构组织开展家庭医生医疗技术专业培训。上级医疗服务机构要安排富有经验的专业医生到基层参加家庭医生团队，为市民提供医疗服务，提升市民对家庭医生执业能力信心。

2. 强化基层全科医学人才培养

增加全科医生的数量是有效落实家庭医生签约的重要前提，目前上海全科医生的总量不足，这不仅降低了医疗资源配置的效率，而且不利于满足市民健康医疗服务需求。家庭医生主要由全科医生担任，由于全科医生的培养周期较

---

① 孙慧哲、刘永功：《以分级诊疗破解"看病难看病贵"困局——基于供给-需求视角》，《理论探索》2017 年第 4 期，第 93~98 页。

长，所以要提高家庭医生签约数量，就要增加全科医生的数量，增加全科医疗培养，建立全科医生的长效培养机制，保持全科医生数量供给。上海要科学预测家庭医生发展需求，优化调整高等医学教育的结构和规模，帮助医学院校调整招生和培养方案，形成可持续的全科医生人才培养机制。加强全科医学教育，优化现有的人才供给结构，逐步形成多层次全方位的人才培养体系。要建立科学的薪酬分配体系与职业晋升激励机制，为从事全科医疗的医务工作者提供安全卫生的工作条件与舒适便捷的生活环境，提高全科医生这一职业的吸引力，来弥补家庭医生团队数量的不足，促进家庭医生提高职业认同感，吸引更多的医学人才加入家庭医生的职业队伍。

G.18
疫情防控新阶段下完善上海医疗
卫生服务体系研究

胡 斌[*]

摘 要： 医疗卫生事业是万千民众健康的基石，事关人民福祉，是社会及政府关注的重大民生问题，医疗卫生服务体系建设亦是各级领导和人民群众关心的问题。本文深入分析了上海医疗服务体系的现状和短板，系统梳理了国内典型城市以及国外重点国家完善医疗卫生服务体系的主要做法，得出对上海完善医疗服务体系的五个主要启示，最后提出针对上海完善医疗卫生服务体系的对策建议及五大实施路径。疫情防控新阶段，上海必须统筹好、平衡好、协调好疫情防控与医疗卫生服务，防止出现相互挤兑、顾此失彼，要力争形成相互支撑、相互融合的有利态势。

关键词： 医疗卫生服务体系 疫情防控新阶段 上海市

党的二十大报告指出，推进健康中国建设，把保障人民健康放在优先发展的战略位置。建设健康中国是满足人民群众日益增长的对美好生活特别是健康生活的需要，完善医疗卫生服务体系则是建设健康中国的夯实基础。疫情防控新阶段下，健康上海建设以完善医疗卫生服务体系为中心。2020 年 12 月 10 日，《中共上海市委关于制定上海市国民经济和社会发展第十四个五年规划和二〇三五年远景目标的建议》明确指出，"十四五"时期，上海将坚持以人为本、生命至上，引入大卫生、大健康理念，深化医疗服务和卫生保健体制改

---
* 胡斌，管理学博士，教授，上海工程技术大学管理学院院长，主要研究方向为医疗产业创新、数字化转型。

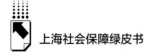

革，完善基本医疗服务和卫生保健制度，健全医疗服务和卫生保健体系，全方位、全周期保障人民健康。

一 上海医疗卫生服务体系现状

医疗卫生服务系统属于综合系统，主要涵盖医院、专业公共卫生机构及相关土地、房屋建筑、床位、人员、设备、信息等。其中，医院包括公立医院和社会办医院；专业公共卫生机构包括疾病预防控制机构、卫生监督机构、精神卫生机构等。

1. 医疗卫生机构持续增加

从医疗卫生机构总量上看，资源数量稳固提升。2022 年 7 月，上海市卫健委公布数据显示，2021 年全市各级各类医疗卫生机构总数达 6317 所（含村卫生室），比 2020 年增加 412 所。2021 年，医院 432 所，同比增长 6.7%。市门诊部卫生机构 1397 所，同比增长 13.3%。医院执业医师 5.3 万人，同比增长 3.9%；注册护士 10.87 万人，同比增长 5.4%。2021 年，疾病预防控制中心 19 所，卫生监督所 17 所。急救中心站 12 个，比 2019 年增加 1 个。2021年，上海市社区卫生服务中心 335 所，同比增长 1.2%。新建 19 家智慧健康驿站，全市标准化智慧健康驿站达到 238 家，实现街镇全覆盖。家庭病床 6.29万张，同比增长 11.53%。社区卫生服务网络不断夯实。

2. 医疗卫生服务有所提升

医疗服务上，有较高提升。2021 年，全市医疗机构共完成诊疗 2.72 亿人次，同比增长 12.9%。门急诊 25785.43 万人次，同比增长 18.93%。出院475.36 万人次，同比增长 17.66%。住院手术 425.22 万人次，同比增长36.12%。病床使用率 86.64%，人均住院 10.51 天。社区卫生服务上，完成国家卫生健康委优质服务基层行活动，扩展至单位及学校等场所。

3. 数字化转型加快推进

在国家数字化转型的推动下，上海医疗卫生服务体系也朝着数字化、智能化方向转变，提升了看病的效率和便捷程度，实现跨时空优化配置医疗资源，扩大了医疗服务的范围，为上海市民提供了更加周到的医疗服务。在提供传统服务的同时，本市快速推进"互联网+医疗健康"服务。

4. 多层次医保协调发展

在多方的共同努力下,上海逐步建立了多层次、全方位的健康保险体系,以基本医疗保险、城乡居民医疗保险和其他补充医疗保险以及商业保险为主要内容。一是基本医疗保险上,市医保局主动新纳入医保支付范围内几十种项目,例如经导管主动脉瓣置换术,这将进一步减轻群众的医疗费用负担;二是不断推进商业健康保险的发展;三是补充保障上,已有较大进展,市红十字会等机构合作建立了具有上海特色的少儿住院互助基金,目前该基金已覆盖约224万人。

5. 监督执法全面推进

在医疗服务监督管理方面,完善相关信息平台,健全管理人员培训制度。加强医疗卫生机构传染病防控监测管理,落实医疗卫生机构传染病防控监测和采样工作,对医疗机构传染病防控分类和监测工作进行全面评估。同时,以党建为引领,加强政治建设、作风建设和纪律建设,落实全面从严治党主体责任,防范化解廉政风险,打造公正廉洁、执法为民、敢于担当的卫生监督执法队伍。

二 上海医疗卫生服务体系在疫情防控中存在的短板和原因分析

(一)上海医疗卫生服务体系在疫情防控中存在的短板

1. 传染病防控资源有限

一是传染病专科医院机构和人员数量不足。上海432家医院中,传染病医院为6家;传染病医院工作人员仅占医疗卫生机构工作人员的2.2%。近年来,除了设备和人员的普遍短缺外,由于收入低等因素,传染病医院面临的更主要问题是明显的人才流失。

二是综合医院传染病防治普遍被边缘化。综合医院的大多数医务人员对传染病控制领域的工作望而却步,这是因为缺乏足够的职业保护,收入很低,以及公众的偏见。其直接经济效益较小,所以尽管传染病控制具有广泛的社会效益,大多数卫生部门仍然不愿意将资源分配给传染病控制。

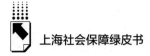

三是基层医疗机构基本不具备应对新冠能力。目前的基层医院，受技术、设备和人员所限，一般不具备检测和治疗新出现的传染病的能力。在疫情暴发后，乡镇医院并没有履行在流行病预防和控制的后期阶段所需的治疗轻症患者的职能，受制于设备等因素，只能关闭发热门诊。

四是多数医疗机构内部管理和人员配备不适应新冠救治。医疗机构对传染病的治疗是建立在使用硬件设备以及软件准备（如系统和流程）对病人进行严格分流的基础上展开的，也就是说医疗设施不是为大规模暴发疫情时的救援和治疗而建的，因此即使在十分必要的时候，许多医疗设施都不能迅速转变为传染病治疗设施。

2. 救治平急结合不紧密

一是"重医轻防"使疫情应急预案或演练形式大于内容。目前已有的新冠疫情应急演练，形式大于内容，未考虑极端状况，且局限于单个机构内部，缺乏与其他医疗机构、社区和市民联动。

二是针对突发公共卫生的应急资源调配准备不充分。上海对这次疫情所涉及的专业知识救援设备不足，救援队的基本能力不足。应急医疗用品的库存管理不善，快速转移和分配的效率低下。

三是医疗建筑设计略滞后。为满足人们对公共卫生和医疗保障不断提升的需求，许多医疗设施被翻新和扩建。随着医疗领域技术的快速发展，医疗建筑也正在进行现代化改造。难以将现有的建筑结构和系统设施迅速转化为传染病的治疗中心，是综合医院当下面对疫情的最大挑战。

3. 医防协同不充分

一是公共卫生与医疗救护协同不充分。公共卫生和医疗应该紧密结合，但目前，医院负责治疗，公共卫生负责预防，两者之间没有任何联系。此次上海疫情反映出的防治结合不足就很突出。并且，信息系统整合度较低，也造成医院系统无法与该地区其他医院和疾病预防控制中心实现数据共享，能完全实现信息资源共享、实时沟通的信息平台尚未建立。

二是各级医疗服务机构协同不充分。重大疫情救治的理想模式，是基层和二三级医院各有侧重。其中，三级医院主要针对伴有多重并发症的危重病例展开救治，基层医疗机构也需要及时对诊疗中发现的问题做出反馈。

4. 医卫要素挖掘不丰富

上海疫情防控中，多是依赖政府主导的职能部门和公立医院等常规性的医疗卫生服务体系，并没有大力引导市场化和社会性的医疗卫生服务资源的切入和参与。一是社会力量调动不够。特大危机时，政府的能力是有限的，而社会的潜能远不止政府能够调度的部分，更广泛的社会参与是应对特大危机的必然选择。

二是市场资源动员有限。市场力量的灵活性和对需求的敏锐度，会主动调整业务结构，暂停线下业务，做好线上服务，集中力量解决配送最后一公里难题，将其经营方式切换到更安全更高效的供给模式上。这既是对自身业务的拓展，也是响应抗疫需求、切实承担安全高效保供责任之举。

三是区域协调联动不强。疫情期间，上海得到了全国兄弟省份的支持，包括长江三角洲的江苏、浙江和安徽，以及中国人民解放军，尤其是长三角三省在医疗、物资保障、交通保运、保证产业链等方面倾力支援。

（二）上海医疗卫生服务体系疫情防控不足的深层次原因

疫情防控实践中存在的上述问题表明，上海医疗卫生服务体系的整合依然不够充分。

1. 部门整合难协同

一是管理部门及层级过多。在疫情防控中，涉及的医疗卫生服务机构有市、区、街道等多层的卫健委、疾控中心、医保机构等多元管理主体。其他政府部门还有财政、公安、交通等部门。因其行政事务及其疫情防控中的角色地位的差异，各层级、多部门在疫情防控政策制定上各有侧重，难以达成共同的目标。

二是本职叠加防控任务重。管理部门在指导疫情防控的同时，亦会临时承担防控任务。另外，疫情防控中各个部门信息收集途径与方法不同，管理者之间缺少信息沟通的渠道平台。不同部门之间的横向信息交流存在阻隔，给疫情防控带来了不小的阻碍，也给部门间的协调造成了困难。

三是管理运作体制不顺畅。疫情防控期间，上级主管部门是市卫健委，区卫健委负责落实，在与街道、社区之间协调对接工作时，缺乏制度安排，尤其是社区卫生服务中心在社区防控中的专业主体性和主动性没得到充分发挥。

2.服务整合难联动

一是服务机构多元且多层。参与的医疗机构包括专业的公立医院专业社会组织和其他社会力量。考虑到其服务性质、层级与级别等，上述服务机构呈现一定的复杂性，导致整合较难快速实现。

二是服务标准化规范不够。一般来说，服务的整合系统应该建立在临床经验的基础上，且这种整合建立在专业标准的基础上，被医疗专业人员高度接受，并能应用于临床实践时，才可以进行。目前的临床协议和转诊协议没有强制性的统一标准，转诊有些随意。

三是服务人员培养尚不足。当前医务人员缺乏对多学科知识、整合协作思维的培训。医生的标准化培训是按照不同的专业来组织的，缺乏跨学科的培训。知识的局限性影响了复杂的跨学科病例的治疗效果。这也给患者带来了许多不便，出现一次就诊挂多个科的现象。

3.信息整合难推进

一是上海医疗卫生部门信息库建设缺乏宏观规划和顶层设计，医防结合各模块之间互不联通，形成大量的"信息孤岛"，主要体现在专业公共卫生机构与医院之间的信息共享与互联互通没有实现。又加之受传统行政思维和疫情发展态势影响，卫健委、疾控中心和医疗服务机构的信息互通渠道难以有效打通，与疫情相关的医卫资源配置、健康监测、疾病救治、信息报告等信息共享系统尚未形成。

二是诊疗数据汇聚乏力。这里主要指的是医疗服务机构间的诊疗信息整合。上海在市级层面虽已建设了多个医疗管理平台，医疗卫生机构也在助推其信息化建设，部分医疗数据也已联网，但因系统开发约束、数据标准化程度低、管理利用不足以及利益驱动等，信息多局限在各自管理平台。

三是基层信息化建设慢。这里主要指的是社区卫生服务中心及其他基层医疗卫生机构的信息化建设相对滞后，包括内部信息管理系统和外部诊疗管理平台。如社区卫生服务中心作为慢性病治疗和健康管理的重要服务提供方，并没有接入互联网医疗平台。

三　上海完善医疗卫生服务体系的经验借鉴

（一）国内典型城市完善医疗卫生服务体系的主要做法

1. 突出规划引领，优化配置医疗卫生资源

一是分类制定辖区内资源配置标准。根据人口分布、经济发展、医疗卫生资源及未来需求趋势等因素进行分区。例如，北京市的医疗卫生资源实行分级分区规划，优化医疗卫生服务功能，促进资源的有序配置和空间布局的优化。杭州市则以十城门为界，分为老城区和新城区。其中老城区以存量调整为主，新城区支持省级医院扩展发展空间，建设分院区。

二是推动社会办医加快发展。2019 年 6 月，国家卫健委等十个部门共同印发了《关于促进社会办医持续健康规划发展的意见》，明确要为社会办医留足发展空间，严格控制公立医院数量和规模，对社会办医区的总量和空间分布不做规划限制。

三是加快补齐学科资源短板。针对专科医疗卫生资源配置水平和空间布局有待优化等问题，北京市优化调整医疗卫生体系结构，补齐资源短板。武汉市跨区域创建专门的联盟。以多家医疗机构的专业技术力量为支撑，根据不同医疗机构的专业资源质量，以专家协作为纽带，整合医疗资源。

四是推进多形式医联体建设，促进资源共享。从 2020 年开始，广东省主要抓的是紧密型医联体建设，通过合作医院多个专科的提升从而提升区域医院的整体水平。杭州市加强与省级医院及长三角高水平医院的协同联动，建设区域医疗高地，推进都市圈跨区域医疗联合体建设。

2. 持续推进分级诊疗，提升基层卫生机构服务能力

针对基层卫生服务体系相对薄弱、分级诊疗制度尚未落实到位的问题，北京加快了多层次医疗卫生体系的建设，加强了地方公共医疗卫生体系的规划和建设，以及地方医疗卫生机构的标准化建设。对乡镇的社区卫生中心和村卫生所实行综合管理，实现对医疗卫生服务的协调。通过机构建设、采购医疗服务以及向街道和村庄分配服务等各种方式，加快实现医疗卫生服务在村级的全覆盖。

武汉市主要通过明确功能定位、调整空间布局、加强硬件和队伍建设、强

化药品保障来加强基层医疗卫生水平。一是强调基层医疗卫生机构是医疗卫生服务体系的网底；二是以区域基层医疗卫生服务中心建设为基础，打造新型基层医疗卫生服务体系；三是对照"优质服务基层行"相关标准，将 DR、彩超等设备列为必备设备；四是加快配齐基层医疗卫生机构医务人员；五是优化基层医疗卫生机构的药品目录。

深圳市的社康中心和家庭医生服务颇具特色。一是通过制定地方卫生服务管理程序和建立地方卫生机构的标准，深圳进一步加强和规范了地方卫生机构适当的医疗设备、药品和人力资源的配置。二是全面落实《深圳市家庭医生服务管理办法（试行）》，制定家庭医生服务标准、绩效考核标准和家庭医生服务财政补贴管理办法。

杭州市重点加大对优质医疗资源短缺、转外就医多地区的倾斜力度，建立市级医院与县级医院托管合作办医，实施"一县一策"降准帮扶，着力推动优质医疗资源下沉，提高基层医疗卫生服务中心危重症和疑难病例的救治能力。

3. 强化数字赋能，加快卫生健康信息化建设

北京市以"新基建"为抓手，"智慧医疗"和"互联网+"创新发展取得新突破。鼓励企业与北京医疗机构合作，建设高水平互联网医院。

为了解决患者在不同医院需要办理不同诊疗卡问题，广东省推出居民电子健康码，截至 2019 年 3 月 16 日，广东省居民手持广东电子健康码，即可在省内实现"一码就医"。

武汉市大力发展面向基层医疗卫生机构的初级卫生保健远程医疗网络，为促进资源的纵向流动，改善优质医疗资源的获取和整体医疗服务的效率，鼓励作为医疗协会成员的公立医院利用信息技术向初级卫生保健提供者提供服务。

福建省围绕"智能管理、技术协同、便民惠民"三大目标，按照"统筹规划、高点定位、分步实施"的原则进行总体规划设计。从一开始来看，该省的医疗和健康数据被共享，并提供给所有地区和机构，是临床诊疗和公共卫生服务管理业务的统一部署应用。

（二）完善医疗卫生服务体系的国际经验

1. 以美国为代表的市场主导型医疗体系

美国的医疗保险体系十分独特，主要表现在私营部门的高度参与，包括医

疗筹资、医疗服务的提供、支付监管等各个方面，政府则辅助为老年人及贫困人口提供所需的基础医疗保障。美国目前实行的按疾病诊断相关分组（DRGs）进行付费的支付方式能够调动医疗机构的积极性，不仅能够有效控制医疗成本还能够帮助提高医疗质量，具有一定的优越性。美国的医疗服务中，医生和医生诊所是美国医疗的主要提供者，提供者主要是医生、医生诊所、长期护理机构和药房。

2. 以英国为代表的政府福利型医疗体系

英国的 National Health Services（NHS）允许有计划地控制总费用，是完全由国家预算支付的国家免费全民医疗保健系统。英国有着完善的医疗服务体系，全科医生是国家医疗服务体系的核心，只有在全科医生诊所注册的人，才有权享受免费的初级保健服务。全科医生发挥着"守门人"的重要作用，要求人们在全科医生诊所注册，并指定一名全科医生作为他们的全科医生。

3. 以日本为代表的社会保险型医疗体系

日本政府经过多次改革，已经形成了一个明确的三级医疗体系，形成了一个分层的医疗体系。日本注重通过制定法律和政策来规范医疗系统，明确医疗服务的内容和具体流程。日本的医疗保健系统大多是私营的，但政府在整个日本医疗保健系统中扮演着非常重要的角色。日本建立了分工明确、相互合作的卫生服务体系，建立了完善的卫生与保健合作的领导体制和机制。日本转诊系统分为三种：一是从诊所到诊所的转诊；二是诊所与医院间的转诊有着严格的规定，需要凭医生的介绍信才能转诊至上级医院；三是各级医疗机构与相关养老服务机构间的转诊。

（三）上海完善医疗卫生服务体系的着眼点

1. 以"平战结合"的方式优化医疗资源配置，应对传染性疾病

今后，上海可以进一步优化医疗资源配置，在所有医疗机构都设立符合生物安全检测要求的检测实验室，并在大型医疗机构设立传染科，采取"平战结合"的模式，加强传染病专科医院建设。

2. 完善疫情防控预警预测机制，尤其是对新发传染病的识别和控制

应加强"症状监测"，而不是"疾病监测"。加强社区卫生服务中心发热

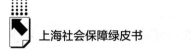

哨点建设，能够切实提高基层医疗机构的传染病监测预警能力，在社区卫生服务中心建立发热筛查哨点，重点提高发热哨点的改造和建设标准。为了加强对医疗机构的管理和监督，特别是那些具有哨点地位的医疗机构，要监督确保哨点敏感性措施的实施，应进行定期检查和随机暗访。

3. 发挥互联网医疗的关键作用

"避免接触"是最有效的疫情防控措施，互联网医疗在这个层面上具有无与伦比的先发优势。为此应进一步发展互联网医疗，通过建立远程非接触互联网医疗服务，实现全科问诊服务的非接触互联网视频问诊，从根本上减少了医生、患者及社区居民因近距离接触而感染新冠疫情的风险。

4. 重大传染病实验室的建立和病毒研究

大力支持建立重大传染病实验室的建立和病毒研究工作，为临床精准治疗提供有力依据。特别是高水平的大学医学院和医院应该配备 BSL-3 实验室，为危险病原体的快速临床分离和后续基础研究做准备。这些实验室不一定很大，但要能满足各自学校和医院的研究需要。

5. 建立医疗战略物资储备制度

新冠疫情导致包括武汉在内的许多地方出现了防疫物资的短缺，国家考虑在长江三角洲建立医疗急救系统，建立紧急医疗设备物品救援的快速反应系统，这也突出了建立我国医疗用品战略储备的必要性和紧迫性。为了在短时间内提供足够数量的药品和急救用品，可以将应急药品和急救用品，包括抗菌素、解毒剂和抗体等储存在大型容器中。

四　上海加快完善医疗卫生服务体系的对策建议和实施路径

（一）总体思路

疫情防控新阶段背景下，在上海建设国内外一流的协同化、网络化、优质化、均衡化的医疗卫生服务体系。总结医疗卫生服务协同体系和基层防控遇到的瓶颈，利用信息技术从严从紧、从细从实提升疫情防控工作效率，分区分级分类、多措并举坚决打赢疫情防控阻击战。

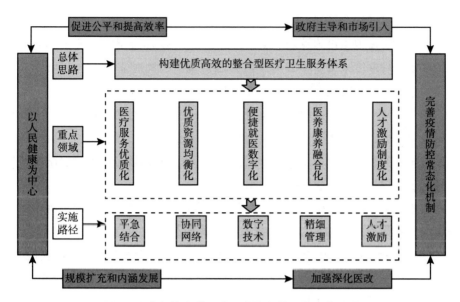

图1 上海加快完善医疗卫生服务体系的总体思路

（二）对策建议

1. 建立公共卫生体系与医疗服务体系、医保体系的融合与协同机制

上海医疗卫生服务体系在新冠肺炎疫情期间暴露出诸多不足。建立合作机制，使公共卫生系统与医疗服务和健康保险相结合并相互配合，已经成为新时代下重大战略需求。

第一，加强体系整合，推动利益共同体形成。除了责任、治理和服务的共同体之外，地方社区的目标之一是"利益共同体"，医疗保险基金作为一个纽带，加强了不同部门成员之间的合作。建立健康社区是将公共卫生设施与医疗机构相结合的 种手段。制度融合是利益融合的前提，推动制度融合是构建利益和责任共同体的有效措施。

第二，加强信息共享，提升科学研究协作能力。在研究中，要阐明进行研究的主题和方式、解决的问题、交流研究的数据和证据、研究工具和方法。在信息共享方面，公共卫生和医疗主管部门应根据机构和服务的特点，明确提供信息的渠道和类型，注意信息系统在不同地区和不同机构之间的适用性。要建立公共健康教育、疾病监测和管理与媒体之间的信息交流渠道。

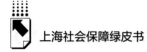

2. 完善平急结合机制，提升医疗卫生运转灵活性

为应对上海卫生设施总量不足和人口资源严重不足等挑战，需要建立应急防控联动管理制度来保障"战时"医疗服务能力，同时需要充分利用城市各类资源来保障，对防疫设施预留等进行引导。

第一，建立应急防控联动管理制度，统一完善应急处置协调体系。应及时确定应对重大公共卫生事件的应急管理制度和运行制度，制定应急运行预案，明确危机期间患者治疗费用、医疗设施运行、医疗保险服务的保障机制，即建立重大公共卫生事件应急医疗管理制度。

第二，强化医疗卫生主动预防理念，健全信息化、智能化预警机制。随着疫情应急政策逐步完善和细化，我们需要加快公共卫生应急政策从"被动"到"主动"预防的转变，重点放在风险评估上。这将大大改善应急反应能力。我们还将建立"数据化、智能化"的疫情防控预警机制，加强对可疑症状、病原体和事件的识别，实现实时监控和主动检测。

第三，推进公共设施平战两用改造，加强城市各类资源利用。在上海医疗卫生设施总量规模不足的情况下，需要充分利用城市的各种资源，确保"战时"的医疗服务能力，同时加强和平时期的医疗服务，并注重在日常社区创造健康环境，改善卫生条件，保护设施，防止流行病。在设施储备方面，卫生部门应牵头，与规划和住房等各个部门以及物业管理部门协调，确定将卫生设施变成各社区储备资源。

3. 建设市级统一医疗卫生服务体系"智慧治理"平台

疫情期间，数字化、智慧化平台发挥着越来越重要的作用。第一，利用现代信息技术，建立医疗信息交流渠道。为了实现新时代的智慧医疗模式，必须实现医疗信息和资源的共享，为了实现这一目标，必须利用互联网技术，将云平台应用于医疗，实现"市—区—地方（街道）—村（社区）"互通，建立一个"市—区—地方（街道）—村（社区）"的分层智能医疗模式。

第二，依据慢性病分级，建立基层预防管理体系。如果想在地方上建立一个全面的预防管理系统，可以从慢性病入手，建立一个全面的慢性病管理平台，评估慢性病的风险水平，为每种慢性病提供良好的治疗和医疗工具，在所有卫生机构建立健康监测终端，收集人口数据，存储和整理电子人口档案。

第三，地方一级的信息技术建设是通过家庭医生这个实体完成的。根据不同的地区，可以有不同的处理方式，可以用一个公共系统来建立当地的信息架构。随访可以通过互联网或手机应用进行，对受监测患者的家庭进行统计管理，对患者进行分类和信息交流，对患者进行分层疾病管理。家庭医学团队和管理可以在建立适当的服务系统的基础上，实现准确的信息技术推广和管理。

第四，通过云平台建设，完善医疗服务和医疗体系。在签约家庭医生的基础上，云平台可以与患者签订合同，从而有效地为老年患者提供长期保健和治疗相关疾病，合理配置医疗资源，实现老年人与医疗资源的完美匹配，达到就医便利性，提高经济效益。通过云平台，可以建立合理、高效的老年病服务体系，并将由此产生的信息准确地结合起来，实现社区的综合养老服务体系。

4. 完善上海基层医疗卫生服务体系人力资源的整体化建设

目前上海市医疗卫生人力资源的整体构架和人员能力水平均不理想，基层各区之间的医疗卫生人力资源同样存在较大差别。医疗卫生人才是城市医疗卫生服务体系的主力军。因此，应该加快医疗卫生人力资源的整体化建设与资源整合，提升工作效率与能力水平。

第一，完善学科建设，加强人才培养。一方面，医院应与医学院积极合作，招聘更多的重症监护、急救和其他相关专业的毕业生，同时给予一定的政策支持与补贴，形成一个正向的引导。针对人才流失的现状，建议多为能力突出的医护者提供晋升机会与空间，吸引并留住人才。不要因为重症医学科、急诊学科的产出少而不重视其作用。

第二，健全激励机制，加强基层卫生人才队伍建设。鼓励在初级卫生保健领域实施与绩效挂钩的薪酬政策，为家庭医生和签约家庭医生提供津贴，并缩小公立医院卫生专业人员之间的薪酬差距。改进专业技术岗位设置方式，相应增加高级岗位比例，努力营造有利于培养优秀人才的环境。加强医疗卫生人才队伍建设，创新人才培养模式，加快推进培训与理论、实践的衔接，有效提高卫生人才整体医疗水平。

5. 实施"三医联动"改革，促进分级诊疗制度建设

需要明确上海各级医疗卫生机构的服务内容和服务模式，走差异化互补的发展道路；进一步完善城市医联体建设，健全医联体纵向分工和合作机制，提高医疗服务水平，满足居民需要。

第一，促进分级诊疗制度建设，提高医防融合服务水平。应利用预防和控

制疫情的机会，加强初级保健和转诊系统。从各种渠道筹集资金，建立签约家庭服务团队，以有效提高签约服务比例。建立一个招聘和提高初级保健专业人员技能的计划，增加临床医学人才的数量，发展全科医学和健康管理培训服务，扩大初级保健机构的全科医生和健康管理人员的储备。

第二，完善基层医疗卫生机构药品采购、配备和使用政策。首先，完善药品集中供应，切实降低虚高的药价，尽快将现有的公立医院药品集中供应平台和基层医疗机构基本药物集中供应平台合二为一；其次，完善现有的基层医疗机构基本药物采购和使用政策，推进优先采购；积极探索基层医疗服务与药品分开计酬、直接支付医保基金的制度；最后，加强基层合理用药，推行利用互联网技术审查处方的制度，试行基层药师服务计酬制度。

第三，简化行政管理，下放权力，增强公民的活力。对政府举办的城市卫生院和社区卫生服务中心全部实行"一类保护、二类管理"；改革政府对基层卫生机构的绩效考核办法和内部绩效考核及资金分配制度，实行"两项补贴"；改革基层卫生机构医疗技术人员和卫生技术人员的聘用制度。政府对初级卫生保健机构的绩效评估方法和内部绩效评估及分配制度进行改革，并引入"两项补助"。政府还应改革初级卫生保健机构医疗卫生人员的招聘和就业制度，以确保初级卫生保健机构的财政和人权与服务提供者的权利相一致。

6. 推动长三角区域卫生健康整合性协调联动和紧密型一体化发展

上海是国内外求医患者涌入最多的城市之一，这也是长三角地区的患者求医困难的原因之一。医疗资源的不平衡会带来很多问题，只有发展医疗卫生一体化，才能让长三角地区更多的人受益。

第一，健全相关机制，强化监督体系。政府应发挥主导作用，通过协调和优化卫生资源，促进医院之间转诊渠道的建立，为长江三角洲地区医疗卫生一体化的发展创造明确的制度保障和政治态度。同时，应将长三角地区卫生一体化发展的直接管理具体化，促进各项政策的完善和落实，并对各种项目进行强有力的监督。

第二，加快推进区域内分级诊疗制度，提高基层医疗卫生服务利用率。建议继续实施渐进式医疗改革措施，协调本地区各级医疗设施，建立"平战结合"的医疗卫生体系，完善应对公共卫生突发事件的双向转诊制度，并在不同地区实现"医防结合"的有效协同效应。建议通过上级医院专家的专业优势，协调本地区地方级医院的需求，利用互联网技术打破省、市、县之间的行政界限，提高区域间医联体、专业协会、医院集团在应对突发公共卫生事件中的纵向整合能力。

（三）实施路径：五大实施路径

1. 加强医疗机构与公卫机构的快速响应

加强公共卫生机构、基层医疗卫生机构以及上级医疗机构之间协作的响应工作机制。深化公共卫生、疾病预防控制和卫生服务体系之间的分工，改善卫生应急的协调和管理。在公共卫生组织中坚持"公共负责、公共投资、公共主导"的原则，从"公共性价比"的角度不断提高公共卫生机构的公共服务能力。

2. 建立医疗卫生服务体系的平急结合机制

需要进一步优化公共卫生医疗资源配置，加强传染病专科医院建设，引入"平战结合"模式，在各大医疗机构设立传染病专科，在医疗机构建立符合和满足相关生物安全检测要求的检测实验室。建立医疗卫生服务体系的平急结合机制，提高平急快速转化能力，确保平时服务、急时应战。

3. 加强数字医疗服务体系建设和应用

完善面向医患的"互联网＋医疗健康"模式。第一，利用在线交流的优势，对市民或患者进行在线健康教育，帮助预防和控制流行病，事半功倍；第二，发展医生和病人之间的在线交流，包括医疗和护理建议的指导，在疫情防控常态化背景下既可拉近医患距离，也便民；第三，在网上测试买药、预约、发送、搜索和支付结果，如实验室测试，可以为患者节省时间、精力和金钱；第四，为了提高服务监管的质量和效率，可以对服务进行评估，对服务进行在线投诉；第五，电了健康记录和医疗记录需要联系起来，只有通过共享信息才能避免重复的检查和治疗，实现医患双方的共赢。

4. 优化"互联网＋"医疗服务体系

利用互联网技术为隔离的居民提供更精确、更智能的服务。上海应通过人防、物防一系列措施筑牢疫情防控堡垒，同时依托"互联网＋"科技防控体系，精准施策，利用互联网技术开发疫情防控登记系统，提高信息采集准确性，同时避免线下信息采集近距离接触，有效规避潜在疫情风险。建立"疫

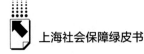

情防控网络平台"，及时发布居民自我预防保护知识、疫情防控动态信息，让广大人民群众第一时间掌握情况、了解真相。可开通网上服务直通车，通过"不见面"方式，为隔离的居民提供水电、供暖、物品采购、收发快递等生活服务。

5. 加强基层医疗服务体系建设

统筹基层医疗卫生服务体系人员编制，重视人员薪酬差异问题。应形成人才留用长效机制，在岗位薪酬及行业吸引力上整体规划完善，稳定基层公共卫生人才就业，推进人才成长可持续化发展。多管齐下，体系化完善基层公共卫生人才留用机制。

一是统筹基层疾控系统人员编制；二是重视疾控系统人员薪酬差异问题，应破除现有各级疾控人员薪酬对标方式，对于疾控体系人员薪酬进行整体化改革，规范统一薪酬设定标准；三是给予基层疾控系统人员职称晋升的政策倾斜，全面梳理现有基层疾控机构各专业背景人员数量，清晰各专业背景人员在疫情防控及公共卫生防治中的功能定位，对于不同专业背景的人员给予恰当且通畅的职称晋升通道，破解基层疾控系统人员职称晋升的"瓶颈"；四是重视人才分配，统筹城市属地基层公共卫生人力整体配置，明确各级疾控机构的管理职能及基层疾控机构的技术职能。

参考文献

王书平等：《"十四五"医疗卫生服务体系规划思路与发展定位思考及讨论》，《中国卫生经济》2021 年第 5 期。

古荭欢、吴瑞君、孙斌栋：《分级诊疗能否促进空间平等？——基于上海市公共医疗服务可达性的情景分析》，《人文地理》2022 年第 5 期。

王成文、熊励：《基于多源数据的突发公共卫生事件医疗服务知识库研究》，《现代情报》2022 年第 11 期。

叶江峰、姜雪、井淇、雷祎：《整合型医疗服务模式的国际比较及其启示》，《管理评论》2019 年第 6 期。

井世洁、沈昶邑：《医联体模式下医务社会工作服务路径探析——以上海市为例》，《社会建设》2020 年第 1 期。

就业、生育与工伤保障篇

Employment, Maternity and Work-Related Injury Protection

G.19

上海退役军人就业促进机制报告

摘 要: 新时代退役军人工作是带有方向性、根本性、战略性的重大问题,退役军人就业工作是退役军人事业中最重要的内容。铭记军人的功勋,就应点亮他们的未来。让这群"最可爱的人"在退出现役后能较好较快地完成再就业过程并发挥自身积极作用,对党和国家、对军队和社会以及退役军人群体都有着重要意义。该研究首先基于文献资料、实地访谈和整理分析调查问卷数据等总结了上海市退役军人的就业现状。而后采用定性与定量相结合的方法,通过因子分析法判定影响退役军人就业的因素,再采用分层回归模型对数据进行递进分析,判断个体层面和组织层面对退役军人就业质量产生显著影响的因素,最后建立解释结构模型分析了影响因素的作用层级。结合对军人保障法律法规体系的研究分析和对其他国家保障退役军人经验做法的借鉴,研判了上海市

* 汪泓,教授,中欧国际工商学院院长、中欧社会保障与养老金融研究院学术委员会主席,上海社会保障研究中心主任,主要研究方向为社会保障与养老金融;徐鹏,退役军人,就职于黄浦区人民政府办公室;高凯,上海工程技术大学讲师,主要研究方向为社会保障与养老保险。

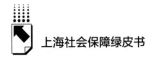

退役军人就业过程中存在的问题。在此基础上立足我国退役军人特点，按照国防和军队现代化建设要求，结合上海的市情，从顶层设计、外部环境、军人自身特点等层面探讨了上海退役军人就业促进机制的总体设计、实施路径和保障措施。

关键词： 退役军人　就业促进　上海市

当前，上海市的退役军人就业促进有着较强的研究价值和借鉴意义。一方面，上海作为国际经济、金融、贸易、航运中心，经济发达、人口稠密，驻沪部队单位和人员多。上海企业、社会组织和政府机关数量较多，比如集成电路产业、高端装备产业、航空航天产业等战略性新兴产业；汽车制造业、生物医药制作业等重点产业；领跑全国的数字经济、绿色低碳、元宇宙、智能终端等新赛道产业以及众多的民营企业、外资企业等，都为上海退役军人提供了良好的就业平台和机会。另一方面，上海市委市政府高度重视退役军人就业促进工作，出台了众多法规和政策推动退役军人的再社会化，如《关于促进新时代退役军人就业创业工作的实施意见》《上海市就业促进条例（草案）》对退役军人的就业工作提出了要求、指明了方向；徐汇区为退役大学生军人就业实施的"一人一档""一人一策"，浦东新区的双拥"筑基强军 365"工作法等，取得了良好的经济社会效果。

2022 年 2 月，《"十四五"退役军人服务和保障规划》发布，明确提出全面促进退役军人就业创业。目前国防和军队建设和改革的趋势之一是逐步加大对退役军人就业的保障和支持力度，努力营造尊崇军人的社会氛围。长期以来，我们在探索与国情军情相匹配的退役军人就业促进机制上持续努力，但是囿于历史遗留问题、上海就业压力相对严峻、尚不够完善健全的就业促进机制以及退役军人群体的特殊性局限性等因素，退役军人在实现身份转化过程中依旧存在较大的矛盾问题和困难，不利于实现退役军人又好又快就业。因此研究退役军人就业现状、剖析军人再社会化过程中存在的问题和困难，对推动建立退役军人就业促进体制具有较强现实意义。

一 上海退役军人就业促进的现状和经验做法

（一）上海退役军人就业现状

1. 调查问卷和研究对象情况

（1）退役军人就业满意度调查问卷的设计和实施

根据退役军人就业满意度指数和量表的构建，该研究设计了退役军人就业满意度问卷。问卷内容包括两个部分：其一为退役军人的基本资料：包括年龄、军龄、性别、学历、服役年限、所获奖励、得到的培训等。其二为退役军人就业满意度量表，量表内共含有 70 个条目，采用 1~5 级计分，由低到高分别计分（1~5 分），并将各条目加总取平均数，得分越高，就业满意度越高。

调查从 2020 年 10 月开始，至 2021 年 6 月结束，历时 8 个月。同时对长宁区退役军人事务局、松江区退役军人事务局和闵行区退役军人事务局进行实地访谈，受访对象包括退役军人和退役军人事务局工作人员。

在问卷调查前，课题组对问卷结构进行了相关分析、相关度检验，KMO 值为 0.767，Bartlett 球形检验也达到显著性水平；探索性因子分析结果显示因子结构清楚，七个因子累计解释总变异量的 56.88%。因此该问卷的信度和效度良好，最终就业满意度正式调查问卷共包含 36 个主客观指标。

（2）研究对象的基本情况

该部分的研究采用分层多阶段随机抽样的方法。以解放军目前的战区划分和所调查军人的服役年限作为分层的依据，再将学历和所受与就业相关的技能培训作为抽样依据。问卷共发放 320 份，回收问卷 285 份，占总数的 89.1%，剔除无效问卷后剩余 276 份，问卷有效率 96.8%。该研究得到了用于量化处理的 276 个样本。包含男性军人 224 人，女性军人 52 人，分别占比 81% 和 19%。男性军人中低于 20 周岁的有 46 人，20~25 周岁的有 75 人，26~30 周岁的有 96 人，30 周岁以上的有 7 人；女性军人中低于 20 周岁的有 10 人，20~25 周岁的有 22 人，26~30 周岁的有 18 人，30 周岁以上的有 2 人。学历：初中及以下学历 79 人，占 28.6%；高中/中专学历 101 人，占 36.6%；专科 58 人，占

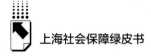

21.0%；本科学历35人，占12.7%；研究生及以上学历3人，占1.1%。

2. 上海退役军人就业现状

该研究首先选取一些值得分析但同时不易被量化的题目结果进行观察。其中包括：退役再就业用的时间、对职业发展前景的信心、退役前后的心理落差。

（1）退役军人再就业用时较长

退役军人就业时长为1~3个月的人数为83人，占30.1%；4~6个月的为156人，占56.5%；需要6个月以上才能再就业的有37人，占13.4%。大部分退役军人的就业时长分布在4~6个月，69.9%的退役军人就业用时超过3个月。说明整体上退役军人就业用时较长，一方面是退役军人在部队长期服役，再社会化过程中需要一定时间作必要的放松，同时也需要一定时间对社会环境等各方面进行适应。

（2）退役军人对自身职业发展前景的信心不足

退役军人对自身职业发展前景充满信心的有69人，占25%；比较有信心的有56人，占20.3%；一般情况的有112人，占40.6%；不太有信心和非常没有信心的分别有16人和23人，占比分别为5.8%和8.3%。总体而言，对自身职业发展前景信心处于一般以及以下情况（不太有信心和非常没有信心）的有151人，占调查总人数的54.7%，说明退役军人就业后对自身发展前景信心不足。

（3）退役军人对退役前后工作存在较大的心理落差

退役军人对退役前后工作没有落差的有61人，占22.1%；落差程度不大的有48人，占17.4%；一般情况的有104人，占37.7%；有一定落差和落差很大的分别有24人和39人，占比为8.7%和14.1%，说明退役军人整体上退役前后的工作心理落差比较大。

军人退役后再就业难免会和在部队服役期间进行对比。一方面，在服役期间，军人不必担心吃住行以及各项保障，但是回到社会后，各方面都需要充分发挥主观能动性并且需要进行大量的学习；另一方面，在习惯了部队命令式的、规范化的、执行力强、目标和等级明确的日常工作训练和生活后，军人在进入社会角色后会产生一定的心理落差，尤其是服役5年和8年的军人，部队特色所塑造的军人风格已经深深融入了工作生活的方方面面。这样的心理落差会对退役军人就业产生长久的影响，并增加对社会的适应时间。

3. 上海退役军人现状分析

（1）个体层面影响因素的讨论与分析

该研究表明，个体层面的影响因素中，年龄、学历水平、服役年限和退役军人适应性等变量对退役军人就业满意度有着重要的影响。

该研究发现，年龄对退役军人的就业满意情况产生着重要影响。就业满意度及其各个成分在年龄上均存在显著性的差异，而且就业总体满意度、收入保障、就业保障和技能复制保障与年龄呈现正相关关系。年龄在一定程度上反映了退役军人的技能存量和经验积累，技能水平越高、实践经验越多，越容易在退役再就业的过程中占得先机。但同时，年龄越大，反而容易成为职级晋升和培训机会的阻碍。用人单位出于培养人才、留住人才的角度，会给予年龄较小的退役军人更多的机会。同时，退役军人年龄集中在 25～30 周岁（41.3%）和 20～25 周岁（35.1%）区间，正好处于就业年龄最为集中的年龄段，面临着激烈的社会竞争。随着 2021 年 10 月 1 日起《中华人民共和国兵役法》的正式实施，入伍年龄逐渐增大，给退役军人的就业带来了一定的挑战。

该研究发现，除了技能保障水平，就业满意度各成分在学历水平上均存在显著差异，而且就业满意度总体得分以及收入保障、就业保障和代表性保障与学历水平呈现正相关关系。这与"知识就是力量""知识就是财富"等社会观念以及人力资本理论是一致的。尤其是在目前的知识经济时代，退役军人只有不断地获得知识、运用知识和创造知识才能在激烈的市场竞争中求得生存、谋得发展。此外，研究结果也表明，退役军人的心理保障与学历水平负相关。这是因为受教育程度高的退役军人在工作的心理感受方面比起低教育程度者更为敏感、有着更高的心理保障需求。该研究中，退役军人的总体学历偏低，专科及以上学历为34.8%。同时在调研中发现，学历水平越高（本科及以上学历的退役军人占13.8%）的退役军人对相关就业政策的关注度和掌握情况越高；相反，学历水平较低（高中及以下学历的退役军人占 65.2%）的退役军人对这方面的了解和应用相对偏低。退役军人就业意向比较模糊，需要相关部门进一步加强引导。对军人进行学历教育与技能培训融通性课程的教授具有重要意义和可实施性。实现从"教育培训到就业创业"无缝对接的新时代退役军人教育培训体系，可以助力退役军人更加顺利完成职业转换。

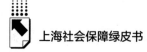

研究发现,服役年限对退役军人就业总体满意度、就业保障水平和技能复制水平有着重要的影响。一般而言,上海绝大多数义务兵、初级军士和中级军士(服役年限均低于8年)在现行政策下并不享受退伍后国家安排工作的待遇,在这个框架下,服役年限越长,退役军人的就业保障压力越大。30岁以下的青年群体尚处于职业生涯的探索期,而退役军人也刚进入社会,愿意接受冒险和挑战,因此相对较难在一个单位工作很长时间。对技能复制保障而言,退役军人更加渴望学习和培训机会,这可以让他们更好地适应社会(岗前培训)、更好地掌握工作(上岗后的培训)。

(2)组织层面影响因素的讨论与分析

研究表明,在反映组织层面的影响因素中,在沪退役军人的适应性、就业形式和职业类别等都对退役军人就业满意度及其各个成分产生了影响。

退役军人的适应性对就业满意度有着直接影响,特别是在就业总体满意度、收入保障、就业保障和代表性保障方面显得较为突出。退役军人适应性是围绕在退役军人角色转化和职业转化全过程中的课题。军人长期在部队服役,缺乏就业创业经历,针对性的就业技能培训不足,与社会和现有产业的发展存在一定的脱节,且军人综合素质过硬和敢打敢拼的优势在现有就业市场中并没有被充分利用和发挥,导致军人在退役再就业过程中需要较长的时间进行适应。因此,在关注退役军人就业过程的"显性"因素的同时,也要注意关注退役军人的"隐性"状态,对退役军人进行必要的辅导和培训。

该研究表明,就业形式不仅直接影响着退役军人的总体就业满意度,而且对收入保障、职业保障、技能复制保障、就业保障、劳动保障和代表性保障等六个成分均存在显著性影响。该研究中退役军人的就业主要是自主择业和创业,同时研究发现,有超过一半的退役军人(52%)期望通过政府安排工作、社会组织引荐等第三方帮助的方式进行工作,说明退役军人对以上就业形式有着较高的期望。中士以下的军人在部队服役时,最多只能签订义务兵转初级军士和初级军士转中级军士两次的合同,这样的方式责任明确、薪酬固定,相对非常稳定;而退役后再就业的过程对于退役军人而言不确定性和不稳定性增加。因此,就业形式对于退役军人的再就业也有着一定的重要性。

（二）上海推动退役军人就业促进的经验做法

上海推动退役军人就业工作重点以《中华人民共和国退役军人保障法》，中共中央、国务院、中央军委《关于加强新时代退役军人工作的意见》（中发〔2019〕30号）和上海市《关于加强新时代退役军人工作的实施意见》等法律法规和政策文件精神为指导，结合上海市退役军人工作和社会保障等方面实际，围绕服务上海经济社会发展、服务国防和军队建设的职责使命，坚持以退役军人就业为中心，把服务退役军人对美好生活的向往作为工作目标。

根据上海总体地域范围小、人口密度大、人户分离多，退役军人就业工作政策性强、时间跨度人、涉及人群复杂、牵涉部门多、办理程序烦琐，很多事项和矛盾都集中到区级层面的实际，上海市级和各区形成了"区级服务中心做大做强、街道服务站做实做精、居委服务站做细做准"的功能布局。

1.基层服务保障能力提升：完善完备、系统的"三大体系"

（1）完善机构设置，各部门共同推进退役军人基层服务保障

认真贯彻《上海市困难退役军人帮扶援助实施办法》《基层退役军人服务中心（站）工作指南》，按照责任主体明确、组织架构科学、工作目标清晰的要求，进一步健全完善基层平台管理服务体系，进一步提升基层服务站工作人员的能力素质及服务质量，进一步落实市、区、街镇、居村"互联网+"的政务平台建设。整合力量，协同推进，各区整合由区领导担任组长的退役军人服务工作领导小组和双拥工作小组职能，统筹推进退役军人服务工作。

（2）总结试点经验，用典型指引上海退役军人特色服务方向

上海坚持"以点带面，连线成片"的工作理念，按照"全覆盖"的要求，循序渐进推进退役军人服务站（点）建设。推广陆家嘴街道"长城家园"和大团镇赵桥村"家门口服务站"经验，用街道、镇、村（居）三大退役军人服务站建设示范样板指导基层街镇学习和借鉴。打造出各具特色的服务阵地，摸索出网格化管理、志愿服务队等服务形式，通过现场推进会、现场观摩会等，总结交流经验做法，并在全市范围推广，逐步扩大退役军人服务站点覆盖面，形成了关心关爱退役军人的良好局面。

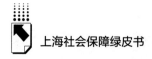

（3）完善考核机制，推动退役军人服务工作落到实处

充分发挥考核指挥棒的引导作用，将退役军人服务中心（站）建设运行情况、退役军人事务管理局工作纳入综治工作考评、双拥模范城创建考核范围。创新检查方式，委托第三方社会组织，对街镇退役军人服务站建设及运行情况开展综合评估，形成调研分析报告，为退役军人服务中心（站）标准化引领、规范化建设、科学化管理提供决策依据。总结经验，落实到基层服务。将区、街镇等三个层面的退役军人服务体系建设、运行情况、优异成绩等制作成图文集，供各区互相交流学习。坚持市级统筹、多方联动，努力构建覆盖全域的退役军人服务管理工作体系。

2. 创业就业保障机制完善：建立多层、高效的双创保障体系

（1）开展送政策进军营活动，建立退役军人就业信息发布渠道

积极开展"送政策进军营"活动，对退役军人普遍开展适应性的综合培训，加强红色基因传承教育、经济社会发展和就业形势介绍、安置政策宣传讲解、心理调适、"一对一"职业规划，使退役军人尽快熟悉掌握政策，调整心态，融入社会，努力把退役军人服役期间锤炼的品质转化为就业创业的优势。紧密依托上海人才网、21世纪人才网等平台建立退役军人就业信息发布渠道，组织开展区域性退役军人专场招聘会，促进供需有效对接。开展创业培训，加强创业扶持，推动设立退役军人创业基金，探索组建退役军人创业指导团队，为退役军人创业提供服务。

（2）探索"全程跟踪培训"机制，完善大学生退役军人政策

上海充分发挥在沪驻军营区多、在沪高校校区多的优势，积极促进退役军人教育培训。退役军人服务中心与部队、民政和人社等部门合力推行"培训全程跟进"机制，提高就业创业质量。开展技能培训的方向不再只停留在厨师、司机、保安等方面，重点提升培训层次、拓宽培训方向，在计算机与电子商务、汽车维修、企业创办与经营、电子商务等方面加大培训力度，并联系用人单位开展"订单式""定向式""定岗式"培训，推动培训、就业一体化服务。健全高校就业创业体系。完善大学生退役军人就业政策，支持机关、社会团体、企业事业单位招收录用或聘用大学生退役军人，建立退役大学生军人创业指导站，目前已在上海第二工业大学、上海海洋大学、上海立信会计金融学院等20余所高校建立退役大学生军人创业指导站，帮助做好政策咨询、专家

指导、法律服务、初期帮扶等工作。

（3）举办退役军人创新创业大赛，建立退役军人双创考核机制

举办上海市退役军人创业创新大赛，以退役军人创业创新大赛为契机，深入了解掌握退役军人创业数量、质量，突出退役大学生创业这个群体，挂牌"退役军人创业园"。探索组建退役军人创业指导团队，成立退役军人服务社，通过搭建政府与社会、军队与地方、退役军人与用工单位的合作桥梁，为退役军人提供拥军优属、就业创业、信息服务及相关咨询服务。例如浦东新区积极发挥区"红色联盟"成员单位中退役军人创业企业作用，成立一批退役军人职业技能承训机构、创业孵化基地、创业指导专家志愿团，建设退役军人创业园区。

3. 接收安置体系优化：推进妥善、精准的阳光安置服务

（1）合理安置军转干部，完善统筹兼顾分类推进工作办法

坚持安置政策刚性，发挥党政机关和事业单位安置主渠道作用，完善岗位征集轮换机制，切实保障军转干部安置岗位。坚持妥善安置、合理使用、人尽其才、各得其所的原则，优化"一考定性、二面定岗"等安置方法，继续探索医疗等专业性较强岗位"直通车"式安置。提高安置工作精准度，促进"人事相宜"。促进安置工作更加公开透明，将退役安置与服役贡献密切挂钩。

（2）促进随军随调家属安置，坚持对口征集岗位工作机制

进一步完善军人随军随调家属推荐安置操作口径，保障部队机关事业单位编制随调家属推荐就业及指令性安置的军人配偶安置工作。综合考虑随军随调家属原从事职业、文化程度、职务等级、家庭生活基础等实际情况，妥善安排岗位。动态掌握各驻沪部队待业随军随调家属情况，推动街镇社区工作者专项招录随军随调家属、区属国有企业招聘向随军随调家属倾斜。

（3）持续深化退役军人安置改革，切实保障退役军人安置待遇

结合"军人退役一件事"改革，完善退役军人"市—区—街镇/高校三级接收"工作机制，依法及时足额发放退役军人相关经济补助，落实退役军人安置待遇。贯彻落实《关于进一步加强由政府安排工作退役士兵就业安置工作的意见》《上海市伤残抚恤管理实施细则》《关于印发〈上海市义务兵家庭优待金发放管理办法〉的通知》等精神，合理编制退役军人国有企业就业指标计划，发挥事业单位和国有企业安排退役军人安置渠道作用。

二 上海退役军人就业促进过程中存在的问题分析

推动退役军人更好更快地实现就业是退役军人就业促进机制的实践目标，退役军人的就业受多种因素的影响，对这些因素的研究是探索退役军人就业促进机制的重要部分。结合调查问卷的问题和实地访谈的内容，该研究在构建就业满意度指数和退役军人总体就业满意度的基础上，采用因子分析、单因素分析和主成分分析法等方法，分析了退役军人就业满意度的影响因素和各因素之间的相互作用，得出了不同变量在就业满意度及其各成分上的显著性差异。

（一）退役军人事务部门的就业服务保障作用发挥不够显著

退役军人事务部门在成立后 4 年的时间内显著提升了退役军人保障水平。作为退役军人的服务站，打通政策落实、服务退役军人就业"最后一公里"是退役军人服务部门最基本的功能所在。但在对部分区退役军人事务部门的调研过程中发现，其在就业培训和就业保障等方面的作用发挥不够显著。调研中发现，退役军人事务局目前普遍未设置专门的退役军人就业促进部门，专门负责退役军人就业创业工作的工作人员偏少，部分业务仍处于之前民政部门的退役安置管理阶段，工作集中在移交安置、户口办理、档案接收、核算工龄和工资待遇等方面，在促进退役军人就业的方面集中在每年退伍季的线上线下招聘和组织退役军人适应性培训等。退役军人就业的台账有待完善，跟踪服务和动态管理意识有待提高，在实现退役军人就业的常态化跟踪和长效化保障方面发挥的工作有待提高。

（二）退役军人就业促进法律法规不够完善

由于我国退役军人保障法制是伴随着国防和军队改革而配套建立并发展的，保障项目由军队和相关国家机关根据相应时代背景和经济社会发展水平，以及特定时期、特定事项的退役军人保障问题来确定，因此，我国退役军人社会保障制度内容散见于诸多效力等级不同的规范性文件中[1]。就退役军人就业

---

[1] 韩君玲、王一宏：《新时代我国退役军人保障法制的重构——理论视角与路径选择》，《社会保障研究》2021 年第 1 期，第 74~81 页。

保障和促进方面看，我国现行退役军人就业保障的法律依据主要来源于《宪法》、《退役军人保障法》和《兵役法》三部法律，它们对退役军人的就业保障和安置方式等作了规定，但是尚未对退役军人就业进行专门的立法，现行法律法规具体内容不清晰、集中在原则性要求，需要通过授权性款项和各地的配套措施进行实际落实。原有部门分散立法和应急式立法导致的立法碎片化，相关单项立法内容之间交叉重叠及立法综合性程度不高的状况并未彻底改善。因此，退役军人就业促进的法律法规体系有待出台，现行的保障内容有待完善。法律要对国家和政府促进退役军人就业的政策和举措进行明确，为落实好退役军人就业优先提供法律依据，从立法角度切实保障退役军人就业权益。

（三）退役军人技能培训与市场需求的衔接度和精准度偏低

现役军人的教育培训内容主要集中于政治学习和军事技能，继续教育数量与质量不足。一是退役军人接受的就业培训质量有待提高。退役前后接受的教育培训课程衔接不顺畅，且培训就业技能比重不大，造成退役军人对培训的兴趣不高。二是退役军人学历提升与技能培训课程融合不紧。选择自主就业的退役军人渴望学历提升与技能培训能够同步进行，但现役军人的继续教育存在重学历轻技能、退役军人的教育培训又存在重技能轻教育的现象。调研中，无论现役和退役军人都认为"学历提升对就业会起到很大的帮助作用"。三是退役军人教育培训服务供给与个性需求匹配不够。培训学校受教育资源配置的局限，提供的课程理论性偏强、个性化不足。

（四）退役军人就业创业技能与新兴产业发展需要存在不匹配

目前，上海已经着眼抢占数字经济、绿色低碳、元宇宙、智能终端四大新赛道产业，出台实施了一批"行动方案"。上海还在未来健康、未来智能、未来能源、未来空间和未来材料这五大方向，前瞻布局了16个领域的未来产业。目前人工智能、大数据、云计算、区块链等新兴技术已成为主导产业变革的决定性力量，拥有未来型技能、大数据技能、管理技能的"复合型人才"将拥有更加多元的职业选择和更强的岗位迁移能力并获得核心竞争力。而退役军人自身的专业知识水平和专业技术比较有限，调查显示，在沪退役军人掌握的技能集中在军事领域（78%），民用或通用技能比例较低（22%），因此在当前

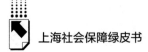

就业过程当中缺乏竞争力。而且，退役军人由于对市场环境及技术动态没有进行充分了解，因此在实际创业时对合适的项目选择的能力偏低，容易导致创业失利。此外一些水平较低尤其是学历偏低的退役军人对国家的安置政策了解不够，其就业意向相对模糊，需要相关部门进一步加强引导。

三　推动建立上海退役军人就业促进机制的对策建议

（一）退役军人就业促进发展路径探析—解释结构模型的构建

理顺影响退役军人就业因素之间的层次结构关系，有助于更好地推动退役军人就业促进机制的建立。该研究应用解释结构模型对影响因素进行层次结构分析，以明晰这些因素之间的层级关系，并从驱动性和依赖性等角度进行了分析，为退役军人就业促进机制提出夯实基础。研究总结了影响退役军人就业满意度的 12 个影响因素，即退役军人的年龄、服役年限、学历水平、得到的政府就业服务、工资、发展前景、退役军人就业政策支持、岗位培训、技能水平、工作经验、社会适应性、得到的社会组织就业服务等，将其分为统计学变量、人力资本变量、组织层面的因素三个类别（见表1）。

表 1　影响退役军人就业满意度的因素

统计学变量	人力资本变量	组织层面的因素	
年龄	服役年限 学历水平	组织内部特征	工资、发展前景、岗位培训、技能水平、工作经验、社会适应性
		组织外部特征	得到的政府就业服务、退役军人就业政策支持、得到的社会组织就业服务

根据层级分解的结果，构建了退役军人就业影响因素的解释结构模型。

退役军人就业过程中的各影响因素可划分为五个层级，每个层级之间都有影响作用的传递。第一层级的因素是最直接的影响因素，尤其是退役军人的学历水平和必要的岗位培训。第二到第四层是具体的影响因素，主要涉及技能水平、工作经验、社会适应性和发展前景，退役军人就业促进的实施正是需要从这些方面具体展开来进行。第五层级因素是深层次影响因素，其中退役军人就业促进政策制度是兜底因素，也是提升退役军人就业质量的最重要保障，故而具有深层次的影响力。从第五层到第一层具有递进关系。可见从第五层到第一层形成了逻辑进路，表明了此层级结构模型的合理性。

（二）退役军人就业促进机制的总体设计

研究形成了退役军人就业促进机制的总体设计，即实现一个目标，确保推动"最可爱的人"又好又快地就业。优化政策保障、制度保障两个保障，完善退役军人就业促进机制的保障机制。依托健全的政策制度体系、科学规范的组织管理体系、高效有序的工作运行体系三大体系，保障退役军人待遇。夯实保障层、提高层、促进层和质量层四个层次，助力退役军人就业稳步发展。立足政府、军队、社会、企业和退役军人五个主体，形成促进退役军人就业合力。要强化组织领导，保障退役军人就业工作实效；完善退役军人服务体系，营造有利于退役军人就业的良好氛围；搭配实时共享、方便快捷的退役军人就业服务平台，加快供需对接效率；拓宽充分发挥退役军人特长的就业渠道，助力退役军人充分就业；重视教育培训，增强军事人力资源转化效用；重视退役军人心理健康，引导退役军人树立正确的择业观念等六项举措，推动退役军人就业促进的政策制度落地生根。

（三）推动退役军人就业促进的实施路径

1. 对接国防和军队现代化建设要求，实现退役军人高质量就业

习近平总书记指出：当前中国处于近代以来最好的发展时期，世界处于百年未有之大变局，两者同步交织、相互激荡。从国际看，世界百年未有之大变局加速演进，新冠肺炎疫情对国际格局产生深刻影响。做好退役军人工作，对于应对国际复杂局势具有特殊的重要意义。要坚持把退役军人工作放在国家治理体系和治理能力现代化的格局中去思考谋划，放在服务国防和军队改革、服务备战打仗、服务经济"双循环"的大环境中去安排。从国内形势看，我国的复兴已成不可阻挡之势，国家发展面临的挑战愈加复杂。实现退役军人充分就业，发挥其人力资源和人才资源效用，对厚实国家安全基础、推动经济社会发展意义重大。从军队发展建设情况看，人民军队正处于迈向实现国防和军队

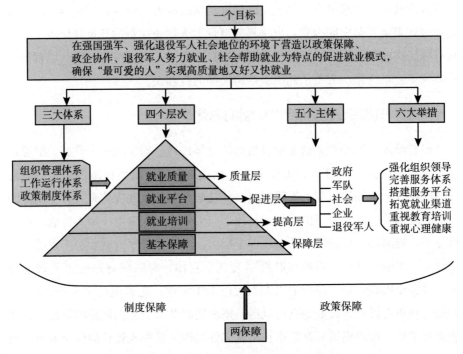

图1　退役军人就业促进机制的总体设计

现代化宏伟目标的历史阶段，改革建设取得一系列重大成果。对接新时代国防和军队现代化建设要求，将退役军人服务好、安置好、保障好，对于实现强军目标有着重要作用。

2. 夯实基层服务体系建设，构建全方位的退役军人就业促进体系

上海退役军人队伍数量众多、基数较大，且目前每年都有众多的退役军人离开军营回到社会。要通过建立长效机制构建全方位的退役军人就业促进体系持续推进退役军人就业工作。

首先要夯实基层退役军人服务体系建设，重点完善社区街道两级服务管理网络，充实退役军人信息采集和获取，做到总体底数清、重点情况明、跟踪服务在，不断巩固基层基础、不断提高队伍素质。

其次是切实推进退役军人的就业工作，必须构建全方位的退役军人就业促进体系。通过强化政策落实、制度保障突出权益维护，拓展多元化渠道保障、拓展社会服务、构建"互联网+退役军人服务"平台等途径，畅通部门间沟通

协调。退役军人的事务部门要积极为退役军人牵线搭桥，健全退役军人就业创业促进台账，做到数据完整、跟踪服务和动态管理，完善退役军人就业保障机制，构建全方位的退役军人就业促进体系。

3. 立足军情市情，创造具有上海特色的退役军人职业发展优势

中国特色社会主义制度的优势，根本在于中国共产党的领导。退役军人事业的发展，更好地更充分地满足了军人对美好生活的向往，是助推强国强军历史进程的发展，体现出坚持党的领导的优势和我国特色。具体来看，要以《退役军人保障法》和《"十四五"退役军人服务和保障规划》的颁布和实施为契机，通过完善符合国情军情的体制机制，落实多样化的具体措施，创造具有中国特色的退役军人职业发展优势。

要做好退役军人的就业，就必须解决好军龄和年龄的问题。军人的军龄和年龄是两个重要的属性，军龄与退役安置时的权益息息相关，决定了军人退役的年限、逐月领取的标准等。与之对应的军人年龄则一定程度上影响着退役军人的就业。在对退役军人的调研中发现，三级军士（服役 12 年）自服役（18 岁左右）到退出现役已经接近 35 岁或者超过 35 岁，在现行规定下已经不符合相关报考条件。建议采用军龄折算年龄的方式，将军龄折算为若干年的年龄优待（如 12 年军龄折算 5 年年龄，18 年军龄折算 8 年年龄等）以解决这一问题，给广大的大龄退役军人提供更多的选择机会。这一措施也类似于实际操作中将军人服役年限视为基层工作经历的现行规定，有利于缓解大龄退役军人年龄焦虑，体现军龄价值，体现国家和社会对军人服役贡献的尊重和认可。

（四）推动上海退役军人就业的保障措施

1. 构建新时代有中国特色的退役军人就业保障法律体系

该研究论述了逐步健全和完善我国退役军人保障体系的必要性。鉴于我国退役军人保障兼具社会保障性质和国家补偿性质，应当整合现有法律法规，丰富发展退役军人保障法律内涵，构建新时代中国特色退役军人保障法制，使其具体涵盖退役军人社会保障和退役军人国家补偿两大部分。退役军人就业作为退役军人事业中最重要的部分之一，也要构建就业保障法律体系，使之成为中国特色退役军人法律保障体系的重要组成部分。

退役军人事务部成立后，将退役军人的就业提升到了新的高度，《退役军

人保障法》中明确了国家鼓励和扶持退役军人就业，一系列意见和通知相继颁布出台。但是目前对于退役军人就业方面的规定和要求以"意见"和"通知"为主，对于配套政策措施落地产生实效的要求不够明确，对比其他法律法规层次偏低，存在较大法律效力差距。随着退役军人事业的持续发展，在军人职业化深入改革的大背景之下，退役军人的就业作为主要内容和工作重点，必然要有相应的法律法规制度进行配套，为退役军人就业工作提供强有力的保障。

2. 满足退役军人多样化需求，健全退役军人就业服务保障机制

上海每年的退役军人数量众多、类型多样。退役形式有转业、供养、退休、自主就业、安排工作和逐月领取退役金等。一方面，建立退役军人教育培训常态化供给与个性化选择的学习制度。充分考虑到现役军人与退役军人的现实需要，搭建在线教育资源平台，军地院校联合教育机构开发通识性课程、适应性课程、指导性课程、技能性课程，让退役前后军人教育不断线，课程相衔接，认证能对接。另一方面，军地合作，依托产业功能区建立电子信息技术、大数据、人工智能等新兴技术退役军人技能实训基地，通过"订单式"实用技能培训服务，提高退役军人就业创业的匹配度和满意度。另外，设立专门的"就业适应期"，在军人退役后3~6个月的时间内，针对性地对退役军人进行产业技能培训，培训后颁发相应的技能证书并推荐到企业从事相关工作。

退役军人保障长期以来的制度安排已经落后于时代发展的要求。《退役军人保障法》虽明确了各级政府、党政军各级机关有关部门的职责范围和义务，但未明确界定各部门在退役军人保障工作上的具体职责。在对退役军人事务局的实地调研中也发现，目前相当一部分的退役军人事务还要依赖于民政部门；退役军人工作的开展存在各部门职责定位不清晰、部门间协作运行不通畅的问题。要强化退役军人服务机构各系统之间的协调合作，建立健全服务机构与党政军相关部门之间的统筹协调。继续完善健全其他各项服务保障机制，包括退役军人就业合法权益保障机制和就业规范化标准化工作机制，提高就业工作精准化水平，提升退役军人就业保障的整体服务能力，健全退役军人就业服务。

3. 对接上海产业发展，打造以军人为本的长效化退役军人教育培训和技能提升体系，实现军人"技能培训+学历提升"两不误

对退役军人进行教育培训，提升退役军人学历水平和技能水平，是提高退

役军人心理适应能力、增强退役军人群体的就业能力、较好较快地完成退役军人再社会化转变的重要举措。

国家高度重视对退役军人的教育培训工作，《退役军人保障法》第36条规定：由安置地政府组织退役军人免费参加教育和技能培训。但通过对战友的访谈、查阅培训内容和实地参加退伍地退役军人培训，笔者发现存在培训偏形式、轻内容，重点对刚退役军人进行短期（3~5天）培训，尚未形成长效机制等问题。针对退役军人的教育培训和技能提升并未发挥持续性作用，尚无法为退役军人群体提供终身就业支持。同时，在当今经济社会迅速发展，新技术、新模式、新业态、新产业不断显现的大背景下，军事化的技能等无法很好地应用于退役后的就业中，从军队到地方军人再社会化衔接过程中教育培训和技能培训的作用尤为重要。"授人以鱼不如授人以渔"，以退役军人为本，建立长效化的退役军人教育培训和技能提升体系能较好地推动退役军人实现高质量就业。《退役军人保障法》第31条指出：退役军人的教育培训应该以提高就业质量为导向，紧密围绕社会需求，为退役军人提供有特色、精细化、针对性强的培训服务。目前，我国退役军人数量众多、情况差异大，因此要结合退役军人群体的特殊情况，以退役军人实际需求为中心，按照不同军种、不同岗位类型、不同学历水平和技能水平等情况按需施教，建立完善长效化的退役军人教育培训和技能提升体系，实现"技能培训+学历提升"两不误。

4. 畅通符合退役军人特点的就业路径，充分发挥退役军人服务上海城市发展的优势

人民军队始终紧紧地和人民站在一起，全心全意为人民服务，这是我军自成立之时便一直秉承的初心。中国军人具有优秀的意志品质、过硬的专业素养和强健的体魄，同时有良好的集体荣誉感和"一不怕苦、二不怕死"的精神。搭建退役军人服务国家战略的干事平台，通过对退役军人进行正确的引导，充分发挥其特有优势，广大退役军人将会在乡村振兴、教育育人等重大战略中发挥重要作用。

国家的生存和发展，既离不开国防，也离不开教育。党的十九大报告提出让军人成为社会尊崇的职业，习近平总书记也指出要让教师成为令人羡慕的职业。这两个职业都要求极具奉献精神。从一定意义上教育也要具备军人一样的血性。根据教育部数据，2020年小学和中学的男性教师数量占比分别为28.83%、

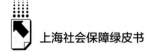

41.19％。上海的初中男教师比例只有 28％，上海的教师性别失衡问题越发尖锐。实施退役军人教师培养计划，通过奖助学金等方式鼓励支持有从教意愿的退役军人进入师范学校就读，同时定向招录具有教师资格证等达到要求的退役军人，培养具有从业资格的退役军人教师，以提升基础教育阶段男性教师比例是缓解这一问题的有效举措。

军人自入伍第一天直到退出现役，都在持续地针对军事技能、高技术知识、政治理论、日常技能、紧急医疗常识、体能训练等科目知识进行不间断学习和锤炼，具备扎实的专业技能和坚实的政治素养；同时随着国防和军队现代化建设加快，现役军人的学历水平也在逐步上升。一方面，实行军人从教，是历史未有之创新思维，于国家于社会有利于落实素质教育和德智体美劳的全面发展，消除因教师队伍性别比例失衡可能带来的不良影响，同时更好地缓解就业压力；于学校于学生可以在基础教育这一学生身体发育和心理成长关键时期，通过退役军人教师助力学生性别角色定位和品格发展，有助于近距离普及爱国精神、国防教育和阳刚气质；于军队于军人可以提供更多的军人退役选项，消除军人服役的后顾之忧，发挥自身优势特长，增强学校爱国主义教育和国防知识普及，指导学生军事体育、体能提升和救护训练等，在脱下戎装走进校园走上讲台中继续发光发热实现自身价值。另一方面，随着国家对入伍学历要求的逐步提高，大力鼓励大学生入伍，军人的整体学历水平正逐年上升，加上军人自身良好的作风和奉献精神、较为成熟的部队教育和开展思想工作的经验，再经过必要的培养考核，退役军人担当基础教育阶段教师已具备较为成熟的条件。

综述，可通过对口实施军人参与乡村振兴、担当基础教育阶段教师等举措充分发挥退役军人特有的人力资源优势，在继续为国为民服务中发扬革命军人优良传统，更好地促进退役军人就业。

参考文献

谢丹、陆旭丹：《外军退伍安置相关制度研究》，《国家行政学院学报》2018 年第 6 期。

郑功成：《退役军人保障立法的基本思路与关键问题》，《中国党政干部论坛》2020年第 11 期。

岳宗福：《中国退役军人管理保障体制变革的理路与前瞻》，《行政管理改革》2020年第 3 期。

高鹏、袁伦渠：《退役军人就业问题的政府政策影响研究》，《管理世界》2015 年第 1 期。

G.20
"全面三孩"政策背景下上海生育
政策发展报告

史健勇 罗 娟*

摘 要： 随着我国老龄化和少子化逐年加深，生育问题日趋严峻，为促进
人口长期均衡发展，我国进入了"全面三孩"时代，这对减轻社
会生育负担、加快构建生育友好型社会具有重要意义。2021年上
海出生人口为6.81万人，少年儿童抚养比为13.50，总和生育率
仅有0.70，"七普"数据中上海0~4岁儿童为52.14万人，占儿童
比例为47.0%。面对逐渐消失的人口红利和老龄少子化趋势加深，
全面三孩政策背景下亟须完善配套政策释放生育意愿。本文从全
面三孩背景下上海的生育现状、上海生育政策未来的发展趋势以
及上海生育政策需要应对的挑战三个方面进行研究分析，以期在
全面放开三孩的背景下通过有效的生育政策来释放民众的生育意
愿，保障女性的就业权益和健康状况，并提出相关对策建议。

关键词： "全面三孩"政策 生育政策 上海市

2021年8月20日，全国人大常委会会议表决通过了关于修改人口与计划
生育法的决定，修改后的人口计生法规定，国家提倡适龄婚育、优生优育，一
对夫妻可以生育三个子女，正式拉开了我国全面实施三孩生育政策的序幕，全
面三孩生育政策及其配套支持措施的影响成为社会关注焦点。在我国生育政策

---

* 史健勇，博士，教授，上海工程技术大学党委副书记，主要研究方向为社会保障、邮轮经济
与管理；罗娟，博士，副教授，上海工程技术大学管理学院副院长，主要研究方向为养老保
险、养老服务与医疗保险。

不断调整完善的背景下，为了保证上海市全面三孩政策的实施，2021年11月25日，上海市十五届人大常委会第三十七次会议审议并表决通过了《上海市人口与计划生育条例》。本研究将对创造一个支持妇女就业和促进人口发展的生育友好型社会具有重要的意义，且为更好地平衡女性三孩生育与职业发展的关系、给予女性更多的人文关怀和实际支持提供借鉴。

一　上海生育政策发展现状

（一）上海生育政策背景及发展

2021年上海出生人口为6.81万人，少年儿童抚养比为13.50，总和生育率仅有0.70，"七普"数据中上海0~4岁儿童为52.14万人（见表1），占儿童比例为47.0%。面对逐渐消失的人口红利和老龄少子化趋势加深，全面三孩政策背景下亟须完善配套托幼支持设施释放生育意愿。

表1　第七次全国人口普查上海市常住人口分户籍年龄构成

单位：万人

年龄	常住人口	户籍常住人口	外来常住人口
合计	2487.09	1439.13	1047.96
0~4岁	85.75	52.14	33.61
5~9岁	91.40	59.10	32.30
10~14岁	66.48	46.87	19.61
15~19岁	71.02	39.50	31.52
20~24岁	151.42	44.09	107.33
25~29岁	220.58	60.29	160.29
30~34岁	274.12	102.67	171.45
35~39岁	229.58	121.25	108.33
40~44岁	185.75	103.11	82.64
45~49岁	177.62	83.98	93.64
50~54岁	178.57	89.10	89.47
55~59岁	173.24	118.30	54.94
60~64岁	176.65	149.92	26.73
65~69岁	164.76	143.78	20.98
70~74岁	101.40	92.97	8.43
75~79岁	55.16	51.60	3.56
80岁及以上	83.59	80.46	3.13

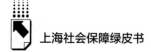

当前上海生育支持体系尚未打破现阶段的低生育困境①，提振生育意愿、出台相关税收激励政策、布局设计生育友好型社会、广覆盖普惠性托育服务、加大托育机构运营及监管力度等逐渐成为进一步完善上海生育支持体系的主要决定因素。

为了落实上海全面三孩政策的实施，修改后的条例在人口综合管理、生育调节、奖励与社会保障、法律责任等方面做了进一步补充和修改。

1. 出生人口呈下降趋势，上海进入深度老龄化社会

从 2017 年到 2020 年，我国出生人口已出现"四连降"。一是育龄女性的数量逐渐减少，由于计划生育政策，"90 后"有出生低谷，目前育龄妇女数量比较少，预期未来 10 年育龄妇女人数可能减少 40%。2019 年全国育龄妇女人数比 2018 年减少了 500 多万。二是初婚人数持续下滑，初育年龄持续上升，晚婚晚育成为上海等大城市育龄女性普遍现状。三是生育成本的上升、生育观念的变化使得更多女性选择少生优生。2021 年，上海生育成本以 102.6 万元居首位，是全国平均水平 45.5 万元的 2.3 倍，高位的生育成本是限制生育意愿和生育数量的重要因素。上海户籍人口从 1978～2021 年出生人口数如图 1 所示，其间呈现"U"形趋势，2016 年起呈逐年下降趋势。

一般来说，衡量区域内少子化的标准有三种方法：一是 0～14 岁人口占总人口的比例；二是人口粗出生率（只计算出生率，不包括当年内夭折的婴儿，故称为粗出生率）；三是总和生育率（一个预估值，而非统计指标）。根据 0～14 岁人口进行测算，超少子化的界定为低于 15%，严重少子化的界定为 15%～18%，而少子化则处于 19%～20%。根据国际标准，老龄化社会的评定为在社会人群总人口中 60 岁以上人口占比达到 10% 或 65 岁以上人口占比达到 7%；而老龄化社会达到深度时，65 岁以上人口占比要达到 14%；超级老龄化社会则为 65 岁以上人口占比达到 20%。如表 1 所示，根据第七次全国人口普查上海市常住人口分户籍年龄构成，上海 65 岁以上人口占比 16.28%，已经进入深度老龄化社会，0～14 岁人口占比 9.8%，进入超少子化社会，老龄少子化形势严峻。

---

① 风笑天：《中国人口政策调整的影响分析与社会学意义——以人民为中心促进人口与社会可持续发展》，《人民论坛》2021 年第 32 期，第 70～73 页。

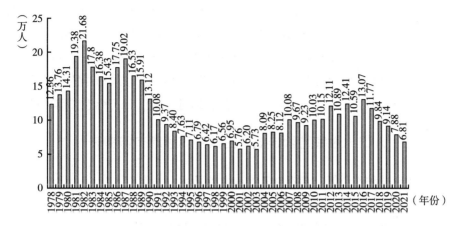

图1 1978～2021年上海户籍人口出生数

资料来源：历年《上海统计年鉴》。

2. 生育政策逐年完善，建立生育支持配套措施

此次条例完善了有关积极生育支持措施，将生育假由30天延长到60天，上海女职工的产假与生育假相加，生育期间，可有158天假期；激励用人单位构建照护婴幼儿的托育室，建立弹性工作机制，构建职业女性家庭工作双向平衡。如表2所示，上海历年生育政策梳理如下。

表2 上海市生育政策梳理

时间	出台政策
2003年12月31日	《上海市人口与计划生育条例》经上海市十二届人大常委会第九次会议通过
2014年2月25日	修改后的《上海市人口与计划生育条例》经上海市第十四届人民代表大会常务委员会第十一次会议通过
2014年11月1日	2014年11月1日起，双方或者一方为上海市户籍的夫妻，符合"双方均为非独、婚前各生育过一个子女，现家庭无子女"等4种情况，可要求安排再生育一个子女
2016年2月23日	2016年2月23日，上海市第十四届人民代表大会常务委员会第二十七次会议通过《关于修改〈上海市人口与计划生育条例〉的决定》。原晚婚奖励7天婚假，现在统一为10天婚假。原晚育护理假3天，现改为陪产假10天
2021年11月25日	在遵循法制统一原则上，既与生育法修改的主要内容相衔接，又充分结合上海实际的背景下，修订后的《条例》规定本市实施"三孩"生育政策，一对夫妻可以生育三个子女，并简化认定情形，不再对再婚夫妻之前生育的子女进行合并计算，同时将生育假由30天延长到60天

上海将生育假由 30 天延长到 60 天。父母按照法律规定每年还可以享受育儿假,直到孩子满三岁。育儿假期间,工资按其正常出勤计算;同时可以结合实际增设生育二孩、三孩奖励性产假。即如果生多个孩子的话,育儿假可以放得长一些,即适当延长育儿假等。同时,用人单位可以免费为职工提供托育服务,鼓励用人单位对生育三孩的女性职工实行灵活就业制度,推行弹性工作时间。

(二)人口出生率持续走低,三孩生育意愿有待提升

1. 生育总和率较低,老龄少子化趋势加深

根据上海市统计局发表的数据,1993~2022 年,除了 2012 年、2014 年和 2016 年这三年以外,其余年份的户籍人口自然增长率均为负数。

截至 2022 年底,上海总和生育率为 0.70,同 2021 年持平,其中一般生育率为 21.17%,平均初育年龄为 30.36 岁,在上海近年生育情况统计中,总和生育率及一般生育率至 2016 年达到峰值,此后逐年呈下降趋势,自 2018 年起总和生育率降至 1.0 以下(见表 3)。

表 3 2015~2022 年上海生育率统计

年份	总和生育率	一般生育率(%)
2015	0.97	33.46
2016	1.10	38.27
2017	1.00	33.22
2018	0.90	28.80
2019	0.92	29.57
2020	0.73	23.00
2021	0.70	21.56
2022	0.70	21.17

资料来源:上海市卫健委官网。

上海市卫健委公布了上海 2022 年户籍人口总和生育率为 0.7。与 2020 年相比下降了 0.03。在不考虑移民的情况下,一个国家或一个地区要维持人口世代更替、不增不减,总和生育率需要达到 2.1。总和生育率只有 0.7,意味着仅相当于更替水平的 1/3。如表 4 所示,上海户籍出生人口自 2016 年起呈逐

年下降趋势,自然增长率负值不断增长,面对逐渐消失的人口红利和老龄少子化趋势加深,全面三孩政策背景下亟须完善配套托幼支持政策措施以释放生育意愿。

表4 2010～2020年上海户籍人口情况

单位:万人,%

年份	出生		死亡		自然增长	
	人数	出生率	人数	死亡率	人数	自然增长率
2010	10.02	7.13	10.87	7.73	0.84	-0.60
2011	10.15	7.17	11.11	7.85	31.02	-0.68
2012	12.11	8.51	11.74	8.25	31.23	0.26
2013	10.89	7.62	11.67	8.16	31.12	-0.54
2014	12.41	8.64	11.95	8.32	30.90	0.32
2015	10.59	7.35	12.42	8.62	31.02	-1.27
2016	13.07	9.04	12.35	8.54	31.31	0.50
2017	11.77	8.10	12.64	8.70	31.01	-0.60
2018	9.84	6.70	12.57	8.60	30.49	-1.90
2019	9.14	6.24	12.52	8.54	29.98	-2.30
2020	7.88	5.35	13.06	8.87	29.70	-3.52

资料来源:上海市卫健委官网。

2.二孩和三孩率偏低

近年来,如图2所示,以上海常住出生人口为例,全市一孩占比持续上升,二孩占比有所下降,多孩占比略微上升,三孩意愿较低[1]。

从出生孩次来看,2021年,上海市常住人口出生中的一孩率为64.19%,比2020年上升1.93个百分点;二孩率31.86%,比2020年下降2.17个百分点;多孩率为3.95%,比2020年上升0.24个百分点。截至2022年末,上海市常住人口出生中的一孩率66.01%,比2021年上升1.82个百分点;二孩率29.46%,比2021年下降2.40个百分点;多孩率为4.53%,比2021年上升0.58个百分点。

---

[1] 张静、雍会:《育龄人群三孩生育意愿的影响因素分析》,《统计与决策》2022年第20期,第72～77页。

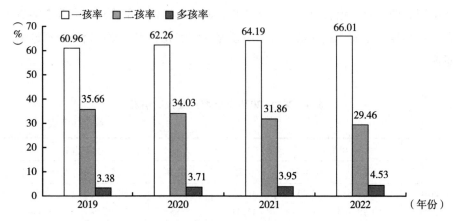

图2　2019~2022年上海常住出生人口一孩、二孩、多孩率

资料来源：上海市卫健委官网。

3.上海初育初婚年龄持续推迟

根据上海市卫健委官网数据，如表5所示，2022年上海育龄女性平均初育年龄为30.36岁，其中中心城区如黄浦区为31.57岁，徐汇区为31.44岁，长宁区为31.29岁，全市平均初育年龄与2015年相比提高1.35岁。平均生育年龄自2015年起呈上升趋势，至2020年达到峰值，2021年及2022年略有回落，仍处于30岁以上，晚婚晚育成为现在以上海为例的大城市育龄女性普遍现状。

表5　2015~2022年上海平均初育年龄

单位：岁

年份	平均初育年龄	平均生育年龄
2015	29.01	29.01
2016	29.37	30.45
2017	29.81	31.16
2018	30.10	31.32
2019	30.29	31.40
2020	30.73	31.74
2021	30.08	30.93
2022	30.36	31.18

资料来源：上海市卫健委官网。

二 上海生育支持政策未来发展趋势

（一）全面三孩政策同税收减免和优惠政策相配套

根据《上海市城镇生育保险办法》的规定，符合条件的上海生育妇女可以获得生育保险金、营养补贴、生育补贴等基本补贴。从表6可以看出，世界上其他国家出台的鼓励生育措施值得借鉴，上海可以实行差异化的个税抵扣及经济补贴政策，加大托育经济支持力度，对三孩以上家庭大幅度提升个税起征点，并且从三孩起每人每月提供生育补贴直至小孩成年，从而进一步提振女性三孩生育意愿。

表6 世界其他国家生育鼓励性措施

国家	政策措施
日本	儿童补贴、保育设施、职场支援、税收优惠等几个方面
韩国	为低收入新婚夫妇提供保障住房；子女不满6岁时，女性可以有1年时间在家养育子女，每月可领取40万~50万韩元的底薪，并保留职位
俄罗斯	2006年，俄罗斯颁布实施了"母亲基金"法案，从收入、教育、住房、就业及社会保障等多个层面研究分析国家人口增长红利；依据各地的实际情况对生三孩或更多子女的家庭给予5000~11000卢布/月的补贴
新加坡	新加坡在1960年开始推行"两个就够了"的计划生育政策，生育率急剧下降，总和生育率从1963年的5.01下降到1977年的1.82。到了20世纪80年代中期，新加坡政府取消了计划生育政策，鼓励多生
丹麦	孕妇从预产期前4周开始休假；产后有14周产假，这期间配偶享有2个星期的假期；在孩子出生14周后，夫妻双方还各有32周的"父母假"，可自由安排何时休假；夫妻双方能享有的带薪产假加起来最多可达52周
瑞典	作为世界上第一个立法对男性休产假做出规定的国家，为了鼓励父亲多休产假，瑞典的社会保障部门还设立了奖金，在休够法定的60天产假后，父母每多休30天产假，就可多领取3000克朗奖金，父母可领取135000克朗的最高奖金。在孩子8岁或读完小学一年级之前，父母可以将自己的工作时间缩短最多1/4
德国	德国政府规定，停职在家照顾孩子的父母每月可得到相当于税后月收入2/3的补贴，每月最高可达1800欧元

（二）全面三孩政策同家庭支持政策相衔接

在全面三孩政策背景下，上海女性就业渠道、形式与类型呈现多样化。部

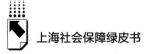

分女性已投身到大众创业的浪潮之中。然而女性生育尤其是多孩生育不可避免导致女性在生育期间和生育后劳动参与率下降，且当育儿的照料需求与工作发生冲突时，女性必须承担来自家庭照料负担与职场隐形歧视的双重压力，从而会面临严重的工作家庭失衡问题。

在课题调研中，一些用人单位表示上海目前的陪护假仅 10 天，而全国大多数地区为 15 天。调研的 53 家用人单位中，39 家期待能够为男性雇员在配偶处于两孩生育期间提供更长的陪护假。而一些北欧国家出台了较多托幼体系及育儿产假政策，尤其瑞典突出父亲在育儿过程中应当承担的责任。因此上海应出台更多着眼于促进两性在劳动力市场中平等的家庭政策，促进女性充分就业，提升女性劳动参与率。

（三）应出台激励生育政策降低生育成本

生育成本也是政策实施时效应评估的最直接体现，课题调研中通过梳理 124 个国家中生育成本承担模式可以发现，生育成本的承担模式主要有 4 种：全社会共同承担、政府承担、企业承担以及其他类型，其中个人、政府、企业全社会共同承担的模式占据主要地位，共有 91 个国家是三方共担的责任模式。

《中国生育成本报告 2022 版》通过国家统计局公布的居民收入和消费支出数据以及各种物价综合测算养育成本。结果表明，我国 0~17 岁孩子的平均养育成本为 48.5 万元；0 岁至大学本科毕业的养育成本平均为 62.7 万元。然而，如表 7 所示，上海作为超一线城市，生育成本以 102.6 万元居首位，是全国平均水平 2 倍以上，高位的生育成本是限制生育意愿和生育数量的重要因素。

表 7 2021 年各地区 0~17 岁孩子平均养育成本前十位

单位：元

序号	地区	养育成本
0	全国平均	486218
1	上海	1026412
2	北京	968642

序号	地区	养育成本
3	浙江	720789
4	天津	716914
5	广东	652570
6	江苏	600863
7	福建	569737
8	辽宁	499708
9	湖北	485398
10	福建	467548

资料来源:《中国生育成本报告 2022 版》。

三 上海全面三孩生育政策面临挑战

(一)居民生育观念发生变化,育龄女性面临"生"还是"升"两难抉择

以往的家庭,重点关注生育、养育、赡养父母等方面,当前的上海年轻人对生育观念及生育意愿更加具有自我主观的认知。上海家庭代际观念的转变是家庭代际多样化的主要因素,同时自我认知不断增加,更多人认为自我价值的提升更为重要,生育意愿持续走低。

此外,全面三孩生育政策背景下企业对招聘女员工更为谨慎。上海女性的就业渠道、形式与类型呈现多样化,部分女性已投身到大众创业的浪潮之中。然而在家庭层面,妇女既是生育的主体,也是履行子女照料责任的主要承担者,这种家庭内部传统的性别角色分工的不平等会导致女性家庭和工作的冲突,提高育儿的生育成本和机会成本。当育儿的照料需求与工作发生冲突时,女性必须承担来自家庭与工作的双重压力,这势必会增加妇女的生育成本,进而加强家庭的不生育动机。生育会对女性就业造成负向影响。在全面三孩政策背景下,仍然存在就业市场性别歧视的问题,用人单位会顾虑女性劳动者所享受的产假待遇影响到正常的工作接续,以及人工成本的进一步增加。

（二）相关支持政策尚未完备，构建生育友好型社会需顶层设计

第七次全国人口普查数据显示，我国现在劳动力资源仍然较丰富，还是处于人口红利的阶段。资源分配均衡性又是一个需考虑的问题，若乍然放开，那么在生育、医疗、教育、住房等方面均会面临巨大的考验①。

上海尚未对三孩家庭出台税收减免及优惠等具体政策，可以对三孩及以上家庭大幅度提升个税起征点，并且从第三孩起每人每月提供生育补贴直至小孩成年。同时，可实行差异化的经济补贴政策。以法国为例，2006 年法国通过专门法律鼓励生育，第三孩家庭可得到约合人民币 6600 元/月的补助，比二孩的津贴多出 1 倍。2006 年，俄罗斯推出"母亲基金"，为生育 2 个及以上孩子的家庭一次性提供约合 4.5 万元人民币的补贴。上海应持续优化个税扣除项目，让育龄人口切实享受到生育多孩的福利。

（三）现有社会经济发展水平下实现相关支持政策存在较大阻碍

总体来说，我国经济发展当前仍然面临不小挑战。其中仍面临房贷利率较高、房价高企不下的问题，这一方面抑制了国民的消费能力，另一方面也大大增加了年轻人的生育成本，造成低生育率，低生育率反过来又会使房屋需求和日常消费减少，形成恶性循环。上海可结合实际情况，在住房方面，深化住房体制改革，辅以优惠贷款和租金等措施，保证居者有其屋。给予三孩家庭优先购房资格、为三孩家庭提供经济适用房指标。

在教育方面，上海持续打造普惠为主资源供给体系，已建公办幼儿园有条件的开设托班，鼓励民办幼儿园开设普惠性托班。规范和建设保教资源，建立科学衔接机制，用数字化转型赋能学前教育高质量发展。在医疗方面，孕前检查费用尚未纳入报销范围，应在合理区间内适当提高生育住院医疗费用的报销额度，将全部儿童纳入医保，给予更大的保障力度，在减轻生育费用负担的同时，提高女性优生优育水平。同时，可推进生育津贴制度的发展，为未参加生育保险的女性提供生育补偿。

---

① 石智雷、邵玺、王璋、郑州丽：《三孩政策下城乡居民生育意愿》，《人口学刊》2022 年第 3 期，第 1~18 页。

（四）普惠性托育服务需落实到位，教育成本、养育成本需持续调整

在托育服务方面，应加快发展以社区为依托的普惠性托育服务。大力发展成本可负担、方便可及的普惠性托育服务，降低育龄群体，特别是女性养育负担，释放其就业的空间和时间。

自 1999 年起，上海开始探索建设 0~6 岁一体的管理体制机制。2018 年，上海在中国率先制定出台托育服务指导意见和行动方案，多渠道扩大托育服务供给。在推进学前教育与托育服务工作方面，上海形成了不少有效的机制和措施经验。但上海的托幼服务目前仍存在一些问题，例如 0~3 岁适龄婴幼儿人数增加与公办普惠性托幼机构可提供名额存在较大差距，公办托幼机构数远未满足 0~3 岁适龄婴幼儿人数，而多数民办托幼机构价格较高，例如上海杨浦区有资质的民办园，托幼费用达到 9600 元/月，黄浦区的闻裕顺民办幼儿园，引入多国教学方式，每月保育费为 12000 元；此外，0~6 岁一体的婴幼教育课程体系需完善，托幼一体的服务、师资队伍需完善等。

四 上海全面三孩生育政策实施对策建议

（一）政府层面

出台一系列与三孩政策相配套的措施，给予女性在政策允许前提下更多的生育选择[①]。

1. 调整产假制度，完善法律保障女性生育权利

通过中央层面的立法来强化陪产假、育儿假、家庭照顾假以及育婴津贴的规定，着手完善产假制度，并将晚育陪护假改为配偶陪护假，时间延长至 15 天，鼓励男女两性平均分摊养育子女的责任，缓解职业女性工作家庭双重负担的困境。

建议完善相关法律法规，制定反就业歧视法，排除女性的就业障碍，以减

---

① 赵旭凡：《推行三孩生育政策的战略意义与实现路径》，《湖南社会科学》2022 年第 1 期，第 120~126 页。

少职场普遍出现的怀孕歧视。对录用生育三孩女性职工的企业按人头给予一定补贴，帮助三孩女性家庭重拾工作，平衡好家庭与职业两方面责任。

2. 提供差别化税收优惠，减轻单位负担

鼓励企业增强社会责任，保障生育三孩女性就业权益，同时提供税收减免及优惠政策，特别是积极扶持民营中小型企业，减少三孩职工对单位生产运营的影响。今后应当持续向中小企业提供各种优惠政策，特别是吸纳生育三孩女性职工达到一定比例的单位，在政策扶持下改善其发展环境，给予企业尤其是中小型民营企业一定的财政支持，化解女职工生育权利与企业发展之间的矛盾，推进中小企业快速发展。

对积极遵守国家全面三孩政策的外商投资单位加强返税优惠政策。由于上海各区对外商投资注册成立的公司税收优惠不尽相同，如税收优惠政策较好的奉贤区、金山区，营业税可返外资单位实际交税额达到 35% 左右。闵行、嘉定、松江、南汇等郊区税收优惠政策激励程度较弱。建议针对有生育三孩的女性员工的企业，给予公司相应的税收返点，切实为单位减负。

3. 构建托育服务专业化队伍，提供高质量幼儿照护

一是建立训前与训后两个标准，训前通过"健康人格与职业适宜性心理量表"对托育从业人员开展岗位适宜性筛选，测试他们是否具有温暖性的人格；训后开展职业道德合格证书、岗位技能合格证书"双证必备"的托育从业人员考核。二是高校依托上海市一流专业的平台和资源开设婴幼儿托育服务与管理专业，加强师资队伍建设，引进教学经验丰富的幼儿医学专业和幼儿运动发展与技能专业师资。建立实操实训室，让学生上课如同真实工作情景再现，从而更好地掌握知识和专业技能。建立校企长期合作，精准地、专业化地培养市场所需的托育人才，让专业人才培养与行业紧密对接，建设引领托育行业专业标准，共同推进托育人才培养工作，为上海营造更为先进和优质的托育环境。

（二）用人单位层面

单位往往通过隐形歧视对待具有三孩意愿的女性职工，以此在招工和考核过程中减少单位用工成本。因此，需要针对用人单位出台相关配套政策，全面扶持单位女性职工的生育权利。

1. 保留三孩职工岗位，实行弹性工作

在女性职工生育三孩期间，运用派遣、外包等"灵活用工"手段转移女性职工生育三孩期间的用工问题，招录兼职员工顶岗实习，实现无缝对接，对提供该项服务的外包公司免征营业税。对生育三孩的女性职工实行灵活就业制度，推行弹性工作时间。例如允许有意愿生育三孩的女性员工在生育计划前后，自主安排个人在两年内工作的时间，从而更加灵活、完善地进行生育安排及做好后续准备。

2. 设立育婴托幼室，加强人文关怀

加强用人单位对生育三孩员工的人文关怀，减轻员工的生活压力，提高员工对单位的忠诚度，包括可以给职工子女购买一定金额的医疗保险和意外伤害保险。设立托婴室、托管室，保证单位员工子女入托前的抚养问题，保证单位职工在此期间专心工作，目前杭州一些公司内部也有类似的机构，解除职工的后顾之忧。健全母婴室建设，保证生育三孩女性职工的哺乳问题，哺乳结束后鼓励返回岗位，继续为单位服务。上海应通过地方立法形式建立起本市"托幼一体"服务体系。明确卫健、民政等相关部门的协同职责，托幼一体服务体系需要在普惠性社会供给的总则下，吸引和鼓励社会资本进入，并同时完善科学、有序、透明的市场准入标准。

3. 宣传单位计划，保障女性权利

建议公众和用人单位改变对三孩女性职工的"刻板成见"，这有利于更多女性敢于生育三孩，有机会开发自己的职业潜能。按照孕期产检要求，给予生育三孩女性职工每次产检半天的带薪假期，让三孩妈妈能够从容产检，也有利于优生优育。公平对待已生育三孩的女性职工，营造生育友好的职场氛围。

（三）社会层面

在依法依规对用人单位进行监督的同时，还需要社会分担一部分幼儿抚养的职责，在育儿及幼儿照顾、三孩女性就业方面提供场所的便利及精神舆论等方面的支持，尽量解除女性生育三孩的后顾之忧。

1. 铺开托幼机构实现社区支持，加大托幼服务体系建设力度

第三孩的生育不应该过于加重夫妻和祖辈的照料负担，考虑是否能够提供给育儿家庭更多元、更细致的选择。包括推行家政培训及管理制度、建立公共

的社区照顾体系，依托社区普遍建立公益性托幼机构等，政府在提供政策和资金支持的同时加强对其有效的监管，建立监督机制，对相关责任主体和部门进行有效的监管，比如对托幼机构卫生标准、师资标准等问题进行严格把关。通过公开招标竞价的方式，健全3岁之前的托幼服务建设，让生育三孩的家庭从照料幼儿中解放双手，更好平衡工作与照料育儿的关系。

2. 强化社会组织提高维权意识，利用公共媒体提供舆论支持

当遇到劳动力市场上的性别歧视问题时，女职工维权意识又极为淡薄且无处可以申诉，维权途径堪忧，妇联等社会组织是否可以充分发挥其职权作用，提高女性职工维权意识，保护女职工在孕期、产期、哺乳期的合法权利，充分显示女职工主人翁的地位。同时在全面落实三孩政策的初期，通过网络、电视、新媒体等多种渠道，扩大政策普及覆盖面，使广大居民了解全面三孩并不等同于全面三胎。将全面三孩落地政策、程序，以及原有的相应计划生育优惠政策变化阐述清晰，让政策的核心内容落入实处。通过公共媒体宣传，激励女性在生育后重返工作岗位，缓解女性因生育而中断职业的现象。

3. 优化布局托育资源，向郊区倾斜优惠政策

"十四五"规划纲要明确提出建设嘉定、青浦、松江、奉贤、南汇"五大新城"，在落户条件、购房资格等方面都已实施倾斜政策。未来要进一步扩大五大新城托育机构服务数量，加大对郊区的托育资源倾斜力度，为郊区托育机构提供税收减免及优惠政策，在郊区建立城区附属托育机构，构建以城带郊托育联合体，通过集团内对薄弱园和新开园进行一对一指导帮扶等，促进区域学前教育优质均衡发展，以"幼有善育"为目标，扎实推进幼儿入园有保障、街镇托育广覆盖、内涵质量再提升。

（四）家庭及个人层面

家庭支持体系一方面需要政府的强制政策给予保障，另一方面也需要社会倡导和家庭内部对于职业、家庭的协调。

1. 父母夫妻共担实现共同抚养

生育三孩的职业女性应该处理好家庭内部的两种关系，一是子代和亲代之间的代际关系，近几十年来，随着现代化进程的加速推进，我国直系家庭的占比并未显著下降，始终稳定在20%左右，主要因素在于亲代与子代之间的代际互动。二是和谐稳定的代内关系尤其是夫妻关系融洽，有助于育龄女性更好地平衡家庭与工作的关系。

2. 加强个人规划兼顾职业发展

从女性个人角度，不断提高自身的素质，做好职业规划，学习新的技能，例如允许有意愿生育三孩的女性员工在生育计划前后，选择自己在两年内愿意工作的时间，从而有更灵活、更自由的时间去安排生育计划，使自己的能力得到充分发挥，提升自我价值空间。

上海农业转移劳动力择业引导机制改革发展报告

张健明*

摘 要: 农业转移劳动力的择业引导机制是中国式现代化新征程中上海实现高质量发展的重要制度保障。新生代农业转移劳动力的择业动机、择业观念、择业行为都与老一代农业转移劳动力有着显著不同,由传统的"生存型择业"转化为"发展型择业"。面对新的发展阶段对农业转移劳动力就业提出的新要求,上海城市农业转移劳动力传统的执业观念、执业能力、执业行为,难以适应上海经济社会高质量发展对劳动力的新要求。引导上海城市农业转移劳动力树立正确的择业观念,是实现高质量就业的重要前提。

关键词: 农业转移劳动力 择业引导机制 高质量就业 上海市

"城市农业转移劳动力"是指从事农业转为非农就业的由农村进入城市的劳动力群体。依据第七次全国人口普查数据,截至2019年,全国有近2.9亿城市农业转移劳动力。城市农业转移劳动力在我国20世纪80年代以来的城市化和工业化进程中做出了重要贡献,是我国现代化建设中的重要生力军。

就业是最基本的民生,强化就业优先政策,健全就业促进机制,促进高质量充分就业,是党的二十大做出的重大战略部署。农业转移劳动力的择业引导机制是中国式现代化新征程中上海实现高质量发展的重要制度保障。目前,上海加

---

* 张健明,教授,上海社会保障问题研究中心副主任,主要研究方向为社会保障政策与实务。

快了建设具有世界影响力的社会主义现代化国际大都市步伐，推动高质量发展、创造高品质生活、实现高效能治理，上海产业结构转型升级持续加速，劳动力市场对劳动者技术素质要求越来越高，上海城市农业转移劳动力面临全新的择业机遇和挑战，以上变化深刻地影响着他们的择业动机和择业行为。优化择业引导机制，引导上海城市农业转移劳动力科学、理性地择业，帮助他们实现充分的高质量的就业，对于稳定就业、实现经济高质量发展具有重要战略意义。

一 新发展阶段上海农业转移劳动力择业趋势

（一）上海农业转移劳动力的变化趋势

1. 农业转移劳动力概念阐释

"农业转移劳动力"一词最早在 2009 年的中央经济工作会议上正式提出，从此开始广泛使用。城市农业转移劳动力可概括为户籍属于农村、在城市长期从事非农就业、收入来源主要为工资的劳动人口。城市农业转移劳动力可分为第一代城市农业转移劳动力和新生代城市农业转移劳动力。目前，新生代的城市农业转移劳动力成为城市劳动力市场的主力军，他们与老一代城市农业转移劳动力既有共同特征，又有非常大的差别。

2. 农业转移劳动力择业变化趋势

随着现代化进程不断推进，城市农业转移劳动力所处的生活工作环境发生巨大改变，而这个群体在受教育程度、外出工作经历、生活习惯、择业期望、择业动机等方面发生了相应改变，他们整体文化水平有所提高，群体代际差异不断增大，渴望体面劳动与社会尊重，市民化意愿增强，同时他们更渴望追求自我实现和社会融入①。

新生代农业转移劳动力的择业动机、择业观念、择业行为都与老一代农业转移劳动力有着显著不同，由传统的"生存型择业"转化为"发展型择业"。

第一，择业观念具有时代性。城市农业转移劳动力的择业观念的时代性体

---

① 杨秀丽：《新生代农民工职业化研究》，西北农林科技大学博士学位论文，2014，第 25~35 页。

现在公平意识的觉醒。随着信息技术、大众传媒的迅速发展，互联网拓展了城市农业转移劳动力获取信息的渠道，超越了地域和社会阶层的限制。城市农业转移劳动力把城市居民作为参照群体，形成了自己的社会价值判断，通过比较产生相对剥夺感，公平意识逐渐增强。他们对择业的诉求，从单纯要求实现基本就业向追求体面择业和发展机会转变。上海农业转移劳动力的文化水平和学习能力有了显著提升，他们渴望获得地位更高、收入更多的职业。他们自我职业身份认知发生转变，对职业发展的定位也发生转变。择业中，除薪资水平，工作福利待遇、医疗保障、工作环境等新的执业因素都成为决策考量因素。他们开始期盼精神、情感生活需求得到更好的满足转变，强调物质与精神相协调，关注生活质量提升。城市农业转移劳动力择业观念时代性还体现在对自我合法权益的维护上，他们的维权意识逐渐觉醒并日益增强。

第二，择业行为具有多元性。城市农业转移劳动力的择业行为随着新发展阶段的新业态新模式的兴起呈现多元性的特点。进入新发展阶段，新业态新模式的发展为城市农业转移劳动力提供了新机遇，极大拓宽了城市农业转移劳动力就业渠道，提高了他们择业的自主性和积极性，转变了他们的择业方向。他们对于网络的使用相对熟练，网络数据为他们提供了更多的择业信息，可以更好地选择自己喜欢的职业。相对传统的择业途径逐渐被淘汰，以亲缘和地缘为基础形成的强关系社交网络不能再满足城市农业转移劳动力的择业需求，他们开始有意识地在城市发展自己的社交网络和社会资本，扩大自己的社会支持网络的规模，善于利用工作关系建立以行业内技能和管理人才为基础的社会网络弱关系，以更有利于自己通过择业向上流动。

（二）上海农业转移劳动力的择业困境

面对新的发展阶段对农业转移劳动力就业提出的新要求，上海城市农业转移劳动力传统的执业观念、执业能力、执业行为，使得他们难以适应上海经济社会高质量发展对劳动力的新要求。

1. 农业转移劳动力的择业变化

2021年国家统计局发布了《2020年农民工监测调查报告》。调查报告显示，我国外出就业的城市农业转移劳动力受教育程度大专及以上学历占比有所提高，未上过学的占1%，学历为小学水平的占14.7%，学历为初中水平的占 55.4%，学历为高中水平的占 16.7%，学历为大专及以上水平的占 12.2%。但整体的文化水平还是偏低，大多数缺乏专业的技能培训。缺乏职业技能和职业水平较低依旧是城市农业转移劳动力的普遍现状，城市农业转移劳动力执业能力与新兴产业对劳动力需求之间矛盾突出。

目前，上海城市农业转移劳动力的择业动机从生存型择业转变为自我价值实现型择业，择业不再仅是为了经济的创收，得到职业地位更高的工作、实现自己的个人发展和价值成为他们在城市择业中的重要考虑因素。他们不止满足于物质生活的充实，对精神生活的富足和人生目标的实现也有了一定的要求，产生新的择业需求。同时，择业选择不再是单向的市场选择，城市农业转移劳动力有了更多的择业自主权，开始趋向自身需求与劳动力市场需求的双向选择。

长期的城市生活使他们的思维方式和生活方式趋于城市化，但存在"回不去的家乡和融不进的城市"尴尬身份认同，因此身份的认同转化是促使他们择业动机由生存型转变为自我发展型的一个重要影响因素。上海城市农业转移劳动力大多数自小就生长在城市，生活方式和习惯与城市居民无异，尽管他们为城市的建设和发展做出了巨大的贡献和努力，但他们依旧是外乡人，得不到身份上的认同，也不能完全享受城市市民的公共服务和福利待遇。而他们对家乡感到陌生，返乡养老也不再是他们的必要选择。为了摆脱这种尴尬的境遇，城市农业转移劳动力希望通过非农就业和高质量就业，实现城市融入的目标。

2. 上海农业转移劳动力的择业困惑

第一，执业素质不高。城市农业转移劳动力缺乏专业的职业技能是职业期望与现实从业存在差距的主观因素。进入新发展阶段，上海经济结构调整和升级，新型产业快速发展，为城市的农业转移劳动力提供了大量的就业机会，也对劳动力的质量提出更高的要求。但现实是企业面临"用工荒"，城市农业转移劳动力则面临"就业难"，执业能力与城市劳动力市场不适配。另外，城市农业转移劳动力大多数没有进行过系统的学习和专业的技术培训，这也限制他们从事技术含量较高的行业。

第二，择业规划缺失。受到个人资源禀赋的限制，城市农业转移劳动力缺乏对城市劳动力市场准确判断，择业具有一定的盲目性。城市农业转移劳动力的社会支持网络的规模较小，同质性较强，结构单一，导致大多数城市

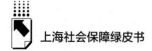

农业转移劳动力从事层次较低、稳定性较差行业。相比之下，新生代的城市农业转移劳动力相较于老一辈的城市农业转移劳动力，对信息技术的了解、使用和掌握相对熟练，获取相应的就业信息更为快速和便捷，拓展就业信息获取渠道。

第三，择业环境制约。择业环境是制约城市农业转移劳动力择业的主要客观因素，主要包括政策制度环境、市场环境、法治环境等。在政策制度环境方面，户籍制度依然是上海城市农业转移劳动力执业的制约因素。近年来，我国持续深化户籍制度改革，消除农业户口和非农业户口之间的壁垒。但是上海户籍制度的影响并未消除，城乡二元劳动力市场的分化、"同工不同酬"的现象依旧存在①。在市场环境方面，城市农业转移劳动力在劳动力市场中依然处于弱势地位，在招聘时还是倾向于选择城市本地户口劳动力，一定程度上降低了城市农业转移劳动力职业和社会地位向上流动的积极性和信心。在法治环境方面，为了维护城市农业转移劳动力合法权益，上海城市农业转移劳动力的社会保障和劳动保护政策相对比较完善②，但是在社会福利制度覆盖方面依然存在诸多问题。

（三）上海农业转移劳动力择业引导实践发展

城市农业转移劳动力的择业问题受到广泛关注，党的十九届五中全会将城市农业转移劳动力就业问题提高到民生之本的高度。为此，我国相继制定和颁布了《关于做好当前农民工就业创业工作的意见》《关于支持多渠道灵活就业的意见》《新生代农民工职业技能提升计划》等一系列政策文件，改善农业转移劳动力的就业环境，提高他们的就业能力，拓宽他们的择业渠道，促进城市农业转移劳动力高质量就业。

上海在促进城市农业转移劳动力就业工作中，出台了诸多配套措施。由于新发展阶段上海农业转移劳动力择业的主要动机不再是物质上的满足，精神层面的追求成为择业重要考虑因素。他们择业呈现多样化的发展趋势，竞争意识

---

① 刘新争：《农民工与城镇职工工资的动态趋同及其结构差异》，《财经科学》2017年第6期，第124~132页。

② 陈蕾：《城镇化进程中农民工社会保障制度研究》，《农业经济》2018年第9期，第72~73页。

不断加强，效率意识提高，关注更多的发展空间，但是由于缺乏有效的执业引导，择业行为依然存在一定的盲目性，自身技能与市场职业需求不匹配。因此，需要更好发挥政府择业引导作用，提供完善的就业服务，增强他们的职业素质，激励他们参加职业技能培训，引导他们多元择业，实现高质量就业。然而，传统的就业促进政策，难以适应农业转移劳动力的择业需求，政策针对性不强，覆盖面不够广。同时，城市农业转移劳动力对政府帮扶政策敏锐度相对较低，加之缺乏有效信息传递，不仅城市农业转移劳动力与劳动力市场信息不对称，而且政府出台政策存在实施难度，无法有效引导择业行为。例如，上海市区两级政府对城市农业转移劳动力的职业技能培训高度重视，先后出台了一系列关于鼓励城市农业转移劳动力参与职业培训的政策措施，但是接受职业培训人数仅占 30.6%，培训效果也不理想。

二　上海农业转移劳动力择业引导的制约因素

（一）上海农业转移劳动力择业影响因素

影响上海城市农业转移劳动力择业行为因素是多元的、复杂的，具体表现在以下几个方面。

1. 就业环境因素

就业环境是指影响城市农业转移劳动力择业的一种综合因素，主要包括政治环境、经济环境和文化环境。公平宽松的就业环境为城市农业转移劳动力实现高质量就业奠定了基础。城市就业环境越好，劳动力市场规模越大，城市就业的岗位和机会就越多。上海城市农业转移劳动力就业环境的主要因素之一是就业歧视。虽然，上海在政策层面城市农业转移劳动力就业歧视已经不存在了，但是影响着城市农业转移劳动力择业的劳动力就业市场的层次区别依然明显[1]。

2. 公共政策因素

就业政策、户籍制度和教育政策是影响城市农业转移劳动力就业的主要

---

[1]　汪嵘明：《昆明市新生代农民工进城就业环境及对策研究》，《改革与开放》2018 年第 5 期，第 119~121 页。

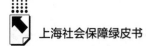

公共政策，上海这些方面的公共政策不同程度上影响着城市农业转移劳动力的择业行为。对此，国家颁布了《关于做好当前农民工就业创业工作的意见》，提出要完善各类基础设施建设，培育经济发展新功能，拓展城市农业转移劳动力就业新领域，实施灵活择业支持政策。最重要的是城市农业转移劳动力与城镇户籍居民享有同等的就业权利。就业促进服务是普惠性的就业政策，使城市农业转移劳动力与城市户籍人口享有同等的就业扶持政策，然而，上海就业促进政策中城市农业转移劳动力与户籍市民之间存在权利不平等现象。

3. 户籍制度因素

户籍被普遍认为是影响城市农业转移劳动力就业的重要因素，户籍制度及其相关的一系列政策壁垒造成城市农业转移劳动力在就业中处于弱势的地位。户籍制度影响着城市农业转移劳动力择业的各个方面，主要体现在就业分层、就业机会和经济收入上。

现行户籍制度导致社会资源在城市农业转移劳动力与户籍市民间区别性分配，限制了城市农业转移劳动力的择业机会、劳动报酬和劳动保障，导致他们只能从事相对底层的工作，且同工不同酬的问题突出。户籍制度带来职业准入的限制，城市农业转移劳动力进入体制内单位相对困难，即使在体制内获得就业岗位，薪酬水平与城市劳动力也存在较大差距。2019 年国家颁布了《中共中央国务院关于建立健全城乡融合发展体制机制和政策体系的意见》，要求到 2020 年，城乡融合发展体制机制初步建立。城乡要素自由流动制度性通道基本打通，城市落户限制逐步取消，深化户籍改革，实现基本公共服务常住人口全覆盖。但是，上海由于超大城市特殊情况，户籍制度的改革步伐相对滞后，城市农业转移劳动力获得平等就业权利还有待于改革的进一步深化。

4. 教育政策因素

教育程度是影响上海城市农业转移劳动力与城市劳动力之间就业差异的主要因素之一。教育可以使城市农业转移劳动力积累人力资本，教育的分层机制可以将较为优秀的劳动力筛选出来。受教育机会的差异是城市农业转移劳动力被隔离在低端职业的重要原因，这种职业隔离又成为城市农业转移劳动力与城市劳动力间收入差异的主要原因[①]。

5. 社会保障因素

党的十九届四中全会提出完善覆盖全民的社会保障体系的要求，逐步把城市农业转移劳动力纳入失业保险、城乡居民医疗保险的保障范围。目前，上海已经将城市农业转移劳动力纳入了社会保障体系，实现了制度全覆盖，城市农业转移劳动力社会保障制度不断建设和完善，他们在城市的生存状况得到了很大的改善。但是，与城市劳动力相比，在社会保障享有水平、就业扶助、社会福利享有等方面还存在一定的差距，大部分城市农业转移劳动力的养老保险、医疗保险等城镇职工基本保险的参保水平较低，尤其是从事许多灵活就业的城市农业转移劳动力缺乏基本的社会保障。

（二）上海农业转移劳动力择业行为的影响因素分析

基于上海城市农业转移劳动力的择业特征和现状，研究显示资源禀赋对上海城市农业转移劳动力的择业行为有着重大影响。

上海城市农业转移劳动力的资源禀赋可以划分为内部个体资源禀赋和外部社会资源禀赋。内部个体资源禀赋包括人力资本，外部社会资源禀赋包括就业环境、社会保障和公共政策。

1. 因变量：城市农业转移劳动力择业行为

城市农业转移劳动力的择业是一个选择职业并获得的过程，包括择业动机、择业期望和择业行为。为分析城市农业转移劳动力最终的行为结果与其择业动机、择业期望的差异，将择业行为作为研究模型的因变量，操作化为职业选择，也就是城市农业转移劳动力所选择的职业领域。

结合我国的职业编码体系及中国的主要职业分类等标准，根据中国劳动力动态调查（China Labor-force Dynamic Survey，简称 CLDS）的问卷职业编码，对城市农业转移劳动力的职业进行分类：党政机关企事业单位；传统生产制造业；流通部门；社会生产和生活服务业；专业技术人员，主要包括卫生、体育和社会福利业、教育、文化艺术和广播电影电视业、科学研究和综合技术服务业等行业（见表1）。

---

① 吴晓刚、张卓妮：《户口、职业隔离与中国城镇的收入不平等》，《中国社会科学》2014 年第 6 期，第 118~140+208~209 页。

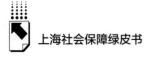

表 1　职业编码

变量名称	职业编码表
城市农业转移劳动力从事职业类型	1＝党政机关企事业单位；
	2＝传统生产制造业；
	3＝流通部门；
	4＝社会生产和生活服务业；
	5＝专业技术人员。

2. 自变量：资源禀赋要素

自变量有 21 个，分别是人力资本、社会资本、公共政策、就业环境和社会保障等变量。其中，人力资本变量包含年龄、受教育程度、是否获得技能证书、外语能力、努力完成该做的事情等。

社会资本变量包含城市熟人个数、对邻里的信任程度、邻里熟悉程度和邻里互助等。就业环境变量包括是否签订劳动合同、是否有拖欠工资、是否强制性加班、工作环境污染是否超标和工作安全性是否达标等。社会保障变量包括是否参与工伤保险、失业保险、城镇职工养老保险和城镇职工医疗保险。公共政策变量包括是否参加过政府提供的职业培训和政府是否提供职业培训政策。各变量编码如表 2 所示。

表 2　变量名称及定义

变量名称		变量定义
人力资本	年龄	1＝30 岁以下；2＝31～50 岁；3＝大于 50 岁
	受教育程度	1＝小学及以下；2＝初中；3＝高中及中专；4＝大专及以上
	是否获得技能证书	1＝是；2＝否
	外语能力	1＝懂外语；2＝不懂外语
	努力完成该做的事情	1＝非常不同意；2＝不同意；3＝同意；4＝非常同意
社会资本	城市熟人个数	1＝10 个及以下；2＝11～50 个；3＝51 个及以上
	对邻里信任程度	1＝非常不信任；2＝不太信任；3＝一般；4＝比较信任；5＝非常信任
	邻里互助	1＝非常少；2＝比较少；3＝一般；4＝比较多；5＝非常多
	邻里熟悉程度	1＝非常不熟悉；2＝不太熟悉；3＝一般；4＝比较熟悉；5＝非常熟悉

续表

变量名称		变量定义
就业环境	是否签订劳动合同	1＝是；2＝否
	是否有拖欠工资	1＝是；2＝否
	是否强制性加班	1＝是；2＝否
	工作环境污染是否超标	1＝是；2＝否
	工作安全保护是否达标	1＝是；2＝否
社会保障	城镇职工医疗保险	1＝是；2＝否
	城镇职工养老保险	1＝是；2＝否
	工伤保险	1＝是；2＝否
	失业保险	1＝是；2＝否
公共政策	政府提供职业培训政策	1＝是；2＝否
	是否接受过职业培训	1＝是；2＝否

3. 资料来源及样本描述

第一，数据与资料来源。研究依据 CLDS 提供的上海城市农业转移劳动力的基础数据，运用实证分析方法，构建多分类 logistic 回归模型，系统地分析了资源禀赋与城市农业转移劳动力择业行为之间的关联，揭示上海城市农业转移劳动力择业引导机制存在的问题。

第二，样本数据的交互性分析。对城市农业转移劳动力的资源禀赋与不同职业做了交互分析。由表3可以看出，在受教育程度方面，不到一半的城市农业转移劳动力的受教育程度达到高中及以上学历，表明在新发展阶段，城市农业转移劳动力群体的受教育程度相对偏低。教育程度为高中及以下的城市农业转移劳动力大部分选择了从事传统生产制造业等行业，表明体力劳动仍是现阶段城市农业转移劳动力谋生的主要方式。随着教育水平的提高，学历在大专及以上的城市农业转移劳动力更多的选择了党政机关企事业单位。

就从事各行业的城市农业转移劳动力分布上可以看出，大于 30 岁的劳动力更倾向于传统生产制造业行业，而新生代的城市农业转移劳动力的择业行为呈现多元化的分布，从事各行业的人数分布较为接近。

城市农业转移劳动力群体中具有外语能力的人数较少，在具有外语能力的

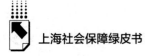

这一部分人当中，他们更多从事了专业技术较高的行业。具有专业技能证书的城市农业转移劳动力较少，大多从事需要特殊技术的行业和成为建造、采掘业重点技术工人。

生活态度作为一种非认知能力，也是一种较为重要的人力资本，绝大部分城市农业转移劳动力对生活态度还是较为积极的，基本上同意一个人需要努力完成自己应该完成的事情。

表3　人力资本与择业行为交叉

单位：人

指标	分类	党政机关企事业单位	传统生产制造业	流通部门	社会生产和生活服务业	专业技术人员
受教育程度	小学及以下	3	90	14	30	19
	初中	15	168	44	65	39
	高中	18	68	12	24	20
	大专及以上	53	32	8	16	25
年龄	小于30岁	3	90	14	30	19
	31岁至50岁	15	168	44	65	39
	大于50岁	18	68	12	24	20
外语能力	是	41	42	10	23	23
	否	48	316	68	113	80
技能证书	是	46	57	24	9	22
	否	43	300	54	127	80
努力完成该做的事情	非常不同意	2	5	0	2	1
	不同意	8	63	11	17	14
	同意	64	250	59	99	79
	非常同意	15	39	8	16	9

从表4可以看出，从事传统生产制造行业的城市农业转移劳动力与社区邻里关系明显较其他行业的从业人员更为亲密，他们对社区邻里更为熟悉。在信任程度上，大部分城市农业转移劳动力认为社区邻里是基本可以信任的。

表4 社会资本与择业行为交叉

单位：人

指标	分类	党政机关企事业单位	传统生产制造业	流通部门	社会生产和生活服务业	专业技术人员
熟悉程度	非常不熟悉	3	6	1	4	2
	不太熟悉	25	29	7	25	15
	一般	24	70	17	21	29
	比较熟悉	29	145	36	52	39
	非常熟悉	8	107	17	32	18
信任程度	非常不信任	1	0	0	1	1
	不太信任	11	18	5	10	12
	一般	36	123	29	46	36
	比较信任	35	164	38	60	46
	非常信任	6	52	6	17	8
邻里互助	非常少	1	15	3	5	3
	比较少	27	39	11	27	11
	一般	27	117	27	44	38
	比较多	29	150	32	50	42
	非常多	5	36	5	8	9

　　城市农业转移劳动力的劳动合同签订率较低，自我权益保护意识较弱，大部分都没有与工作单位签订劳动合同，签订了劳动合同的专业技术人员居多。面临拖欠工资问题的大多是依靠体力劳动的传统生产制造业工人，而其他行业较少出现。城市农业转移劳动力的强制加班问题并不突出。工作环境安全性不达标的问题主要出现在传统生产制造业和流通部门，这两个行业需要较高的安全保障。工作环境污染超标是建筑、制造和采掘等传统生产制造业工人需要经常面对的问题（见表5）。

表5 就业环境与择业行为交叉

单位：人

指标	分类	党政机关企事业单位	传统生产制造业	流通部门	社会生产和生活服务业	专业技术人员
签订劳动合同	是	50	89	21	22	38
	否	16	163	28	44	31

续表

指标	分类	党政机关企事业单位	传统生产制造业	流通部门	社会生产和生活服务业	专业技术人员
拖欠工资	有	6	66	6	5	4
	无	60	186	43	61	65
强制加班	有	7	35	2	7	2
	无	59	217	47	59	67
工作环境安全性未达标	有	4	40	7	3	5
	无	62	212	42	63	64
工作环境污染超标	有	0	37	3	2	1
	无	66	215	46	64	68

城市农村转移劳动力虽然在城市从事非农业劳动，城镇职工养老保险和城镇职工医疗保险参保率却很低，从表6可以看出，在党政机关和事业单位工作的农业转移劳动力，参加上述两项社会保险的比例相对较高，其他行业的农业转移劳动力参保率则很低。

参加过专业技术培训的城市农业转移劳动力人数整体较少，其中参加过培训的人当中，大多数选择了传统生产制造业，参加过培训后，他们可以不再只是从事简单的体力劳动工作，有可能发展成为专业技术人员。在党政机关工作和事业单位工作的农业转移劳动力接受职业技能培训的比例较高（见表6）。但是，接受培训的城市农业转移劳动力非常少的人数参加的是由政府提供的职业培训，大部分参与的是自己付费或者工作单位安排的技术培训。

表6 社会保障和公共政策与择业行为交叉

单位：人

指标	分类	党政机关企事业单位	传统生产制造业	流通部门	社会生产和生活服务业	专业技术人员
城镇职工养老保险	是	25	36	9	10	11
	否	59	318	66	124	89

指标	分类	党政机关企事业单位	传统生产制造业	流通部门	社会生产和生活服务业	专业技术人员
城镇职工医疗保险	是	31	39	12	10	15
	否	51	313	63	124	84
工伤保险	是	38	63	16	11	18
	否	45	284	61	123	82
失业保险	是	37	41	11	9	15
	否	46	309	65	125	87
技能培训	是	37	38	8	15	24
	否	52	319	70	121	78
接受政府职业培训	是	10	16	1	4	5
	否	79	341	77	130	98

4. 模型选择和检验

城市农业转移劳动力的择业行为选择主要分为五种情况：党政机关企事业单位工作人员，从事传统生产制造业人员，流通部门工作人员，社会生产和生活服务业工作人员，专业技术人员。显然因变量是一个无序多分类变量，因此本文采用多分类 logistic 回归模型进行分析。

无序多分类 logistic 回归模型的基本表达式为：

$$Logit\,[\,P(Y=j)\,] = ln\left\{\frac{P(Y=j)}{P(Y=i)}\right\} = \alpha_i + \beta_{1j}X_1 + \cdots + \beta_{pj}X_j,\ j \neq i \qquad (1)$$

基于上述模型，将城市农业转移劳动力的择业行为进行分类，将党政机关企事业单位赋值为"1"，传统生产制造业等行业赋值为"2"，流通部门赋值为"3"，社会生产和生活服务业赋值为"4"，专业技术人员赋值为"5"。在公式（1）中，P 值是城市农业转移劳动力选择某一行业的概率，其中，[P/（$1-P$）] 为某一事件发生与不发生的概率发生比 odds。在多分类 logistic 回归模型中的两个比值就称为优势比（OR），公式如下：

$$OR = \frac{P(Y=j/X_l = x_{l2})/P(Y=i/X_l = x_{l2})}{P(Y=j/X_l = x)/P(Y=i/X_l = x_{l1})} = e^{\beta_{l2}(xl2-xl1)},\ j \neq i \qquad (2)$$

表示 x_{l1}、x_{l2} 表示第 1 个自变量的两个不同的取值；OR 值就是在控制其他变量时，当 x_i 从 x_{i1} 变化到 x_{i2} 时，因变量 j 水平发生概率和参照水平发生概率之比变动的比例[1]。在本文中的实际意义为，自变量 Xi 每改变一个单位，城市农业转移劳动力职业选择与以从事专业技术人员的城市农业转移劳动力的发生比的自然对数值的改变量。α_i 为常数项，表示截距；β_{pj} 为系数项，表示每个影响城市农业转移劳动力择业的自变量对因变量的影响系数。

使用 SPSS 26.0 统计软件对样本进行多分类 Logistic 回归处理，由表 7 可知，当加入因变量时，回归模型的显著性值小于 0.05，说明模型具有统计意义，模型通过检验，且模型的拟合较好。

表 7　模型拟合信息

模型	模型拟合条件	似然比检验		
	−2 对数似然	卡方	自由度	显著性
仅截距	1189.345			
最终	657.577	531.768	228	.000

通过似然比检验进一步对各自变量进行筛选，表 8 是对各变量的对数似然比检验。从表可以看出其中"外语能力""努力完成该完成的事""邻里互助""信任程度""是否接受过政府提供的职业技能培训""强制加班""工作安全保护未达标准""是否参与城镇职工养老保险""是否参与城镇职工医疗保险""工伤保险"这几个变量的 p 值大于 0.05，说明其对城市农业转移劳动力择业行为的影响不显著，因此剔除这几个变量，对模型的回归结果进行进一步回归分析。

表 8　似然比检验

效应	模型拟合条件	似然比检验		
	简化模型的−2 对数似然	卡方	自由度	显著性
年龄分组	634.810	30.258	8	0.000
受教育程度	658.877	54.325	12	0.000

---

[1] 李辉:《基于 Logistic 模型的深度贫困地区贫困人口致贫因素分析》,《西北民族研究》2018年第 4 期, 第 51~58 页。

效应	模型拟合条件	似然比检验		
	简化模型的-2 对数似然	卡方	自由度	显著性
是否懂外语	604.983	.430	4	0.980
技能证书	642.640	38.087	4	0.000
努力完成该做的事	619.519	14.966	12	0.243
熟人个数	827.764	16.383	8	0.037
熟悉程度	847.235	35.855	16	0.003
信任程度	827.364	15.983	16	0.454
邻里互助	834.299	22.918	16	0.116
技术培训	105.781	43.646	4	0.000
是否接受过政府提供的职业技能培训	66.093	3.958	4	0.412
工伤	199.045	14.687	4	0.005
工作安全保护未达标准	191.448	7.091	4	0.131
工作环境污染超过标准	199.657	15.299	4	0.004
拖欠工资	200.834	16.477	4	0.002
强制加班	193.681	9.323	4	0.054
书面劳动合同	219.724	35.367	4	0.000
城镇职工医疗保险	142.094	2.644	4	0.619
城镇职工养老保险	141.299	1.850	4	0.763
工伤保险	145.348	5.898	4	0.207
失业保险	150.177	10.728	4	0.030

将筛选过后的变量放入模型中再一次进行检验，根据表9模型拟合信息表，显著性值小于0.05，说明模型具有统计意义，模型通过检验。

表 9　模型拟合信息

模型	模型拟合条件	似然比检验		
	−2 对数似然	卡方	自由度	显著性
仅截距	104.515			
最终	1.387	103.129	68	.000

根据拟合优度表 10，原假设模型能很好地拟合原始数据，皮尔逊卡方显著性值为 1.000，模型概率较大，说明原假设成立，模型对原始数据的拟合效果较好。

表 10　拟合优度

指标	卡方	自由度	显著性
皮尔逊	.000	116	1.000
偏差	.000	116	1.000

根据伪 R 方表 11，三个伪 R^2 值分别为 0.878、0.992、0.974，说明本文采用的回归模型对原始变量变异的解释程度较好，可以解释模型中的大部分信息，模型结果较为理想。

表 11　伪 R 方

指标	伪 R^2 值
考克斯-斯奈尔	0.878
内戈尔科	0.992
麦克法登	0.974

（三）城市农业转移劳动力择业行为的回归结果分析

从表 12、表 13、表 14、表 15 城市农业转移劳动力择业行为回归分析表中可看出，在择业行为中，将专业技术人员作为参照组来进行回归分析。

在分析结果中城市农业转移劳动力的人力资本、社会资本、就业环境、社会保障和公共政策对新生代城市农业转移劳动力择业行为都有显著性影响。

1. 人力资本影响择业行为

城市农业转移劳动力的受教育程度、年龄和是否获得技能证书对新发展阶段城市农业转移劳动力的择业行为产生了显著影响。由表12可以看出，在30岁以下年龄段对城市农业转移劳动力择业行为影响显著。30岁以下从事传统生产制造业和社会生产和生活服务业的城市农业转移劳动力的回归系数分别为-0.808和0.924，说明相较于传统生产制造行业，30岁以下的城市农业转移劳动力更倾向于选择成为专业技术人员；而相较于专业技术人员，30岁以下的城市农业转移劳动力更倾向于选择社会生产和生活服务业，而在其他年龄段这种择业倾向性并不明显。这样的回归结果表明在外务工的城市农业转移劳动力，不同年龄层次其择业行为会有所不同，这也表明与他们在每个年龄段的成熟程度、价值观和世界观、社会认知及思维方式的不同有关，进而其择业行为也会相对发生变化。

受教育程度的统计检验的显著性水平小于1%，表明在其他条件不变的情况下，城市农业转移劳动力的受教育程度对其择业行为的影响显著，且城市农业转移劳动力依不同受教育程度在其择业行为上有不同的表现。受教育程度为初中及以下学历的城市农业转移劳动力，相较于专业技术人员，更倾向于传统制造业、流通部门、社会生产和生活服务业，虽然文化水平较低，但其择业选择上还是出现多元化的现象，并不是所有的文化程度较低的城市农业转移劳动力都去从事仅依靠体力劳动的行业，就业更为灵活。城市农业转移劳动力受教育程度越高，其积累资本的能力越强，在劳动力市场上具有明显的竞争优势，能更好地适应城市生活，更好地选择具有发展前景的工作，脱离体力化劳动就业，而文化水平低下使得许多城市农业转移劳动力对职业地位较高的行业望而却步，有选择能实现自我发展的职业的期望，但是缺乏与之相匹配的能力。因此，受教育程度在很大程度上影响着城市农业转移劳动力的择业行为。

职业技能证书。当具有职业技能证书时，对党政机关企事业单位、流通部门的影响回归系数分别为0.798和0.882，在统计检验5%水平上显著，二者

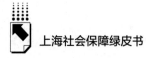

成正相关,具有职业技能证书对城市农业转移劳动力择业行为具有正向影响。说明具有职业技能证书的城市农业转移劳动力相较于专业技术人员,更倾向于从事党政机关企事业单位和流通部门工作。而具有职业技能证书对社会生产和生活服务业的影响回归系数为-1.135,在1%水平上显著,二者呈负相关,职业技能证书这一变量对城市农业转移劳动力的择业行为具有负向影响。说明对从事专业技术人员的城市农业转移劳动力,在是否具备职业技能证书方面比社会生产和生活服务业要求更高(见表12)。

表12　人力资本的参数估计值

变量	分类指标	党政机关企事业单位	传统生产制造业	流通部门	社会生产和生活服务业
		回归系数	回归系数	回归系数	回归系数
	截距	.650 (.606)	.932 (.448)	-2.011 (.679)	-.919 (.562)
年龄	30岁以下	-.414 (.564)	-.808* (.366)	.319 (.536)	.924* (.465)
	31~50岁之间	-.161 (.539)	-.431 (.337)	.514 (.498)	.604 (.444)
	大于51岁	0b	0b	0b	0b
受教育程度	小学及以下	-2.413** (.723)	.965* (.421)	1.253* (.612)	.874 (.490)
	初中	-1.512** (.442)	.993** (.358)	1.607** (.515)	.889* (.417)
	高中及中专	-.763 (.432)	.796* (.384)	.841 (.566)	.558 (.457)
	大专及以上	0b	0b	0b	0b
技能证书	是	.798* (.350)	.026 (.308)	.882* (.378)	-1.135** (.441)
	否	0b	0b	0b	0b

注:***表示p<0.001、**表示p<0.01、*表示p<0.05,括号中为标准差。

2. 社会资本影响择业行为

在社会资本方面，在本地有多少关系密切、可以得到他们支持和帮助的朋友或熟人，与本社区的邻里、街坊及其他居民相互之间的熟悉程度对城市农业转移劳动力的择业行为具有显著的影响。城市农业转移劳动力在外地社交网络较小，朋友数量越少，说明城市农业转移劳动力未能建立起城市的社会支持网络，在其生活的城市中归属感过低，难以形成有效的人脉关系，不利于其有效高质量地择业。

能得到支持和帮助的朋友或熟人。该变量通过了5%显著性水平检验，对城市农业转移劳动力择业行为具有显著的影响。当城市农业转移劳动力在本地能获得支持和帮助的朋友或熟人的个数为10~50个时，对流通部门的影响回归系数为-1.013。表明从事专业技术人员的城市农业转移劳动力比从事流通部门的工作人员拥有更多的社会支持和朋友，可能是因为专业技术人员交往人群更为复杂，拥有较大社会支持网络的城市农业转移劳动力愿意去从事可以帮助和服务他人的工作。社交网络越大和熟人或朋友越多的城市农业转移劳动力，越熟悉城市的生活和社交规则，越容易融入城市生活中，从而选择了从事这种专业技术工作，有利于促进城市转移劳动力市民化，从而实现成为城市居民的愿望。

与本社区的邻里、街坊及居民相互之间的熟悉程度。当熟悉程度为比较少时，对党政机关企事业单位的影响回归系数为1.375，与其成正相关，对城市农业转移劳动力择业行为具有正向影响，且在统计检验5%水平上显著。可见，城市农业转移劳动力和城市社区居民的熟悉程度越高，群体之间相互影响的作用越深化，无形中改变着城市农业转移劳动力的生活习惯和意识形态，加快其市民化的进程。相较于专业技术人员，与本地居民越熟悉，城市农业转移劳动力更倾向于从事党政企事业单位工作。而与本地邻里或居民熟悉程度与从事传统生产制造业呈负相关，对其产生负向影响。从事这一行业的城市农业转移劳动力的社交网络较为狭窄，且同质性较高，社会支持网络的质量较差，较为熟悉的朋友大多是从事同一行业的建筑工人、制造工人和采掘工人，不能为其提供更多的择业帮助和就业资源（见表13）。

表 13　社会资本的参数估计值

变量	分类指标	党政机关企事业单位	传统生产制造业	流通部门	社会生产和生活服务业
		回归系数	回归系数	回归系数	回归系数
	截距	-.610 (.449)	1.732 (.285)	.266 (.367)	.631 (.328)
熟人个数	10 个以下	-.391 (.363)	.365 (.280)	-.413 (.369)	.217 (.320)
	10~50 个	-.425 (.348)	-.169 (.271)	-1.013** (.386)	-.431 (.325)
	51 个及以上	0b	0b	0b	0b
熟悉程度	非常少	1.284 (1.010)	-.744 (.859)	-.551 (1.276)	.084 (.919)
	比较少	1.375* (.539)	-1.174** (.410)	-.639 (.574)	-.094 (.443)
	一般	.679 (.509)	-.943** (.340)	-.398 (.461)	-.916* (.414)
	比较多	.537 (.491)	-.464 (.313)	.023 (.412)	-.270 (.364)
	非常多	0b	0b	0b	0b

注：*** 表示 $p<0.001$、** 表示 $p<0.01$、* 表示 $p<0.05$，括号中为标准差。

3. 就业环境影响择业行为

从就业环境方面，在工作过程中是否遇到过工作环境污染超标问题、拖欠工资问题，是否签订了书面劳动合同对城市农业转移劳动力产生了显著的影响。工伤问题这一变量在第二次似然比检验时通过了检验，但是进一步回归统计中不具有显著性。就业环境是影响城市农业转移劳动力择业的重要因素，在择业求职的过程中经常被考虑在内，良好的就业环境有利于其在本职岗位上更好地提升自我，并且能更有效地保护自己的合法权益。

工作环境污染超过国家标准和拖欠工资，这两个变量对传统生产制造业的影响分别在统计检验 5% 水平和 1% 水平上显著，其回归系数分别为 2.148 和 1.403，呈正相关关系，对城市农业转移劳动力择业行为影响显著。相较于其他行业，工作环境污染超过国家标准和拖欠工资的问题更容易发生在传统建筑、制造、采掘行业。新发展阶段城市化进程逐年提升，城市建筑业行业发展迅速，为城市农业转移劳动力提供了大量的就业岗位，但是其产生的建筑扬尘和悬浮污染物长期侵害城市农业转移劳动力的身体健康，同时也造成城市空气环境的急剧下降。采掘业则会在矿产挖掘的过程中产生大量的粉尘，容易引起城市农业转移劳动力呼吸系统的疾病，从事这一行业的城市农业转移劳动力的健康难以得到很好的保证。城市农业转移劳动力在城市缺少足够的社会根基，经常遇到拖欠工资的问题，对此政府也出台了相关治理拖欠城市农业转移劳动力工资的法律条例。

书面劳动合同的签订。该变量对党政机关企事业单位的影响回归系数为 0.995，呈正相关，且在 1% 检验水平上显著，对城市农业转移劳动力从事这一行业具有显著的正向影响。该变量对传统生产制造业、社会生产和生活服务业的影响回归系数分别为 -0.582 和 -0.895，呈负相关，且在 5% 检验水平上影响显著，对城市农业转移劳动力从事这一行业具有显著的负向影响。以专业技术人员为参照，签订书面劳动合同的城市农业转移劳动力更倾向于党政机关企事业单位，对传统生产制造业、社会生产和生活服务业选择倾向较弱。书面合同是对择业合法权益的保护，然而从事传统生产制造业、社会生产和生活服务业的城市农业转移劳动力签订书面劳动合同的意识较弱（见表14）。

表14　就业环境的参数估计值

变量	分类指标	党政机关企事业单位	传统生产制造业	流通部门	社会生产和生活服务业
		回归系数	回归系数	回归系数	回归系数
	截距	-.714 (.322)	1.197 (.213)	-.197 (.279)	.285 (.248)
工伤	有	-1.148 (1.173)	.719 (.644)	-19.816 (.000)	.792 (.737)
	无	0b	0b	0b	0b
工作环境污染超标	有	-18.247 (9453.456)	2.148* (1.031)	1.393 (1.176)	.636 (1.243)
	无	0b	0b	0b	0b

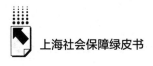
续表

变量	分类指标	党政机关企事业单位	传统生产制造业	流通部门	社会生产和生活服务业
		回归系数	回归系数	回归系数	回归系数
拖欠工资	有	.803 (.684)	1.403** (.546)	.701 (.686)	-.007 (.705)
	无	0b	0b	0b	0b
书面劳动合同	是	.995** (.381)	-.582* (.284)	-.417 (.382)	-.895* (.359)
	否	0b	0b	0b	0b

注: *** 表示 p<0.001 ** 表示 p<0.01 * 表示 p<0.05, 括号中为标准差。

4. 公共政策和社会保障影响择业行为

公共政策指的主要是就业培训和教育政策, 由表15可知, 技术培训这一变量对传统生产制造业影响最为显著, 在统计检验0.1%水平上显著, 回归系数为-0.983, 呈负相关, 说明参与过专业职业技能培训的城市农业转移劳动力选择这一行业的可能性减小, 从侧面也反映了从事传统建筑行业、制造和采掘业的城市农业转移劳动力参与职业技能培训的较少。而职业培训对党政机关企事业单位的影响在统计检验5%水平上显著, 回归系数为0.758, 呈正相关关系, 对城市农业转移劳动力选择从事这一行业具有较为显著的正向影响。也就表明, 参与过职业技能培训的城市农业转移劳动力在工作中有更强的竞争力, 就会更倾向于选择党政机关企事业单位。

失业保险是城市农业转移劳动力在城市所能享受的社会保障之一, 该变量对党政机关企事业单位的影响回归系数为1.408, 呈正相关关系, 且在统计检验0.1%水平上显著, 对城市农业转移劳动力选择从事这一行业具有非常显著的正向影响。相较于专业技术人员, 参加了失业保险的城市农业转移劳动力选择从事技术含量较高行业的可能性更大。职业技术含量较高的单位, 如教育、机关单位都属于正式工作单位, 拥有较好的社会保障体系, 从事这些行业的人员有更多的机会参与社会保险。参加失业保险与从事社会生产和生活服务业具有负向的影响关系, 相较于专业技术人员, 城市农业转移劳动力更倾向于选择专业技术人员而不是社会生产和生活服务业 (见表15)。

表15 社会保障和公共政策的参数估计值

变量	分类指标	党政机关企事业单位	传统生产制造业	流通部门	社会生产和生活服务业
		回归系数	回归系数	回归系数	回归系数
技术培训	截距	-.405 (.179)	1.408 (.290)	-.108 (.165)	.439 (.145)
	是	.758* (.328)	-.983*** (.298)	-.914* (.446)	-.874* (.367)
	否	0b	0b	0b	0b
失业保险	截距	-.637 (.182)	1.267 (.121)	-.019 (.429)	.362 (.140)
	有	1.408** (.507)	-.186 (.445)	-.338 (.617)	-.767* (.579)
	无	0b	0b	0b	0b

注：*** 表示 $p<0.001$ ** 表示 $p<0.01$ * 表示 $p<0.05$，括号中为标准差。

5. 研究结论

第一，人力资本影响纵向择业。城市农业转移劳动力的人力资本对其择业产生显著性影响。不同年龄层次的城市农业转移劳动力的择业倾向有所不同，每个年龄段的成熟程度、价值观和世界观、社会认知及思维方式均有所不同，其择业行为也会发生相对变化。受教育程度较以往的统计年鉴数据有所提高，但整体水平不高，受教育程度不高限制了其职业的纵向发展，影响着其职业的选择。且拥有职业技能证书的城市农业转移劳动力在职业选择的区分上更为明显，他们能够从事技术含量较高、具有发展前景的工作，从而脱离体力劳动就业。

第二，社会资本影响择业渠道。城市农业转移劳动力的社会资本对其择业产生显著性影响。社会资本较为丰富、与本地社区邻里较为熟悉的城市农业转移劳动力择业渠道相对较宽，而社会支持网络质量较差、同质性较高的城市农业转移劳动力择业渠道相对窄。城市农业转移劳动力的社会资本结构单一，可供选择的职业有限，就算是有一技之长的城市农业转移劳动力，由于缺乏社会资本的支持，也难以实现高质量的择业。

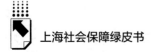

第三，就业环境影响职业可持续发展。就业环境对城市农业转移劳动力的择业产生显著性影响。在建筑业和制造业中，工作环境污染是最常见的问题，并且研究结果显示城市农业转移劳动力签订书面合同的意识较弱，自身健康和合法权益难以得到保障，从而影响其职业可持续发展。劳动合同是保护城市农业转移劳动力合法权益的有力工具，而缺乏对劳动保障法律的相关常识，无形之中增加了其合法权益被侵犯的风险。农业转移劳动力实现高质量择业不仅是指收入的增加，还包括工作环境、工作氛围的优化。工作环境条件差，不能保证城市农业转移劳动力的健康安全，工作氛围压抑，就业歧视存在，将不利于城市农业转移劳动力的心理健康状况，最终影响城市农业转移劳动力的自我发展和自我实现。

第四，公共政策影响择业竞争力。公共政策对城市农业转移劳动力的择业产生显著性影响。参与过就业培训和享受过教育政策的城市农业转移劳动力，在工作选择上具有更强的竞争力，他们的工作能力和技能都得到了提升，并最终实现经济增收，个人事业得到发展。熟知公共政策和国家最新的就业方针指导，能第一时间获得最新的择业信息，抢占先机，得到优质的择业机会，拥有在信息获取方面的择业竞争力。

第五，社会保障影响择业稳定性。社会保障对城市农业转移劳动力的择业产生显著性影响，城市农业转移劳动力参与各类社会保险情况均不足 50%，究其原因是工作的流动性大，频繁地转换工作难以保证其持续性的参与各种社会保障，异地社保转接政策在落实过程存在一定的困难，并且公共服务的均等化供给有待完善，这些都影响着城市农业转移劳动力的择业行为，不利于获得高质量的工作机会，导致其择业不稳定性加剧。

三　完善上海农业转移劳动力择业引导机制的政策建议

（一）引导树立正确的择业观

新发展阶段城市农业转移劳动力依然是上海城市建设的生力军。促进上海城市农业转移劳动力人力资本的提升，推动其高质量择业，对上海经济实现高质量发展具有重要意义。引导上海城市农业转移劳动力树立正确的择业观念，是实现高质量择业的重要前提。

1. 引导城市农业转移劳动力转变择业观念

引导城市农业转移劳动力树立正确的择业观念，有助于激励他们提升自身的文化水平和择业能力。城市农业转移劳动力要根据自身所处的择业环境和择业期望，分析自身欠缺能力，提高主动学习意识，加大对个人的人力资本投入。因此，培养城市农业转移劳动力的长远发展意识，改变其短期就业观念，制定职业规划，提高择业稳定性，将帮助他们实现职业生涯的可持续发展。推动城市农业转移劳动力转变择业观念，不仅要加强职业技能培训，增强城市农业转移劳动力对职业岗位的认同感，还需要帮助他们适应融入城市文化和生活，提高对城市生活的归属感，提高城市农业转移劳动力的择业质量，最终融入城市社会生活。

2. 引导城市农业转移劳动力理性择业

城市农业转移劳动力只有对自我择业优势与劣势有理性的认知，做出全面客观的自我评价，才能实现高质量就业。选择喜欢职业岗位可以激发劳动者内在驱动力和创新活力，选择自己擅长的工作，工作时得心应手，可增加对工作的自信心和获得感，提高工作效率和质量，主动提高自己的职业技能，为实现自己的理想和价值而努力。因此，上海各级政府要通过职业培训等途径，积极引导城市农业转移劳动力对自己兴趣爱好有清晰认知，理性确立择业目标，综合选择最适合自己的职业岗位。

（二）加强城市农业转移劳动力职业教育和技能培训

1. 加大职业培训投入

职业技能培训是全面提升上海城市农业转移劳动力就业创业能力、缓解劳动力市场技能人才短缺的结构性矛盾、提高城市农业转移劳动力择业质量的根本举措。新发展阶段城市农业转移劳动力的受教育程度有所提高，但整体水平较低，职业技能培训情况参与率较低、覆盖面较窄。因此，迫切需要政府加大职业培训投入，构建科学的职业培训体系，提升城市农业转移劳动力的人力资本。

2. 推动职业培训均等化

上海要为城市农业转移劳动力提供均等的参与职业培训机会。设置专业队

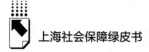

伍进行择业指导，采取多种宣传和激励措施，鼓励城市农业转移劳动力积极参与职业培训，为城市农业转移劳动力提供职业技能培训机会，学习提升职业能力的文化知识和专业技能，提高他们对职业培训的认识，推动他们向着专业技能的高层次技术人才发展。

职业技能培训需要在政府主导下多元社会力量共同参与，建立健全多元主体协同推进城市农业转移劳动力职业技能培训服务，推动职业技能培训普适性、均等化、普惠化，保障每一个城市农业转移劳动力都能获得基本职业技能培训服务，同时注重提高培训服务质量①。大力扶持和培育公益性质的职业技能培训的教育机构，丰富培训内容，降低城市农业转移劳动力参与培训的成本，提高参与培训的积极性。

3. 提供以创业就业为导向的职业培训

坚持以促进就业创业作为城市农业转移劳动力职业培训目标，职业培训匹配城市农业转移劳动力的择业需求和劳动力市场需求，提高职业培训的精准性。要创新职业培训内容和教学模式，增加实地教学培训，减少课堂讲授的占比，加强操作技能培训，突出能力建设，通过操作性较强的培训吸引城市农业转移劳动力。充分发挥多媒体、网络教学的优势，灵活安排培训课程时间，方便城市农业转移劳动力参与培训。创新培训方式，职业培训要根据城市农业转移劳动力的性格差异，采取不同的培训模式；根据工作性质，设置具有针对性的培训课程等②。

（三）完善社会资本的支持机制

社会资本对城市农业转移劳动力的高质量择业起到重要作用，要引导城市农业转移劳动力不断拓展和构建社会资本，其中最有效和直接的方法就是改善其社会支持网络。

1. 拓展非正式支持网络

非正式支持网络为城市农业转移劳动力提供了情感上的支持，在一定程度

---

① 《国务院关于推行终身职业技能培训制度的意见》，《中国工运》2018 年第 6 期，第 10~13 页。
② 董贺：《"新生代"农民工培训的现状、原因及改进建议》，《中国成人教育》2021 年第 16 期，第 77~80 页。

上满足了其归属与爱的需求，当这一需求被满足时，他们才会追求更高层次的自我实现的需求，实现"自我发展型择业"。加强城市农业转移劳动力的非正式支持网络建设，可以从社区融入开始。本文研究发现，城市农业转移劳动力对邻里的信任程度、熟悉程度、互助情况整体较差，需要帮助城市农业转移劳动力建立社区支持网络。

2. 构建正式支持网络

充分发挥以政府为主导的正式社会支持网络的主要作用，搭建信息传递的支持网络，形成引导城市农业转移劳动力择业的平台。加大对政府、组织部门等正式支持网络的宣传，引导城市农业转移劳动力主动寻求政府帮助，增强政府部门在正式社会支持网络中的主导性。政府需要加强与企业、工会、社区等正式支持网络之间的联系，搭建社会支持服务平台，整合正式支持网络社会资源，切实解决城市农业转移劳动力的择业就业问题。

（四）支持和引导灵活就业

1. 拓宽就业渠道

我国《"十四五"就业促进规划》提出拓宽城市农业转移劳动力的择业渠道，缓解结构性就业矛盾。上海要依托城市农业转移劳动力的社会支持网络，引导其多元化灵活就业，使其就业范围不仅集中于城市的传统制造业，还促进多领域高质量就业创业。要加强劳动力市场帮助城市农业转移劳动力拓展就业渠道和途径。

鼓励城市农业转移劳动力自主创业。上海各级政府应加大对城市农业转移劳动力创业人员的扶持力度，包括金融支持、创业培训支持等。为他们的创业提供启动资金、创业渠道等资源。对于从事创业的城市农业转移劳动力，可以设立专项创业项目扶持资金，减少创业项目税收，加大创业补贴力度。要为城市农业转移劳动力搭建创业信息资源共享的平台，链接各方资源，帮助创业者及时获取最新政策信息。汇聚城市农业转移劳动力的创业集群，形成集聚效应，提高其创业的成功概率。

2. 支持鼓励从事新业态

随着信息和数字技术发展，数字经济新业态的出现为城市农业转移劳动力提供了大量的新岗位，这既是他们的机遇，也是他们的挑战。新业态的出现为

城市农业转移劳动力提供了自主择业的广阔空间，打破了职业发展的壁垒，为实现自我发展为目的的择业就业提供了契机。上海各级政府要帮助城市农业转移劳动力把握新业态发展带来的机遇，挖掘城市农业转移劳动力的人力资本和社会资本，依据个体资源禀赋特点，寻找与新业态岗位的适配点，促进多元化灵活就业。

3. 切实维护就业权益

从事灵活就业的城市农业转移劳动力的劳动权益和社会保障权益缺乏保护机制。从事灵活就业的城市农业转移劳动力合法权益经常遭到忽视。上海要通过地方性立法建立对灵活就业的城市农业转移劳动力合法权益的保护机制，完善灵活就业的城市农业转移劳动力管理机制和权益维护的监督机制，构建城市农业转移劳动力合法权益法律保障网络。要积极督促用人单位履行城市农业转移劳动力合法权益保护相应责任，充分发挥公众监督和新闻媒体监督力量，切实维护城市农业转移劳动力合法权益。

（五）营造良好就业环境

政府及各部门应当充分发挥政策优势，综合充分考虑城市农业转移劳动力择业需求，稳步提高城市农业转移劳动力的保障水平，为城市农业转移劳动力提供一个良好的就业环境。

1. 完善劳动力市场准入制度

进一步完善劳动力市场准入制度，为城市农业转移劳动力创造公平的择业环境，使城市农业转移劳动力享有与户籍市民平等的职业选择权，打破城市农业转移劳动力就业求职的政策和社会排斥壁垒。推动职业资格证书为技术含量较高产业的就业准入标准，规定从事此类岗位必须具有专业的技能证书，倒逼城市农业转移劳动力参与职业培训，提高整体劳动力市场质量。城市农业转移劳动力职业能力和技术水平成为职业准入的唯一门槛，排除其他因素限制，保障城市农业转移劳动力公平择业。此外，为城市农业转移劳动力提供择业信息，建立有效的信息沟通机制，为城市农业转移劳动力提供较多的职业培训和职业岗位信息。

2. 加强择业保障法制建设

新发展阶段上海城市农业转移劳动力执业维权意识日益增强，但缺乏相应的维护权益的法律法规知识，在择业过程中权利受到侵害时，难以保障自己的合法权益。因此，各级政府需要加强城市农业转移劳动力择业保障的法制建设，加强劳动力市场监督，严格规范企业用人流程，整治劳动力市场秩序，切实保护城市农业转移劳动力择业权利。完善城市农业转移劳动力劳动合同的签订规范，监督用人单位切实履行劳动合同。同时要加大对城市农业转移劳动力权益保护知识的宣传，开展《劳动者权益保护法》的宣讲和科普活动，增强城市农业转移劳动力择业自我保护意识和法律维权意识。

3. 逐步破除户籍壁垒

维护上海城市农业转移劳动力执业权益，要逐步破除城市农业转移劳动力择业的户籍壁垒。上海作为全国的超大城市之一，短时期取消户籍制度，存在一定的实际困难，但是上海应当不断深化户籍制度改革，完善户籍制度改革的配套政策，逐步将附加在户籍上的各种社会福利，尤其是就业扶助政策资源与户籍脱钩，使得城市农业转移劳动力均等享有就业扶助的各种政策资源和保障资源，维护城市农业转移劳动力择业的合法权益，使他们获得良好的执业社会环境。

G.22
平台经济劳动者就业保障
改革发展报告

汪泓 罗娟*

摘　要： 随着互联网信息技术与经济的深度融合、平台经济规模的不断扩
大，职业类型朝着多样化的方向发展，就业者的数量呈现明显的
增长趋势。许多平台经济从业人员在就业保障方面存在劳动关系
模糊、职业伤害和失业风险保障不足、社会保险参保率不高或保
障水平有限等问题，这不仅会影响到劳动力市场的良性运行，还
会对平台经济的长期可持续发展造成负面影响。因此，本文通过
梳理平台经济劳动者就业保障的相关政策安排以及平台经济、从
业人员的规模和特征，发现平台经济劳动者在就业保障方面面临
的主要问题与挑战，并从明确劳动关系、完善社会保障两个方面
着手提出完善我国平台经济劳动者就业保障的对策建议。

关键词： 平台经济劳动者　就业保障　社会保险

　　《中国共享经济发展年度报告（2021）》显示，2020年我国平台企业员工
数达到了631万，并呈不断增长趋势。但与此同时，这些平台经济劳动者在就
业过程中面临诸多新问题和新挑战。为此，我国政府采取了一系列就业保障政
策和措施为平台经济劳动者提供有效的就业保障，并相继出台了一系列政策措
施来支持并鼓励发展新就业形态，完善灵活就业扶持政策，增加非全日制就业

---
* 汪泓，博士，教授，中欧国际工商学院院长、中欧社会保障与养老金融研究院学术委员会主
席、上海社会保障问题研究中心主任，主要研究方向为社会保障与养老金融；罗娟，博士，
上海工程技术大学副教授，硕士生导师，主要研究方向为养老服务与医疗保险。

机会，维护平台经济劳动者的就业权益。因此，通过梳理新就业形态劳动权益保障政策，分析平台经济劳动者及就业的基本情况，发现其中存在的问题并提出相应的解决对策，有利于维护平台经济劳动者的就业权益，更好地促进平台经济的可持续发展。

一 平台经济劳动者就业保障现状

（一）平台经济劳动者就业保障政策

为保证平台经济劳动者的就业权益，近年来，政府相关部门陆续出台了针对平台经济背景下的灵活就业人员的就业支持政策，完善对灵活就业人员的就业登记和监测、职业培训等相关就业保障措施，目的是切实保障平台经济劳动者的就业权益，促进我国平台经济产业的可持续发展以及保障平台就业人员的劳动权益。特别是在 2022 年出台了《关于推动平台经济规范健康持续发展的若干意见》，进一步明确了对于平台经济劳动权益保障的政策规定，将劳动关系认定、最低工资标准界定以及社会及商业保险的参与方式进行了较为细致的规定。在这一系列对平台经济、灵活就业及新就业形态的就业保障政策支持下，我国对灵活就业人员、平台经济劳动者的就业登记、扶持、培训、创业以及社会保险参保等方面的就业保障做出了明确的规定，特别是对占比较高的快递员和外卖人员的劳动安全、社会保障等相关问题提出了具体的政策措施，并对相关问题做出了明确规定（见表 1）。这些政策的出台为更好地维护平台经济就业人员的劳动权益奠定了坚实的制度基础。

表 1 平台经济、灵活就业或新业态就业人员就业保障政策

时间	政策/会议	内容
2003 年 5 月	《关于城镇灵活就业人员参加基本医疗保险的指导意见》	将灵活就业人员纳入基本医疗保险制度范围，根据不同人群对于医疗保险的需求制定不同的管理办法。规范灵活就业人员参保方式、激励措施和待遇水平

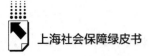

续表

时间	政策/会议	内容
2019 年 8 月	《关于促进平台经济规范健康发展的指导意见》	对平台进行监管,规范平台的企业责任。完善平台企业用工和灵活就业等从业人员社保政策,开展职业伤害保障试点,积极推进全民参保计划。加强对平台从业人员的职业技能培训
2020 年 4 月	《培育数字经济新业态鼓励灵活就业》	实施灵活就业激励计划,降低灵活就业门槛,鼓励创新创业。将支持互联网企业、共享经济平台建立各类增值应用开发平台、共享用工平台、灵活就业保障平台
2020 年 7 月	《关于支持多渠道灵活就业的意见》	支持劳动者依托平台就业,按照规定给予创业担保贷款及贴息扶持;引导平台企业放宽入驻条件、降低管理服务费,与平台就业人员就劳动报酬、劳动保护等建立沟通协调机制。全面推进灵活就业登记制度
2021 年 4 月	《关于服务"六稳""六保"进一步做好"放管服"改革有关工作的意见》	完善适应灵活就业人员的社保政策措施,推动放开在就业地参加社会保险的户籍限制,加快推进职业伤害保障试点,扩大工伤保险覆盖面,维护灵活就业人员合法权益
2021 年 7 月	《关于维护新就业形态劳动者劳动保障权益的指导意见》	支持发展新就业形态。完善灵活就业扶持政策。完善灵活就业登记和统计监测制度。对有创业意愿的灵活就业人员开展针对性培训。优化灵活就业人员人力资源服务。畅通灵活就业专业技术人员职称评审渠道。维护劳动保障权益。加强对困难灵活就业人员帮扶
2021 年 7 月	《关于切实维护新就业形态劳动保障权益的意见》	依法建立工会组织,探索适应货车司机、网约车司机、快递员、外卖配送员等不同职业特点的建会入会方式,更好地保障他们的劳动权益。报酬支付办法、对平台经济劳动者的进入和退出平台规则、工作时间、休息休假、劳动保护、奖惩制度等开展协商,促进平台经济劳动关系规范化发展
2021 年 7 月	国务院常务会议	以出行、外卖、即时配送等行业为重点开展灵活就业人员职业伤害保障试点,要求企业不得制定损害劳动者安全健康的考核指标等。探索用工企业购买商业保险、保险公司适当让利、政府加大支持的机制,为外卖员、快递员、网约车司机等提供与工伤保险待遇接近的保障等

时间	政策/会议	内容
2021 年 7 月	《关于做好快递员群体合法权益保障工作的意见》	重点聚焦保障合理的劳动报酬、完善社会保障增强社会认同、压实快递企业主体责任、强化政府监管与服务4 个方面,助力解决快递员收入不稳、保障不全、职业认同不高等问题
2021 年 7 月	《关于落实网络餐饮平台责任 切实维护外卖送餐员权益的指导意见》	对外卖送餐员的劳动收入、劳动安全、食品安全、社会保障、从业环境、组织建设、矛盾处置 7 个方面提出要求,以保障外卖送餐员正当权益
2022 年 1 月	《关于推动平台经济规范健康持续发展的若干意见》	落实新就业形态劳动者权益保障相关政策措施。完善劳动关系认定标准,合理确定企业与劳动者的权利义务。健全最低工资和支付保障制度,保障新就业形态劳动者获得合理劳动报酬。探索用工企业购买商业保险等机制。实施全民参保计划,促进新就业形态劳动者参加社会保险

(二)平台经济发展现状与特征

1. 平台经济规模巨大,劳动力需求旺盛

《中国共享经济发展报告(2022)》中表明,2021 年共享经济交易规模高达 36881 亿元,呈现高速增长态势,特别是在知识技能、共享办公以及生产能力三个领域增速明显,生活服务和生产能力交易额规模巨大,其次是知识技能和交通出行行业,可见生活服务行业发展势头强劲(见表 2)。从共享经济市场结构的占比情况来看(见图 1),生活服务类占比 46.41%,随着外卖餐饮、电商购物等在线服务领域迅速扩张,线上购买服务逐渐成为人们日常消费的主要方式之一。

表 2 2017~2021 年我国平台经济交易额

单位:亿元,%

领域	2017 年	2018 年	2019 年	2020 年	2021 年	2021 年同比增速
交通出行	2010	2478	2700	2276	2344	3.0
共享住宿	120	165	225	158	152	-3.8

续表

领域	2017 年	2018 年	2019 年	2020 年	2021 年	2021 年同比增速
知识技能	1382	2353	3063	4010	4540	13.2
生活服务	12924	15894	17300	16175	17118	5.8
共享医疗	56	88	108	138	147	6.5
共享办公	110	206	227	168	212	26.2
生产能力	4170	8236	9205	10848	12368	14.0
总计	20772	29420	32828	33773	36881	9.2

资料来源：国家信息中心分享经济研究中心。

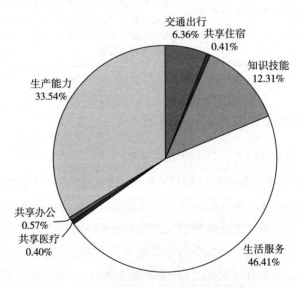

图 1　2021 年我国共享经济市场结构情况

资料来源：国家信息中心分享经济研究中心。

　　在共享经济领域中占比最大的生活服务领域中（见表 3），以出行服务、住宿服务和餐饮服务为代表的行业中，餐饮行业不论是在人均消费支出还是在共享型服务支出方面都占较大比重，且在 2020~2021 年增速较大。其次是出行服务行业，尽管整体服务支出占比有所下降，但人均消费支出有明显的增长趋势。在住宿行业中，人均消费支出和共享型服务支出均有所下降。

表3 2020~2021 年主要生活服务领域支出情况

领域	人均消费支出（元）		共享型服务支出（元）		共享型服务支出占比（%）	
	2020 年	2021 年	2020 年	2021 年	2020 年	2021 年
出行	2310.7	2891	238.7	239.3	10.3	8.3
住宿	229.8	182.9	11	10.8	4.8	5.9
餐饮	2796	3319.8	474.4	709.6	17.0	21.4

资料来源：国家信息中心分享经济研究中心。

从直接融资规模来看（见表4），生活服务、交通出行、共享医疗、生产能力以及知识技能领域直接融资规模巨大，其中共享住宿、共享医疗、交通出行以及生活服务领域直接融资规模增速明显。《迈向新服务时代——生活服务业数字化发展报告（2021）》显示，网络购物用户规模达到 8.12 亿，平台经济市场潜力巨大。

表4 2017~2021 年共享平台经济各领域直接融资规模

单位：亿元，%

领域	2017 年	2018 年	2019 年	2020 年	2021 年	2021 年同比增速
交通出行	1072	419	78.7	115	485	321.7
共享住宿	37	33	1.5	1	6	500
知识技能	266	464	314	467	253	-45.8
生活服务	512	185	221.5	260	750	188.5
共享医疗	19	147	38.1	88	372	322.7
共享办公	—	41	12	68	1	-98.5
生产能力	34	203	48.2	186	270	45.2
总计	1940	1492	714	1185	2137	80.3

资料来源：国家信息中心分享经济研究。

在平台经济劳动供给方面，2020 年共享经济服务提供者约 8400 万人。在外卖领域劳动力供给上，截至 2021 年，外卖骑手 400 多万人；平台主播及相关就业人员 160 多万人，平台就业者数量不断增加[1]。国家信息中心的调研数

----

① 国家统计局新闻办：《2021 年国民经济运行情况新闻发布会》，2021 年 7 月 15 日，https：//www.thepaper.cn/newsDetail_forward_16320022。

据显示：2019年滴滴平台已经创造了超1000万个灵活就业机会，包括网约车司机、代驾司机以及共享单车运营和维护人员。在共享住宿上，2017年主要共享住宿平台上从业人员已经有约200万人。第49次《中国互联网络发展状况统计报告》中表明，截至2021年底，外卖用户规模达5.44亿，同比增长29.9%，网约车用户达4.53亿，同比增长23.9%。

尽管不同平台企业规模和就业人员有所差别，但整体的趋势都是呈增长态势。以外卖行业为例，艾媒咨询数据显示，从2011~2020年我国在线外卖行业市场规模由216.8亿元已经增长到6646.2亿元，用户规模由2011年的0.63亿人增长到4.56亿人[①]。美团研究院调查数据显示（见图2），美团骑手数量呈逐年增长的态势，仅在2020年1~5月，就新增骑手超过100万人，骑手规模不断扩大。并且预计到2024年中国餐饮外卖行业市场规模将达到13319亿元，市场规模进一步扩大，对外卖骑手的需求将会大幅提升。

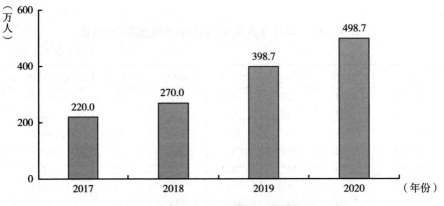

图2　2017~2020年美团骑手数量变化

资料来源：美团研究院。

在网约车行业中，以滴滴、高德、曹操等平台为主，网约车司机规模逐渐壮大。据调查，全国网约车司机人数超过3000万。根据CNNIC的统计数据，截至2021年6月，网约车用户规模达到3.97亿，占网民整体规模的39.2%。随着共

---

① 《2022中国外卖行业市场规模及发展趋势分析》，[EB/OL].[2022年3月24日].https://www.sgpjbg.com/info/31794.html。

享交通行业的不断发展，网约车规模将会持续扩大，同时也将带动更多人就业。

在快递行业中，国家邮政局数据显示，2021 年快递员有 450 万，而 2010 年仅有 54.2 万人，在 10 年间数量增长了 7.3 倍。随着电商购物行业的迅猛发展，平台消费量持续增加，对快递员的需求进一步扩大。2021 年快递量高达 1085 亿件，比 2020 年新增了 255 亿件，这也意味着市场对快递物流人员的需求旺盛，且未来很长一段时间快递人员数量将随着需求的增加而持续增加。

平台对人员的需求也因平台经济行业发展的影响而有一定的差别。以生活服务类行业为主，交通出行服务、餐饮以及文体娱乐的用工需求在 60% 左右，高于生活服务类行业的总体灵活用工需求（见表 5）。同时，不同经济发展程度的城市对于灵活就业的用工需求也存在差异。《2021 年中国城市数字经济指数蓝皮书》显示，一线城市、新一线城市对于灵活就业劳动者的需求高达 20% 以上，二三线城市对于灵活用工需求也在 10% 以上，可见不同的经济条件下对于灵活就业用工需求存在差异（见图 3）。

表 5　不同生活服务业行业商户的灵活用工需求比例

单位：%

行业	占比
交通出行服务	63.3
餐饮服务	57.1
文体娱乐	57.1
住宿服务	54
教育与培训服务	50.8
其他生活服务	50.4
生活服务类行业总体灵活用工需求	55.2

资料来源：美团研究院 2020 年 7 月对生活服务业商户的问卷调查数据。

2. 涉及领域广，职业类型多样

如表 6 所示，平台涉及的行业类型多样，包含了交通出行、知识技能、生活服务、共享医疗和生产能力等多个领域。代表性平台有滴滴、爱彼迎、知乎、喜马拉雅、美团、大众点评、腾讯会议等不同领域的平台，特别是在交通出行、知识技能、生活服务以及生产能力方面增速明显，并且创造出了很多新

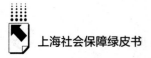

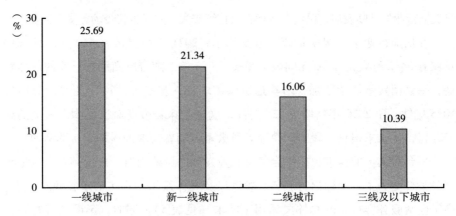

图3 不同城市灵活用工需求

资料来源：人社部数据发布。

的就业形态和职业类型，职业类型主要包含外卖员、快递员、网约车司机、平台主播等多种新就业形态的职业类型。

表6 共享平台领域类型及代表企业

领域	服务内容	主要代表企业
交通出行	包含出租车、专车、快车、顺风车、代驾及租车等多项业务在内的出行平台	滴滴、神州专车、优步、易到、首汽
共享住宿	联系旅游人士和家有空房出租房主的服务性平台，为用户提供多样的住宿信息	爱彼迎、蛋壳、小猪、途家、榛果
知识技能	为用户提供"省时间的高效知识服务"，提倡碎片化学习方式，让用户短时间内获得有效的知识	知乎、得到、喜马拉雅、在行、腾讯云课堂
生活服务	以"吃"为核心，建设生活服务业的多层次科技服务平台。服务涵盖餐饮、外卖、生鲜零售、酒店旅游、电影、休闲娱乐等品类	美团、大众点评、饿了么、全民帮、叮咚买菜、每日优鲜
共享医疗	提供一站式惠民便民的在线医疗服务与内容，为老百姓提供线上解决健康问题的新平台	医鹿、丁香医生、叮当快药、微医、智云健康、好大夫在线
共享办公	满足用户日益增长的云上办公需求，提供在线会议服务的平台软件，同时具有共享屏幕、在线文档协作等功能	腾讯会议、飞书、zoom、优客工场
生产能力	将平台收集或企业发布的智能制造相关需求进行快速筛选，对接给优秀服务商并对企业提供业务培训、能力诊断和智能车间建设等服务	数字工厂、MAGIC智能生产平台、海智在线

随着互联网信息技术与平台经济的高度融合发展，越来越多的新就业形态产生。以密室剧本设计师、外卖运营规划师、试吃官、点评达人等为代表的生活服务业新职业涌现，对就业的吸纳作用将会进一步增强。涉及关于在线文娱、电商直播、在线生活服务等各个生活服务领域，平台经济从业人员的职业类型将会更加复杂多样。

二 平台经济劳动者及就业的基本特征

（一）平台经济劳动者的基本特征

1. 以中青年为主力，存在性别与职业的双向选择

平台经济发展与互联网的使用有较强的关联性，年纪太大的人群对于互联网的使用不是很熟练，且相较于中青年来说，他们不太容易接受新时代产物。而中青年一方面对于互联网比较熟悉，另一方面自身拥有充足的体力，可以适应高强度的劳动需要。以生活服务行业为例，美团研究院 2020 年调研数据显示：生活服务业灵活从业者以 20~35 岁的青年人为主，占比高达 82.2%，其中 33.5% 为 26~30 岁，28.7% 为 31~35 岁，20.0% 为 20~25 岁。同时，在不同的行业类型中有不同的性别偏好。特别是在外卖送餐、快递、网约车司机等行业，要求从业人员有充足的体力，这些行业劳动者以男性中青年为主。而在平台主播、演艺事业、网课老师等行业中的女性多于男性。由此可以看出，行业的选择很大一部分取决于性别，比较累和危险的行业大多数以男性为主，而有些行业对女性的吸引力更强。

2. 外地农村户籍流动人口居多，社保转移接续存在障碍

平台经济迅速发展，具有强大的就业吸引力，使得全国各地的打工者前来谋生并加入平台经济行业。并且平台经济劳动者大多数来自外地农村地区，这与城市的经济发展情况和人口构成有一定的关系。从上海平台经济就业人员的户籍情况来看，上海户籍平台经济就业人员占比 13.2%，外地户籍中河南户籍人口占比 13.2%，安徽户籍人口占比 12.25%，山东户籍人口占比 7.45%，可见外地户籍前往上海从事平台就业的人员数量较多[①]。而这一特点也为平台经

---

① 2021 年《上海共享平台自雇者社会保险制度设计及实现路径研究》。

济从业人员社会保险的参保带来潜在的影响,许多社会保险政策仅仅用于本地户籍且有合法经济收入的灵活就业人员,许多外地户籍灵活就业人员被排除在政策范围之外,存在转移接续等问题,导致部分外地流动人口面临社会保险缺失的困境,不利于维护他们的劳动权益。

3.就业人员整体受教育水平不高,劳动力质量偏低

平台型灵活就业人员体量庞大,准入门槛偏低。2021年底抽样调查的结果显示,我国平台灵活就业人员的人数约有3000万人,其中60%的人员学历水平偏低,处于高职以下。同时,《2020上半年骑手就业报告》显示,2020年上半年美团骑手总人数约295.2万,其中大专及以上学历占24.7%。平台所提供的就业机会多数对知识与技术的依赖程度较低,而就业门槛过低也导致就业者既多且杂,所以学历水平以本科以下为主。

(二)平台经济劳动者就业的基本特征

1.高度灵活性,劳动关系复杂多样

平台经济就业具有高度灵活性,部分工作没有固定的工作场所和时间限制,可以选择全职或兼职工作抑或是选择在一个平台注册或同时为多家平台工作,与平台也存在短期合作或长期服务,但这种高度的灵活性也使得平台与劳动者之间的劳动关系更加复杂多样。

2.替代性强,存在潜在的失业风险

平台经济对劳动者学历要求不高、对体力劳动有较高要求,行业进入门槛较低且不需要长期技能积累和专门的培训,因此很多从业者极易被新的青壮年劳动力替代,这种高的替代性使得平台经济从业者面临不稳定的失业风险,不得不辗转于多个不同的平台中寻找工作。较高的替代性背后潜藏着一定的失业风险。

3.参保范围有限,就业保障有待提升

平台就业的复杂性,使得其被排除在职工社会保险的范围之外,而居民社会保险又难以有效应对平台就业者的各种职业伤害、疾病、年老等风险。因此,平台就业存在就业保障不足的缺陷,亟须针对日渐庞大的平台经济就业群体出台社会保险相关政策来保障他们的就业权益。

三　平台经济劳动者面临的困境

（一）劳动关系界定模糊，相应的法律法规不健全

1. 平台经济就业劳动关系复杂多样，劳动关系认定存在难度

平台与劳动者之间的劳动关系复杂多样，存在全职、兼职、不同平台同时工作以及灵活的就业时间。因此很难用传统的劳动关系去界定他们之间的关系，相较于传统劳动方式而言，这种新兴劳动方式削弱了劳动者与公司之间的人身依附性，也缺乏明确的规定来界定这种复杂的劳动关系。相关的调研结果显示，有72.40%的调研对象没有固定的雇主，与平台企业或关联企业没有签订劳动合同。有27.60%的调研对象有固定的雇主，但与平台企业或关联企业没有签订劳动合同。有将近3/4的调研对象不仅没有固定的雇主，也没有和相关企业签订劳动合同，这反映出他们之间劳动关系的复杂性。

2. 缺乏相对明确的劳动关系认定标准，就业保障难以有效发挥作用

目前仍缺乏对于平台与平台经济劳动者之间的劳动关系的认定标准，导致平台经济劳动者难以获得正规的劳动关系下应享有的就业保障，被排除在劳动权益保护之外。当发生劳动争议和纠纷时，模糊的劳动关系使得责任界限不清，劳动者被迫自我承担损失，难以获得正当的就业权益保障。部分平台灵活就业人员成为"收益自享、风险自担"的市场主体，同用工企业之间的关系并非传统劳动法下的劳动关系或劳务关系，因此，难以按照现行确立劳动关系的标准来界定这种关系，导致许多平台经济从业人员缺乏合理的社会保障支持。

（二）社会保险保障水平有限

1. 个别人群社保参保意愿高，但实际参与率有待加强

平台就业者在社会保险的缴纳方面主要依靠自身自愿参加城乡居民养老保险和医疗保险，难以像签订劳动合同的劳动者那样参与职工保险体系，也无法获得失业和工伤保障，无法切实维护自己的劳动权益。在参保意愿方面，调查显示，养老保险的需求为81.72%，医疗保险的需求为78.44%，工伤保险的需求率达到58.19%。由此可见，平台就业人员的参保意愿较高。以小型电商数

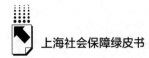

量最多的淘宝网和天猫网为例，据调查，企业网店店主中未参保人数占比46%，雇员未参保人数占比59%，而个人网店养老保险参保情况更糟，个人店主未参保率为63%，雇员未参保率更是高达83%。可见平台在社会保险参保方面存在较大的漏洞。

部分平台为车主及骑手提供了一定的平台就业保障，以保障重大疾病和工伤为主（见表7）。例如滴滴平台推出的缴费型保障、饿了么的非全覆盖保障以及美团的全覆盖小型保障，但仅能提供有限的保障，针对平台从业者的部分疾病、工伤保障有一定的作用。但对于建立在劳动雇佣关系之上的生育、养老以及失业等保障还没有涉及。此外，有限的保障范围难以有效保障平台从业人员的劳动权益，并且对于其他市场规模占比较小的平台来说，难以像这三大平台一样提供较为全面的就业保障项目。所以很多平台就业者有较强的参保意愿但实际保障效果不佳。

表7 滴滴出行、饿了么及美团的平台从业者保障方案

指标	滴滴	饿了么	美团
保障人群	所有车主	部分骑手	所有骑手
保障性质	工伤、重疾	重疾、家庭困难	重疾
筹资来源	平台企业和平台从业人员共同出资	平台企业出资	平台企业出资
从业者是否缴费	部分缴费	否	否
参保条件	缴费或者服务滴滴平台带有"关怀宝"标签的订单	签约成为专职蜂鸟骑手	注册App满90天
保障内容	重疾、工伤医疗、工伤意外及工伤猝死	75种重疾及助学助困	25种重疾

2. 外地户籍就业人员比例高，但社保关系转移接续不畅

由于部分平台经济劳动者来自外地特别是农村地区，可能会面临社保转移接续的问题。研究数据显示，本地户籍缴纳社保的比例较高，为92.8%；外地户籍缴纳社保的比例为65.1%。外地户籍人员受到社保转移接续问题的影响，在参保方面存在障碍。由于社保政策存在一定的区域差异，部分已参保的平台经济劳动者在异地工作之后，因无法提供劳动关系证明而无法正常转移社保，

面临社保断缴的困境。

3. 职业替代性高稳定性较差，失业保障力度需加大

由于平台经济就业对劳动力技术水平要求低、对体力劳动的要求较高，且有灵活的工作时间和工作场所，所以参与的人群以学历较低水平青壮年为主。职业流动性和替代性高使得许多平台劳动者面临更大的失业风险。而领取失业保险条件主要是针对本地户籍劳动者且非自愿失业，这就将多数外地户籍的平台经济就业者排除在外，使他们面对失业风险时的保障能力不足。特别是面对进入门槛低、收入不高且替代性较高的平台工作时，他们会面临较大的失业风险。

4. 职业伤害风险较高，工伤保险力度有待提升

多数平台经济就业者从事外卖、快递、网约车司机等对体力要求较高的职业，存在潜在的职业伤害风险，所以他们对医疗和工伤保险有较大的需求。尽管我国的工伤保险制度规定企业承担缴费责任，但是一些企业选择参与商业工伤保险或者为减少成本可能会规避保险的参与，这就使大部分劳动者缺乏工伤保险保障，抵御风险的能力不足。尽管部分平台从业人员购买了商业意外险，但各平台标准不一，难以有效保障其职业伤害风险。

四 完善平台经济劳动者就业保障的对策建议

（一）明晰平台就业者的劳动关系，完善劳动关系认定标准

加快完善劳动关系认定机制，将平台经济就业中的雇主与雇佣者的关系作为"第三种就业关系"，有效扩大劳动关系的认定范围，将新就业形态下的劳动关系考虑在内。但对于设立新的劳动关系，在制度设计层面应设定合理有效的有关第三类劳动者的制度。应根据实践中平台经济从业人员与平台之间普遍的、共性的劳动保障问题进行梳理，系统地分析两者之间各种复杂的关系，尽快出台对于平台经济劳动者与平台之间劳动关系认定的规定，明确平台应该承担的主要责任并进行严格的监管，从而能够更好地保障平台就业者的劳动权益[1]。

---

① 汪泓、崔开昌：《中国就业增长与城镇化水平关系的实证研究》，《南京社会科学》2012年第8期，第28~32页。

（二）完善社会保险参保模式，提高平台就业者的参保率

制定清晰明确的平台经济劳动者参保政策，根据不同类型的平台企业、灵活的工作时间和薪资水平以及各地社保的实际情况等不确定因素进行灵活地调整，保证社保关系异地转移接续的畅通。针对不同的群体设定差异化的参保方案，调动群众参保积极性，更好地满足他们的保险需求。借助大数据分析平台经济就业者收入状况，通过各种方式了解其能够接受的缴费金额和缴费比例，制定适合他们的支付标准。同时政府还应设置针对平台经济就业者专门的缴费服务咨询平台，让其更好地了解缴费的条件，完善其社会保险的参保模式。

（三）简化社会保险办理流程，畅通社保关系的异地转移接续

应做好各地社会保险制度的统筹协调、转移接续工作，制定相对统一的异地社保转移方案；充分应用数字化技术实现社保系统的一网通办；简化办事流程，提升经办效率。针对具体的社保衔接问题，实施不同的完善措施，促进社保关系异地转移接续工作顺利展开[1]。

（四）探索恰当的失业保障模式，保障平台劳动者的稳定就业

在失业保险方面，做好失业登记工作，及时公布最新的就业信息，并开展针对性的职业培训课程和再就业扶持，帮助他们尽快找到合适的工作。同时，合理界定"非自愿"失业、简化审批流程、提供再就业培训。从制度层面切实保障平台经济劳动者就业；企业层面要发挥雇主责任，鼓励员工积极投保失业保险，并加大职业培训和再就业保障力度。通过直接补贴的方式来帮助他们应对短期的失业困境，更关键的在于提升平台经济劳动者的就业能力，鼓励平台企业对平台经济从业人员进行职业技能培训，增强他们的工作能力和市场竞争力，从而能更好地适应平台劳动力市场的需求[2]。

---

[1] 史健勇：《优化产业结构的新经济形态——平台经济的微观运营机制研究》，《上海经济研究》2013 年第 8 期，第 85~89 页。

[2] 李红艳、朱敏：《我国社会保险缴费基数研究——基于全口径城镇单位就业人员平均工资视角》，《保险研究》2021 年第 9 期，第 112~127 页。

（五）构建相对完善的工伤保障模式，做好劳动安全保障

在工伤保障方面，一方面，政府应进一步明确平台企业对于平台就业人员的工伤保险缴费责任和义务，出台相应的政策法规来规范企业的缴费责任，并对其进行严格的监管，防止企业规避工伤保险缴费责任。另一方面，互联网平台应承担起保护平台就业人员免受人身伤害的义务，做好工作环境的安全建设和监管，尽可能降低职业伤害风险发生的概率。结合现有工伤保险制度模式以及平台从业人员就业特点，创新制度设计，有效应对平台从业人员的职业伤害风险。

（六）利用多渠道鼓励参保，做好宣传和引领工作

在政府层面，一方面要构建并完善适合平台经济就业人员参与社会保险的有效途径，另一方面也要加大参保宣传力度，充分利用媒体进行社会保险的宣传，让参保人员能够清晰地了解参加保险带来的保障。在个人层面，应该通过各种渠道来了解和认识与自身利益紧密相关的就业保障政策和措施。提高参保意识，鼓励平台工作人员通过网络媒体等媒介来增加社会保险意识和劳动权益维护意识，提高应对各种劳动风险的能力。

社会救助与社会福利篇
Social Assistance and Social Welfare

G.23
共同富裕视域下上海普惠型社会福利
政策改革发展报告

汪泓 张健明*

摘　要： 在中国式现代化的新征程中，推动普惠型社会福利制度建设，是我国实现全体人民共同富裕必由之路。上海是我国经济社会发展水平最高的超大型城市之一。普惠型社会福利制度建设是上海加快推动高质量发展、创造高品质生活、实现高效能治理的重要举措。上海要加快推进社会福利模式由"适度普惠型"向"发展普惠型"转变，建立起完善的发展普惠型社会福利制度，需要制度设计与实践探索互相促进，发展面向全体市民并涵盖社会基本生活领域的社会政策和制度。

关键词： 共同富裕　普惠型社会福利　高品质生活　上海市

---

* 汪泓，博士，教授，中欧国际工商学院院长、中欧社会保障与养老金融研究院学术委员会主席，上海社会保障研究中心主任，主要研究方向为社会保障与养老金融；张健明，教授，上海社会保障问题研究中心副主任，主要研究方向为社会保障政策与实务。

党的二十大报告指出，中国式现代化是全体人民共同富裕的现代化。共同富裕既是社会发展问题，又是社会分配问题。社会福利制度是指政府与社会依法通过各种形式提高和改善全体社会成员生活质量的一种社会保障制度。普惠型社会福利一般是指全体社会成员共享的社会福利，是全覆盖均等化的社会福利。在中国式现代化的新征程中，推动普惠型社会福利制度建设，是我国实现全体人民共同富裕必由之路。

上海是我国经济社会发展水平最高的超大型城市之一。2022 年上海的 GDP 达到了 4.47 万亿元（全国城市排名第一），人均 GDP 达到了 17.93 万元（全国城市排名第二），全市居民人均可支配收入 7.96 万元（全国排名第一）①。目前，上海正在加快建设具有世界影响力的社会主义现代化国际大都市，普惠型社会福利制度建设是上海加快推动高质量发展、创造高品质生活、实现高效能治理的重要举措，实施普惠型社会福利政策是实现好、维护好、发展好最广大人民根本利益，不断实现人民对美好生活的向往，实现全社会共同富裕的重要途径。近年来，上海坚持在发展中保障和改善民生，不断增进民生福祉，提高人民生活品质，扎实推动共同富裕，为建设富有中国特色的普惠型社会福利制度和政策体系进行了积极的探索，提供了"上海方案"。

一 上海普惠型社会福利政策改革发展的实践进程

（一）普惠型社会福利及特征

1. 社会福利释义

社会福利是指由各级政府、社会组织或自然人向社会成员提供的改善物质和文化生活的一切措施。社会福利供给和享有对象是全体社会成员及特定人群，一般而言，社会福利产品主要由各级政府提供，社会主体也可以互助的方式参与社会福利产品供给。社会福利供给形式可以是多样化的，例如提供服务、实物、资金等，社会福利供给和享有遵循严格的法律依据。

普惠型社会福利一般是指国家和社会为满足全体社会成员的物质生活和精

---

① https：//www.maigoo.com/news/657216.html.

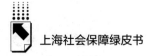

神生活需要而举办的公益性设施和提供公共服务。普惠型社会福利的对象是全体社会成员，其目的是提高全体社会成员的身体素质、生活质量、生活安全感和幸福感。普惠型社会福利水平是衡量一个国家和地区经济发展水平的重要指标。

2. 普惠型社会福利特征

普惠型社会福利包括普惠教育福利、公共卫生福利、公共社区福利、公共设施福利以及公共安全福利等内容。提供普惠型社会福利通常采用三种形式：一是通过提供公共服务使全体公民享受利益；二是通过建立公共社会福利设施为公民开展各种活动创造条件；三是通过一定的财政补贴来保障公民的生活质量能够得到提高。普惠型社会福利具有外部性、非排他性、非竞争性和供求非均衡性等特性，这是其他社会福利所不具备的特征。

普惠型社会福利是社会进步的产物。普惠型社会福利的发展离不开社会经济的发展，并且受到其制约；反之，普惠型社会福利的发展又能促进社会经济的发展。两者之间是一种相互依存、相互促进的关系。

（二）上海普惠型社会福利制度沿革

1. 普惠型社会福利制度的形成与发展

考察上海普惠型社会福利的形成发展，需要将上海的普惠型社会福利发展纳入国家发展，同时要了解我国社会福利制度发展历程。从发展历程看，上海的普惠型社会福利大致经历了四个阶段。

（1）社会福利形成时期（1949~1977年）

新中国成立之后我国政府开始着手建立社会主义的社会福利制度。新中国成立初期，政治局面不稳定以及经济落后，国家社会福利供给局限于某些方面，缺乏提供普惠型社会福利的经济社会条件。1956年生产资料社会主义改造后，国家在国有和集体企业、人民公社推动社会福利建设，但是受到经济发展水平限制，社会福利供给依然非常有限，基本上没有普惠型社会福利供给。当时，上海作为全国经济发展水平最高的城市，社会福利供给水平相对要比全国其他城市高，但是政府为市民提供的普惠型社会福利也非常少。

（2）社会福利转型时期（1978~1991年）

1978年，我国进入社会主义现代化建设新时期，开始建设社会福利制度，先后出台了一系列社会福利政策，例如，1986 年颁布了《中华人民共和国义务教育法》，1992 年颁布了《中华人民共和国妇女权益保障法》，1991 年，我国加入国际《儿童权利公约》，随之制定了第一部保护未成年人的专门法律《中华人民共和国未成年人保护法》。1987 年国务院颁布《公共场所卫生管理条例》，此外，国家还出台了一批涉及老年人、妇女、儿童、残疾人等特殊人群的社会福利政策。上海落实国家社会福利政策，推动了社会福利制度建设，颁布了一批地方性法规，实施了一批社会福利政策。例如，上海在全国最早实施了户籍人口九年义务教育，为所有户籍适龄儿童和少年平等提供基础教育。这一时期，上海在推动社会福利制度建设中，普惠型社会福利政策逐步发展起来，为以后上海普惠型社会福利制度建设奠定了良好的基础。

（3）普惠型社会福利建设时期（1992~2011 年）

1992 年我国确立了社会主义市场经济体制，为适应市场经济体制改革进程，我国的社会福利制度建设持续加快。例如，1994 年我国颁布了《中华人民共和国劳动法》，1994 年颁布了《中华人民共和国母婴保健法》，1995 年颁布了《中华人民共和国教育法》，1996 年我国颁布了《中华人民共和国老年人权益保障法》，2006 年颁发了《国务院关于发展城市社区卫生服务的指导意见》等一批法律法规，2008 年我国颁布了《中华人民共和国残疾人保障法》，2011 年颁布了《中国儿童发展纲要（2011-2020 年）》。

2007 年，党的十七大报告提出"加快推进以改善民生为重点的社会建设"和"努力使全体人民学有所教，劳有所得，病有所医，老有所养，住有所居"的要求。在此背景下，民政部提出我国社会福利模式从"补缺型"向"适度普惠型"转变的改革方向。自 2007 年民政部提出在全国"推动社会福利由补缺型向适度普惠型转变"后，上海普惠型社会福利建设明显加速，一系列民生新政策先后落地。上海除了配套实施国家的法律法规之外，还开始布局推动普惠型社会福利建设，这一时期的主要政策措施有：第一，进一步完善九年制义务教育。例如，九年制义务教育覆盖全体常住人口，大量农村到城市务工人员的子女开始平等享有获得九年制义务教育的权利。第二，推动城市公共卫生服务设施建设。上海先后颁布了《"健康上海 2030"规划纲要》《上海市建设健康城市 2006 年-2008 年行动计划》《上海市建设健康城市 2009 年-2011 年行动计划》，持续推动健康城市建设。2002 年我国"非典"流行，为应对

"非典"国家提出了公共卫生设施建设新要求。2009年我国先后启动了6项重大公共卫生服务项目和9项国家基本公共卫生服务项目，促进基本公共卫生服务逐步均等化，改善和提高公共卫生水平。上海全面贯彻落实国家政策推动城市公共卫生服务项目和设施建设，例如，为全市常住人口建立统一的居民健康档案，针对重点人群提供公共卫生服务，为0~3岁的婴幼儿建立儿童保健手册，针对疾病预防控制的公共卫生服务，如为适龄儿童接种乙肝、卡介苗、脊灰等国家免疫规划疫苗。上海出台了《上海市社区卫生服务中心设置基本标准》《上海市社区卫生服务站设置基本标准》的政策文件，加强了社区卫生服务中心建设，加快改造了一批三级甲等医院。第三，推动城市公共文化服务设施建设。加快建设了一批公共图书馆、公共文化馆、公共体育设施、公共绿地等。例如，1996年12月上海图书馆新馆正式对外开放。第四，加快城市公共环境设施建设。上海加强了公共环境建设，如饮水资源改造建设、污水处理设施建设、垃圾处理设施建设，空气污染治理、水污染治理等。第五，公共交通设施建设。这一时期上海加快了公共交通设施建设，配合2010年上海世界博览会的举办，上海建设了大批交通枢纽项目，城市公共交通设施获得极大改善。第六，城市社区公共服务。2000年《民政部关于在全国推进城市社区建设的意见》，上海积极落实民政部的政策，在社区层面开展面向老年人、儿童、残疾人、社会贫困户、优抚对象的社会救助和福利服务，面向社区居民的便民利民服务。

经过20年的建设，上海社会福利制度建设取得了显著成效，逐步建立起较为完备的适度普惠型社会福利地方性法规体系，上海的社会福利从"补缺型"向"普惠型"转变，极大地提升了上海全体市民的生活质量。

（4）普惠型社会福利发展时期（2012~2022年）

2012年党的十八大召开后，我国确立了以人民为中心的发展理念，开启了中国特色社会主义新时代，加快了中国式现代化的建设步伐。我国推进了全面小康社会的建设进程，实施了精准扶贫战略、加快了多层次社会保障体系建设和适度普惠型社会福利体系建设，大幅度提升国民生活水平。国家层面适度普惠型社会福利制度框架逐步建立起来。上海按照国家普惠型社会福利建设要求，依据建设现代化国际大都市的要求，出台并实施了一系列普惠型社会福利政策，推动了普惠型社会福利快速发展。

这一时期，上海普惠型社会福利由"适度型"向"发展型"转变。第一，上海构建了普惠型教育福利制度。普惠型的教育福利是上海实施普惠型社会福利政策的重要内容。上海普惠型教育福利集中体现在为部分幼儿提供 0～3 岁的托育福利，制定了"十四五"普惠性托育服务设施建设支持政策，优化普惠性托育服务机构奖补政策。为全体市民提供九年义务制教育，提供特殊教育福利，高中和职业教育提供免费或低费教育，实行助学金、奖学金制度，高等教育向学生提供无息贷款，继续教育实施福利资助政策，为老年人提供教育福利。上述普惠型教育福利政策的实施，极大地提高了全市市民素质、提高了劳动者的文化素养和劳动熟练程度，从而提高了市民参与社会生活和社会竞争的能力。

第二，上海建设了普惠型公共卫生福利制度。公共卫生福利是上海普惠型社会福利的重要内容。首先，上海应对新冠疫情流行中，进一步完善了传染病防控体系，为全体市民提供了疫情防控设施和疫苗。其次，上海提出了建设全球公共卫生体系最健全的城市之一的目标。最后，加强了公共卫生服务供给，强化医疗保障制度建设，实施了垃圾分类处理等环境卫生治理。

第三，上海建设了普惠型公共安全福利。在风险社会时代，安全保障就成为一项基本的社会福利，食品、环境和社会安全三个方面是安全风险的关键。上海完善了食品安全管理体制，制定了食品安全地方法律法规，加大了食品安全执法监督力度。上海强化了环境安全制度建设，加强了例如水、大气、噪声、土壤等监测，完善了环境安全的地方性法律法规，构建了环境安全治理体系。上海强化了社会安全治理，确保城市公共安全。

第四，上海建设了普惠型公共设施福利。公共设施指为了满足居民的生活需要而提供的有关交通、通信、能源、水务、绿地、文化、体育等公共性服务的各种设施。近年来，上海不断扩大公共设施免费供给，例如城市公园、公共厕所免费开放等。

第五，上海推动了普惠型社区福利制度建设。社区福利作为社会福利的一个方面不仅具有其他方面所共有的福利性特征，还具有地域性、互助性、综合性等特性①。上海社区福利的目的在于提高和改善包括老、弱、病、残等特殊

---

① 郑功成主编《中国社会保障改革与发展战略——救助与福利卷》，人民出版社，2011，第307页。

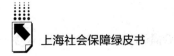

群体在内的所有社区居民的生活质量。近年来，上海加大了社区普惠型社会福利供给，持续增加社区公共服务投入，提高了社区福利水平。

第六，上海实施了惠普型住房福利制度。上海依据国家政策，在以下几个方面推动了适度惠普型住房福利制度建设。首先，不断完善住房公积金制度。上海最早开始实施住房公积金制度。推动住房基金的筹集、融通，提高了职工的商品房购买能力。其次，实施经济适用房制度。经济适用房制度是一种援助型的住房福利制度。近年来，上海加快了经济适用房建设和社会供给，满足了许多市民的居住需求。再次，实施廉租房制度。廉租住房制度是一种救助型的住房福利制度。上海贯彻落实国家《廉租住房保障办法》相关规章文件精神，建设了一批廉租房，并且将申请资格拓展到全体常住人口。最后，实施公共租赁房制度。公共租赁房属于保障性住房，公共租赁房面向的对象是城市中低收入群体中的"夹心层"，不符合廉租住房的保障标准，但是又买不起经济适用房的家庭，相比廉租住房，保障范围相对更广泛。

二　上海普惠型社会福利政策改革发展的机遇和挑战

进入中国特色社会主义新时代，我国经济社会发展跃上一个新的发展阶段，党的二十大提出了"全面建成社会主义现代化强国、实现第二个百年奋斗目标，以中国式现代化全面推进中华民族伟大复兴"。在中国式现代化的进程中，上海确立了"加快建设具有世界影响力的社会主义现代化国际大都市"的战略目标，当前，世界百年未有之大变局加速演进，新一轮科技革命和产业变革深入发展，新冠疫情影响深远，逆全球化思潮抬头，不确定难预料因素增多。上海普惠型社会福利事业发展面临新的战略机遇，但战略机遇和风险挑战并存。

（一）上海普惠型社会福利政策改革发展的机遇

1.国家战略为上海普惠型社会福利建设提供了历史机遇

党的二十大提出以中国式现代化全面推进中华民族伟大复兴，中国式现代化是全体人民共同富裕的现代化，扎实推动共同富裕将是我国在中国式现代化新征程中的根本任务之一。构建普惠型社会福利，使全体人民普遍享有经济社会发展成果是实现共同富裕的重要途径。国家的战略部署为上海加快推进普惠型社会福利制度建设和政策实施提供了思想基础和现实依据。

2. 上海经济社会快速发展为普惠型社会福利建设提供了现实机遇

依据党和国家的战略部署，上海加快了建设具有世界影响力的社会主义现代化国际大都市的步伐，城市综合实力跃上新台阶。2022 年，全市生产总值达到 4. 47 万亿元，人均生产总值达到 17. 93 万元。人民生活水平持续提升，居民人均可支配收入从 2017 年的 5. 90 万元增加到 7. 96 万元左右。居民消费价格保持平稳，年均上涨 1. 9%。上海经济社会发展，人民生活持续改善，为扎实推动共同富裕、完善普惠型社会福利体系奠定了物质基础。

（二）上海普惠型社会福利改革发展面临的挑战

1. 城市经济发展面临不确定性

目前，上海经济发展面临着需求收缩、供给冲击、预期转弱三重压力，消费和投资需进一步提振，稳出口难度增大，部分企业特别是小微企业生产经营困难较多。城市创新发展动能还不够强，产业链供应链稳定性和竞争力亟待提高。经济发展面临困难制约着普惠型社会福利事业的发展。

2. 超大城市治理效能面临短板

上海是拥有 2400 万人口的超大型城市，城市治理存在不少短板，重点领域改革还有不少硬骨头要啃，城市治理水平和能力有待进一步提升。城市数字化转型尚在进行之中，城市治理效能需要进一步增强。特别在应对新冠疫情中反映出对重大风险预警预判不够，极端情况下城市运行保障和应急管理体系运行不畅。

3. 满足市民民生需求面临诸多困难

上海市民在就业、教育、医疗、养老、托育、安居等方面的需求不断提升，提升城乡居民的社会福利水平还面临诸多难题，尤其是在公共环境治理方面，城市生态环境质量仍需进一步提升。

上述三个方面因素成为上海建设普惠型社会福利重要的制约，破解发展瓶颈，是当前上海建设普惠型社会福利制度的重要任务。

三 进一步完善上海普惠型社会福利政策决策建议

在新的发展阶段，上海要全面贯彻新发展理念，服务构建新发展格局，着

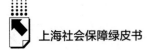

力推动高质量发展。要以实施国家重大战略任务为牵引，着力深化改革开放创新，持续提升城市能级和核心竞争力、城市韧性和抗风险能力。上海要在中国式现代化征程中，坚持走共同富裕道路，进一步完善普惠型社会福利政策，加快建设具有世界影响力的社会主义现代化国际大都市，为全面建设社会主义现代化国家做出新贡献。

（一）加快构建公平、普惠、可持续的普惠型社会福利制度

1. 推动适度普惠型向发展普惠型社会福利转型

加快普惠型社会福利事业的发展，上海要加快推进社会福利模式由"适度普惠型"向"发展普惠型"转变。建立完善的发展普惠型社会福利制度，需要制度设计与实践探索互相促进，进一步完善面向全体市民并涵盖社会基本生活领域的社会政策和制度。坚持政府责任优先，构建普惠福利导向型的制度措施，动员各类社会主体承担社会责任，培育与发展社会福利机构，满足上海市民多样化的社会福利需求。

建立起完善的发展普惠型社会福利制度，需要制度设计与实践探索互相促进。各级政府要积极回应人民群众新期待，社会福利普惠化供给与阶梯化供给相结合，优先照顾弱者又兼顾普惠全民，满足公民需求又促进社会团结，依次发展生存性福利、安全性福利和发展性福利，逐步构建层次有别、功能互补、相互支持、多重保障的阶梯式普惠型社会福利制度。

2. 以共同富裕引领发展普惠型社会福利制度建设

上海普惠型社会福利建设要坚持共同富裕的道路。第一，坚持满足市民高品质生活需要，加大普惠型社会福利产品的供给；第二，坚持社会福利资源覆盖全体常驻居民，推动全体居民生活质量的提升；第三，坚持普惠型社会福利水平与经济社会发展水平相协调，普惠型社会福利供给与经济社会发展同步调整。

上海普惠型社会福利制度建设要拓展和深化市民生活的"基本需要"，为社会成员提供基本生存保障，使得全体市民都享有养老、医疗保障、能够接受基本的教育、能够保障一定面积的住房，能够正常地参与社会生活，要积极而又客观地正视公民快速增长的社会福利需求，要主动调整社会福利的内容和供给，以满足人们不断增长的社会福利需求。

3. 上海普惠型社会福利制度建设与经济社会发展相协调

上海普惠型福利制度建设既要以我国国情以及全体市民对美好生活的追求为目标，又要吸取国际经验教训，避免福利国家陷阱。建设普惠型社会福利制度在宏观层面要注重社会与经济相协调，以及社会福利制度本身的可持续发展，在微观层面突出以人为本，关注与推进人的全面发展。上海普惠型社会福利制度改革与发展受到社会经济的制约，普惠型社会福利在一定程度上也会对社会经济的发展产生一定影响。上海普惠型社会福利制度的改革与发展应该与上海经济社会发展水平相适应，不应该滞后于或者是超前于社会经济的发展。随着社会经济的发展，上海应该对社会福利制度做出相应的调整，调整社会福利的供给满足人们日益增长的社会福利需求。

上海普惠型社会福利制度建设还要与社会保障制度发展相协调。社会福利是社会保障制度重要组成部分，上海普惠型社会福利水平是社会保障高质量发展的重要表征。因此，普惠型社会福利供给要与养老保障、医疗保障、就业保障、社会救助等社会保障项目相协调。

上海普惠型社会福利制度建设，应该基于合理的制度结构和规范的制度运行，通过提高福利资源的利用率和福利需求的满足率，一方面，使普惠型社会福利制度运行促进经济社会高质量发展，另一方面，普惠型社会福利制度运行促进市民个体的素质提升，以激发社会的整体创造力。

（二）加强重点人群的普惠型社会福利产品供给

1. 上海建设普惠型社会福利要重点关注"一老一小"

上海要深入贯彻《国务院办公厅关于促进养老托育服务健康发展的意见》，加快推动养老托育服务各项政策落地见效，以普惠型社会福利建设为契机，推动养老托育服务体系更加完善，持续提升"一老一小"服务精准性和便利度。进一步完善上海养老服务平台和幼儿托育服务管理平台功能。加快推动养老服务和托育服务数字化转型，实施数字适老化和信息无障碍改造专项行动。推广"为老服务一键通"，组织开展社区老年人数字技能专项培训，帮助老年人跨越数字鸿沟。推动养老和托育服务场所智慧化改造。建立健全上海养老托育服务动态评价和需求反馈机制。建立全过程、全场域覆盖的养老托育服务监管体系。

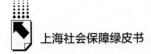

2. 建立健全"一老一小"服务整体推进机制

深入推进机构、社区、居家相协调、医养康养相结合的养老服务体系，构建政府主导、家庭为主、多方参与、教养医相结合的托育服务体系。将养老和托育服务纳入"15分钟社区生活圈"综合服务体系。支持和鼓励针对"一老一小"照护需求，开发针对性、个性化的市场产品。

推动基层社区养老服务建设，健全社区养老服务管理和服务标准，推动社区养老服务从业人员职业化和专业化建设。扩大老年教育资源供给，鼓励社会力量参与老年教育。支持市场主体参与老年人居家适老化改造，积极推进多层住宅加装电梯，支持物业企业参与社区居家养老服务，探索"社区+物业+养老服务"模式。鼓励各类资本投资养老服务业，政府投入和行业筹资水平稳定增长，推动养老服务质量不断提升。

构建家庭科学育儿体系，为市民提供从怀孕初始到儿童期的孕育和健康指导，实现上海市常住人口家庭婴幼儿健康指导全覆盖。每个街镇建设1个家庭科学育儿指导站，每年为有需求的适龄婴幼儿家庭提供不少于10次的健康育儿指导服务，推动家庭定制个性化科学育儿指导。鼓励社会力量举办普惠性托育机构。进一步完善托育服务设施设置标准和管理办法。支持有条件的企事业单位、园区、商务楼宇等，利用各类资源新建或改扩建托育服务设施，为职工提供托育服务。完善公办幼儿园办托班管理制度，鼓励有条件的民办幼儿园开设普惠性托班。

鼓励社区建设标准化、嵌入式托育场所，提供临时托、计时托等普惠托育服务。支持通过公建民营、购买服务等方式，引入专业托育机构，加强社区托育场所的规范化管理。鼓励社区活力老人参与带养婴幼儿，为老带幼提供场地、设施等便利，助力隔代照料。发挥工会、共青团、妇联等群团组织和公益性社会组织作用，为居民提供托育服务。

（三）动员社会各界力量参与发展普惠型社会福利事业

普惠型社会福利是惠及全民利民便民的社会事业，上海在加大政府对社会福利事业投入的同时，要动员社会多元主体参与普惠型社会福利建设，扩大普惠型社会福利人力、财力和物力的投入，增强普惠型社会福利制度运行效能。

1. 培育社会慈善力量，推动志愿者事业发展

随着经济社会发展，上海社会资源十分丰厚，社会主体在社会经济的发展过程中集聚了相当的财富，形成了雄厚的社会捐献的物质基础，引导社会捐献可以为普惠型社会福利发展拓宽资金渠道。将志愿者服务纳入普惠型社会福利事业，可以为上海提供普惠型社会福利服务的人力资源。

2. 鼓励和支持社会力量兴办社会福利事业

社会化是普惠型社会福利事业发展的必然趋势。应该鼓励和扶持民间力量举办普惠型社会福利事业，简化普惠型社会福利机构的申办手续，为民办普惠型社会福利机构提供政策支持，通过相应的公共财政支出促进民办普惠型社会福利机构壮大和持续发展。加强普惠型社会福利事业从业人员的职业化和专业化建设。

（四）加大普惠型社会福利的公共财政投入

充足的资金是社会福利事业健康发展的物质基础。上海市区两级政府作为普惠型社会福利事业的主体，对普惠型社会福利事业的发展肩负主要责任。市区两级政府应该依据上海社会经济发展水平，持续加大对普惠型社会福利事业的财政投入。市区两级政府对于普惠型社会福利事业的公共财政投入增长幅度要高于财政收入的增长幅度，使得上海普惠型社会福利水平逐年提升。政府也可以从国有企业的上缴利润中提取一定比例作为普惠型社会福利事业的发展资金。

（五）建立上海普惠型社会福利事业的监管机构

普惠型社会福利的内容涉及公民生活的方方面面，内容繁杂而且多种多样，这就需要建立普惠型社会福利事业管理机构，加强对普惠型社会福利事业的社会监管，确保普惠型社会福利事业在公开透明的社会环境下发展。因此，要将普惠型社会福利监管职能纳入上海社会保障事业监管体系，通过监管机构职能调整和优化，形成统一并且强有力的普惠型社会福利事业管理与监督体制。要对标发达国家超大城市发展标准，加快建立上海普惠型社会福利事业发展水平评估体系。上海建设普惠型社会福利应该推动社会福利法治化。完善的普惠型社会福利的地方性法规体系，使得普惠型社会福利事业发展有法可依，通过法治化建设确保上海普惠型社会福利事业健康发展。

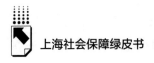

参考文献

景天魁、毕天云、高和荣等:《当代中国社会福利思想与制度——从小福利迈向大福利》,中国社会出版社,2011。

陈银娥主编《社会福利》,中国人民大学出版社,2004。

钟仁耀主编《社会救助与社会福利》,上海财经大学出版社,2009。

王子今、刘悦斌、常宗虎:《中国社会福利史》,武汉大学出版社,2013。

郑功成:《中国社会福利的现状与发展取向》,《中国人民大学学报》2013 年第2 期。

刘继同:《社会福利:中国社会的建构与制度安排特征》,《北京大学学报》(哲学社会科学版)2003 年第 6 期。

G.24
上海城市相对贫困长效治理的改革发展报告

摘　要： 建构城市相对贫困长效治理体系不仅是推进国家治理能力和治理
体系现代化的题中应有之义，也是巩固脱贫攻坚成果、推进共同
富裕的必然要求。建立精准有效的相对贫困治理体系，有效推动
相对贫困问题解决，是新发展阶段上海社会保障改革发展所面临
的艰巨任务。上海相对贫困治理制度建设应当将相对贫困治理目
标纳入上海国民经济和社会发展规划，融入上海城市治理体系，
推进城乡相对贫困治理制度一体化建设。

关键词： 相对贫困　共同富裕　贫困治理　上海市

党的二十大报告指出，中国式现代化是全体人民共同富裕的现代化。共同
富裕是中国特色社会主义的本质要求，也是一个长期的历史过程。我们坚持把
实现人民对美好生活的向往作为现代化建设的出发点和落脚点，着力维护和促
进社会公平正义，着力促进全体人民共同富裕，坚决防止两极分化。贫困治理
是扎实推动共同富裕、防止两极分化的重要举措。我国从 2015 年开始实施扶
贫攻坚，经过 7 年的努力，至 2021 年，我国扶贫措施取得了显著成效，实现
了精准扶贫政策目标。然而，我国扶贫攻坚解决了绝对贫困问题，并没有解决
相对贫困问题，尤其是城市相对贫困问题成为城市治理面临的新挑战。因此，
建构城市相对贫困长效治理体系不仅是推进国家治理能力和治理体系现代化的

---

* 张健明，教授，上海社会保障问题研究中心副主任，主要研究方向为社会保障政策与实务。

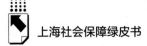

题中之义，也是巩固脱贫攻坚成果、推进共同富裕的必然要求。

上海是我国经济社会发展水平最高的城市之一，上海要实现建设具有全球影响力的社会主义现代化国际大都市的战略目标，解决相对贫困问题是上海实现城市发展战略目标的关键。因此，将相对贫困问题列为城市治理的重要内容，建立精准有效的相对贫困治理体系、有效推动相对贫困问题解决，是新发展阶段上海社会保障改革发展所面临的艰巨任务。

一　上海城市相对贫困及治理的实践进程

（一）相对贫困释义

贫困是人类社会发展史上不可避免的制约因素，反贫困是人类社会不懈努力探索的使命。相对贫困指相对社会平均生活水平的差距而言的贫困，指社会成员的生活水平低于其所在地区的中等生活水平，且经常缺乏某些必需的生活资料或服务的生存状态。从全球角度来看，相对贫困不仅仅发生在少数国家地区，只要是收入分配不均衡的国家和地区，均存在相对贫困问题，许多发达国家和发展中国家正在逐步将治理方向由生活物资匮乏导致的绝对贫困转向治理由多重因素诱发的相对贫困。

从城市人口就业水平和收入水平层面来看，相对贫困是在一定时期和区域因部分人群消费水平低于社会平均水平、难以满足基本生活需要而产生的贫困社会现象。但是，城市相对贫困问题要比绝对贫困普遍得多复杂得多，相对贫困产生因素往往是多重的。相对贫困问题不仅仅表现在温饱层面，还涉及教育、医疗、交通、住房保障等多个方面。

（二）相对贫困问题

2020 年后，我国将以相对贫困作为重点帮扶的贫困类型，各级政府高度重视和关注城市贫困问题，城市相对贫困治理被提上日程，政策和资源逐步向解决城市相对贫困问题转移。

在我国城镇化进程中，由于城乡发展差距、城市之间发展差距、居民可支配收入差距的存在，城市不同群体的生活水平差距依然较大，相对贫困问题较为严重。城市相对贫困指的是不同于传统"三无"群体的贫困，即无生活来源、无劳动能力、无法定抚养义务人或法定抚养义务人丧失劳动能力而无力抚养的三类城市贫困居民，包括城市失业群体，进城务工农业专业劳动力、外地户籍职员等生活困难的人群。据 2019 年民政部统计数据，我国城市低保对象有 940.7 万人。目前，城市相对贫困人群处于城乡扶贫"真空地带"。

城市相对贫困问题出现的原因是城市贫富差距拉大。2003~2021 年，中国基尼系数始终维持在 0.4 的"警戒线"以上，2015 年后呈现持续上升的态势。目前，我国城市贫困呈现多维化、相对化趋势。其中，支出型贫困问题较为突出。支出型相对贫困特质表现为城市市民对于基本的生活保障资金支出难以支付，比如住房、教育、医疗和养老方面。此外，我国的城市经济结构虽然在持续调整，城市的就业灵活性不断上升，然而就业的状态相较于传统的城市产业凸显了较强的不稳定性。

城市相对贫困存在阶层固化趋势。城市社会低收入人群往往工作不稳定，收入水平较低，难以正常负担生活，面临巨大的社会风险和财务风险，往往缺乏抵御风险的能力。

（三）上海相对贫困治理实践

1. 上海城市贫困治理实践

我国由于长期的城乡二元结构，城乡经济社会发展水平差距过大，导致了乡村的贫困发生率高达 28%，而城市的贫困发生率仅仅为 2%。因此，城市贫困问题并不突出。20 世纪 90 年代，随着我国城市化进程加速，市场经济体制改革不断深化，城市贫困问题开始凸显。为妥善解决城市贫困人口的生活困难问题，1999 年，国务院颁布了《城市居民最低生活保障条例》，要求在全国建立城市居民最低生活保障制度，至此我国开始实施城市最低生活保障制度，上海是最先实施居民最低生活保障制度的城市之一。

20 世纪末，我国经济高速增长，随之而来的是物价持续上升，影响了城市低收入人群的生活水平，这一时期正处于产业结构调整阶段，出现大量的国有企业下岗职工，导致城市低收入群体规模持续扩张，上海贫困治理面临较大压力，最大的问题在于最低生活保障未实现"应保尽保"，许多符合城市最低生活保障的贫困人群由于制度不健全难以得到应得的保障。2018 年，上海颁

布了《上海市社会救助条例》，并且先后成立了"上海市社会帮困基金会""上海市民帮困互助基金会"等社会互助帮困团体。

这一时期，对重残无业人员给予生活补助，成为上海富有特色的贫困治理措施。1998年，经市政府同意，对本市重残无业人员发放最低生活保障金。2002年，上海市印发了《关于将本市重残无业人员生活补助实施归并管理的通知》，规范重残无业人员管理。2021年，上海享受补助的重残无业人员52030人（其中农村17378人，城市34652人），被纳入定期定量补助对象管理，生活补助标准为低保的1.3倍，同时享受临时价格补贴、粮油帮困、元旦春节帮困等措施，在缓解重残无业人员生活困难方面起到了积极作用。

同一时期，上海还加强了对城市"三无"人员的救助，即帮助城市非农业户籍的无劳动能力、无生活来源且无法定赡养、抚养、扶养义务人，或者其法定赡养、抚养、扶养义务人无赡养、抚养、扶养能力的老年人、残疾人以及未满16周岁的未成年人解决生活困难。

进入21世纪，随着市场经济改革全面推进，我国经济社会发展水平不断提升，我国城市相对贫困的治理体系逐步建立起来。在上海首先做到了符合最低生活保障标准的人群保障全覆盖。尤其是将下岗职工等困难人群纳入了我国的最低生活保障范围之内，实现了"应保尽保"。同时依据物价水平，提高最低生活保障标准，最低生活保障资金全部由上海市财政支付。上海还逐步完善低保管理体制。由于低保人数每年都在不断增加，应提升工作效率，加强相关队伍的建设，完善了一套低保管理工作方案，形成了政府统一领导、民政部门负责以及相关部门共同协作的运行机制，有效推动了我国低保政策的完善。

2. 上海城市相对贫困治理发展

进入新时代，随着我国实现了全面小康、基本消除了绝对贫困，上海提出高质量发展和高品质生活的发展目标，上海城市贫困治理转向了相对贫困治理。上海调整和优化了贫困治理政策，贫困治理由保障城市低收入人群的生存和生活，转向保障他们更有质量的生活。上海各级政府在医疗、住房、交通以及教育等方面给予低收入人群和有着特殊困难群体以支持，帮助他们提高生活质量。

这一时期，上海城市相对贫困治理政策调整主要有两个方面：第一，覆盖边缘群体。就是对于低收入保障制度进行规范化的管理以及进一步的完善，新覆盖边缘群体,规定连续半年以上没有领到或者没有足额领到下岗职工基本工资、养老金、失业保险金的人员,在申请低收入保障时,核算收入的方法是实际收入的计算方法,这事实上扩大了低保人员的范围。第二,完善相应保障制度的救助功能。实施下岗工人的再就业工程,尝试帮助无工作者解决就业问题,让他们能够获得稳定的收入,改善生活状态,实现长期稳定的脱贫。

同时,为上海贫困家庭提供专项的帮助政策,要促进城市相对贫困群体规模减小,要以城市居民最低生活保障制度作为主体,并且配合一些临时救急方案以及社会互助。第一,实施廉租房制度。建立了最低收入家庭的廉租住房制度,多种保障方式帮助生活困难的市民改善居住生活质量。第二,实施医疗救助制度。上海制定了医疗救助方案,实施大病医疗救助,逐步形成了相对完善的社会医疗救助制度。第三,实施教育救助。上海对家庭经济困难的学生实施生活和学习补助政策,为他们提供了专项奖学金、工作互助机会、助学贷款、生活补贴、学费减免等不同的资助办法。

二　上海城市相对贫困及治理制约因素

随着我国经济社会发展水平不断提高,上海要推动高质量发展、创造高品质生活,需要完善相对贫困治理体系,提高相对贫困治理效能。然而,上海相对贫困治理面临诸多制约因素。

1. 福利依赖阻碍相对贫困治理

上海城市相对贫困治理政策的执行过程中,由于相对贫困政策的实施机制不完善,接受政策扶助的城市贫困群体往往产生"福利依赖",即贫困家庭依赖扶贫政策给予的经济补助或福利保障,有意识地选择降低家庭收入水平,或者故意隐瞒、欺骗行为,使得家庭收入处于贫困救助水平线之下,以期持续获得扶贫政策救助。"福利依赖"弱化了相对贫困治理政策实施效能,相对贫困发生率不降反升。

2. 相对贫困救助供给机制失衡

上海相对贫困救助供给缺乏科学的标准,相对贫困救助政策往往依据最低生活保障线作为身份确认,一旦被确定为享受最低生活保障人员,在衣食住行等各个方面都可以获得较多的保障和福利,而处于"夹心层"的困难人群,无法享受任何保障，导致很多人"努力"保持"低保"身份，缺乏主动脱贫的积极性。由于，最低生活保障水平认定缺乏精准性，最低生活保障资格准入监管失灵，这就使得部分人群"搭便车"。上海有许多贫困边缘群体，他们的收入略高于最低生活保障线，他们在利益驱动下通过各种方式享受最低生活保障待遇，破坏制度的公平性，成为"福利依赖群体"。

3. 相对贫困救助政策的监管机制不完善

上海相对贫困救助政策实施的监管缺乏有效性和精准性。上海相对贫困救助申报审核机制不完善，难以对申报相对贫困救助家庭的收入和资产状况进行科学、有效和精准的测量。目前，贫困家庭和人口的审核主要基于自主申报，政府相关部门进行审核，家庭的收入情况以及居住情况在进行核查的过程中，只要符合现有的标准，就可以提交相应的申请，社区居委会需要对信息进行进一步核查。上海对于相对贫困人口的审核机制包括"核对信息材料""派钱"等方面，并没有建立完善的监督机制，这就意味着，在实际落实的过程中，容易出现"人情保""关系保"的情况，导致社会资源分配不均，政府的公共形象也会受到一定的影响，这是我国相对贫困救助制度面临的主要问题之一。

4. 相对贫困治理政策缺乏整合机制

上海相对贫困治理政策一定程度上存在碎片化倾向，诸多应对相对贫困治理政策散见在许多政策文件之中，甚至扶贫政策相互不能兼容，相对贫困治理政策缺乏有效整合。

相对贫困治理信息缺乏有效共享，上海"一网通"大数据平台虽然能够实现对接政府、社会、市场企业等帮扶主体与贫困客体，但仍然无法实现相对贫困治理数据有效共享。参与相对贫困治理的多元主体，困难人群的数据信息采集和数据应用等各类数据存在条块分割现象，信息平台难以实现有效对接，这就导致有限的扶贫资源难以实现充分流通，扶贫资源价值在不同扶贫主体间难以被最大化地利用和释放。

上海相对贫困治理主要还是政府"唱主角"，社会力量参与相对贫困治理不足，也缺乏多元主体参与相对贫困治理的制度安排和有效运作机制，难以形成政府、社会、市场多元主体协同开展相对贫困治理。

相对贫困脱贫服务比较分散，扶贫服务的相关部门人员、办事服务部门以及涉及的扶贫服务的场所及经费等都散落在各个机构之中，这就导致申请扶贫资助的业务办理流程比较复杂，申请者耗费较多的时间，降低了相对贫困治理效能。

三　完善上海城市相对贫困长效治理机制的政策建议

党的二十大提出，健全分层分类的社会救助体系。上海要实现相对贫困长效治理，要依据国家有关规定和经济社会发展状况，不断完善相对贫困治理体系，不断完善相对贫困治理制度安排，逐步提高相对贫困治理能力和治理水平。

（　）进一步加强相对贫困治理的制度建设

1.坚持共同富裕和公平正义价值取向

共同富裕是上海相对贫困治理的价值取向，相对贫困治理遵循公开、公平、公正、及时的原则，坚持托底线、救急难、可持续，切实保障上海市民的基本生活，帮助家庭或者个人克服生活困难，维护社会和谐稳定。目前，上海在相对贫困治理中贫困治理理念依然停留在绝对贫困阶段，满足最低生活保障的制度供给方式。这样的贫困治理理念过于消极单一，没有用共同富裕和公平正义的价值理念引领相对贫困治理，降低了新的历史条件下相对贫困治理的效率。

上海相对贫困治理制度建设应当将相对贫困治理目标纳入上海国民经济和社会发展规划，融入上海城市治理体系，推进城乡相对贫困治理制度一体化建设。

2.进一步完善相对贫困治理体系

上海市区两级政府要统筹相对贫困治理体系建设，不断完善和及时修订相对贫困治理的政策和扶贫标准，进一步完善相对贫困信息核对和扶贫申请受理机制，优化相对贫困治理的管理流程。不断健全政府领导、民政部门牵头、有关部门各负其责、社会力量参与的社会救助工作协调机制，鼓励、支持公民、法人和其他组织参与相对贫困治理。

健全相对贫困治理的扶贫资金、物资保障机制，完善将政府安排的扶贫资金和扶贫工作经费纳入财政预算制度。推动相对贫困治理制度供给与城市经济

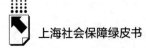

社会发展水平相适应，与上海社会保障制度相衔接，以促进扶贫对象自助自立为重点，帮助扶贫对象积极主动脱贫。

（二）进一步完善超大城市相对贫困治理机制

1.构建超大城市相对贫困的扶贫标准

上海目前实施的贫困扶贫标准是基于绝对贫困所制定的，相对贫困治理的扶贫标准一定程度上忽略了对相对贫困的复杂性、致贫因素多重性的考量，使相对贫困治理的扶贫标准缺乏科学性和精准性。

上海相对贫困治理既要考虑超大城市经济社会发展水平，又要兼顾相对贫困发生的多重因素，建立适应相对贫困治理的多维扶贫标准，避免用绝对贫困的扶贫标准简单套用于相对贫困治理。

2.建立相对贫困扶贫标准动态调整机制

相对贫困治理的扶贫标准应当依据上海经济社会发展水平、物价水平的波动，适时动态调整相对贫困扶贫标准。要考虑相对贫困的边缘人群。对相对贫困边缘人群进行系统识别与认定，从收入、健康、社会机会、防护性保障等不同维度，综合考虑贫困家庭人口特征、经济情况、生活困难程度、困难问题出现等因素，基于超大城市经济发展水平、市民生活特征和贫困现象，制定合理的相对贫困认定标准、贫困救助标准与实施办法，推动相对贫困治理政策实施的精准化。

动态调整相对贫困治理扶贫的分类等级和支持标准。鉴于相对贫困生成因素具有多重性，导致相对贫困的原因各式各样，因而脱贫的需求也是多种多样的。因此，要建立动态的多指标调节机制，增强相对贫困治理标准的联动性和动态性。上海市区两级政府应该重视多指标动态调节，实现标准能够科学化、动态化。发挥扶贫标准的作用，结合本地的实际情况对其进一步完善，及时确保贫困人群的基本生存需求。

（三）进一步加大相对贫困人群脱贫支持力度

1.促进相对贫困治理扶贫多元化

随着上海市民生活质量的不断提升，市民对美好生活的向往日益增强，相对贫困人口脱贫期望也愈加强烈，脱贫需求日益高涨，脱贫帮助意愿多维化。

相对贫困治理要推动扶贫政策分类实施的多元化。加强相对贫困人口实施分类扶贫，实现扶贫政策实施的精准有效，提高相对贫困治理的效率。对于老年贫困人口，相对贫困治理的重点是日常生活照料、疾病预防和健康监测；对于因重大疾病而致贫的人群，相对贫困治理的重点是提供医疗救助；对于失业导致的贫困群体，相对贫困治理的重点是帮助他们再就业，提升就业竞争力；对于贫困家庭中的青少年，相对贫困治理的重点是提供教育资助；对于因住房缺乏导致相对贫困人群，相对贫困治理的重点是提供廉租房，解决生活压力；对于因残疾导致的贫困人群，相对贫困治理的重点是提供康复服务和生活救助。

2. 提高相对贫困治理扶贫效率

加快构建相对贫困治理政策有效衔接机制。上海对最低生活保障家庭、低收入困难家庭、支出型贫困家庭、特困人员、自然灾害受灾人员和临时救助困难人群，根据相对贫困人口的家庭经济状况或者实际困难，分类给予相应的扶贫政策支持，提供脱贫所需的物质和资金。由于扶贫对象存在需求差异性和多样性，为了提高政策支持的效率，提高不同扶贫对象的政策实施效应，需要构建相对贫困治理政策有效衔接机制，实现不同的相对贫困扶贫政策有机衔接。

（四）提升超大城市相对贫困治理能力

相对贫困治理是超大城市治理的重要组成部分，提升超大城市相对贫困治理能力是城市治理现代化的重要途径之一。因此，要从多个维度推动超大城市相对贫困治理能力持续提升。

1. 提升城市相对贫困治理的扶贫能力

提升城市相对贫困治理的扶贫能力，要将相对贫困治理纳入上海市区、街镇三级政府治理体系，将相对贫困治理作为各级政府贯彻人民至上原则的行动准则，履行政府职责的重要内容。各级政府应建立更加符合实际情况的治理体系，扎实推动相对贫困治理，全面提升政府实施相对贫困治理的能力。

建立更加完善的相对贫困治理绩效考核体系，要建立政府相对贫困治理的职能部门的工作全方位考核体系。相对贫困治理绩效考核要基于扶贫对象的脱贫能力提升，而不是简单的扶贫物质和服务资助，重点考察相对贫困治理的长期效应，促进扶贫对象自主脱贫的内生动力激发和自主脱贫能力提升，考察相对贫困治理政策实施效应，从而促使能力帮扶各种政策措施的落地。

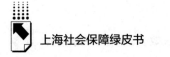

2. 创新相对贫困治理的协同机制

城市相对贫困治理的扶贫政策要与其他社会政策相协调，建立扶贫支持政策内在联动性，发挥政策对于扶贫工作的整体作用。相对贫困治理除了依靠最低生活保障制度外，专项发展性救助支持是重要方面。让专项救助能够在一定程度上弥补最低生活保障无法涵盖的领域，例如突发自然灾害或重大疾病等诱发的相对贫困问题。通过多种扶贫救助制度的充分结合，能够在保障民生的同时，优化我国的救助服务体系。

实施专项扶贫救助，发挥政策的关键性作用，进一步完善我国的社会保障政策体系。实施专项扶贫救助，能够尽可能减少大型风险带来的实际损害。实施专项扶贫救助，需要根据上海经济社会发展情况做出正确决策，使得专项扶贫救助保持连贯性。

3. 推动多元主体参与相对贫困治理

相对贫困治理仅依靠政府的统筹、引导和支持，很难适应新形势下相对贫困治理的扶贫需求。应动员全社会的力量，积极引导、支持有意愿有能力的企业、社会组织和个人积极参与相对贫困治理，推动城市相对贫困的治理能力不断提升。

上海相对贫困治理应当将多元主体参与始终放在首位，推动构建政府主导下多元主体参与相对贫困治理的模式。多元化主体参与相对贫困治理，可以建立更加密切的内在联动性，可以改变政府单一主体的相对贫困治理模式。上海在传统的脱贫工作中形成了政府、市场、社会三方共同参与的脱贫工作机制。推动更多社会力量参与扶贫工作，很好地弥补了政府工作中刻板和脱离群众的不足。

多元主体参与相对贫困治理，具有显著优势。多元主体参与可与相对贫困群体进行充分有效链接，相比于政府主导的脱贫工作，社会组织能够更加深入贫困群众，将工作做得更深更细，可以更好地掌握相对贫困人口面临的实际问题以及真实需要，有利于对扶贫对象展开针对性脱贫支持，使扶贫政策措施更加科学、合理和有效。上海要积极引导和鼓励各类企业制定扶贫计划，鼓励企业与企业家参与相对贫困治理，拓宽相对贫困治理的主体范围，推动社会力量共同参与到相对贫困的治理过程。

上海要大力发展相对贫困治理的专业化社会组织，激励社会组织参与相对贫困治理，发挥专业化社会组织在相对贫困治理中的重要力量，各级政府应当将相对贫困治理的扶贫事项通过购买服务的方式由社会组织承担，既促进了政府职能的转型，又推动了社会组织参与相对贫困治理能力提升。

4. 推动相对贫困人口脱贫内生动力

相对贫困治理的重点之一是，激励贫困人群的脱贫内生动力。增强相对贫困人群的脱贫内生动力，关键在于帮助他们立志。相对贫困治理要推动改变贫困人口的思想观念，激发他们努力奋斗、摆脱贫困、改善生活环境、掌握人生命运。一方面，加强对相对贫困人群的宣传激励工作，对相对贫困群体组织开展教育和宣传，通过广播电视、报刊、网站等媒体加强社会救助公益宣传，帮助相对贫困群体认识到提高脱贫能力的重要性。另一方面，要通过展示脱贫能力帮扶的成功经验、典型事例，增强相对贫困群体脱贫的信心，推动相对贫困群体化被动为主动，实现相对贫困治理由物质供给式扶贫转变为相对贫困群体自主发展型脱贫。

（五）推动相对贫困治理信息共享和政策实施监管

1. 构建相对贫困治理信息共享机制

上海要以数字城市建设为契机，推动相对贫困治理信息共享，打破各级政府之间条块"数据壁垒"，打破阻碍信息数据流动的樊篱，在政府、社会组织、市场组织之间建立起完善的信息交易共享机制。

通过市场化手段从"源头"治理，既能够防止数据层面的垄断行为，又可以打破数据孤岛效应，开创跨部门、跨领域、跨层级、跨系统的流通共享，实现政府、企业与社会之间的合作共赢，做好相对贫困扶贫信息的综合分析和运用，为数据在多元扶贫主体间实现充分共享提供平台支撑。

要发挥市场在相对贫困治理中的扶贫信息资源配置决定作用，充分调动市场、企业、社会组织等数据信息同政府扶贫数据平台进行大规模、深层次的数据资源互补、整合，使相对贫困治理的扶贫信息数据实现政用、商用、民用领域共享，社会力量参与扶贫主体共享数据红利，激励多元扶贫主体实现互助协同，形成强大扶贫合力。

2. 健全相对贫困治理的监管机制

建立完善的监管机制是上海提升相对贫困治理效能的重要环节。第一，应

443

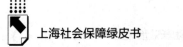

当建立系统全面的相对贫困治理绩效评价体系,对各级政府相对贫困治理进行科学的绩效评估,保障相对贫困治理的扶贫资源投入获得更高的社会效能。第二,建立健全相对贫困治理扶贫人群的认定机制,要加强对相对贫困人群资助申报进行核查,对获得资助的相对贫困人群要进行不定期的实地抽查和走访,确保获得资助的相对贫困人群符合资助要求,既不能漏掉一个需要资助的贫困家庭,又不应让不具备享有资助的人群"搭便车",确保有限的扶贫资源资助真正急需救助的贫困家庭。对于不具备享有资助的人群的"搭便车"现象,要加强管控,建立相应的惩罚机制,对于虚报、瞒报财产收入,虚假申报的人要给予一定的惩处,不仅要提交国家征信系统,降低信用等级,而且要依照相关的法律法规对其进行必要的行政处罚。凡涉及政府公务人员要根据违法行为的程度进行相应的追责,杜绝通过人情关系获得"扶贫资助"的社会现象。

参考文献

史敦友:《我国贫困治理经验与后小康时代相对贫困治理思考》,《山东行政学院学报》2022 年第 2 期。

叶兴庆、殷浩栋:《从消除绝对贫困到缓解相对贫困:中国减贫历程与 2020 年后的减贫战略》,《改革》2019 年第 12 期。

向德平、向凯:《多元与发展:相对贫困的内涵及治理》,《华中科技大学学报》(社会科学版)2020 年第 2 期。

陈水生:《中国城市低保制度的发展困境与转型研究》,《社会科学》2014 年第 10 期。

范和生、武政宇:《相对贫困治理长效机制构建研究》,《中国特色社会主义研究》2020 年第 1 期。

汪怀君、汝绪华:《社会救助与精准扶贫有效衔接的"瓶颈问题"及其治理——基于新时代精准扶贫思想的思考》,《河南大学学报》(社会科学版)2018 年第 5 期。

宋锦、李实、王德文:《中国城市低保制度的瞄准度分析》,《管理世界》2020 年第 6 期。

胡乐明:《贫困治理理论和中国经验》,社会科学文献出版社,2021。

上海创造老年人高品质生活支持政策发展报告

罗娟 史健勇 张健明*

摘　要： 党的二十大报告指出，高质量发展是全面建设社会主义现代化国家的必然要求，要切实把推动高质量发展的要求贯彻到社会发展的各个领域。上海作为新时代改革开放的排头兵，在此基础上出台了养老服务发展规划，提出构建高水平的养老服务发展体系、高品质的养老服务产品以及高质量的养老行业管理，为新时代上海创造老年人高品质生活提出了新的思路与对策。本文从上海市创造老年人高品质生活的实践出发，从健康保障、社会参与、适老化环境改造等五个维度概括总结了上海市老年人高品质生活的现状。在分析现状的基础上，指出上海市老年人高品质生活存在老年友好型社会环境与氛围不足、老年人缺乏创造高品质生活的积极主动意识、多层次医疗卫生保障体系不健全以及高品质老年生活公共服务体系不完善等问题和瓶颈，提出打造认知精准、氛围精美、分类精细、服务精良、定位精确的"五精"体系的对策建议，以进一步落实高质量发展的国家战略，加快上海创造老年人高品质生活的发展进程。

关键词： 老年人　高品质生活　上海市

* 罗娟，博士，副教授，上海工程技术大学管理学院副院长，主要研究方向为养老服务和医疗保险；史健勇，博士，教授，上海工程技术大学党委副书记，主要研究方向为社会保障；张健明，教授，上海社会保障问题研究中心副主任，主要研究方向为社会保障政策与实务。

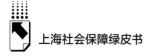

2021年11月，《中共中央、国务院关于加强新时代老龄工作的意见》发布，明确提出实施积极应对人口老龄化国家战略，推动老龄事业高质量发展。作为我国最早进入老龄化的大型城市，上海为积极应对老龄化，提出创造老年人高品质生活的发展思路。2021年9月，上海市民政局印发了《上海市养老服务发展"十四五"规划》（沪社养老领〔2021〕3号），提出不断健全高水平的发展体系，完善多层次的供给梯度以及高质量的行业管理。作为新时代全国改革开放排头兵、创新发展先行者，上海市以高质量发展为引领，聚焦打造民生建设领域的"上海品质"，推进养老服务的高质量发展，促进老年友好型社会的发展进程。

一　上海市老年人高品质生活发展现状

截至2021年底，上海市60岁及以上老年人口占总人口的36.3%，这一比例相比2020年增长了3.0个百分点，老年抚养比达到了68.7%，比2020年增加了0.7个百分点，可见上海市的老龄化趋势不断加深。为施行积极应对人口老龄化国家战略，构建高品质多层次养老服务体系，上海作为高密度超大城市，深入践行"人民城市人民建，人民城市为人民"的理念，根据目前高品质老年生活的指示和发展需求以及高品质的属性，上海市提出老龄化社会高品质生活。老龄化社会高品质生活是指以老年群体为主体，聚焦功能发挥、固有能力、环境三个维度，将价值参与作为导向，以老年健康保障、老年社会参与、适老化环境改造、老年友好型社会、制度保障五大领域为主要内容，实现社会服务的普惠性、便捷化、信息化、可及性以及精准化，最终实现老年人健康与医疗保障多层次、精神文明多样化、生活环境适老化、社会参与多元化、制度保障精准化的生活状态。目前，上海市在老年健康保障等五方面都取得了丰硕的实践成果，为老龄事业的高品质发展打下了夯实的社会基础。

（一）老年健康保障形式较为灵活，养老服务产业呈多样化发展

1.长期护理保险制度逐步完善，老年照料负担减轻

随着预期寿命的延长，高龄老人的数量急剧增多，亟须完善长期护理保险

制度，从而在家庭结构日益缩小的背景下减轻家庭养老的照料负担。上海市为积极应对人口老龄化，保障高龄老人及失能人员的基本护理需求，逐步探索并建立了上海长期护理保险制度。2017年，上海市政府施行了《上海市长期护理保险试点办法》，提出为长期护理保险的参保人员提供居家上门照护、社区日间照护和养老机构照护的三种照护形式，鼓励长三角延伸结算，为选择异地养老的老年人提供支持。截至2022年底，已有近40万的长期失能老人享受到长护险照护服务，实现了居家上门照护、社区日间照护、养老机构照护全业态覆盖，长期失能老人的生活质量得到明显改善，老年照料负担得到有效缓解。

2. 养老服务产业多样，养老机构队伍壮大

上海老龄化比全国其他地区的老龄化程度更严重，使得上海的养老服务市场也在逐渐扩大。从2015年开始，上海养老机构数量呈现明显上升的态势。如表1所示，上海的养老机构数从最初的669家发展到2021年的730家；床位数从12.6万张增加到15.86万张。截至2022年底，上海市社区综合为老服务中心达到了321家，助餐场所926个，社区卫生服务中心的安宁疗护服务实现了全覆盖，养老设施不断完善，养老产业得到了迅速发展。

表1 上海养老机构数量

服务类型	2017年	2018年	2019年	2020年	2021年
机构养老服务					
机构数（家）	703	712	724	729	730
床位数（万张）	13.8	14.42	15.16	16.13	15.86
养老床位占60周岁及以上老年人口比例（%）	1.11	2.9	2.9	3.0	2.9
床位数增长率（%）	2.9	32.2	4.9	3.6	1.0
居家养老服务					
机构数（家）	560	641	720	758	831
月均服务人数（万人）	2.3	2.5	2.7	1.5	1.1
获得政府补贴的老年人（万人）	12.02	8.2	8	7.48	7.91

资料来源：历年《上海市统计年鉴》。

（二）老年社会参与率高，形成多元主体办学格局

1. 鼓励老年人参与文化教育活动，逐步完善老年文化教育服务体系

为了满足老年人对文化、教育的需求，政府颁布了相关政策法规，为老年教育的发展营造了有利的氛围。2015 年，上海市政府颁布了《关于在老年教育中培育和践行社会主义核心价值观的指导意见》，指出应开展人口老龄化基本国情、尊老敬老传统美德宣传教育，敬老精神文明创建以及为老志愿服务等活动。2021 年，政府部门提出推进资源多方融合，健全服务网络和设施，加强老年教育服务体系建设。在政府部门的鼓励和引导下，老年教育的关注度逐步提高，老年教育师资队伍不断壮大，老年人的学习热情也逐渐高涨，老年人"老有所学"的生活方式得以满足，这为其晚年生活带来了更多乐趣。

2. 提升老年教育水平，多元主体办学格局逐步形成

上海市深入贯彻老龄化工作指示，助推老年教育事业发展。开办多所公办老年大学，鼓励企业将养老产业和老年教育结合，开设民办大学，定期开展各种专题讲座。此外，积极推进老年教育专兼职教师、助学志愿者队伍建设，着力提高老年教育规范化、特色化、专业化水平。如表 2 所示，截至 2021 年，上海市老年教育机构 289 所，全市远程老年大学学习点 5727 个，老年学员人数达到 64.39 万人。

表 2　2021 年上海文化组织数量与老年人社会参与统计

文化组织	机构数量（家）	参与人数（万人）	占 60 周岁以上老年人口比例（%）
老年教育类			
市级老年大学及分校	69	24.72	4.56
街道、乡镇级老年学校	220	39.67	7.32
老年社团类			
老年人体育协会	183	37.38	6.89
老年志愿服务组织	971	198.71	36.65
老年文艺团队	14100	24.2	4.46

资料来源：《2021 年上海市老年人口和老龄事业监测统计信息》。

（三）社区适老化改造效果显著，智能养老服务应用广泛

1. 全市适老化改造稳步快速进行，已见成效

作为全国最早进入人口老龄化且老龄化程度最深的城市之一，上海自2012年起，连续八年开展困难老年人居家环境适老化改造，由市级福彩金每年出资2000万元，对1000户低保困难老年人居住的房屋进行功能改造，增加适老化设备，消除风险因素。2021年政府颁布《关于全面推进本市居家环境适老化改造工作的通知》指出在全市范围内全面推行适老化改造，通过为符合条件的老年人提供基础产品服务包、专项产品服务包和个性化产品服务包改善老年人的居家环境，提升广大老年人的幸福感。截全2021年底，上海市政府投入福彩公益金2020万元，已完成居家环境适老化改造6868户，同时为符合条件的困难老年人提供补贴申请、改造评估、方案设计、施工监理等一站式专业服务。

2. 以数字化城市转型为契机，推动智慧养老服务

近年来，上海全面推进城市数字化转型，智能养老服务得到进一步发展。如表3所示，上海在智能养老服务政策发展上，以建立智能化的信息平台为基础，政府与企业相结合，在养老机构及社区建立智能养老应用场景，比如智能拐杖、一键呼救等智能化产品。同时通过网络科技，扩大老年人的社会交往范围，提高其与子女联系的频率，从而满足老年人不断提高的物质和精神生活的双重需求。

表3　智能养老服务相关政策

年份	政策文件	主要内容
2017	《上海市"一键通"为老服务项目指南》	对"一键通"做出明确说明，同时也指明社区智能养老服务是促进养老服务发展的重要举措
2019	《上海市深化养老服务实施方案（2019-2022年）》	持续推动智慧健康养老产业发展，促进新一代信息技术和智能产品在养老服务领域应用
2020	《关于推广老年人"智能相伴"服务场景有关事项的通知》	开展老年人"智能相伴计划"，促进老年人的社会交往
2021	《上海市养老服务发展"十四五"规划》	推动养老服务领域数字化转型，打造智慧养老服务数字化场景，加强政府、企业、社会等各类信息系统的业务协同、数据联动，打造智能便捷的数字化养老服务体系

（四）老年友好型社会初见成效，服务内容精准到位

1. 友好型社会初见成效，营造尊老敬老爱老的文明风尚

上海依据地方标准《上海市老年友好城市建设导则》和《老年宜居社区建设细则》，结合城市更新，进行城市环境友好建设。多方联动宣传普及涉老政策，开展"敬老月""老年节""法律进社区""乐龄申城·五心行动"等品牌活动。广泛开展家庭支持项目如"老伙伴"计划、"老吾老"计划、时间银行等，每年由4万多名低龄老年人为约20万名高龄独居老年人提供日常关爱服务。服务形式灵活多样，服务内容精准到位，以行政力量为主导，整合了社会工作协会、老龄协会、志愿组织、老年居民等多元力量，形成了多元主体参与供给的格局。

2. 加大社区体育健身场所投入，倡导体养结合

社区体育健身服务是养老服务的重要组成部分，贯穿于"基本养老服务"和"非基本养老服务"中。如图1所示，截至2021年底，上海市人均体育场地面积已达到2.44平方米，比2020年人均2.35平方米增加了0.09平方米。2022年新建改建市民健身步道512条，多功能运动场419片，益智健身苑点2627个，体育设施不断完善，为居民健康提供了良好的基础设施。总体来看，近几年上海市在社区体育服务方面有明显的改善，老年人社区体育场地缺乏的状况得到了有效缓解。

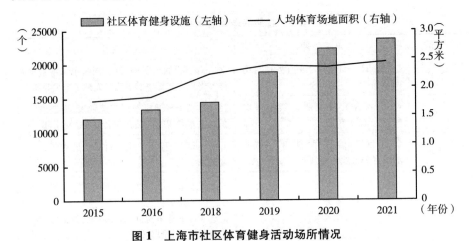

图1 上海市社区体育健身活动场所情况

资料来源：历年《上海市统计年鉴》《2021年上海市全民健身发展报告》。

（五）养老服务政策较为完备，多层次优化制度体系

养老服务政策作为应对人口老龄化问题的关键，通过梳理养老政策发现，上海市的养老服务经历了养老服务设施建设开端、社区居家养老模式探索、"9073"养老格局形成以及"五位一体"养老服务体系优化的四个发展阶段。如表4所示，上海市在完善养老服务政策方面进行了多次尝试，已建立了较为完备的养老服务体系，为应对人口老龄化提供了正确的方向引导。

表4 养老服务相关政策

阶段	年份	政策名称	内容
养老服务设施建设开端（1978~2000年）	1999	《上海市养老机构设置细则》	规范本市养老机构的设置
	2000	《上海市养老设施建筑设计标准》	为适应本市人口结构老龄化趋势，规定养老设施设计标准
社区居家养老模式探索（2001~2005年）	2004	《关于本市实施社区助老服务项目的试行办法》	根据市政府调整政府补贴的困难人群范围和补贴标准的决定，对资金筹措和拨付方式作相应调整
	2005	《关于进一步推进深化居家养老服务工作的通知》	推进深化居家养老服务和社区助老万人就业项目工作
"9073"养老格局形成（2006~2010年）	2008	《关于鼓励社区设立老年人助餐服务点的通知》	鼓励在各个社区设立老年人助餐服务点，满足高龄、独居、纯老家庭以及生活需要照料的老年群体一日三餐的需求
	2009	《上海市社区居家养老服务规范》	对居家养老服务范围、相关专业术语、基本原则进行界定
"五位一体"养老服务体系优化（2011年~）	2019	《上海市深化养老服务实施方案（2019—2022年)》	重点实施6个提升计划，完成26项主要任务
	2021	《上海市老龄事业发展"十四五"规划》	提出八方面27项主要任务、24个规划指标、7个重点项目

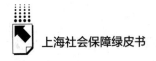

二 上海市创造老年人高品质生活的问题及瓶颈

课题组对上海市 16 个区进行抽样调查，共计发放 2700 份问卷，实际收回 2572 份有效问卷。通过对上海市老年人对于高品质生活的认知及需求分析可见，上海市在完善高品质养老服务体系方面取得了一定的成效，但也面临瓶颈问题。

（一）老龄政策体系与行业监管有待完善

1. 老龄政策体系的顶层设计较为薄弱

上海"高品质养老服务"事业还处于起步阶段，市场发育不完善，又涉及多领域，在完善政策法律、制定服务标准、监管服务市场等方面缺乏政府引导；在保持养老服务宏观调控适度、市场机制有效、微观主体充满活力方面有所欠缺；在设计老年人养老基本服务时缺乏对广大老年人个性化、多样化的需求的考虑，老龄政策体系在整体考虑方面有所欠缺。

2. 老龄监管评估机制的有效性需逐步提升

当前，上海老龄政策体系的内容涵盖面较广，但顶层设计不完善，导致服务内容存在交叠，使得法律法规执行力度、落实力度远远不够。与高品质老龄服务相关的制度建设还处于构建与完善阶段，服务体系存在的缺陷，导致监管部门难以有效监督。另外，由于政府部门并未建立相应的供给评价指标，各社区、街镇的工作人员对健康公共服务的运行情况难以进行系统性分析。此外，患者对家庭医生服务的评价和反馈不足，因此应完善相应的监管评估机制。①

（二）高品质老年生活公共服务体系亟待改善

1. 明确养老服务体系的责任承担主体

老年人的养老需求是多样化以及多层次的，而当前上海市的养老服务政策缺乏鼓励家庭照料、机构养老的有效奖励政策，导致政府在养老服务中几乎承担了养老体系中的所有责任，整个养老服务体系缺少第三方服务机构的加入和

---

① 汪泓：《构建"积极老龄化"立体养老服务体系》，《经济》2022 年第 10 期，第 32~35 页。

志愿者的参与，使得服务的提供者较少，无法保障为老年人提供有质量的服务，可见多层次养老服务体系的责任主体和分工界限不够明确，各自承担责任不够具体，从而降低了养老服务的质量和效率。

2. 机构供给与养老需求匹配度有待提升

老年人的支付能力呈现"橄榄形"的结构，需求最大的是中端养老产品，但养老机构的供给呈现"哑铃形"，即需求最大的中端养老机构的供给明显不足，供需不匹配，如图2所示。上海市养老服务平台查询数据显示，一级养老院290家，入住率82.56%；二级养老院115家，入住率89.12%；三级养老院26家，入住率85.94%。且养老机构多建在城市边缘，而中心城区老龄化程度较高，养老床位供给相对紧张，郊区相对宽裕，但老人到郊区的养老意愿较低。

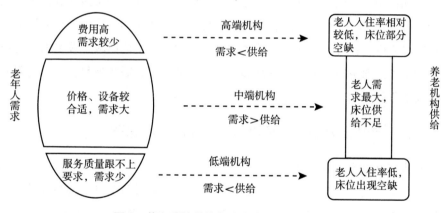

图2　养老院的供给与老年人的需求不匹配

（三）多层次医疗卫生保障体系需逐步优化

1. 医疗卫生资源的供给和需求匹配度有待提高

根据上海统计数据，医疗资源主要集中在中心城区，基层医院的医疗资源不足。如图3所示，医疗资源配置呈现"倒三角"形，三级医院机构数量少，但资源优质吸引了大多数患者就诊，导致服务资源紧张；一、二级医院医疗服务水平较三级医院稍低，数量较三级医院更多，但需求小于三级医院，医疗资源的供给与需求呈现明显不匹配的状态。

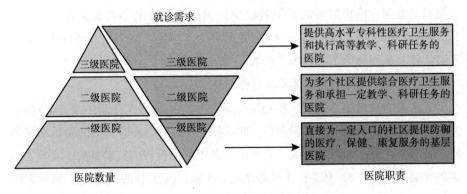

图3 医院供需现状及职责划分

2. 长护险人员的专业化水平较低

长期护理保险的护理人员专业化水平较低，理论知识和实践经验较少，没有为老年人提供针对性的服务，没有充分发挥自己的作用。在为老年人提供养老护理过程中，护理人员实施的服务多为个人卫生、生活照料等较为简单的项目，加上护工服务时长并不能满足多数老年人的需求，服务项目在时长的限制下也没能很好完成，护理服务的效率和质量不高。

（四）老年友好型社会环境与氛围需进一步提升

1. 老年社会融合度较低

社会融合代表老年人能与其他公民享受平等权利并且其社会地位与社会身份能得到肯定评价。调研数据显示，有将近35%的老年人在出行时遇到被人排斥的情况。此外，社会中对老年人的宣传大多以体弱多病形象出现，加上中青年群体对于老年人多呈排斥态度，社会在无意中也产生了对老年人的"隐形排斥"，老年人受到影响形成了退却保守的性格，从而降低了老年人的社会融入度。

2. 社区适老化改造有待完善

上海还有部分老年人生活在城镇化早期建设起来的老旧小区里，这些老旧小区大多没有安装电梯，老年人上下楼梯很不方便。调研数据显示，30%的老人希望小区加装电梯，方便自己的上下出行，进行社会活动。此外，老旧住宅空间内部还存在安全性欠缺，内部结构不完善以及空间的舒适性较低等问题。

数据显示，46.98%的老年人对于居住环境不满意，希望改善住宅内部空间结构。可见社区适老化改造水平不高，房屋的适老化改造仍需继续。

（五）老年社会参与和保障综合体系亟待完善

1. 需逐步提升老年群体的社会活动参与度

社会应该改变老年人需要依赖家庭照顾的传统观念，老年人可以充分利用自身优势，积极主动地参与社会活动。而数据显示，只有19.69%的老年人参与了社会活动，主要原因是老年人社会参与的配套政策没有形成完整的体系，同时老年人获取消息的途径过少，大部分的社会活动消息只在官方网站上登出，老年人对于网络设备不够熟悉，降低了其关注度。此外，受体力与年龄的限制，老年人在社会参与活动中受到重重阻碍。

2. 适度增加老年组织与文化活动数

当前社会上老年题材的电影、电视剧等文化产品鲜有，文化产品或影视作品也缺乏老年视角。受访老年人中，53.54%的老年人对目前文娱产品不满意，其精神文化需求得不到满足。此外，老年大学以及老年社团等服务老年人的文化组织数量较少，老年人参与文化活动的频率较低，文化组织的供给和老年人的精神文化需求严重不匹配。

（六）老年人主动创造高品质生活的意识有待提高

1. 老年群体的自我养老意识需逐步提升

创造老年高品质生活不仅仅是政府、社会、家庭的责任，老年人作为养老的主体对象，更加应该主动去追求老年高品质生活，而不是将所有的期望都加诸其他人身上，只有老年人自身才更清楚自己需要什么样的高品质生活。但是调研数据显示，只有40.93%的老年人有独立养老的意识，其他的老年人都认为养老是子女、政府的责任，老年人自我养老意识需继续激发。

2. 适度增加老年群体获取健康知识的途径与方法

调研中老年人表示，自己不会使用科技设备，获取健康知识的途径主要集中在电视新闻、家人告知以及社区宣传。获取健康知识的途径比较狭窄，致使老年人健康知识缺乏。同时，老年人理解能力有限，对于健康知识也是一知半解，健康理念方面缺乏专业性指导，难以做到健康生活理念和行为的知行合一。

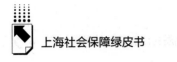

三 创造上海市老年人高品质生活政策的建议

老龄化社会高品质生活以老年健康保障、多样化的老年社会参与、适老化的生活环境、尊老敬老的老年友好社会以及制度保障五方面为重点，将个人、家庭、社会、企业以及政府部门五个主体作为支撑。其各自承担着不同的职责，因此个人要发挥好自身的主体作用；家庭成员应对老年人保持支持的态度，对老年人给予精神上和物质上的关爱；社会力量要注意营造敬老爱老的文化氛围；企业要发挥好服务供给作用，提供多样化的养老服务产品；政府部门应发挥好支持作用，引导老龄化社会高品质生活的发展。总之，为促进养老服务的高质量发展，创建老龄化社会高品质生活，应从打造包括认知精准、氛围精美、分类精细、服务精良、定位精确在内的"五精"体系着手，弘扬"五老精神"，营造助老爱老的社会氛围，从而推动上海市高品质养老的发展进程。

（一）认知精准：引导老年人精准认知适合自身的健康生活方式

1. 推动"医—养—康—护—健"相结合，提高老年人健康素养

引导老年人形成健康的生活习惯，推动饮食平衡健康，为老年人发放健康食谱并开展烹饪教学，建立老年人"养老处方""健康处方"，举办老年健康饮食文化节日，促进老年人科学饮食；推动"医—养—康—护—健"一体化发展，培训基础医疗机构医务人员具备康复、护理、疗养技能，以优厚待遇鼓励优质全科医生来社区工作；加强老年人体育锻炼，增加社区健身器材的设置，构建医疗、养老、康复、护理、健身等全方位的养老服务体系。

2. 强化老年体育活动科学指导，避免老年人"健而不康"的现象

加强对老年人体育活动的科学指导，帮助老年人实现健康生活方式和科学健身运动方式。构建多元化老年体育公共服务体系，开展以休闲、娱乐、康复、交流为主的群众性体育活动。建立市区两级卫健委和体育局共同参与的"老年健康促进"机构，加强对老年人运动健康方式和基本运动技能的指导与培训。

3. 完善老年人心理慰藉服务体系，维护老年人心理健康

建立完善老年人心理服务体系，提高老年人对医院、心理服务中心等医疗机构所提供的心理咨询服务的可达性。社区应按照"老年心理咨询师+退休老年人"的方式配备心理疏导人员，要以增加退休老年人的比例为重点。一方面，老年人更了解老年人，另一方面也提高老年人的社会参与，进一步扩大"老伙伴"计划的覆盖面，促进低龄老年人为高龄老年人服务，发挥老年人心理服务志愿者的同龄人优势。

4. 搭建老年人社区参与的支持平台，激励老年人参与社区治理工作

构建老年人志愿服务平台，老年人可以根据自身特长、兴趣爱好参与社区治理服务的各项活动，以及通过结对帮扶、邻里互助等形式提供志愿服务活动，参与社区治理。进一步扩大"老伙伴"计划的覆盖面，促进低龄老年人为高龄老年人服务。搭建发挥老年人余热的人力资源服务平台，向老年人提供时间、强度、内容合适的"迷你工作"，这样既符合老年人的身体状况，又达到了老年人社会参与的效果。

（二）氛围精美：营造新时代全社会敬老爱老氛围，加快建成老年友好型社会

1. 打造敬老爱老的文化品牌，推动老年文化创新性发展

引导社会、家庭形成新时代敬老爱老意识。发挥中国传统的敬老文化，并注入时代内涵，形成推动建设老年友好型社会的精美氛围。以敬老文化教育活动为主体，组织举办敬老文化节，并进行演讲团的组织构建，定期举行相关知识的演讲会。同时联合民政、宣传、文化等部门，利用春节、中秋节等传统节日，开展道路敬老文化宣传标牌安装、电子屏幕循环播放等活动推动老年文化的发展。

2. 根据老年人居家、出行的特殊性，加快老年人生活场景适老化改造

加快推进住宅社区居住环境的适老化改造，在厕所内安装扶手、浴室内安装防滑地砖和墙砖、更换老旧电线等，加装电梯、爬楼机便于老年人出行。在社区内增设喘息式设施，包括社区内和社区外公共场所的座椅、桌子、亭廊等，满足老年人长时间行走后休憩的需求，增强老年人之间的交往。同时，推动老年产业发展，开发适合老年人的产品，如老年人助浴设备、老年人福祉车

型等。

3. 加强软环境适老化改造，推广数字应用的"长者模式"

推进数字应用适老化的"长者模式"，动员与老年人生活密切相关的新闻媒体、金融服务、网络购物、政务服务平台等网站和 App 开展适老化和信息无障碍改造或推出老年版，使其具备大屏幕、大字体、大音量，设计大字版、语音版、简洁版的应用软件。通过企业信用评价机制的激励作用，加快 App 适老化改造步伐，让"长者模式"成为手机应用的标配。

4. 增加老年人专属教育频道，完善老年人教育体系

根据老年人的需求，增加老年专属电视频道、广播频率，从频道运营、栏目编排、形象包装等方面贴近老年人需求喜好和使用习惯。根据老年人的作息习惯，合理安排老年频道节目的播出时间。通过主流媒体，例如电视、新闻等，拓宽老年人受教育的渠道，增加老年人教育内容，优化老年教育体系。

（三）分类精细：精细划分老年人群，提供个性化养老服务，为老年人提供有差别的精细化养老服务

老年人自身状况不同，对养老服务的需求也有所差别。养老服务供给人群按照年龄标准（低龄老人、中龄老人、高龄老人）、家庭结构标准（失独老人、空巢老人、独居老人、与子女居住老人等）、自理能力标准（完全自理、半自理、完全不能自理）等划分为不同类别的群体。因此，在提供养老服务时，要为老年群体提供分类分级的精细化服务。[①]

（四）服务精良：完善医疗卫生服务，利用互联网医疗推动优质医疗资源合理配置

对于老年人行动不便、陪护有限但又与医疗、照护密不可分的困境，可以考虑利用互联网作为载体进行线上医疗。充分运用互联网的优势，构建"新型医联体"，通过数字技术将优质资源广泛贯通至患者末端，提供"核心大医院+基层小医院+数字家庭医生"三级供给模式，提高老年人获得医疗服务的

---

① 李志明、邢梓琳：《推进养老服务高质量发展的新思路——基于服务场域、服务层次、基础支撑三重视角》，《开放导报》2022 年第 5 期，第 90~96 页。

效率和质量。

1. 进一步完善长期护理保险，健全多层次长期护理保障体系

建立完善多层次的长期护理保险制度，第一层次是"全覆盖"的基本长期护理保险，旨在保基本。第二层次是"团体参与"的长期护理补充保险，这是基本险的延伸和拓展，为商业保险发挥补充作用提供空间。第三层次是"政策扶持"的个人长期护理保险。政府可以通过两种税收形式进行完善，一是通过减少税收"让利"个人，降低其购买商业保险的成本；二是通过转移支付"贴补"个人，增强个人购买力。[①]

2. 提高养老服务从业人员素质，打造养老服务精良队伍

提高养老服务相关的护理、管理、技术人员的素质，提升养老服务行业的职业素养。加强养老服务从业人员相关的教育培训，健全养老服务从业人员教育培训体系。通过多元化设置学科专业，培养复合型养老服务人才。

（五）定位精确：促进多元主体参与，承担各自责任

1. 发挥政府主导作用

明晰政府、市场和社会三大主体的责任边界，统筹推进养老服务体系建设。政府要承担在养老服务中的政策制定、监督、管理、资金拨付等责任，做到科学合理规划。建立完善监管机制，加强对社会养老机构、养老服务专业化社会组织以及养老服务市场的监管。提高法律政策之间的协调，完善地方性法规、政府规章、规范性文件及相关政策的衔接。

2. 注重市场需求导向作用

市场和企业要以老年服务需求为导向，对养老服务市场进行细分，充实服务内容，保持养老服务业的生机与活力，促进养老服务连锁发展，打造养老服务品牌。构建老年高品质生活评价指标体系，增加社会评测机制，从多头监督走向制度性评测。[②]

---

① 罗娟、石雷、黄聘聘：《优化长期护理保险 重构上海养老服务模式》，《科学发展》2018年第4期，第108~112页。

② 李玉玲：《我国养老服务质量建设的难点及治理研究》，《兰州学刊》2020年第2期，第192~199页。

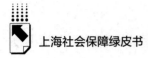

3. 社会力量发挥引导作用

政府应引导社会力量如民非企业、公益慈善组织、爱心人士、老年群众组织等在养老服务业中发挥支持作用,以社区为中心,打造为老年人服务的文化、健康、生活网络以及社区参与平台,从而丰富和发展社区养老服务项目。

(六)弘扬精神:传承"五老精神",营造尊老助老爱老的社会氛围

老年人在生理以及心理等方面的需求更为多样,因此,为了满足老年人的不同需求,需在全社会大力弘扬忠诚敬业、关爱后代、务实创新、无私奉献的"五老精神",重视发挥"五老精神"的引导作用,尊重爱护"五老",不断壮大"五老"队伍,在全社会形成良好的尊老助老爱老的社会氛围。

权威报告·连续出版·独家资源

皮书数据库
ANNUAL REPORT(YEARBOOK)
DATABASE

分析解读当下中国发展变迁的高端智库平台

所获荣誉

- 2020年，入选全国新闻出版深度融合发展创新案例
- 2019年，入选国家新闻出版署数字出版精品遴选推荐计划
- 2016年，入选"十三五"国家重点电子出版物出版规划骨干工程
- 2013年，荣获"中国出版政府奖·网络出版物奖"提名奖
- 连续多年荣获中国数字出版博览会"数字出版·优秀品牌"奖

皮书数据库

"社科数托邦"
微信公众号

成为用户

　　登录网址www.pishu.com.cn访问皮书数据库网站或下载皮书数据库APP，通过手机号码验证或邮箱验证即可成为皮书数据库用户。

用户福利

- 已注册用户购书后可免费获赠100元皮书数据库充值卡。刮开充值卡涂层获取充值密码，登录并进入"会员中心"—"在线充值"—"充值卡充值"，充值成功即可购买和查看数据库内容。
- 用户福利最终解释权归社会科学文献出版社所有。

数据库服务热线：400-008-6695
数据库服务QQ：2475522410
数据库服务邮箱：database@ssap.cn
图书销售热线：010-59367070/7028
图书服务QQ：1265056568
图书服务邮箱：duzhe@ssap.cn

社会科学文献出版社 皮书系列
SOCIAL SCIENCES ACADEMIC PRESS (CHINA)

卡号：131786812277
密码：

S 基本子库
UB DATABASE

中国社会发展数据库（下设 12 个专题子库）

紧扣人口、政治、外交、法律、教育、医疗卫生、资源环境等 12 个社会发展领域的前沿和热点，全面整合专业著作、智库报告、学术资讯、调研数据等类型资源，帮助用户追踪中国社会发展动态、研究社会发展战略与政策、了解社会热点问题、分析社会发展趋势。

中国经济发展数据库（下设 12 专题子库）

内容涵盖宏观经济、产业经济、工业经济、农业经济、财政金融、房地产经济、城市经济、商业贸易等 12 个重点经济领域，为把握经济运行态势、洞察经济发展规律、研判经济发展趋势、进行经济调控决策提供参考和依据。

中国行业发展数据库（下设 17 个专题子库）

以中国国民经济行业分类为依据，覆盖金融业、旅游业、交通运输业、能源矿产业、制造业等 100 多个行业，跟踪分析国民经济相关行业市场运行状况和政策导向，汇集行业发展前沿资讯，为投资、从业及各种经济决策提供理论支撑和实践指导。

中国区域发展数据库（下设 4 个专题子库）

对中国特定区域内的经济、社会、文化等领域现状与发展情况进行深度分析和预测，涉及省级行政区、城市群、城市、农村等不同维度，研究层级至县及县以下行政区，为学者研究地方经济社会宏观态势、经验模式、发展案例提供支撑，为地方政府决策提供参考。

中国文化传媒数据库（下设 18 个专题子库）

内容覆盖文化产业、新闻传播、电影娱乐、文学艺术、群众文化、图书情报等 18 个重点研究领域，聚焦文化传媒领域发展前沿、热点话题、行业实践，服务用户的教学科研、文化投资、企业规划等需要。

世界经济与国际关系数据库（下设 6 个专题子库）

整合世界经济、国际政治、世界文化与科技、全球性问题、国际组织与国际法、区域研究 6 大领域研究成果，对世界经济形势、国际形势进行连续性深度分析，对年度热点问题进行专题解读，为研判全球发展趋势提供事实和数据支持。

法律声明

"皮书系列"（含蓝皮书、绿皮书、黄皮书）之品牌由社会科学文献出版社最早使用并持续至今，现已被中国图书行业所熟知。"皮书系列"的相关商标已在国家商标管理部门商标局注册，包括但不限于LOGO（🖐）、皮书、Pishu、经济蓝皮书、社会蓝皮书等。"皮书系列"图书的注册商标专用权及封面设计、版式设计的著作权均为社会科学文献出版社所有。未经社会科学文献出版社书面授权许可，任何使用与"皮书系列"图书注册商标、封面设计、版式设计相同或者近似的文字、图形或其组合的行为均系侵权行为。

经作者授权，本书的专有出版权及信息网络传播权等为社会科学文献出版社享有。未经社会科学文献出版社书面授权许可，任何就本书内容的复制、发行或以数字形式进行网络传播的行为均系侵权行为。

社会科学文献出版社将通过法律途径追究上述侵权行为的法律责任，维护自身合法权益。

欢迎社会各界人士对侵犯社会科学文献出版社上述权利的侵权行为进行举报。电话：010-59367121，电子邮箱：fawubu@ssap.cn。

社会科学文献出版社